Direito
Processual
Penal

O GEN | Grupo Editorial Nacional – maior plataforma editorial brasileira no segmento científico, técnico e profissional – publica conteúdos nas áreas de concursos, ciências jurídicas, humanas, exatas, da saúde e sociais aplicadas, além de prover serviços direcionados à educação continuada.

As editoras que integram o GEN, das mais respeitadas no mercado editorial, construíram catálogos inigualáveis, com obras decisivas para a formação acadêmica e o aperfeiçoamento de várias gerações de profissionais e estudantes, tendo se tornado sinônimo de qualidade e seriedade.

A missão do GEN e dos núcleos de conteúdo que o compõem é prover a melhor informação científica e distribuí-la de maneira flexível e conveniente, a preços justos, gerando benefícios e servindo a autores, docentes, livreiros, funcionários, colaboradores e acionistas.

Nosso comportamento ético incondicional e nossa responsabilidade social e ambiental são reforçados pela natureza educacional de nossa atividade e dão sustentabilidade ao crescimento contínuo e à rentabilidade do grupo.

Antonio Sergio Cordeiro **Piedade**
Ana Carolina Dal Ponte **Aidar** Gomes

COORDENAÇÃO
Renee do Ó **Souza**

Direito Processual Penal

2ª EDIÇÃO REVISTA, ATUALIZADA E REFORMULADA

- Os autores deste livro e a editora empenharam seus melhores esforços para assegurar que as informações e os procedimentos apresentados no texto estejam em acordo com os padrões aceitos à época da publicação, e todos os dados foram atualizados pelos autores até a data de fechamento do livro. Entretanto, tendo em conta a evolução das ciências, as atualizações legislativas, as mudanças regulamentares governamentais e o constante fluxo de novas informações sobre os temas que constam do livro, recomendamos enfaticamente que os leitores consultem sempre outras fontes fidedignas, de modo a se certificarem de que as informações contidas no texto estão corretas e de que não houve alterações nas recomendações ou na legislação regulamentadora.
- Fechamento desta edição: *27.04.2022*
- Os autores e a editora se empenharam para citar adequadamente e dar o devido crédito a todos os detentores de direitos autorais de qualquer material utilizado neste livro, dispondo-se a possíveis acertos posteriores caso, inadvertida e involuntariamente, a identificação de algum deles tenha sido omitida.
- **Atendimento ao cliente: (11) 5080-0751 | faleconosco@grupogen.com.br**
- Direitos exclusivos para a língua portuguesa
  Copyright © 2022 by
  Editora Forense Ltda.
  Uma editora integrante do GEN | Grupo Editorial Nacional
  Travessa do Ouvidor, 11 – Térreo e 6º andar
  Rio de Janeiro – RJ – 20040-040
  www.grupogen.com.br
- Reservados todos os direitos. É proibida a duplicação ou reprodução deste volume, no todo ou em parte, em quaisquer formas ou por quaisquer meios (eletrônico, mecânico, gravação, fotocópia, distribuição pela Internet ou outros), sem permissão, por escrito, da Editora Forense Ltda.
- Esta obra passou a ser publicada pela Editora Método | Grupo GEN a partir da 2ª edição.
- Esta obra, anteriormente designada "Resumo de Processo Penal", passou a ser intitulada "Direito Processual Penal" a partir da 2ª edição.
- Capa: Bruno Sales Zorzetto
- **CIP – BRASIL. CATALOGAÇÃO NA FONTE.**
  SINDICATO NACIONAL DOS EDITORES DE LIVROS, RJ.

P668d
2. ed.

Piedade, Antonio Sergio Cordeiro
Direito processual penal / Antonio Sergio Cordeiro Piedade, Ana Carolina Dal Ponte Aidar Gomes; coordenação Renee do Ó Souza. – 2. ed. – Rio de Janeiro: Método, 2022.
536 p. ; 21cm (Método essencial)

Inclui bibliografia
ISBN 978-65-5964-509-1

1. Processo penal – Brasil. 2. Inquérito policial. 3. Serviço público – Brasil – Concursos. I. Gomes, Ana Carolina Dal Ponte Aidar. II. Souza, Renee do Ó. III. Título. IV. Série.

22-76384   CDU: 343.1(81)

Gabriela Faray Ferreira Lopes – Bibliotecária – CRB-7/6643

Sumário

Capítulo 1
Introdução ao Direito Processual Penal 1
1.1 Conceito 1
1.2 Princípios 2
   1.2.1 Princípio do devido processo legal 2
   1.2.2 Princípio do contraditório 3
   1.2.3 Princípio da ampla defesa 4
   1.2.4 Princípio da verdade real 6
   1.2.5 Princípio da presunção de inocência ou da não culpabilidade 6
   1.2.6 Princípio da motivação 8
   1.2.7 Princípio da vedação das provas ilícitas 10
   1.2.8 Princípio da imparcialidade 10
1.3 Sistemas 12
   1.3.1 Sistema inquisitivo 12
   1.3.2 Sistema acusatório 12
      1.3.2.1 Juiz das garantias 13
   1.3.3 Sistema misto 20
1.4 Eficácia da lei processual penal 20
   1.4.1 Eficácia da lei processual no espaço 21
   1.4.2 Eficácia da lei processual no tempo 22
1.5 Interpretação e integração da lei processual 24

Capítulo 2
Inquérito policial 25
2.1 Introdução 25
2.2 Quem instaura o inquérito policial? 26
2.3 Destinatário do inquérito policial 29
2.4 Características do inquérito policial 29

2.5 Formas de instauração do inquérito policial 34
2.6 *Notitia criminis* 38
2.7 Instrumentos do crime 39
2.8 Indeferimento de requerimento de abertura de inquérito 40
2.9 Investigação em desfavor de agentes da segurança pública 41
2.10 Prazo para conclusão do inquérito policial 42
2.11 Encerramento do inquérito policial 44
2.12 Acordo de não persecução penal 51
2.13 Pontos importantes 56
    2.13.1 Do curador 56
    2.13.2 Da incomunicabilidade do preso 57
    2.13.3 Das nulidades no inquérito policial 58
    2.13.4 Trancamento do inquérito policial 59
2.14 Outras modalidades investigativas 60
    2.14.1 Investigação pelo Ministério Público 60
    2.14.2 Termo circunstanciado 63
    2.14.3 Comissão Parlamentar de Inquérito 63

Capítulo 3

Ação penal 65

3.1 Introdução 65
3.2 Condições da ação 66
    3.2.1 Genéricas 66
    3.2.2 Específicas 73
3.3 Espécies 74
    3.3.1 Ação penal pública 76
        3.3.1.1 Início da ação penal pública 80
        3.3.1.2 Prazo para o ajuizamento da ação penal pública 82
        3.3.1.3 Ação penal pública incondicionada 83
        3.3.1.4 Ação penal pública condicionada 84
    3.3.2 Ação penal privada 90
        3.3.2.1 Início da ação penal privada 96
        3.3.2.2 Prazo para o ajuizamento da ação penal privada ... 97
        3.3.2.3 Perempção 98
        3.3.2.4 Ação penal privada comum ou exclusiva 100
        3.3.2.5 Ação penal privada personalíssima 101

3.3.2.6 Ação penal privada subsidiária da pública 102
3.4 Hipóteses de rejeição liminar de denúncia ou queixa-crime 105
3.5 Pontos importantes 112
   3.5.1 Crime de lesão corporal ocorrido no âmbito doméstico e familiar 112
   3.5.2 Crimes contra a dignidade sexual 115

Capítulo 4
Ação civil ex delicto 119

Capítulo 5
Jurisdição e competência 125

5.1 Jurisdição 125
5.2 Competência 128
   5.2.1 Conceito 128
   5.2.2 Competência absoluta e relativa 128
      5.2.2.1 Competência absoluta 128
      5.2.2.2 Competência relativa 129
   5.2.3 Espécies 131
      5.2.3.1 Da competência em razão da matéria 131
      5.2.3.2 Da competência territorial 152
      5.2.3.3 Da competência pelo domicílio ou residência do réu... 154
      5.2.3.4 Da competência por distribuição 155
      5.2.3.5 Conexão e continência 156
      5.2.3.6 Prevenção 163
      5.2.3.7 Da competência por prerrogativa de função 164
   5.2.4 Questões pontuais 170
   5.2.5 Disposições finais 174

Capítulo 6
Das questões e processos incidentes 177

6.1 Das questões prejudiciais 178
6.2 Das exceções 180
   6.2.1 Exceção de suspeição 181

6.2.2　Exceção de incompetência 186
6.2.3　Exceções de litispendência, ilegitimidade da parte e coisa julgada 187
6.3　Das incompatibilidades e impedimentos 189
6.4　Conflito de jurisdição 191
6.5　Da restituição das coisas apreendidas 193
6.6　Das medidas assecuratórias 196
　6.6.1　Sequestro 196
　6.6.2　Hipoteca legal 199
　6.6.3　Arresto 201
　6.6.4　Alienação antecipada dos bens 203
6.7　Do incidente de falsidade 204
6.8　Do incidente de insanidade mental do acusado 206

Capítulo 7

Provas 209
7.1　Disposições gerais 209
　7.1.1　Significados 209
　7.1.2　Princípios 210
　7.1.3　Destinatário e finalidade 211
　7.1.4　Sistemas 211
　7.1.5　Da produção de provas 212
　7.1.6　Ônus da prova 213
　7.1.7　Fases de produção 214
　7.1.8　Da vedação das provas ilícitas e das obtidas por meio ilícito 215
　7.1.9　Prova emprestada 219
7.2　Das espécies de provas 220
　7.2.1　Exame de corpo de delito e perícias em geral 221
　　7.2.1.1　Autópsia 229
　　7.2.1.2　Exame de lesão corporal 230
　　7.2.1.3　Exames laboratoriais 231
　　7.2.1.4　Exames nos crimes de roubo ou furto 231
　　7.2.1.5　Exame de incêndio 232
　　7.2.1.6　Exame de reconhecimento de escritos 233
　　7.2.1.7　Exame de instrumentos 233
　7.2.2　Interrogatório do acusado 234

7.2.3	Confissão	239
7.2.4	Oitiva do ofendido	241
7.2.5	Prova testemunhal	243
7.2.6	Reconhecimento de pessoas e coisas	250
7.2.7	Acareação	251
7.2.8	Prova documental	252
7.2.9	Indícios	254
7.2.10	Busca e Apreensão	254
7.2.10.1	Busca pessoal	255
7.2.10.2	Busca domiciliar	255
7.2.10.3	Busca: disposições em comum	258
7.2.11	Meios de prova previstos na legislação extravagante	261
7.2.11.1	Interceptação telefônica	261
7.2.11.2	Captação ambiental	266
7.2.11.3	Colaboração premiada	266

Capítulo 8

Sujeitos processuais 271

8.1	Do Juiz	271
8.1.1	Impedimento	274
8.1.2	Suspeição	276
8.2	Do Ministério Público	277
8.3	Do acusado	281
8.4	Do defensor	282
8.5	Do assistente de acusação	285
8.6	Dos funcionários da justiça	289
8.7	Dos peritos	289
8.8	Dos intérpretes	291

Capítulo 9

Prisão, medidas cautelares e liberdade provisória 293

9.1	Disposições gerais	293
9.1.1	Quem aplica as medidas cautelares?	294
9.2	Prisão	296
9.2.1	Prisão-pena	297

9.2.2 Prisão cautelar..298
9.2.2.1 Mandado de prisão..300
9.2.2.2 Emprego de força..302
9.2.2.3 Perseguição...302
9.2.2.4 Presos "especiais"...303
9.2.2.5 Modalidades..305
9.3 Outras medidas cautelares..341
9.4 Liberdade provisória..345
9.5 Fiança...346
9.5.1 Quem arbitra a fiança?...346
9.5.2 Crimes inafiançáveis..348
9.5.3 Valor da fiança..351
9.5.4 Obrigações do afiançado...353
9.5.5 Restituição da fiança..353
9.5.6 Cassação da fiança..354
9.5.7 Reforço da fiança...354
9.5.8 Quebra da fiança..355
9.5.9 Perda total da fiança..356

Capítulo 10
Dos processos em espécie.. 357

10.1 Disposições gerais..357
10.2 Procedimento comum...358
10.2.1 Procedimento ordinário..359
10.2.1.1 Recebimento ou rejeição da denúncia ou queixa-crime....359
10.2.1.2 Citação..360
10.2.1.3 Intimação..371
10.2.1.4 Resposta à acusação....................................372
10.2.1.5 Absolvição sumária......................................372
10.2.1.6 Audiência de instrução e julgamento..........374
10.2.1.7 Sentença...381
10.2.2 Procedimento sumário..396
10.2.3 Procedimento sumaríssimo..397
10.3 Procedimentos especiais...403
10.3.1 Procedimento do Tribunal do Júri..............................404
10.3.1.1 Princípios do Tribunal do Júri......................404
10.3.1.2 Fases..409

10.3.2 Do processo e julgamento dos crimes de responsabilidade dos funcionários públicos 444
10.3.3 Do processo e julgamento dos crimes contra a honra 445
10.3.4 Do processo dos crimes contra a propriedade imaterial 446

Capítulo 11

Nulidades 449
11.1 Disposições gerais 449
11.2 Sistemas 450
11.3 Princípios 451
11.4 Espécies 454
    11.4.1 Nulidade absoluta 455
    11.4.2 Nulidade relativa 464

Capítulo 12

Recursos 467
12.1 Disposições gerais 467
12.2 Princípios 468
12.3 Pressupostos 472
    12.3.1 Objetivos 473
    12.3.2 Subjetivos 475
12.4 Efeitos 475
    12.4.1 Efeito devolutivo 475
    12.4.2 Efeito suspensivo 476
    12.4.3 Efeito regressivo 476
    12.4.4 Efeito extensivo 477
12.5 Espécies 477
    12.5.1 Recurso de apelação criminal 477
    12.5.2 Recurso em sentido estrito 484
    12.5.3 Embargos de declaração 494
    12.5.4 Embargos infringentes 496
    12.5.5 Carta testemunhável 497
    12.5.6 Agravo em execução 498
    12.5.7 Recurso especial 499
    12.5.8 Recurso extraordinário 500

Capítulo 13
Ações autônomas de impugnação 501
13.1   Habeas corpus 501
13.2   Revisão criminal 510
13.3   Mandado de segurança 516

Referências 521

1

Introdução ao Direito Processual Penal

1.1 Conceito

Embora a convivência humana seja regida por normas básicas de conduta, por vezes os indivíduos acabam por transgredi-las, o que, por via de consequência, gera conflitos. E, quando esses conflitos resultam na agressão de bens dignos de tutela penal (como a vida, a honra, o patrimônio, dentre outros), é necessária a atuação do Estado, para criar normas sancionatórias, a fim de que se previna e reprima a violação de direitos.

Para tanto, sobrevém o Direito Penal, que é o corpo de normas jurídicas, que disciplina as relações que envolvam os bens tidos como mais importantes pela sociedade. A título de exemplificação, o Código Penal e a Legislação Penal Extravagante descrevem inúmeras condutas que, quando realizadas, são passíveis de punição por parte do Estado.

E, neste contexto, surge o Direito Processual Penal, cujo objetivo é justamente **regular a forma de atuação do Estado**, por meio do Poder Judiciário, de maneira que **dê aplicabilidade às normas materiais**, e garanta ao acusado e à sociedade, o devido processo legal.

Assim, caberá ao Direito Penal dispor acerca das condutas ilícitas, bem como cominar as respectivas sanções. Cometido o crime, surgirá para o Estado a pretensão punitiva, que somente se perfaz com os ditames procedimentais estabelecidos pelo Direito Processual Penal.

Posto isso, conforme preleciona Guilherme de Souza Nucci, o Direito Processual Penal "é o corpo de normas jurídicas cuja finalidade é regular o modo, os meios e os órgãos encarregados de punir do Estado, realizando-se por intermédio do Poder Judiciário, constitucionalmente incumbido de aplicar a lei ao caso concreto" (NUCCI, 2006, p. 73).

Em síntese, o **Direito Processual Penal é um ramo autônomo do direito, que visa dar instrumentalidade às normas materiais, bem como organizar a atuação do Estado, a fim de solucionar os conflitos que, de alguma forma, violem os bens considerados mais caros à sociedade.**

1.2 Princípios

Assim como todo o ramo autônomo do direito, o estudo do Direito Processual Penal pressupõe a existência de princípios próprios, que devem estar em consonância com a Constituição da República de 1988, razão pela qual, nos dias atuais, só é possível dissecá-los realizando uma análise em conjunto com os direitos fundamentais previstos na Magna Carta.

1.2.1 Princípio do devido processo legal

Conforme salientado, para dar aplicabilidade ao Direito Penal, é necessário um corpo de normas jurídicas que disciplinem a forma de atuação do Estado, objetivando proteger o acusado de eventuais abusos de direito. Logo, a atividade estatal não se dará de maneira discricionária ou ao bel-prazer do Poder Judiciário. Ao contrário, é necessário que se respeite o devido processo legal.

A doutrina costuma dividir o princípio do devido processo legal em duas vertentes: a formal e a material.

Entende-se por **devido processo legal formal** a obediência aos ditames previstos em lei, os quais devem garantir a ampla defesa e o contraditório às partes interessadas. Dessa forma, se o Código de Processo Penal prevê que, após o recebimento da denúncia, a defesa tem o direito de apresentar sua resposta à acusação, deve o Estado assegurar que essa regra seja respeitada.

Já o **devido processo legal material** volta-se à análise substancial do processo, oportunidade em que se aferirá se o trâmite processual foi adequado e se a decisão proferida é proporcional ao caso concreto, devendo todos os atos processuais estarem em consonância com o princípio da dignidade humana e a dupla face do princípio da proporcionalidade, de modo a não permitir excessos do Estado contra o acusado, mas também sem deixar de acautelar a sociedade, não permitindo uma proteção deficiente, insuficiente ou uma infraproteção.

Portanto, o princípio do devido processo legal visa proteger o indivíduo de possíveis excessos por parte do Poder Judiciário, a partir da vinculação da atuação estatal às normas previstas na lei, tornando-se imperioso, pois, que o caminho percorrido até o trânsito em julgado do feito seja adequado e preserve todos os direitos constitucionalmente protegidos.

Convém enfatizar que, recentemente, o Superior Tribunal de Justiça aprovou a Súmula nº 639, cujo teor se faz colacionar: "Não fere o contraditório e o devido processo decisão que, sem ouvida prévia da defesa, determine transferência ou permanência de custodiado em estabelecimento penitenciário federal."

1.2.2 Princípio do contraditório

A obediência ao contraditório assegura que a parte (seja acusação, seja defesa) tenha ciência do desenrolar do processo e participe de modo direto da ação penal, ou seja, produza provas, seja ouvida e se faça presente. Afinal, é salutar para a garantia do devido processo legal e para assegurar a dignidade da pessoa humana a existência de um debate argumentativo em torno do feito.

Mais do que poder participar do processo, deve o magistrado respeitar a atuação do agente, no sentido de que as manifestações serão efetivamente consideradas pelo Estado. Por conseguinte, todas as teses trazidas pelas partes, em juízo, serão decididas motivadamente, cabendo ao julgador apontar as razões que o fizeram optar por deliberar daquela forma.

1.2.3 Princípio da ampla defesa

O princípio da ampla defesa é consectário do princípio do contraditório: trata-se da obrigação do Estado de garantir ao réu a maior e mais completa defesa possível dentro do processo penal. É uma especificação, a qual se subdivide em **direito à autodefesa** e **direito à defesa técnica**.

O direito à **autodefesa** garante ao próprio réu o poder de argumentar, dialogar e participar do processo diretamente. No interrogatório, por exemplo, o agente que violou a norma penal poderá optar por falar ou até mesmo manter-se em silêncio, para não produzir provas contra si, exercendo o seu direito à ampla defesa, por meio da autodefesa, cujo caráter é, pois, personalíssimo.

Conclui-se, assim, que a autodefesa é disponível, podendo o acusado renunciá-la, se entender que isto lhe favorece.

Ainda, preceitua o art. 367 do Código de Processo Penal que "o processo seguirá sem a presença do acusado que, citado ou intimado pessoalmente para qualquer ato, deixar de comparecer sem motivo justificado, ou, no caso de mudança de residência, não comunicar o novo endereço ao juízo". Ou seja, a participação do réu é (muito) importante, mas não é imprescindível.

Dessa forma, o acusado poderá se tornar revel no curso da lide ou até mesmo permanecer calado em seu interrogatório, sendo que nenhuma dessas circunstâncias darão ensejo a qualquer nulidade.

Diferentemente, a **defesa técnica** não detém caráter de prescindibilidade. Ao contrário, a assistência jurídica é assegurada de modo absoluto ao réu, haja vista que o advogado/defensor detém conhecimento técnico para acompanhar e orientar o acusado em um trâmite que pode lhe resultar uma condenação.

Desse modo, ainda que o agente infrator não tenha condições de arcar com advogado, ou é considerado revel, ou ainda renuncie a assistência jurídica, caberá ao magistrado competente designar um profissional habilitado para assisti-lo (na grande maioria dos casos, um defensor público).

Logo:

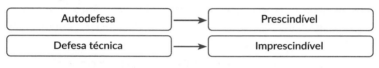

Jurisprudência

Interrogatório de corréus: ausência de defesa técnica e acusado delator

"A imprescindibilidade da participação da defesa técnica, sob pena de nulidade, restringe-se ao acusado que é interrogado. Entretanto, excepciona-se a regra da faculdade da participação quando há a imputação de crimes pelo interrogado aos demais réus, como nos casos de colaboração premiada. Nessas hipóteses, deve-se exigir a presença dos advogados dos réus delatados, pois, na colaboração premiada, o delator adere à acusação em troca de um benefício acordado entre as partes e homologado pelo julgador natural. Em regra, o delator presta contribuições à persecução penal incriminando eventuais corréus" (STF, AO 2093, Rel. Min. Cármen Lúcia, 2ª T., j. 3-9-2019, DJe 10-10-2019).

Por fim, cumpre ressaltar que o Supremo Tribunal Federal editou a Súmula Vinculante n° 14, cujo teor garante ao defensor amplos poderes, para que melhor possa assistir o acusado e exercer sua defesa: "É direito do defensor, no interesse do representado, ter acesso amplo aos elementos de prova que, já documentados em procedimento investigatório realizado por órgão com competência de polícia judiciária, digam respeito ao exercício do direito de defesa."

1.2.4 Princípio da verdade real

Por ser o ramo do direito que visa proteger os bens mais caros da sociedade, a violação das normas penais acarretam a incursão em sanções mais duras, a citar a condenação à pena privativa de liberdade. Em verdade, cuida-se de uma esfera extremamente sensível, onde eventuais erros podem gerar injustiças indeléveis.

Destarte, ainda que o legislador tenha adotado o sistema acusatório, o magistrado deve determinar de ofício a prática de atos, os quais entenda necessários para elucidar o feito. Assim, se o julgador tiver dúvidas, pode, por exemplo, diligenciar a fim de ouvir uma testemunha referida.

O processo penal, portanto, conforme preleciona Alexandre Cebrian Araújo Reis e Victor Eduardo Rios Gonçalves, "busca desvendar como os fatos efetivamente se passaram, não admitindo ficções e presunções processuais, diferentemente do que ocorre no processo civil" (REIS; GONÇALVES, 2014, p. 85).

1.2.5 Princípio da presunção de inocência ou da não culpabilidade

A Constituição da República é clara ao elucidar em seu art. 5º, inciso LVII, que "ninguém será considerado culpado até o trânsito em julgado de sentença penal condenatória". Ou seja, enquanto não se esgotarem todas as vias recursais, o réu é inocente.

No entanto, não obstante a Carta Magna traga expressamente o referido preceito, tal princípio não impede, tampouco é incompatível com as prisões provisórias, que possuem requisitos próprios para a sua decretação.

Importante!

O STF, em mudança recente de entendimento, decidiu não ser mais possível o início da execução provisória da pena, ainda que a condenação seja confirmada em segunda instância.

Até **7-11-2019**, o Supremo Tribunal Federal entendia que, embora não esgotadas todas as possibilidades recursais, após a prolatação de acórdão condenatório o acusado poderia ser submetido ao início da execução, sem que houvesse afronta ao princípio da presunção de inocência. **Contudo, por ora, a compreensão da matéria mudou.**

Sobre o polêmico tema concernente à execução provisória da pena, vejamos a linha do tempo a seguir. Observa-se que a matéria sempre foi controversa:

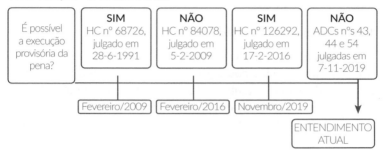

Então, **atualmente** é impossível a execução provisória da pena cuja ação não tenha transitado em julgado. Via de consequência, os que se encontravam presos em razão da decisão proferida no âmbito do HC nº 126.292, de 17-2-2016, devem ser libertados, salvo os casos fundamentados nos arts. 312 e 313 do Código de Processo Penal, que estabelecem os requisitos autorizadores da prisão preventiva.

Cumpre ressaltar que a possibilidade da prisão em segunda instância foi uma das propostas aventadas no Pacote Anticrime. Todavia, a tentativa de consolidar a questão no parlamento e incorporá-la ao ordenamento jurídico não logrou êxito, tendo sido a referida proposta rejeitada pelo Congresso Nacional.

O Superior Tribunal de Justiça, invocando o princípio da presunção de inocência, sumulou entendimento no sentido de que inquéritos policiais e ações penais em curso não são fundamentos idôneos para exasperar a pena do indivíduo.[1]

---

[1]. Súmula nº 444, STJ: "É vedada a utilização de inquéritos policiais e ações penais em curso para agravar a pena-base".

Imagine que Tício possua duas ações em curso: uma pela prática de furto e outra por roubo. Quando o magistrado sentenciar o primeiro feito, não poderá aumentar a pena-base do acusado, sob a justificativa de que Tício possui maus antecedentes por responder à ação penal pelo crime de roubo, afinal, ainda não houve o trânsito em julgado, e, se não houve um provimento jurisdicional definitivo, o agente não poderá ser considerado culpado.

1.2.6 Princípio da motivação

Segundo o art. 93, inciso IX, da Constituição da República, "todos os julgamentos dos órgãos do Poder Judiciário serão públicos, e fundamentadas todas as decisões, sob pena de nulidade". No mesmo sentido, o Código de Processo Penal dispõe que a sentença indicará os "motivos de fato e de direito em que se fundar a decisão".

Os supracitados dispositivos indicam que o magistrado, ao proferir qualquer deliberação de cunho decisório, deverá fundamentar, justificar, motivar o porquê de sua escolha.

De acordo com a inteligência do art. 315, § 2º, do Código de Processo Penal,

> não se considera fundamentada qualquer decisão judicial, seja ela interlocutória, sentença ou acórdão, que: (a) limitar-se à indicação, à reprodução ou à paráfrase de ato normativo, sem explicar sua relação com a causa ou a questão decidida; (b) empregar conceitos jurídicos indeterminados, sem explicar o motivo concreto de sua incidência no caso; (c) invocar motivos que se prestariam a justificar qualquer outra decisão; (d) não enfrentar todos os argumentos deduzidos no processo capazes de, em tese, infirmar a conclusão adotada pelo julgador; (e) limitar-se a invocar precedente ou enunciado de súmula, sem identificar seus fundamentos determinantes nem demonstrar que o caso sob julgamento se ajusta àqueles fundamentos; ou (f) deixar de seguir enunciado de súmula, jurisprudência ou precedente invocado pela

parte, sem demonstrar a existência de distinção no caso em julgamento ou a superação do entendimento.

Em verdade, vigora em nosso ordenamento jurídico o **sistema do livre convencimento motivado ou da persuasão racional**, o qual aduz que o julgador tem plena liberdade para tomar as escolhas e deliberar conforme entender adequado, desde que justifique os motivos de tomar determinada decisão.[2]

O Ministro Menezes Direito explica, no âmbito do RHC nº 91.691, que

> vige em nosso sistema o princípio do livre convencimento motivado ou da persuasão racional, segundo o qual compete ao juiz da causa valorar com ampla liberdade os elementos de prova constantes dos autos, desde que o faça motivadamente, com o que se permite a aferição dos parâmetros de legalidade e razoabilidade adotados nessa operação intelectual. Não vigora mais entre nós o sistema das provas tarifadas, segundo o qual o legislador estabelecia previamente o valor, a força probante de cada meio de prova. Tem-se, assim, que a confissão do réu, quando desarmônica com as demais provas do processo, deve ser valorada com reservas (...).[3]

Em contrapartida, o STF já decidiu no âmbito do HC nº 128.031, de relatoria da Ministra Rosa Weber, que "não se exigem, quando do recebimento da denúncia, a cognição e a avaliação exaustiva da prova ou a apreciação exauriente dos argumentos das partes, bastando o exame da validade formal da peça e a verificação da presença de indícios suficientes de autoria e de materialidade".[4] Isso quer dizer que, ao receber a denúncia oferecida pelo órgão acusatório, o magistrado exercerá um juízo de cognição su-

---

[2.] Art. 155 do CPP: "O juiz formará sua convicção pela livre apreciação da prova produzida em contraditório judicial, não podendo fundamentar sua decisão exclusivamente nos elementos informativos colhidos na investigação, ressalvadas as provas cautelares, não repetíveis e antecipadas".
[3.] RHC 91.691, Rel. Min. Menezes Direito, j. 19-2-2008, 1ª T., DJe 25-4-2008.
[4.] HC 128.031, Rel. Min. Rosa Weber, j. 1-9-2015, 1ª T, DJe 22-09-2015.

mária, verificando a presença dos requisitos da denúncia e de indícios suficientes de autoria e materialidade.

1.2.7 Princípio da vedação das provas ilícitas

De acordo com o preceito constitucional previsto no art. 5°, inciso LIV, são inadmissíveis, no processo penal, as provas obtidas por meios ilícitos. Dessa maneira, as provas produzidas em afronta aos ditames descritos na Constituição e na legislação ordinária não serão consideradas pelo julgador.

Considere que uma autoridade policial qualquer investigue um crime de homicídio e indicie Tício pela prática delitiva. Ao chegar à Delegacia de Polícia para apresentar sua versão dos fatos, Tício passa a ser torturado pelos agentes policiais, a fim de que confesse a autoria do crime. Em pânico, buscando cessar aquela situação, o suspeito atribui a si a conduta criminosa. Posteriormente, após exame de corpo de delito, descobre-se a tortura ocorrida em sede policial. Deve, portanto, o magistrado desconsiderar totalmente o interrogatório do acusado, não podendo utilizar tal meio de prova para embasar eventual sentença condenatória.

De outro modo, a doutrina e a jurisprudência vêm entendendo pela possibilidade de se utilizar provas obtidas por meio ilícito quando estas beneficiarem o réu. Ou seja, se ao violarem o sigilo de correspondência do indiciado, sem autorização judicial, os policiais militares descobrirem que Tício, no dia do crime de homicídio, estava em viagem para outro país, tal prova, ainda que agrida direitos fundamentais importantes, poderá ser utilizada para lastrear a absolvição do mesmo.

1.2.8 Princípio da imparcialidade

Trata-se o princípio da **imparcialidade** de um corolário do devido processo legal, afinal, o trâmite processual apenas atingirá seu objetivo se for conduzido por uma autoridade judiciária competente,

Introdução ao Direito Processual Penal 11

que julgue os fatos trazidos em juízo com isonomia e sem sacrificar a verdade em razão de considerações particulares.

Por esse motivo, poderão as partes arguir a suspeição ou impedimento do magistrado em caso de eventual desconfiança acerca da parcialidade da autoridade, desde que, claro, esteja devidamente fundamentada.

Importante trazer à baila o princípio do **juiz natural**, o qual dispõe que a competência da autoridade julgadora será anteriormente fixada em lei, com o intuito de evitar julgamentos de exceção. Por isso, se determinado fato é levado ao conhecimento do Poder Judiciário, não poderá o Estado, a seu livre arbítrio, escolher qual magistrado decidirá a causa.

Em idêntica simetria, é o princípio do **promotor natural**, que assevera a necessidade de se conhecer previamente quem será incumbido de representar o órgão acusatório.

Nesse sentido, explica o Ministro Celso de Mello que o princípio em testilha "repele, a partir da vedação de designações casuísticas efetuadas pela chefia da instituição, a figura do acusador de exceção". E completa:

> esse princípio consagra uma garantia de ordem jurídica, destinada tanto a proteger o membro do Ministério Público, na medida em que lhe assegura o exercício pleno e independente dos seus princípios penais e processuais penais ofício, quanto a tutelar a própria coletividade, a quem se reconhece o direito de ver atuando, em quaisquer causas, apenas o promotor cuja intervenção se justifique a partir de critérios abstratos e predeterminados, estabelecidos em lei.[5]

Assim, encerra-se o estudo dos principais princípios do Direito Processual Penal, mas nunca por completo, afinal, a análise principiológica nos acompanhará ao longo de toda esta obra.

[5.] HC 67.759, Rel. Min. Celso de Mello, j. 6-8-1992, DJ 1º-7-1993.

1.3 Sistemas

São três as espécies de sistemas processuais penais: o **inquisitivo**, o **acusatório** e o **misto**. Vejamos.

1.3.1 Sistema inquisitivo

O **sistema inquisitivo** pressupõe a concentração, em uma mesma pessoa, do poder de julgar e acusar. Inexistem direitos fundamentais básicos, quais sejam, o contraditório, a ampla defesa, a publicidade, dentre outros. Logo, a autoridade responsável pelo deslinde processual conduzirá o processo de acordo com suas próprias convicções e produzirá as provas que entender necessárias, prescindindo, pois, do auxílio de qualquer outro agente, seja a acusação, seja a defesa.

Percebe-se, claramente, que este **não** é o sistema adotado no Brasil. Ao contrário, é próprio dos regimes ditatoriais, e encontra-se completamente dissonante do estabelecido em nossa Constituição.

1.3.2 Sistema acusatório

Em sentido oposto ao inquisitivo, **o ordenamento jurídico brasileiro adota o sistema acusatório**, o qual contempla a separação das funções no processo penal: enquanto o magistrado se incumbe da tarefa de julgar e decidir as questões com isenção e neutralidade, o Ministério Público é o fiscal da lei e exerce a titularidade da ação penal, como órgão legitimado a acusar. À defesa, por outro lado, pertence o papel de assistir juridicamente o acusado.

Além disso, o sistema acusatório reúne todas as garantias processuais essenciais para a prolatação de uma decisão justa e adequada, ao final do procedimento: assegura o contraditório e a ampla defesa, dá publicidade aos atos judiciais, motiva as decisões e garante o devido processo legal.

A aprovação da Lei Anticrime (Lei n° 13.964/2019) ratificou a adoção ao sistema acusatório, cuja aceitação não era unânime na doutrina, posto que alguns autores lecionavam que o processo penal brasileiro se amoldava ao sistema misto, em razão das características próprias do inquérito policial. Porém, o novo texto de lei é claro ao asseverar, em seu art. 3°-A do Código de Processo Penal, que "o processo penal terá estrutura acusatória, vedadas a iniciativa do juiz na fase de investigação e a substituição da atuação probatória do órgão de acusação".

Importante!

Nosso Código de Processo Penal possui ranços do sistema inquisitivo, tais como a decretação de medidas de ofício por parte do Poder Judiciário. Exemplifiquemos:

■ **Art. 156 do CPP:** "A prova da alegação incumbirá a quem a fizer, sendo, porém, facultado ao juiz de ofício: I – ordenar, mesmo antes de iniciada a ação penal, a produção antecipada de provas consideradas urgentes e relevantes, observando a necessidade, adequação e proporcionalidade da medida; II – determinar, no curso da instrução, ou antes de proferir sentença, a realização de diligências para dirimir dúvida sobre ponto relevante."

■ **Art. 212, *caput* e parágrafo único, do CPP:** "As perguntas serão formuladas pelas partes diretamente à testemunha, não admitindo o juiz aquelas que puderem induzir a resposta, não tiverem relação com a causa ou importarem na repetição de outra já respondida; sobre os pontos não esclarecidos, o juiz poderá complementar a inquirição."

■ **Art. 385 do CPP:** "Nos crimes de ação pública, o juiz poderá proferir sentença condenatória, ainda que o Ministério Público tenha opinado pela absolvição, bem como reconhecer agravantes, embora nenhuma tenha sido alegada."

■ **Art. 404 do CPP:** "Ordenado diligência considerada imprescindível, de ofício ou a requerimento da parte, a audiência será concluída sem as alegações finais."

1.3.2.1 Juiz das garantias

Questão deveras polêmica, o **juízo das garantias** é uma proposta legislativa da Deputada Federal Margarete Coelho (PP-PI), aprovada pelo Congresso Nacional, sancionada pelo Presidente da

República Jair Messias Bolsonaro, e inserida no ordenamento jurídico brasileiro através da Lei n° 13.964/2019, vindo a acrescentar ao corpo do Código de Processo Penal os arts. 3°-A a 3°-F.

O texto legal conceitua o juiz das garantias como aquele "responsável pelo **controle da legalidade da investigação criminal e pela salvaguarda dos direitos individuais** cuja franquia tenha sido reservada à autorização prévia do Poder Judiciário".

Desse modo, as manifestações pré-processuais ficariam a cargo do juízo das garantias,[6] cabendo à referida autoridade atuar do momento do cometimento da infração penal até o recebimento da denúncia, instante em que as questões eventualmente pendentes seriam decididas pelo juiz da instrução e julgamento.

Portanto, na prática, a autoridade judicial que conduz a investigação criminal não será a mesma que proferirá sentença.

Inclusive, a norma deixa expresso que a autoridade que, porventura, praticar atos judiciais na fase investigatória (ou seja, atuar com juiz das garantias), ficará automaticamente impedida de atuar no processo criminal. E que, nas comarcas cuja Vara seja única ou que funcione apenas um magistrado, caberá ao respectivo tribunal criar um sistema de rodízio entre juízes, a fim de assegurar o cumprimento do disposto em lei.

Todavia, atente-se:

> o que deve ficar claro é que toda e qualquer hipótese de atuação do juízo de garantias deverá ser pautado na inércia (...).
> Como bem manifestado pelo Senador Renato Casagrande, a jurisdição não se presta para a interferir nos rumos da investigação ou imiscuir-se nas atividades próprias da acusação e, muito menos, da defesa (...). Não haverá mais espaço para atuações de ofício na fase de investigação, em especial na concessão de medidas cautelares, tais como prisões ou liberdades provisórias (ANDRADE, 2015, p. 99-100).

[6.] Para aprofundamento: Piedade e Faria, 2021a, p. 103-132.

A própria legislação enumera algumas atividades especialmente atribuídas ao juiz das garantias, competindo-lhe, assim:

I – Receber a comunicação imediata da prisão (...);

II – Receber o auto da prisão em flagrante para o controle da legalidade da prisão, observado o disposto no art. 310 deste Código;

III – Zelar pela observância dos direitos do preso, podendo determinar que este seja conduzido à sua presença, a qualquer tempo;

IV – Ser informado sobre a instauração de qualquer investigação criminal;

V – Decidir sobre o requerimento de prisão provisória ou outra medida cautelar (...);

VI – Prorrogar a prisão provisória ou outra medida cautelar, bem como substituí-las ou revogá-las, assegurado, no primeiro caso, o exercício do contraditório em audiência pública e oral, na forma do disposto neste Código ou em legislação especial pertinente;

VII – Decidir sobre o requerimento de produção antecipada de provas consideradas urgentes e não repetíveis, assegurados o contraditório e a ampla defesa em audiência pública e oral;

VIII – Prorrogar o prazo de duração do inquérito, estando o investigado preso, em vista das razões apresentadas pela autoridade policial (...);

IX – Determinar o trancamento do inquérito policial quando não houver fundamento razoável para sua instauração ou prosseguimento;

X – Requisitar documentos, laudos e informações ao delegado de polícia sobre o andamento da investigação;

XI– Decidir sobre os requerimentos de: a) interceptação telefônica, do fluxo de comunicações em sistemas de informática e telemática ou de outras formas de comunicação;

b) afastamento dos sigilos fiscal, bancário, de dados e telefônico; c) busca e apreensão domiciliar; d) acesso a informações sigilosas; e) outros meios de obtenção da prova que restrinjam direitos fundamentais do investigado;

XII – Julgar o *habeas corpus* impetrado antes do oferecimento da denúncia;

XIII – determinar a instauração de incidente de insanidade mental;

XIV – Decidir sobre o recebimento da denúncia ou queixa

(...)

XV – Assegurar prontamente, quando se fizer necessário, o direito outorgado ao investigado e ao seu defensor de acesso a todos os elementos informativos e provas produzidos no âmbito da investigação criminal, salvo no que concerne, estritamente, às diligências em andamento;

XVI – Deferir pedido de admissão de assistente técnico para acompanhar a produção da perícia;

XVII – Decidir sobre a homologação de acordo de não persecução penal ou os de colaboração premiada, quando formalizados durante a investigação;

XVIII – Outras matérias inerentes às atribuições definidas no *caput* deste artigo.

Ademais, é atribuição do juiz das garantias assegurar o cumprimento das regras de tratamento aos presos, devendo impedir possíveis acordos ou ajustes de qualquer autoridade com a imprensa, cuja finalidade se resuma à exploração da imagem do custodiado, sob pena de responsabilidade civil, administrativa e penal. E, por meio de regulamento, deverá disciplinar, em 180 dias, como as informações referentes à prisão e à identidade do preso serão, de modo padronizado e respeitada a programação normativa, divulgadas à imprensa.

Enquanto estiverem sob o crivo do juízo das garantias, os autos permanecerão na secretaria do citado juízo, ficando à disposição do Ministério Público e da defesa, para amplo acesso.

Ressalta-se que o que fora descortinado e realizado até aqui **não** será apensado à ação penal eventualmente ajuizada, salvo os documentos relativos às provas irrepetíveis e às medidas de obtenção ou antecipação de provas, que serão necessariamente remetidas, ao juiz da instrução, em apartado.[7]

Destaca-se, ainda, que o juiz das garantias atuará, **com exceção às infrações de menor potencial ofensivo**, na elucidação de todos os delitos tipificados em lei.

Dessa forma, para cada ação penal em curso, verificar-se-á a atividade de, ao menos, dois magistrados diferentes: um na fase investigatória e outro na judicial. Porém, as decisões prolatadas pelo primeiro não vinculam o segundo, o qual deverá reexaminar a necessidade de possíveis medidas cautelares em vigor, em até 10 dias.

[7.] Segundo Vladimir Aras, "são várias as razões para afastar a ideia de que o inquérito policial ficaria acautelado no cartório de apoio ou juiz de garantias e não seria mais incorporável à ação penal. Vamos a elas: 1º) O § 3º do art. 3º-C do CPP (Lei Anticrime) não tem a extensão pretendida; 2º) os autos do inquérito policial sem investigado preso estarão sujeitos a tramitação direta entre a Polícia e o Ministério Público, sem intervenção do JDG. Não é de sua competência fazer a triangulação, meramente cartorial, entre a Polícia e o MP, no controle de prazos de inquéritos com indiciados soltos. O inciso IV do art. 3º-B determina que o JDG deve ser 'informado sobre a instauração de qualquer investigação criminal', ao passo que o inciso X estipula que lhe compete 'requisitar documentos, laudos e informações ao delegado de polícia sobre o andamento da investigação'. Os dois dispositivos deixam claro que o inquérito continuará com o delegado de Polícia, cuja atribuição para presidi-lo está prevista no CPP e na Lei 12.830/2013; 3º) O § 1º do art. 3º-C do CPP diz expressamente que 'Recebida a denúncia ou queixa, as questões pendentes serão decididas pelo juiz da instrução e julgamento' 4º) O § 2º do art. 3º-C do CPP vai na mesma linha do dispositivo anterior, quanto ao conhecimento de elementos informativos reunidos na investigação criminal. 5º) Há regra expressa no art. 12 do CPP sobre o destino do inquérito policial: 'O inquérito policial acompanhará a denúncia ou queixa, sempre que servir de base a uma ou outra'. 6º) quanto à apreciação e valoração da prova, o art. 155 CPP merece atenção porque tampouco foi revogado pela Lei 13.964/2019; 7º) Note-se que as regras sobre os autos de competência do juiz de garantias foram desenhadas tendo em mira inquéritos e processos físicos. O texto da Lei 13.964/2019 é, neste ponto, ultrapassado. O legislador pareceu não considerar a existência de autos e peticionamento eletrônicos. Com o processo digital, os autos de um inquérito ou de uma medida cautelar podem estar 'na nuvem', e a consulta a eles será online, com acesso amplo pelos sujeitos processuais. Isso tem implicações, inclusive para reduzir a clausura que alguém possa querer impor ao JIJ". Disponível em: <https://www.conjur.com. br/2020-jan-21/vladimir-aras-juiz-garantias-destino-inquerito-policial>. Acesso em: 12 fev. 2020.

Discussão doutrinária
Argumentos favoráveis x Argumentos contrários

Os defensores do juízo de garantias sustentam a sua instituição, sob as justificativas de que: (1) sua existência asseguraria o sistema acusatório; (2) o magistrado que conduziria a ação penal estaria isento de contaminação dos ocasionais ranços advindos da sede inquisitorial; e (3) geraria a especialização do referido juízo, o qual seria dotado de maior celeridade na elucidação dos fatos que lhe competem.

Por outro lado, os juristas contrários à implantação do instituto pontuam que: (1) a ausência do juiz prolator da sentença em sede inquisitiva comprometeria seu entendimento acerca do caso, haja vista que muitas questões são averiguadas nesta fase; (2) ainda que tenha contato com a investigação, o juiz de instrução e julgamento não teria sua imparcialidade reduzida; (3) o Poder Judiciário, no Brasil, carece de recursos para sedimentar a proposta, até porque, a maioria das comarcas brasileiras possuem Vara Única; (4) haveria um vício formal de iniciativa no projeto de lei, posto que eventuais alterações na organização do Poder Judiciário deveriam ser propostas pelo próprio Poder; (5) a preocupação exacerbada em assegurar os direitos do preso, em detrimento das vítimas, as quais não recebem assistência do Poder Público para lidar com as consequências geradas pelo ato criminoso, produzem na sociedade, como um todo, um sentimento de que as garantias só existem para um lado: o do agressor.

Leciona Mauro Fonseca Andrade que "o resultado disso tudo é a proposição de uma figura desnecessária, que trará problemas desnecessários, provocando custos desnecessários. Inclusive, há indicativo, por parte de ninguém menos que o CNJ, de possível violação de direitos e garantias fundamentais, por ferimento ao direito a um processo razoável. Mas, se nos detivermos a outros deslizes técnicos, virão à tona: a) o ferimento à titularidade do Ministério Público, quando do exame de prorrogação da investigação criminal sempre que o investigado estiver preso; b) o ferimento ao princípio da identidade física do juiz, na produção antecipada de prova na fase de investigação; e c) a transigência com o conceito do princípio da imparcialidade judicial, que foi ajustado de acordo com a conveniência política do legislador" (ANDRADE, 2015, p. 142).

> **Importante!**
>
> Sancionada a Lei n° 13.964/2019, restaram ajuizadas quatro ações diretas de inconstitucionalidade, quais sejam, ADIs n° 6298, 6299, 6300 e 6305, em face da mencionada legislação.
>
> Em 15-1-2020, o presidente do Supremo Tribunal Federal, Ministro Dias Toffoli, estendeu liminarmente o prazo para implementação do juízo das garantias por 180 (cento e oitenta) dias, a contar da data da publicação de sua decisão, por entender ser necessário um período de transição razoável para viabilizar a implantação da nova regra.
>
> Além disso, também afastou a aplicação dos arts. 3°-B a 3°-F do CPP, aos processos que envolvam: (1) competência originária; (2) competência do Tribunal do Júri; (3) crimes de violência doméstica e familiar; (4) crimes eleitorais.
>
> No que tange à instituição do juízo de garantias, o ministro Toffoli entende que "tal medida constitui um avanço sem precedentes em nosso processo penal, o qual tem, paulatinamente, caminhado para um reforço do modelo acusatório".
>
> **Ocorre que, em 19-1-2020, o Ministro Luiz Fux revogou a liminar supramencionada, suspendendo a criação do juízo de garantias por tempo indeterminado.**
>
> Em sua decisão, o ministro aduz a complexidade da questão, a qual exigiria a reunião de melhores subsídios para indicar o impacto da norma no atual sistema, pois "a criação do juiz das garantias não apenas reforma, mas refunda o processo penal brasileiro e altera direta e estruturalmente o funcionamento de qualquer unidade judiciária criminal do país".
>
> Além disso, assevera a ofensa à autonomia financeira do Judiciário, bem como a repercussão que tais mudanças ocasionarão na prática, haja vista que exigem "completa reorganização da Justiça Criminal do país, preponderantemente em normas de organização judiciária, sobre as quais o Poder Judiciário tem iniciativa legislativa própria".
>
> Ainda, de acordo com o ministro Fux, "cria-se uma presunção generalizada de que qualquer juiz criminal do país tem tendências que favoreçam a acusação".
>
> **Assim, resume-se: até a data do fechamento desta obra, embora previsto expressamente no texto de lei, o instituto do juiz das garantias encontra-se com a eficácia suspensa, em razão da decisão proferida pelo Ministro Luiz Fux.**

A título de informação, a Procuradoria-Geral de Justiça e a Corregedoria-Geral do Ministério Público de São Paulo publicaram enunciados acerca das alterações provenientes da Lei Anticrime. Dentre as disposições, o item 15 prevê que, diferentemente do que se deseja implantar no Poder Judiciário, "o membro do Ministério Público que tenha atuado na fase de investigação, inclusive na presidência de procedimento investigatório criminal, pode atuar na fase de instrução e julgamento, preservado o princípio do promotor natural".

1.3.3 Sistema misto

O **sistema misto**, conforme o próprio nome permite-nos concluir, é uma mescla entre os sistemas inquisitivo e acusatório.

Muito se discutia se o sistema brasileiro não seria misto, afinal, apesar de a ação penal assegurar ao acusado todos os direitos que lhe são garantidos, o inquérito policial, procedimento que antecede a judicialização do feito, é inquisitivo. Todavia, ainda que o novo texto de lei não adotasse expressamente o sistema acusatório, tal teoria não encontraria respaldo, haja vista que o inquérito policial: (1) não é imprescindível para o ajuizamento da ação penal; (2) é procedimento meramente informativo, sendo que as provas produzidas em sede policial devem, em regra, ser ratificadas no âmbito judicial, desta vez sob o crivo do contraditório e da ampla defesa; além de (3) não fazer parte do processo penal em si, tratando-se de procedimento meramente administrativo.

1.4 Eficácia da lei processual penal

Entende-se por **eficácia** o poder de produção dos efeitos desejados.

Porém, para que as normas processuais penais atinjam os objetivos almejados, é obrigatória a observância de determinados fatores.

1.4.1 Eficácia da lei processual no espaço

Segundo o art. 1º do Código de Processo Penal, "o processo penal reger-se-á, em todo o território brasileiro". Ou seja, trata-se do primado da **territorialidade**, o qual significa que, em regra, **todos os crimes cometidos no Brasil estão sujeitos às disposições do Código de Processo Penal**.

No entanto, há exceções.

Asseveram os incisos do art. 1º que não se aplicará a lei processual penal brasileira, em casos especiais, os quais possuem regramento próprio. São eles: (a) os tratados, as convenções e regras de direito internacional; (b) as prerrogativas constitucionais do Presidente da República, dos ministros de Estado, nos crimes conexos com os do Presidente da República, e dos ministros do Supremo Tribunal Federal, nos crimes de responsabilidade; (c) os processos da competência da Justiça Militar; (d) os processos da competência do tribunal especial; e (e) os processos por crimes de imprensa.

Assim, ainda que determinado crime seja cometido em território nacional, poderá haver a previsão de regras processuais em tratados ou convenções internacionais, as quais serão utilizadas em detrimento das normas brasileiras – **hipótese 'a'**.

Do mesmo modo, a Constituição da República prevê que a apuração de crimes de responsabilidade cometidos pelo Presidente da República, pelos Ministros de Estado nos crimes conexos com os do Presidente da República, e pelos ministros do Supremo Tribunal Federal não está subordinada às normas previstas no Código de Processo Penal, pois possui regramento próprio – **hipótese 'b'**.

E, finalmente, em igual sentido, ocorre com os processos de competência militar – **hipótese 'c'**.

Em relação às hipóteses **'d'** e **'e'**, que versam acerca do tribunal especial e dos crimes de imprensa, trata-se de disposições já revogadas.

O tribunal especial era previsto pela Constituição Federal de 1937, norma esta que se encontrava em vigor à época da publicação do atual Código de Processo Penal.

Já a denominada Lei de Imprensa – que previa os crimes de imprensa – foi declarada inconstitucional pela ADPF n° 130. Portanto, tais previsões não são mais cogitadas, do mesmo modo que o parágrafo único do artigo em discussão.[8]

Ressalta-se que, por território brasileiro se entende:

- o espaço físico em si (solo e subsolo, limitados, obviamente, pelas fronteiras);
- o mar territorial;
- o espaço aéreo;
- as embarcações e aeronaves públicas ou a serviço do governo (onde quer que se encontrem); e
- as embarcações e aeronaves privadas brasileiras, desde que estejam em espaço aéreo sem 'dono' ou em alto-mar.

Excepcionalmente, em determinados casos, adotar-se-á o primado da **extraterritorialidade**. Isso significa que, apesar de cometido em território estrangeiro, o delito será julgado e processado de acordo com as leis processuais penais brasileiras, nas hipóteses predefinidas no ordenamento jurídico.[9]

1.4.2 Eficácia da lei processual no tempo

Ato contínuo, o Código de Processo Penal ratifica que "a lei processual penal aplicar-se-á desde logo, sem prejuízo da validade dos atos realizados sob a vigência da lei anterior". Em outras palavras, as normas processuais penais serão aplicadas **imediatamente**, regendo as relações pendentes e futuras, sem distinção.

---

[8] Parágrafo único. "Aplicar-se-á, entretanto, este Código aos processos referidos nos n° IV e V, quando as leis especiais que os regulam não dispuserem de modo diverso."
[9] Vide art. 7° do CP.

O referido dispositivo reforça a ideia do *'tempus regit actum'*, ou seja, o ato é regido pela lei vigente.

Importante salientar que, em Direito Penal (normas materiais), as disposições supervenientes aos fatos, quando mais benéficas ao réu, devem retroagir para alcançar situações pretéritas. Porém, este caso **não se aplica às normais puramente processuais**, que, independentemente de beneficiar ou prejudicar o réu, serão imediatamente consideradas.

Mas cuidado: quando a norma tiver caráter híbrido, isto é, trouxer, ao mesmo tempo, efeitos na esfera material e processual, não se seguirá o regramento do art. 2º do Código de Processo Penal, e sim, reger-se-á pelas disposições contidas no Código Penal, no sentido de que é possível a retroatividade da lei mais benéfica ao réu.

Portanto:

Normas	Efeitos
Normas de Direito Processual Penal	Aplicação imediata.
Normas de Direito Penal	Aplicação imediata, retroagindo caso for mais benéfica.
Normas híbridas	Aplicação imediata, retroagindo caso for mais benéfica.

O Superior Tribunal de Justiça, por sua vez, decidiu recentemente ser possível "a aplicação imediata da Lei nº 13.491/2017, que amplia a competência da Justiça Militar e possui conteúdo híbrido (lei processual material), aos fatos perpetrados antes do seu advento, mediante observância da legislação penal (seja ela militar ou comum) mais benéfica ao tempo do crime".[10] Ou seja, é adequada a incidência imediata da norma processual aos fatos perpetrados antes do seu advento, em consonância ao princípio *tempus regit actum*, desde que a legislação penal (material) seja observada, se mais benéfica ao tempo do crime.

---

[10] STJ, Informativo nº 642, publicado em 15-3-2019.

1.5 Interpretação e integração da lei processual

Por interpretação entende-se "a atividade mental realizada com o objetivo de extrair da norma legal o seu conteúdo, estabelecendo-se seu âmbito de incidência e sentido exato" (AVENA, 2018, p. 92-93).

O Código de Processo Penal contempla a hipótese de interpretação **extensiva**, possibilitando que o intérprete amplie o alcance da norma. Por vezes, o legislador utiliza determinada expressão, quando, em verdade, quer abranger também outras hipóteses. É o caso da possibilidade de se manejar o recurso em sentido estrito por ocasião da rejeição do aditamento da denúncia, em interpretação extensiva ao que dispõe o art. 581, I, do Código de Processo Penal, que prevê o cabimento de referido recurso contra a decisão que rejeita a denúncia ou queixa.

Além disso, a norma processual penal poderá ser **integrada** por meio da **analogia** e dos **princípios gerais de direito**.

Analogia é a técnica de integração que permite a aplicação de determinada norma, a um caso semelhante, mas que não tem previsão legal. Diferentemente dos métodos interpretativos, o uso da analogia pressupõe a visualização de uma norma nova, e não uma simples extensão interpretativa.

Diferentemente, também se encontra previsto como método integrativo o uso de **princípios gerais de direito**. Em vista disso, se não for possível interpretar extensivamente ou integrar por meio da analogia, utilizar-se-ão aquelas normas universalmente aceitas, as quais são visualizadas no ordenamento jurídico, como brocados a serem seguidos. Cuidam-se de postulados genéricos e abstratos, a citar: *in dubio pro reo*, proporcionalidade, dignidade da pessoa humana, dentre outros.

2

Inquérito policial

2.1 Introdução

Conforme já estudado no capítulo anterior, a atividade jurisdicional é típica de Estado, isto é, compete apenas ao Poder Judiciário processar, julgar e aplicar uma sanção penal ao indivíduo que transgride as normas previamente descritas no ordenamento.

Todavia, não pode ser o processo penal objeto de uso banalizado pela máquina estatal. A propositura de uma ação, contra qualquer sujeito, apenas será ofertada quando verificada a presença de justa causa, ou seja, quando presentes elementos probatórios, os quais apontem para a existência de um fato criminoso e indícios suficientes de autoria do delito.

Portanto, não é possível mover uma ação penal em desfavor de determinada pessoa com base em inferências ou ilações. Ao contrário, a propositura da ação deve estar fundamentada em elementos que justifiquem a medida, haja vista que figurar no polo passivo de uma ação penal, por si só, gera um constrangimento natural ao indivíduo.

Nesse contexto, surge o **inquérito policial**, procedimento investigativo de extrema importância, o qual será instaurado para averiguar o fato criminoso, bem como o seu autor, a fim de dar embasamento à eventual ação penal futura.

Em outras palavras, ensina Guilherme de Souza Nucci (2015, p. 41) que "trata-se de um procedimento preparatório da ação penal, de caráter administrativo, conduzido pela polícia judiciária e voltada à colheita preliminar de provas para apurar a prática de uma infração penal e sua autoria".

2.2 Quem instaura o inquérito policial?

O inquérito policial será instaurado pela **Polícia Judiciária**, por meio das autoridades policiais, quais sejam, os **Delegados de Polícia**, no território de suas respectivas circunscrições.

Importante ressaltar a existência da "polícia de segurança (administrativa, preventiva ou ostensiva), que atua na prevenção dos delitos (profilaxia do crime), tal como a Polícia Militar e a Brigada Militar; e existe a polícia judiciária (repressiva), que atua na investigação dos delitos, tal qual a Polícia Civil e a Polícia Federal" (COSTA, 2018, p. 76).

Destarte, cumpre à autoridade competente (*in casu*, o Delegado de Polícia) investigar os fatos e realizar inúmeras diligências com o intuito de descortinar as circunstâncias do crime e seu autor.

A título exemplificativo, eis algumas delas, previstas no art. 6º do Código de Processo Penal: (a) dirigir-se ao local, providenciando para que não se alterem o estado e a conservação das coisas, até a chegada dos peritos criminais; (b) apreender os objetos que tiverem relação com o fato, após liberados pelos peritos criminais; (c) colher todas as provas que servirem para o esclarecimento do fato e suas circunstâncias; (d) ouvir o ofendido; (e) ouvir o indiciado, com observância, no que for aplicável, do disposto no Capítulo III do Título VII, deste Livro, devendo o respectivo termo ser assinado por duas testemunhas que lhe tenham ouvido a leitura; (f) proceder a reconhecimento de pessoas e coisas e as acareações; (g) determinar, se for o caso, que se proceda a exame de corpo de delito e a quaisquer outras perícias; (h) ordenar a identificação do indiciado pelo processo datiloscópico, se possível, e fazer juntar aos autos sua folha de antecedentes; (i) averiguar a vida pregressa do indiciado, sob o ponto de vista individual, familiar e social, sua condição econômica, sua atitude e estado de ânimo antes e depois do crime e durante ele, e quaisquer outros elementos que contribuírem para a apreciação do seu temperamento e caráter; (j) colher informações sobre a existência de filhos, respectivas idades e se possuem alguma deficiência e o nome e o contato de eventual responsável pelos cuidados dos filhos, indicado pela pessoa presa.

Logo, se uma pessoa é vítima do crime de furto, e outra é flagrada com o objeto subtraído, ao Delegado de Polícia caberá a tarefa de colher todas as provas necessárias para esclarecer os fatos, como ouvir a vítima, as testemunhas e o suposto autor do crime, determinar a execução de perícias (ex.: o furto foi cometido mediante escalada?), apreender os objetos utilizados no crime, proceder ao reconhecimento de pessoas e coisas, identificar e verificar se o indiciado possui outros registros criminais, dentre outras que reputar necessárias.

Além das averiguações listadas, a lei faculta à autoridade policial (art. 7º do CPP) a possibilidade de se proceder à **reprodução simulada dos fatos**, desde que esta não contrarie a moralidade ou a ordem pública (ex.: não faz sentido querer simular a prática de um crime de estupro de vulnerável). Dessa forma, a Polícia Judiciária poderá reconstituir o crime mediante simulação, com o fito de elucidar alguns pontos que entender importantes.

Nesse ponto é importante ressaltar que o indiciado **não** será coagido a participar da reprodução simulada dos fatos, já que ninguém será obrigado a produzir provas contra si mesmo.

Ato contínuo, o Código de Processo Penal ainda traz outras atribuições à autoridade policial, em seu art. 13: (a) fornecer às autoridades judiciárias as informações necessárias a instrução e julgamento dos processos; (b) realizar as diligências requisitadas pelo juiz ou pelo Ministério Público; (c) cumprir os mandados de prisão expedidos pelas autoridades judiciárias; e (d) representar acerca da prisão preventiva.

Ademais, é imperioso acrescentar que, no caso de comarcas nas quais houver mais de uma circunscrição policial, a autoridade com exercício em uma delas poderá, nos inquéritos os quais esteja presidindo, ordenar diligências em território de outra, independentemente da expedição de cartas precatórias ou outras requisições. Além disso, providenciará, até que compareça a autoridade competente, sobre qualquer outro fato que eventualmente ocorra em sua presença, quando estiver em outra circunscrição.[1]

Em municípios maiores costuma existir Delegacias de Polícia Especializadas (ex.: crimes contra a vida, crimes contra o patrimônio), na mesma circunscrição. Desse modo, após tomar conhecimento acerca de um delito que envolva concomitantemente, por exemplo, os crimes de homicídio e tráfico de drogas, poderá a autoridade policial responsável pela investigação determinar a realização de diligências, cuja competência, a *priori*, seria de outra repartição, sem precisar, para tanto, expedir cartas precatórias.

Ressalta-se que a prescindibilidade da requisição abrange apenas os núcleos policiais localizados na mesma circunscrição. Isso quer dizer que, sendo necessária a realização de diligência em outro município, deverá ser expedida carta precatória para a autoridade competente.

Atenção!

Em decisão recente, o Supremo Tribunal Federal, por meio da ADI nº 5.508, entendeu **pela possibilidade de Delegados de Polícia conduzirem e firmarem acordos de delação premiada, desde que o Ministério Público se manifeste nos autos.**

Assim, realizado o acordo pela autoridade policial, o órgão ministerial elaborará parecer, o qual terá caráter não vinculativo, com posterior remessa ao magistrado, a quem caberá a homologação do procedimento.

---

[1] Art. 22 do CPP.

2.3 Destinatário do inquérito policial

Reunidos os indícios de autoria e materialidade delitiva, a autoridade policial encaminhará o conteúdo das investigações para o destinatário direto/imediato do inquérito policial: o **Ministério Público**, que como se verá adiante, é o órgão a quem compete a propositura da ação penal ou o requerimento para arquivar o feito, quando não estiver presente conteúdo probatório mínimo para o oferecimento da denúncia.

Em segundo plano, pode se dizer que o **Juiz de Direito** é o destinatário indireto/mediato do procedimento policial, já que, embora caiba ao Ministério Público ofertar a denúncia ou requerer o arquivamento dos autos, competirá ao magistrado competente receber a ação penal ou rejeitá-la, sendo que tal análise será realizada a partir das investigações produzidas no âmbito policial.

Importante!

Não obstante pareça que o magistrado tenha uma atuação "mais discreta" no âmbito inquisitorial, é fundamental salientar que a autoridade judicial exercerá competência sobre as medidas com **reserva de jurisdição**, isto é, em relação à prática de atos para os quais se **exijam autorização judicial**. Por isso, ainda que ao Delegado de Polícia instaure e conduza as investigações, é atribuição exclusiva do Juiz, por exemplo, a decretação de prisão preventiva do indiciado ou a autorização para realizar uma interceptação telefônica. Por óbvio, caberá ao Ministério Público requisitar à autoridade policial a realização das diligências que entenderem necessárias, para formação de sua *opinio delicti*.

Entretanto, aquelas que estão abarcadas pela reserva de jurisdição deverão, obrigatoriamente, ser deferidas pela autoridade competente, qual seja: aquela investida de jurisdição.

2.4 Características do inquérito policial

a) O inquérito policial é um procedimento **administrativo**. Logo, conquanto vise a apuração de fatos e colha as provas necessárias para embasar a propositura de uma possível ação penal, o inquérito não é judicializado.

b) O inquérito policial é um procedimento **inquisitivo**, de maneira que as provas produzidas durante as investigações não estão sujeitas ao crivo dos princípios do contraditório e da ampla defesa, haja vista que não se trata de ação penal, e sim, apenas de uma investigação inicial.

Isso quer dizer que a autoridade policial, no uso de suas atribuições legais, conduzirá o procedimento unilateralmente, de forma **discricionária**, conforme entender adequado, produzindo e investigando aquilo que entender necessário para a elucidação do feito, de acordo com os ditames da razoabilidade, observando, sempre, os direitos e as garantias assegurados pela Constituição Federal.[2]

Dessa maneira, ainda que o ofendido, seu representante legal, ou o indiciado possam requerer a realização de qualquer diligência, esta apenas será realizada (ou não) a juízo da autoridade policial, conforme descrito no art. 14 do Código de Processo Penal.

c) O inquérito policial é um procedimento **sigiloso**. Ao contrário da ação penal, que, em regra, é pública (ressalvados os casos previstos em lei), a mencionada investigação **não** está sujeita ao princípio da publicidade geral, conforme ressai do art. 20 do Código de Processo Penal.

Até porque se trata de procedimento investigativo, no qual não se imprime qualquer juízo de certeza acerca da autoria delitiva. Em vista disso, torna-se necessário resguardar o indiciado/suspeito de eventuais prejulgamentos ou retaliações por parte da sociedade,

---

[2.] Nesse sentido: "A unilateralidade das investigações preparatórias da ação penal não autoriza a Polícia Judiciária a desrespeitar as garantias jurídicas que assistem ao indiciado, que não mais pode ser considerado mero objeto de investigações. O indiciado é sujeito de direitos e dispõe de garantias, legais e constitucionais, cuja inobservância, pelos agentes do Estado, além de eventual induzir-lhes a responsabilidade penal por abuso de poder, pode gerar a absoluta desvalia das provas ilicitamente obtidas no curso da investigação policial" (STF, HC 73.271/SP, Rel. Min. Celso De Mello, 1ª T., julgado em 19-3-1996, DJ 4-10-1996).

que muitas vezes, na ânsia por justiça, acaba por cometer barbaridades. Além disso, é indispensável assegurar a honra daquele que supostamente é o autor do crime, afinal, a divulgação de informações equivocadas ou distorcidas geram danos irreversíveis na vida do indivíduo, mesmo que posteriormente seja comprovada sua inocência.

No entanto, também é importante destacar a necessidade de se garantir a publicidade específica, pois, embora à sociedade não seja possível o acesso ao teor das investigações, ao advogado do envolvido é assegurada a possibilidade de acompanhar o prosseguimento do feito.

Nessa esteira é o entendimento do Supremo Tribunal Federal, o qual pacificou a questão, atribuindo caráter vinculante à matéria: "É direito do defensor, no interesse do representado, ter acesso amplo aos elementos de prova que, já documentados em procedimento investigatório realizado por órgão com competência de polícia judiciária, digam respeito ao exercício do direito de defesa" **(Súmula Vinculante n° 14)**.

No mesmo sentido, dispõe o art. 7°, XIV, do Estatuto da OAB:

> São direitos do advogado: (...) XIV – examinar, em qualquer instituição responsável por conduzir investigação, mesmo sem procuração, autos de flagrante e de investigações de qualquer natureza, findos ou em andamento, ainda que conclusos à autoridade, podendo copiar peças e tomar apontamentos, em meio físico ou digital.

Da leitura dos mencionados dispositivos, conclui-se que, não obstante o defensor tenha direitos abrangentes sobre procedimentos investigatórios, é necessária a realização das seguintes ressalvas: **(1)** o advogado apenas terá amplo acesso aos elementos de prova já encartados e concluídos no procedimento, ou seja, tudo aquilo que estiver documentado. Por conseguinte, investigações em andamento ou elementos não juntados no inquérito são passíveis de recusa pela autoridade policial;[3] **(2)** caso seja o procedimento registrado como

---

[3.] Neste sentido também é o disposto no § 11 do art. 7° do Estatuto da OAB.

sigiloso, poderá o advogado ter acesso ao feito, desde que apresente procuração, conforme o previsto no § 10 do art. 7º do EOAB. **Cuidado!** O próprio STF, recentemente, proferiu entendimento no sentido de que "o direito à privacidade e à intimidade é assegurado constitucionalmente, e que é excessivo o acesso de um dos investigados a informações, de caráter privado de diversas pessoas, que não dizem respeito ao direito de defesa dele, sob pretexto de obediência à Súmula Vinculante 14".[4]

É imprescindível o acompanhamento de defensor no interrogatório policial?

Não. A presença de um advogado, para acompanhar o interrogado, em âmbito inquisitivo, é facultativa, haja vista se tratar o inquérito de um procedimento administrativo, sendo que o agente, se denunciado, terá a oportunidade de ser novamente ouvido perante a autoridade judicial, desta vez, obrigatoriamente acompanhado por um profissional técnico.

Desse modo, conquanto sejam asseguradas ao indiciado diversas garantias constitucionais (vedação à tortura, direito ao silêncio etc.), a investigação preliminar não será nula se o indiciado não estiver assistido, nesse momento, por defensor.

Nesse sentido: "Inexiste nulidade do interrogatório policial por ausência do acompanhamento do paciente por um advogado, sendo que esta Corte acumula julgados no sentido da prescindibilidade da presença de um defensor por ocasião do interrogatório havido na esfera policial, por se tratar o inquérito de procedimento administrativo, de cunho eminentemente inquisitivo distinto dos atos processuais praticados em juízo."[5]

Além do advogado, terão livre acesso ao inquérito policial o Ministério Público e a autoridade judiciária, até porque soaria um tanto ilógico privar o teor do procedimento aos destinatários do feito.

[4.] STF, Informativo 964, publicado em 5-2-2020.
[5.] STJ, HC 162.149/MG, Rel. Min. Joel Ilan Paciornik, 5ª T., julgado em 24-4-2018, DJe 10-5-2018.

d) O inquérito policial é **oficioso**. Embora possa o procedimento ser iniciado mediante requisição da autoridade judiciária ou do Ministério Público, ou mediante a comunicação dos fatos pelo ofendido ou a quem tiver qualidade para representá-lo, a autoridade policial é obrigada a instaurar inquérito policial, de ofício, sempre que tomar ciência da ocorrência de qualquer crime processado mediante ação penal pública incondicionada (ex.: homicídio, roubo), sem que isso ofenda os ditames constitucionais ou legais.

Cuidado! Não confunda a oficiosidade com a **oficialidade**, a qual também é considerada característica do presente procedimento. Essa última significa que o inquérito policial é instaurado e conduzido pelo Estado, de forma oficial, por meio de sua autoridade competente, qual seja, o Delegado de Polícia.

e) O inquérito policial é **dispensável**. É certo que o destinatário direto da presente investigação é o Ministério Público. Contudo, se o órgão ministerial já possuir, por outros meios, as provas que necessita para lastrear a propositura da ação penal, o procedimento policial passa a ser prescindível.

Atualmente, o inquérito policial *não* é mais o único procedimento de cunho investigatório, de forma que não detém exclusividade sobre as averiguações.

Consequentemente, será possível oferecer denúncia (ou queixa-crime) embasada em elementos produzidos por meios diversos, a citar, uma investigação criminal instaurada diretamente pelo próprio Ministério Público[6] ou uma CPI (Comissão Parlamentar de Inquérito). Melhor dizendo, estamos diante da **universalização das investigações** (SANTIN, 2001).

Dessa feita, não obstante o *caput* do art. 4º do Código de Processo Penal assinalar a competência da Polícia Judiciária para instaurar o inquérito, o parágrafo único preceitua que "a competên-

---

[6]. Neste sentido: STF, Inq 1.957, Rel. Min. Carlos Velloso, j. 11-5-2005, *DJ* 11-11-2005.

cia definida neste artigo não excluirá a de autoridades administrativas, a quem por lei seja cometida a mesma função".

f) O inquérito policial é **indisponível**. Ao realizar as investigações necessárias, deverá a autoridade policial remeter o conteúdo do procedimento ao seu destinatário, a fim de que o Ministério Público delibere sobre ele a partir do que foi averiguado. Desse modo, o Delegado de Polícia **não** pode, discricionariamente, conforme dispõe o art. 17 do Código de Processo Penal, arquivar um inquérito policial. Destarte, ainda que a autoridade policial se convença de que determinado crime foi praticado mediante legítima defesa, por exemplo, é forçoso que faça a remessa dos autos ao Ministério Público, para a necessária análise.

Ressalta-se: as competências de cada autoridade estão devidamente delineadas no ordenamento jurídico. Tal como a autoridade policial não pode arquivar o inquérito policial, uma autoridade judicial não pode instaurá-lo.

g) O inquérito policial será **escrito**. Logo, todas as provas produzidas ao longo da investigação devem ser reduzidas a termo. Consequentemente, se, por exemplo, a vítima narrar, oralmente, à autoridade policial, como se deram o desenrolar dos fatos, suas declarações serão transcritas, e posteriormente assinadas pelo declarante, para que fiquem documentadas nos autos.

Neste sentido, esclarece o Código de Processo Penal: "todas as peças do inquérito policial serão, num só processado, reduzidas a escrito ou datilografadas e, neste caso, rubricadas pela autoridade" (art. 9º).

2.5 Formas de instauração do inquérito policial

Consoante já estudado, o inquérito policial será instaurado pela autoridade policial, após tomar conhecimento de determinada prática delitiva. Todavia, a depender da espécie de ação penal que regulará o processamento de determinado crime, também variará a forma com que o Delegado de Polícia iniciará o procedimento administrativo em testilha. Vejamos.

a) Quando o crime cometido for submetido à **ação penal pública incondicionada**, deverá a autoridade policial, através de **portaria**, instaurar o inquérito *ex officio*, isto é, sem depender da requisição de qualquer outra autoridade. Sendo assim, ao tomar conhecimento acerca da infração penal, o Delegado de Polícia é obrigado a iniciar o procedimento.

A título exemplificativo: Supondo que determinada pessoa seja vítima de um roubo, no âmbito de sua residência. Após os fatos, o ofendido dirige-se até a Delegacia de Polícia e registra um boletim de ocorrência. Em sendo cientificado acerca do delito, através de *delatio criminis*, competirá à autoridade policial, oficiosamente, instaurar o inquérito policial, independente da vontade de outrem, para apurar os fatos narrados, haja vista que o crime descrito no art. 157 do Código Penal (roubo) é processado mediante ação penal pública incondicionada.

Frisa-se que a prática delitiva pode chegar ao conhecimento do Delegado de Polícia, por diversas formas, tais como: mediante requisição da autoridade judiciária ou do Ministério Público (art. 5°, inciso II, primeira parte, do CPP), ou pelo requerimento do ofendido ou de quem tiver qualidade para representá-lo (art. 5°, inciso II, última parte, do CPP), ou por meio do auto de prisão em flagrante (art. 304 do CPP).

Qual a diferença entre requisição e requerimento?

A **requisição** para instauração do inquérito, normalmente procedida pela autoridade judiciária ou pelo Ministério Público, deriva de um imperativo legal, o qual obriga a autoridade que a recebe, cumprir o seu teor. Destarte, se tais autoridades tomarem conhecimento acerca de qualquer fato delitivo, comunicarão a notícia à Polícia Judiciária, requisitando a instauração do inquérito, que deverá ser necessariamente iniciado. Salienta-se que não há qualquer hierarquia funcional entre as autoridades, e sim, uma imposição de lei, pautada no princípio da obrigatoriedade, que determina a exigência de inaugurar o procedimento.

Por outro lado, o **requerimento** é um pedido formulado pela vítima ou por quem legalmente a represente, que deverá conter, sempre que possível, a narração do fato com todas as circunstâncias; a individualização do indiciado ou seus sinais característicos, as razões de convicção ou de presunção de ser ele o autor da infração, ou os motivos de impossibilidade de o fazer e o rol de testemunhas (art. 5º, § 1º, do CPP). Esse requerimento, diferentemente da requisição do juiz e do Ministério Público, poderá ser indeferido pela autoridade policial, em caso, por exemplo, de atipicidade da conduta narrada pelo requerente. Nesta hipótese, poderá o interessado recorrer administrativamente ao chefe de polícia (art. 5º, § 2º, do CPP).

É possível a instauração de inquérito policial mediante denúncia anônima?

Isoladamente, a denúncia anônima *não* tem poder de embasar, por si só, a instauração de um inquérito policial. No entanto, nada impede que a autoridade competente, instigada pela denúncia apócrifa, adote algumas medidas destinadas a elucidar a procedência da notícia, com o fito de averiguar a verossimilhança dos fatos delatados.

Via de consequência, sendo verificada a veracidade das informações, através de outros meios de prova, poderá, sim, o Delegado de Polícia iniciar o procedimento.[7]

---

b) De outro modo, os crimes sujeitos ao processamento mediante **ação penal pública condicionada** são aqueles que, embora o titular da ação seja o Estado, através do Ministério Público, a propositura do feito depende da **representação do ofendido ou** de **requisição do Ministro da Justiça**. À vista disso, se a ação propriamente dita está condicionada a tais

---

[7.] *Vide* HC 106.664, Rel. Min. Celso de Mello, j. 27-8-2013, 2ª T., *DJe* 30-10-2014.

requisitos, por óbvio, a instauração do inquérito policial também estará.

Nesse caso, vislumbra-se a não aplicação do princípio da oficiosidade, já que, ao se deparar com a notícia de um crime condicionado à representação ou à requisição, a autoridade policial não poderá iniciar o procedimento, sem antes ter o respectivo aval do ofendido e do Ministro da Justiça.

O crime de ameaça (previsto no art. 147 do CP) é um exemplo clássico. Se Tício ameaçar Mévio, por palavra, escrito ou gesto, ou qualquer outro meio simbólico, de causar-lhe mal injusto e grave, não poderá o Delegado de Polícia, mesmo tomando conhecimento acerca do fato delitivo, instaurar, de ofício, o inquérito policial. Em verdade, só poderá fazê-lo se Mévio, ora vítima, requerer o início do procedimento.

Em contrapartida, procede-se mediante requisição do Ministro da Justiça, o crime descrito no inciso I do art. 141 do Código Penal, a citar: aquele cometido contra a honra do Presidente da República ou contra chefe de governo estrangeiro. Logo, a autoridade policial dependerá da requisição do referido Ministro de Estado para inaugurar a investigação.

c) Por fim, se cometido um delito processado mediante **ação penal privada**, competirá exclusivamente ao ofendido representar pela instauração do feito, de acordo com o previsto pelo art. 5º, § 5º, do Código de Processo Penal.

Assim sendo, se Tício comete o crime de dano qualificado por motivo egoístico ou com prejuízo considerável em desfavor da vítima Mévio (art. 163, parágrafo único, inciso IV, do CP), cabe apenas a este requerer à autoridade policial, o início do inquérito policial, e posteriormente, propor a respectiva ação penal privada no prazo decadencial de seis meses.

Se ambas se processam mediante a representação de terceiros, qual a diferença entre as hipóteses "b" e "c"?

Na ação penal pública condicionada, o titular da ação é o Ministério Público. Competirá ao órgão ministerial oferecer a denúncia, bem como promover o arquivamento do feito, se entender necessário. Porém, conquanto o Estado seja o detentor do direito de propor a ação, o início das investigações está vinculado à necessidade de requerimento pelo ofendido ou, em alguns casos peculiares, de requisição do Ministro da Justiça. Em havendo tal representação, a autoridade policial instaurará o inquérito e encaminhará o feito para o Ministério Público tomar as medidas cabíveis.

Já na ação penal privada, o titular é o próprio ofendido, de forma que o Ministério Público não atua como parte na ação, e sim como fiscal da lei, cabendo à vítima realizar os atos processuais, como oferecer a queixa-crime, por exemplo.

Averiguada a existência de um fato típico, ao Delegado de Polícia incumbirá a tarefa de encontrar o seu autor – quem praticou o delito em apuração. Realizadas as diligências necessárias, e constatado o surgimento de indícios mínimos acerca do suposto agente infrator, proceder-se-á o seu **indiciamento**, o qual, segundo o Supremo Tribunal Federal é o "ato de formalização da convicção, por parte da autoridade policial, que os elementos até então colhidos na investigação indiquem ser uma pessoa autora do crime".[8]

2.6 Notitia criminis

Por *notitia criminis* entende-se a comunicação às autoridades competentes acerca da ocorrência de um fato criminoso. Ou seja: é a **notícia do crime**.

Consequentemente, "o inquérito policial inicia-se por meio da *notitia criminis* (literalmente, notícia do crime), expressão que designa, de forma genérica, o conhecimento pela autoridade policial da ocorrência de um fato possivelmente criminoso" (BONFIM, 2002, p. 32).

---

[8] STF, HC 115.015, Rel. Min. Teori Zavascki, 2ª T., *DJe* 12-9-2013.

Quando a comunicação é feita pela própria vítima ou por qualquer do povo, dá-se o nome de *delatio criminis*. É uma espécie da *notitia*. Aliás, tal instituto é previsto no Código de Processo Penal, no § 3° do art. 5°, o qual se transcreve para melhor entendimento: "Qualquer pessoa do povo que tiver conhecimento da existência de infração penal em que caiba ação pública poderá, verbalmente ou por escrito, comunicá-la à autoridade policial, e esta, verificada a procedência das informações, mandará instaurar inquérito."

Então, poderá qualquer pessoa que tiver conhecimento da prática delitiva comunicar ao Delegado de Polícia, ao Ministério Público ou ao Magistrado, por meio de boletim de ocorrência, de uma petição, por denúncia anônima, dentre outras formas possíveis.

A *notitia criminis* poderá ser:

- **Espontânea**: quando a própria autoridade policial, por meio de sua atividade funcional, toma ciência do fato criminoso – ex.: descobre a ocorrência do crime pelo noticiário.
- **Provocada**: quando terceiros – ex.: vítima, qualquer pessoa do povo, juiz, promotor – comunicam à Polícia Judiciária a ocorrência do fato delitivo.
- **Cognição coercitiva**: a autoridade tem conhecimento da infração em razão de prisão em flagrante delito.
- **Cognição imediata**: a autoridade tem conhecimento da infração espontaneamente. Sobre o tema: "é possível a deflagração de investigação criminal com base em matéria jornalística".[9]

2.7 Instrumentos do crime

Os instrumentos do crime são aqueles utilizados pelo agente infrator na prática delitiva, a citar, um revólver, uma faca, uma motocicleta. Segundo o previsto no Código de Processo

---

[9.] STJ, Informativo n° 0652, publicação em 16-8-2019.

Penal, "os instrumentos do crime, bem como os objetos que interessarem à prova, acompanharão os autos do inquérito".

Posteriormente, estando comprovado que determinado instrumento possui origem lícita ou que pertence a terceiro de boa-fé, quando não mais necessário para elucidação dos fatos, se providenciará sua restituição ao proprietário.

2.8 Indeferimento de requerimento de abertura de inquérito

É certo que a autoridade policial, ao tomar conhecimento do crime em questão, verificará qual a espécie de ação penal cabível, a fim de tomar as providências legais adequadas.

Sendo a infração processada mediante ação penal pública incondicionada, instaurará, pois, de ofício, o procedimento, achando-se também possível a iniciação por requisição da autoridade judicial ou do Ministério Público, ou por requerimento da vítima. **Cuidado:** eventuais requisições ou requerimentos não são condições de procedibilidade. É claro que a *notitia criminis* pode chegar ao conhecimento do Delegado de Polícia por meio de outros agentes, o que não significa ser necessário ao Juiz, ao Promotor ou à vítima representar pela instauração do feito, o qual será realizado oficiosamente.

Entretanto, o inquérito policial será instaurado mediante representação quando o delito for submetido à ação penal pública condicionada (por meio de requisição do Ministro da Justiça ou de requerimento do ofendido) ou à ação penal privada (por meio de requerimento do ofendido).

Embora a regra seja que a autoridade policial proceda a instauração do inquérito, ao tomar conhecimento de um fato criminoso é possível que o Delegado de Polícia não o inicie, pelos mais variados motivos (ex.: o fato narrado não constitui crime ou o crime foi cometido por um menor). Dessa feita, proferirá decisão fundamentada, indeferindo a instauração do procedimento. Via de consequência, caso o requerente não concorde com a deliberação da autoridade, **lhe é facultado interpor recurso para o Chefe de Polícia** (para alguns, ao

Delegado-Geral de Polícia; para outros, ao Secretário de Segurança Pública).

Além disso, o indeferimento de requerimento para instauração do inquérito policial não obsta que o interessado procure o Ministério Público, por exemplo, e apresente suas razões, oportunidade em que o órgão ministerial poderá realizar as próprias investigações ou até mesmo requisitar diretamente o início da investigação policial.

2.9 Investigação em desfavor de agentes da segurança pública

O *caput* do art. 14-A e parágrafos seguintes do Código Processual consistem em **novidades trazidas pela Lei Anticrime**, aprovada em 2019, e dispõem acerca da condução das investigações criminais quando envolverem os agentes da segurança pública: (a) vinculados às instituições descritas no art. 144 da Constituição Federal,[10] que figurarem como investigados em qualquer procedimento extrajudicial, cujo objeto se cingir a fatos relacionados ao uso da força letal, praticados no exercício profissional, seja de forma consumada ou tentada; e (b) vinculados às instituições dispostas no art. 142 da Constituição Federal,[11] desde que os fatos investigados digam respeito a missões para a Garantia da Lei e da Ordem.

Em tais hipóteses, **o servidor terá direito de constituir defensor**.

Após a instauração do procedimento inquisitivo – cujo teor exponha uma das situações supracitadas –, o agente de segurança pública investigado deverá ser cientificado do feito instaurado em

---

[10] Art. 144, CF: "A segurança pública, dever do Estado, direito e responsabilidade de todos, é exercida para a preservação da ordem pública e da incolumidade das pessoas e do patrimônio, através dos seguintes órgãos: I – polícia federal; II – polícia rodoviária federal; III – polícia ferroviária federal; IV – polícias civis; V – polícias militares e corpos de bombeiros militares. VI – polícias penais federal, estaduais e distrital."

[11] Art. 142, CF: "As Forças Armadas, constituídas pela Marinha, pelo Exército e pela Aeronáutica, são instituições nacionais permanentes e regulares, organizadas com base na hierarquia e na disciplina, sob a autoridade suprema do Presidente da República, e destinam-se à defesa da Pátria, à garantia dos poderes constitucionais e, por iniciativa de qualquer destes, da lei e da ordem."

seu desfavor, oportunidade em que será citado, tendo a faculdade de nomear seu defensor em até 48 horas, contadas do recebimento da mencionada citação.

Caso o investigado não venha a constituir advogado, a autoridade responsável pela investigação intimará a instituição a qual estava vinculado o agente de segurança, à época dos fatos, a fim de que esta, então, indique defensor para a representação do investigado em até 48 horas.

Observe o quadro:

2.10 Prazo para conclusão do inquérito policial

Não poderá o inquérito policial perdurar tempo indeterminado. E por essa razão possui caráter **transitório/temporário**.

O Código de Processo Penal, de forma expressa, determina quais os prazos para conclusão da investigação. São eles:

- **10 dias, prorrogáveis uma única vez, por até 15 dias**, mediante representação da autoridade policial e ouvido o Ministério

Público, se o indiciado estiver **preso** (alteração do Pacote Anticrime – art. 3°, § 2°, do CPP).[12]

■ **30 dias, prorrogáveis**, mediante fundamentação, se o indiciado estiver **solto**.

Contudo, estando solto o réu, entende o Supremo Tribunal Federal que o prazo de 30 dias para o encerramento do inquérito policial é impróprio, não havendo previsão de qualquer sanção ou preclusão, se a conclusão do procedimento ocorrer após esse período.

Por outro lado, o fim do prazo legal, quando se tratar de indiciado preso, caracteriza constrangimento ilegal, tornando-se imperativo o relaxamento da prisão,[13] sanável mediante impetração de *habeas corpus*.

Se o dia seguinte à prisão não for considerado dia útil, tal circunstância não suspende a contagem do prazo, que terá início, ainda que em um feriado, por exemplo. Além disso, se o prazo se findar em dia não útil, o Delegado de Polícia deve promover a antecipação da conclusão do inquérito para o dia útil anterior.

Nesse sentido, didático é o exemplo utilizado por Rogério Sanches (CUNHA, 2017, p. 52):

> uma vez preso no sábado, não há que se falar em prorrogação do *dies a quo* para a segunda-feira. O prazo começa a fluir a partir do domingo. De outra parte, caso o prazo vença, por exemplo, em um domingo, deverá a autoridade policial, dentro do possível, providenciar para que a entrega do inquérito policial, devidamente finalizado, ocorra na sexta-feira.

No que se refere ao indiciado solto:

> o prazo de 30 dias terá início: a partir da expedição da portaria, quando se tratar de inquérito policial instaurado pela autoridade policial *ex officio*, ou a partir do recebimento, pela autoridade policial, da requisição do juiz ou do Mi-

---

[12.] O prazo de duração do inquérito policial resultante da aplicação do § 2° do art. 3°-B do CPP, estando o imputado preso, não incide no caso de prisão temporária.

[13.] Sobre o tema: HC 107.382, Rel. Min. Cármen Lúcia, j. 26-4-2011, 1ª T., *DJe* 17-5-2011.

nistério Público, da representação nos crimes de ação penal pública condicionada e do requerimento nos crimes de ação penal privada (AVENA, 2018, p. 216).

Por outro lado, infere-se do ordenamento jurídico brasileiro que algumas legislações extravagantes possuem prazos próprios para conclusão do inquérito, não obedecendo a norma genérica disposta do Código Processual. Vejamos as exceções legais:

Hipótese legal	Prazo
Crimes previstos na Lei de Drogas (Lei nº 11.343/2006)	**Art. 51**: "O inquérito policial será concluído no prazo de 30 (trinta) dias, se o indiciado estiver preso, e de 90 (noventa) dias, quando solto. Parágrafo único. Os prazos a que se refere este artigo podem ser duplicados pelo juiz, ouvido o Ministério Público, mediante pedido justificado da autoridade de polícia judiciária."
Crimes de Competência da Justiça Comum Federal (Lei nº 5.010/1966)	**Art. 66**. "O prazo para conclusão do inquérito policial será de quinze dias, quando o indiciado estiver preso, podendo ser prorrogado por mais quinze dias, a pedido, devidamente fundamentado, da autoridade policial e deferido pelo Juiz a que competir o conhecimento do processo." Obs.: Silente o prazo em relação ao indiciado solto, utiliza-se a previsão genérica do Código de Processo Penal (30 dias).
Crimes contra a economia popular (Lei nº 1.521/1951)	**Art. 10, § 1º**. "Os atos policiais (inquérito ou processo iniciado por portaria) deverão terminar no prazo de 10 (dez) dias."
Crimes militares (Código de Processo Penal Militar)	**Art. 20**. "O inquérito deverá terminar dentro em vinte dias, se o indiciado estiver preso, contado esse prazo a partir do dia em que se executar a ordem de prisão; ou no prazo de quarenta dias, quando o indiciado estiver solto, contados a partir da data em que se instaurar o inquérito."

2.11 Encerramento do inquérito policial

Tal qual na instauração, o encerramento do inquérito policial deverá observar qual a espécie de ação penal cabível no crime investigado.

Findas as investigações, a autoridade policial fará **minucioso relatório** do que tiver sido apurado até então, sendo lhe facultada a indicação de testemunhas que não tiverem sido inquiridas e a menção ao lugar onde possam ser encontradas, e enviará os autos ao juiz competente.

Sem embargo, quando o fato for de difícil elucidação, e o indiciado estiver solto, poderá a autoridade, se verificada a necessidade de se realizar outras investigações, requerer ao juiz a devolução dos autos, para ulteriores diligências, que serão realizadas no prazo assinalado pelo magistrado.

Porém, segundo o entendimento de alguns doutrinadores, como Renato Brasileiro de Lima e Rogério Sanches, é possível o trâmite direto ao Ministério Público, haja vista ser o referido órgão titular exclusivo para propositura da ação penal, sem que isso viole a legislação vigente.

Ao fazer a remessa dos autos ao juiz competente, a autoridade policial oficiará ao Instituto de Identificação e Estatística (ou repartição congênere), mencionando o juízo a que tiverem sido distribuídos, e os dados relativos à infração penal e à pessoa do indiciado (art. 23 do CPP).

a) Se o crime for processado mediante **ação penal pública**, o Ministério Público, titular da ação penal, analisará o feito e tomará as providências que entender cabíveis, quais sejam:

- **oferecer a denúncia**, se existirem elementos comprobatórios suficientes de materialidade e autoria delitiva;
- **proceder à devolução do inquérito à autoridade policial** para novas diligências imprescindíveis ao oferecimento da denúncia, sendo esta a única hipótese de devolução do procedimento à Polícia Judiciária. Ressalta-se que a autoridade judicial não poderá indeferir a requisição ministerial, sob pena de interposição de recurso de correição parcial; ou
- **promover o arquivamento**, quando se verificar uma das seguintes hipóteses: o fato é atípico, que está presente no caso em

testilha uma excludente de ilicitude, a incidência de uma causa de extinção da punibilidade ou diante da inexistência de indícios suficientes de autoria e materialidade.

Antes da aprovação do Pacote Anticrime, o Código de Processo Penal previa que o membro do Ministério Público deveria requerer o arquivamento das investigações ao magistrado competente, a fim de que a autoridade judicial o homologasse.

Todavia, ao receber os autos dando conta da promoção proposta pelo órgão ministerial, era facultado ao Juiz discordar do arquivamento e entender que existiam, sim, provas suficientes de materialidade e autoria delitiva para lastrear o oferecimento de denúncia.

Nesses casos, o magistrado deveria remeter o inquérito policial ao Procurador-Geral de Justiça, chefe do Ministério Público Estadual, ou à Câmara de Coordenação e Revisão, em caso de competência federal, a fim de que deliberassem acerca da questão.

E, após analisar o feito, caberia a tais órgãos decidir o futuro dos autos, tomando uma das seguintes providências: (1) oferecer diretamente a denúncia; (2) designar outro órgão do Ministério Público para oferecer a denúncia; ou (3) insistir no arquivamento, oportunidade em que o juiz será obrigado a arquivar a investigação.

Para melhor elucidação, vejamos o quadro explicativo:

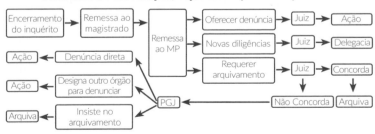

Após a aprovação do Pacote Anticrime, a Lei nº 13.964/2019 expressamente pacificou o sistema acusatório como aquele adotado no processo penal brasileiro, de modo que as figuras do órgão julgador e do órgão acusatório serão necessariamente distintas e com competências próprias.

Em razão disso, observam-se mudanças significativas em relação à forma de arquivamento das investigações criminais.

Caso o Ministério Público, titular da ação penal, entenda que os fatos analisados sejam passíveis de arquivamento do inquérito policial ou de quaisquer elementos informativos da mesma natureza, deverá comunicar (1) à vítima; (2) ao investigado; e (3) à autoridade policial sua decisão.

Em seguida, remeterá os autos para a denominada instância de revisão ministerial, que terá atribuição para homologar, na forma da lei de organização de cada órgão ministerial, o arquivamento.

De acordo com os membros ministeriais Francisco Dirceu Barros e Vladimir Aras, a nova regra exige que:

> o promotor natural – seja ele membro do MPE, do MPF ou do MPM ou que esteja no exercício de funções do MP Eleitoral – sempre submeta sua decisão a controle hierárquico, para fins de homologação do arquivamento ou revisão dessa decisão, com substituição de seu pronunciamento em favor da realização de diligências complementares ou da deflagração imediata da ação penal. Este mecanismo garante a *accountability* horizontal, resguarda o interesse público, tem em conta o interesse da vítima e é compatível com o princípio da unidade institucional do Ministério Público (ARAS; BARROS, 2020b).

Além disso, a novel legislação inova ao possibilitar que a vítima ou seu representante legal recorra da decisão que homologar o arquivamento das investigações, devendo apresentar suas razões em até 30 dias ao órgão ministerial revisor, em consonância com a respectiva lei orgânica.

E, nas ações penais cujo objeto verse acerca de crimes praticados em detrimento da União, Estados e Municípios, a revisão do arquivamento poderá ser provocada pela chefia do órgão a quem couber sua representação judicial.

Portanto, observe: agora, o juiz **não** mais participa da homologação do arquivamento. A decisão de arquivar a investigação compete única e exclusivamente ao Ministério Público, órgão acusatório – seja em instância *a quo* ou ad quem.

Para ilustrar:

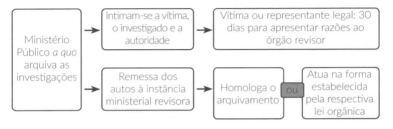

Importante!

Em 19-1-2020, o ministro Luiz Fux suspendeu cautelarmente, por tempo indeterminado, a eficácia do art. 28 do Código de Processo Penal, no âmbito da ADI nº 6298 MC/DF, por entender que o mencionado dispositivo viola a autonomia financeira dos Ministérios Públicos, bem como a previsão constitucional que exige prévia dotação orçamentária para a realização de despesas.

Em sua decisão, o ministro também assevera que "a previsão de o dispositivo ora impugnado entrar em vigor em 23.01.2020, sem que os Ministérios Públicos tivessem tido tempo hábil para se adaptar estruturalmente à nova competência estabelecida, revela a irrazoabilidade da regra, inquinando-a com o vício da inconstitucionalidade. A *vacatio legis* da Lei nº 13.964/2019 transcorreu integralmente durante o período de recesso parlamentar federal e estadual, o que impediu qualquer tipo de mobilização dos Ministérios Públicos para a propositura de eventuais projetos de lei que venham a possibilitar a implementação adequada dessa nova sistemática".

Quando a ação penal é de natureza pública, mas o Ministério Público, titular, deixa de intentá-la injustificadamente no prazo previsto em lei,[14] poderá o particular (vítima) propor diretamente a ação, a qual denomina-se "ação penal privada subsidiária da pública".

---

[14] Art. 5º, inciso LIX, da CF.

É importante salientar que somente haverá a possibilidade de se cogitar o ajuizamento dessa espécie de ação quando o **Ministério Público não se manifestar no prazo legal**, de modo que o requerimento de envio dos autos à autoridade policial para a realização de novas diligências e a promoção do arquivamento do inquérito não darão ensejo à queixa subsidiária, haja vista que tais circunstâncias não significam desídia.

A decisão que homologa o arquivamento produz **coisa julgada formal**, sendo que o Supremo Tribunal Federal sumulou que: "Arquivado o inquérito policial, por despacho do juiz, a requerimento do promotor de justiça, não pode a ação penal ser iniciada sem novas provas".[15]

Ou seja, não é impossível o desarquivamento do inquérito, desde que surjam novas provas. Se, após o arquivamento do feito, por falta de suporte probatório mínimo para lastrear a denúncia, a autoridade policial tiver notícia acerca de outras provas, poderá proceder a novas pesquisas (art. 18 do CPP).

Destaca-se, neste sentido, a necessidade de constatação de **novas provas**, isto é, aquelas substancialmente inéditas. Desse modo:

> suponha-se que, em relação a um crime de homicídio, a despeito do esgotamento de diligências, não tenha constado dos autos da investigação policial qualquer elemento de informação quanto à autoria do fato delituoso. Arquivado o inquérito policial, uma determinada testemunha presencial resolve, então, comparecer perante as autoridades para noticiar que teria informações quanto ao provável autor do delito. Ora, diante dessa notícia de provas novas, é possível o desarquivamento do inquérito policial (LIMA, 2015, p. 161).

Cuidado! O presente ponto deve estar bem elucidado: **é vedada a reabertura do procedimento policial em decorrência de meras mudanças de opinião**. É imprescindível a superveniência de

---

[15.] Súmula nº 524 do STF.

novas provas ou, ao menos, o surgimento de novas linhas de investigação, pois, embora o arquivamento não faça coisa julgada, não é procedimento a ser revisto a qualquer momento, a bel-prazer da autoridade competente.[16]

Em sentido contrário, **a decisão de arquivamento produzirá coisa julgada material** se proferida em razão de: **(1)** atipicidade do fato (ex.: a ocorrência de um dano culposo) ou; **(2)** por extinção da punibilidade do agente (ex.: prescrição de pretensão punitiva). E, arquivado o inquérito policial, sob o pretexto de tais fundamentações, não será permitido ao Promotor de Justiça promover o desarquivamento do feito para oferecer posterior denúncia.

Jurisprudência

Ausência de coisa julgada material se o inquérito policial é arquivado em razão de excludente de ilicitude
Divergência entre STF x STJ

O **Supremo Tribunal Federal** entende que "o arquivamento de inquérito policial por excludente de ilicitude realizado com base em provas fraudadas *não* faz coisa julgada material. (...) No caso, após o arquivamento do inquérito, o Ministério Público reinquiriu testemunhas e concluiu que as declarações prestadas naquele inquérito teriam sido alteradas por autoridade policial. Diante dessas novas provas, o Parquet ofereceu denúncia contra os pacientes (...). O Tribunal entendeu possível a reabertura das investigações, nos termos do art. 18 do CPP, ante os novos elementos de convicção colhidos pelo Ministério Público. Asseverou que o arquivamento do inquérito não faz coisa julgada, desde que não tenha sido por atipicidade do fato ou por preclusão" (**STF**, HC n° 87.395, Rel. Min. Ricardo Lewandowski, j. 23-3-2017, Informativo n° 858 – grifo nosso).

Diferentemente, o **Superior Tribunal de Justiça** assevera que "levando-se em consideração que o arquivamento com base na atipicidade do fato faz coisa julgada formal e material, **a decisão que arquiva o inquérito por**

[16.] Nesse sentido: Rcl 20.132 AgR-segundo, Rel. p/o ac. Min. Gilmar Mendes, j. 23-2-2016, 2ª T., *DJe* 28-4-2016.

considerar a conduta lícita também o faz, isso porque nas duas situações não existe crime e há manifestação a respeito da matéria de mérito" (**STJ**, RHC n° 46.666/MS, Rel. Ministro Sebastião Reis Júnior, 6ª T., j. em 5-2-2015, *DJe* 28-4-2015 – grifos nossos).

b) Se o crime for processado mediante **ação penal privada**, deverá a autoridade policial, após concluídas as investigações, determinar a remessa dos autos ao magistrado competente, aguardando, pois, a iniciativa do particular para oferecer a queixa-crime, afinal, como vimos anteriormente, nesses casos o titular da ação penal não é o Ministério Público, e sim o próprio ofendido. Conquanto, poderá este último também requerer que o inquérito policial seja diretamente remetido ao requerente, mediante translado.

Insta salientar que, a partir do conhecimento da autoria dos fatos, a vítima possui o prazo de **seis meses** para a propositura da ação, sob pena de extinção da punibilidade do réu pelo reconhecimento da decadência.

2.12 Acordo de não persecução penal

O **acordo de não persecução penal** trata-se de um negócio jurídico de natureza extraprocessual inserido no Código de Processo Penal, por meio da **Lei Anticrime**, aprovada em 24-12-2019.

A novidade possibilita que, não sendo caso de arquivamento do procedimento investigatório (isto é, havendo provas suficientes para embasar o oferecimento da denúncia), o investigado não tenha contra si instaurada uma ação penal de modo a não precisar se submeter a um processo judicial.

Para tanto, é necessário o preenchimento de determinados requisitos para obtenção do benefício. São eles:

- o investigado deve confessar formal e circunstancialmente a prática delitiva a ele imputada;

- a infração penal não ter sido perpetrada com violência ou grave ameaça;
- ter a infração pena mínima inferior a quatro anos, considerando, entretanto, eventuais causas de aumento e diminuição aplicáveis ao caso concreto;
- ser o acordo de não persecução penal necessário e suficiente para a reprovação e prevenção do crime;
- não ser a infração passível transação penal de competência dos Juizados Especiais Criminais, nos termos da lei;
- não ser o investigado reincidente;
- não houver elementos probatórios que indiquem conduta criminal habitual, reiterada ou profissional, por parte do investigado, exceto se insignificantes as infrações penais pretéritas;
- não ter sido o agente beneficiado em acordo de não persecução penal, transação penal ou suspensão condicional do processo nos cinco anos anteriores ao cometimento da infração;
- não ser a infração praticada no âmbito de violência doméstica ou familiar, ou contra a mulher por razões da condição de sexo feminino.

Por conseguinte, após verificada a presença das condições necessárias para celebração do acordo de não persecução penal, **a proposta será oferecida pelo Ministério Público**, titular da ação penal, por escrito, sendo imprescindível que o investigado e seu defensor também assinem a formalidade.

Cuidado! De acordo com entendimento pacificado no Informativo n° 683 do STJ, o acordo de não persecução penal aplica-se **apenas aos fatos que ocorreram antes da Lei n° 13.964/2019**, e **desde que não recebida a denúncia**.[17] Inclusive, o STF, no julgamento do HC n° 191.464/STF, proclamou o mesmo entendimento.

Nesse momento serão ajustadas as condições para a assinatura do acordo, o qual preverá as obrigações a serem cumpridas pelo agente, cujo rol está previsto nos incisos do art. 28-A do

---

[17.] STJ, HC 607.003-SC, Rel. Min. Reynaldo Soares Da Fonseca, 5ª T., por unanimidade, julgado em 24-11-2020, DJe 27-11-2020.

Código de Processo Penal. Nota-se que não se trata de penas, e sim, de obrigações de natureza negocial pactuadas de forma voluntária.

Assim, deverá o investigado, cumulativa ou alternativamente:

■ reparar o dano ou restituir a coisa à vítima, exceto na impossibilidade de fazê-lo;
■ renunciar voluntariamente a bens e direitos indicados pelo Ministério Público como instrumentos, produto ou proveito do crime;
■ prestar serviço à comunidade ou a entidades públicas por período correspondente à pena mínima cominada ao delito diminuída de um a dois terços, em local a ser indicado pelo juízo da execução;
■ pagar prestação pecuniária a entidade pública ou de interesse social, a ser indicada pelo juízo da execução, que tenha, preferencialmente, como função proteger bens jurídicos iguais ou semelhantes aos aparentemente lesados pelo delito; ou
■ cumprir, por prazo determinado, outra condição indicada pelo Ministério Público, desde que proporcional e compatível com a infração penal imputada.

Após assinado, o acordo de não persecução será encaminhado ao juiz competente, a quem competirá a **homologação** do compactuado, em audiência, após atestar a voluntariedade do pacto firmado, ouvindo, para tanto, o investigado, acompanhado, necessariamente, de seu defensor.

Aqui, o juiz poderá:

Homologar o acordo	Caso homologue judicialmente o acordo, o magistrado intimará a vítima acerca do teor deste, bem como devolverá os autos ao órgão ministerial, para início da execução perante o juízo de execução penal.
Considerar abusivas, inadequadas ou insuficientes as condições acordadas	Caso considere inadequadas, insuficientes ou abusivas as condições dispostas no acordo de não persecução penal, o juiz devolverá os autos ao Ministério Público, para que haja a reformulação da proposta, com concordância do investigado e seu defensor.

Recusar a homologação	O juiz recusará a homologação à proposta se entender que esta não atende aos requisitos legais ou quando não for realizada a adequação em sua reformulação. Nesse caso, devolverá os autos ao Ministério Público para a análise da necessidade de complementação das investigações ou para o ajuizamento da ação penal.

Caso o membro ministerial se recuse a propor o acordo de não persecução penal ao investigado que, supostamente, atenderia aos requisitos necessários para sua celebração, poderá o interessado requerer a remessa dos autos a órgão superior do Ministério Público – o qual está previsto na lei orgânica de cada MP – para fins de reanálise de seu direito.

Todavia, a princípio, compete ao Ministério Público realizar uma análise **discricionária** acerca da possibilidade de celebração do acordo, haja vista *não* se tratar de direito subjetivo do investigado, até porque esse instrumento de política criminal nem sempre é necessário e suficiente para a reprovação e prevenção do crime.

Em relação à conduta do juiz, deverá a autoridade observar apenas os aspectos legais do acordo, bem como a voluntariedade do investigado, *não* **cabendo ao magistrado realizar a análise acerca da necessidade e suficiência do negócio jurídico celebrado**, visto que essa é uma atribuição do órgão ministerial.

Inclusive, o Ministro Luiz Fux, em decisão liminar proferida no âmbito da ADI nº 6299 MC/DF, em 22-1-2020, esclareceu que:

> o magistrado não pode intervir na redação final da proposta do acordo de não persecução penal, de modo a estabelecer as suas cláusulas. Ao revés, o juiz poderá não homologar o acordo ou devolver os autos ao *parquet* – de fato, o legitimado constitucional para a elaboração do acordo – para que apresente nova proposta ou analise a necessidade de complementar as investigações ou de oferecer denúncia, se for o caso.

No mesmo sentido, no âmbito do HC nº 194.677/SP, em 11-5-2021, o STF ratificou o entendimento, evidenciando que "[o] Poder Judiciário não pode impor ao Ministério Público a obrigação de ofertar acordo de não persecução penal".

Descumprimento do acordo
Se homologado, em caso de descumprimento das cláusulas do acordo de não persecução penal, quais seriam os procedimentos adotados e as consequências provenientes da conduta do investigado?

Descumprimento das condições impostas no acordo	1. A vítima será intimada acerca do descumprimento.
	2. O Ministério Público comunicará ao juízo, para fins de rescisão do acordo, com o posterior oferecimento de denúncia.
	3. Poderá a inobservância do acordo ser utilizada pelo órgão ministerial como justificativa para o não oferecimento de suspensão condicional do processo, nas hipóteses nas quais for cabível.
	4. O não cumprimento do acordo pode ensejar o reconhecimento da confissão formal e circunstanciada pelo investigado, e ser utilizada como prova hábil para o embasamento da ação penal.

O cumprimento do acordo **extingue a punibilidade do agente**, de forma que não constará, em sua certidão de antecedentes criminais, qualquer anotação ou registro sobre os fatos, salvo para fins de averiguação da concessão de outra medida despenalizadora nos cinco anos anteriores ao cometimento da infração.

Convém ressaltar que, embora não positivado em lei em sentido estrito até o fim de 2019, o acordo de não persecução penal, anteriormente, era regulamentado pela **Resolução nº 181/2017** (posteriormente modificada pela Resolução nº 183/2018) do Conselho Nacional do Ministério Público, cujo texto descrevia as condições para celebração do mencionado acordo, bem como sua forma procedimental.

Grande parte do conteúdo da Resolução do CNMP foi simplesmente reproduzida pela Lei nº 13.964/2019. Não obstante, é possível averiguar a presença de pequenas distinções entre as legislações:

Resolução nº 181/2017 do CNMP	Lei Anticrime
Para celebração do acordo, o dano causado à vítima não poderia ser superior a 20 salários mínimos ou a parâmetro econômico diverso definido pelo respectivo órgão de revisão, nos termos da regulamentação local.	Não há previsão de valor máximo do dano causado.

Resolução n° 181/2017 do CNMP	Lei Anticrime
Para celebração do acordo, o delito cometido não podia ser hediondo ou equiparado, ou estar previsto na Lei n° 11.343/2006.	Não há menção expressa aos crimes hediondos.
A homologação era realizada pela autoridade judicial, sendo prescindível a realização de audiência.	A homologação é realizada em audiência, pela autoridade judicial, devendo ser ouvido o réu, que estará acompanhado de defensor.
A fiscalização do acordo era realizada pelo próprio Ministério Público.	A fiscalização do acordo é realizada pelo juízo das execuções.
Cumprido o acordo, eram arquivadas as investigações.	Cumprido o acordo, a punibilidade do agente estará extinta.

2.13 Pontos importantes

2.13.1 Do curador

Prevê o art. 15 do Código de Processo Penal que, "se o indiciado for menor, ser-lhe-á nomeado curador pela autoridade policial". Ocorre que o CPP é legislação datada de 1941, sendo que, à época, eram considerados menores aqueles que possuíam até 21 anos de idade.

De lá pra cá, muitas alterações legislativas ocorreram, dentre elas, o surgimento do Novo Código Civil, em 2002, o qual estabeleceu a maioridade a partir dos 18 anos de idade, em consonância com o disposto no art. 27 do Código Penal, que já dispunha, desde 1984, que os maiores de 18 anos são penalmente imputáveis.

Dessa forma, a corrente majoritária entende que **houve a revogação do art. 15 do Código de Processo Penal**, posto que não há mais sentido a existência do referido dispositivo, já que, anteriormente, a legislação permitia a existência de "indicados menores", ou seja, aqueles que possuíam entre 18 e 21 anos de idade. Atualmente, não mais.

Logo, todo indiciado é maior. Os menores de idade, quando incorrerem em ato infracional, estarão sujeitos ao procedimento previsto em lei própria, *in casu*, o Estatuto da Criança de do Adolescente.

Neste sentido é o posicionamento doutrinário:

o art. 15 do Código de Processo Penal determina que, sendo o indiciado menor, deve ele ser interrogado na presença de um curador nomeado pela autoridade. O dispositivo refere-se evidentemente aos réus menores de 21 anos de idade, ou seja, aos menores que, pela lei civil, dependiam de assistência. Ocorre que o novo Código Civil, em seu art. 5º, reduziu a maioridade civil para 18 anos, de modo que não é mais necessária a nomeação de curador ao réu menor de 21 anos (REIS; GONÇALVES, 2014, p. 62).

Portanto, pela fundamentação exposta, entende-se pela extinção da figura do curador no inquérito policial, sendo esse também o posicionamento atual do Superior Tribunal de Justiça (HC n° 98.623/BA, Rel. Min. Arnaldo Esteves Lima, 5ª T., julgado em 7-8-2008, DJe 20-10-2008).

2.13.2 Da incomunicabilidade do preso

Por incomunicabilidade se entende a impossibilidade de o indiciado, após segregado cautelarmente, ter qualquer tipo de contato com qualquer pessoa por até três dias, respeitado, porém, em qualquer hipótese, o disposto no art. 7º, inciso III, do Estatuto da Ordem dos Advogados do Brasil, que prevê: "São direitos do advogado: (...) comunicar-se com seus clientes, pessoal e reservadamente, mesmo sem procuração, quando estes se acharem presos, detidos ou recolhidos em estabelecimentos civis ou militares, ainda que considerados incomunicáveis."

Ainda que o art. 21 do Código de Processo Penal preceitue a possibilidade de se determinar a incomunicabilidade do preso, mediante despacho, quando esta for pautada no interesse da sociedade ou na conveniência da investigação, a doutrina majoritária instrui que tal dispositivo **não foi recepcionado pela Constituição Federal de 1988**, já que a norma constitucional é clara ao descrever, em seu art. 136, § 3º, inciso IV, que será vedada a incomunicabilidade do preso quando da vigência do estado de defesa. Via de consequência, os intérpretes concluem que, se nem em estado de exceção será suprimida tal garantia, quem dirá em tempos de normalidade.

2.13.3 Das nulidades no inquérito policial

Em regra, não existem nulidades a serem sanadas no âmbito do inquérito policial, haja vista se tratar de um procedimento meramente administrativo, no qual a maioria das provas serão ratificadas em âmbito judicial. Destarte, eventuais vícios ocorridos ao longo do feito não são capazes de contaminar a ação penal nem impedir sua propositura.

Sobre o tema, explica o Ministro Nelson Jobim: "o inquérito policial é peça meramente informativa, não suscetível de contraditório, e sua eventual irregularidade não é motivo para decretação de nulidade da ação penal" (STF, HC 83.233, j. 4-11-2003, 2ª T., *DJ* 19-3-2004).

No entanto, é imperioso verificar se a ilegalidade em testilha é mera irregularidade ou, se de fato, é causa de declaração de nulidade. Afinal, mesmo que não haja ação penal instaurada, o descumprimento direto da lei que gere prejuízos irreparáveis ao indiciado não poderá ser convalidado.

Eis um exemplo trazido por Fábio Roque Araújo e Klaus Negri Costa (COSTA; ARAÚJO, 2018, p. 93):

> Antes de mais nada, não se deve confundir mero vício, que é uma simples irregularidade, não gerando prejuízo algum, com nulidade, que é afronta à lei (em sentido amplo) e que gera prejuízo. Imagina-se, por exemplo, uma interceptação telefônica realizada pelo delegado de polícia, com autorização judicial, oriunda de uma denúncia anônima e sem preceder investigações iniciais básicas para, no mínimo, buscar coletar mais informações, antes de se iniciar a interceptação. Há clara nulidade desse meio de prova, inclusive atingindo outros atos com ele relacionados (STJ, HC nº 204.778/SP, rel. Min. Og Fernandes, j. 04.10.12). Ao receber a denúncia anônima, o delegado deveria, antes de tudo, adotar procedimentos iniciais de investigação para apurar o fato, e somente depois disso, se

o caso, instaurar o inquérito (...) Outra coisa, totalmente diversa, é o investigado simplesmente sustentar que o delegado não assinou algumas folhas do inquérito – nesse caso, há mera irregularidade, não interferindo na ação penal (STJ, HC 216.201/PR, rel. Min. Alderita Ramos de Oliveira, j. 02.08.12).

Entretanto, em casos de averiguação da nulidade (ex.: uma interceptação telefônica realizada sem autorização judicial), apenas será considerada nula a prova ilegalmente produzida, de forma que não há contaminação de todo o procedimento.

Por óbvio que, caso o feito tenha sido instaurado ou a denúncia oferecida tão somente em razão da prova obtida por meio ilícito, tornar-se-á necessária a anulação de todos os atos "infectados" pela ilegalidade.

Ainda, no que tange à presente temática, o Supremo Tribunal Federal, em recente decisão, deliberou que:

> uma vez supervisionados pelo juízo competente e por membro do Ministério Público revestido de atribuição, pouco importa que os procedimentos investigatórios atinentes à operação desencadeada tenham sido presididos por autoridade de Polícia Federal. O art. 5º, LIII, da Constituição da República, ao dispor que ninguém será processado nem sentenciado senão pela autoridade competente, contempla o princípio do juiz natural, não se estende às autoridades policiais, porquanto não investidas de competência para julgar. Surge inadequado pretender-se a anulação de provas ou de processos em tramitação com base na ausência de atribuição da Polícia Federal para conduzir os inquéritos.[18]

2.13.4 Trancamento do inquérito policial

Quando o indiciado entender sofrer gravíssimo constrangimento ilegal em virtude de instauração de inquérito policial em seu desfavor, o qual supostamente não encontra amparo no ordena-

---

[18]. STF, Informativo nº 964, publicado em 5-2-2020.

mento jurídico, poderá impetrar a ação constitucional de *habeas corpus*, requerendo, pois, o trancamento do procedimento.

Então, "verificando-se que a instauração do inquérito policial é manifestamente abusiva, o constrangimento causado pelas investigações deve ser tido como ilegal, afigurando-se possível o trancamento do inquérito policial" (LIMA, 2015, p. 172).

O trancamento poderá ser deferido pelo magistrado competente em situações excepcionais e em casos de flagrante ilegalidade, a citar: (1) se atípica a conduta do suspeito; ou (2) quando presente causa extintiva de punibilidade; ou (3) se ausentes indícios mínimos de autoria delitiva, conforme entendimento do STF, em decisão proferida no HC nº 132.170 AgR, de relatoria do Min. Teori Zavascki, julgado em 16-2-2016.

2.14 Outras modalidades investigativas

Consoante anteriormente destacado, a atividade investigativa **não** é exclusiva da Polícia Judiciária. Ao contrário, atualmente é reconhecido e adotado na doutrina e na jurisprudência o princípio da **universalização das investigações**, sendo o inquérito policial apenas uma das mais diversas formas de se averiguar a procedência de um fato criminoso.

Desse modo, é completamente possível que o Ministério Público, a quem compete o oferecimento da denúncia, tenha conhecimento de determinada prática criminosa, por outros meios que não o policial. E, restando configurada a existência de indícios mínimos de materialidade e autoria delitiva, deverá o órgão ministerial propor a ação penal, ainda que não tenha sido instaurado o inquérito.

Vejamos outras espécies de investigação utilizadas no cotidiano jurídico.

2.14.1 Investigação pelo Ministério Público

Logicamente poderá o Ministério Público, por meio de procedimentos próprios, realizar e conduzir investigações com o propósito de descortinar determinado fato, afinal, este é o detentor da titularidade da ação penal e o destinatário imediato das investigações. Por conseguinte, se compete ao *Parquet* propor a ação, por óbvio também lhe é facultada a realização de diligências para apuração e elucidação de delitos.

Trata-se de **poder implícito**. Nesse sentido, a própria Constituição Federal de 1988, em seu art. 129, concede ao Ministério Público a possibilidade de realizar atividades de cunho investigatório, a citar: expedição de notificações, requisição de informações e documentos, requisição de diligências investigatórias etc.

O presente tema nem sempre foi pacífico. Por muito tempo a doutrina pregava que a tarefa investigativa era exclusiva da Polícia Judiciária, enquanto ao Ministério Público competiam apenas o controle externo da atividade policial e a propositura da ação.

Contudo, o entendimento que atribui ao Ministério Público o poder de investigar avançou e se consolidou na doutrina e na jurisprudência.

Jurisprudência

Questão constitucional com repercussão geral

Poderes de investigação do Ministério Público. Os arts. 5°, incisos LIV e LV, 129, incisos III e VIII, e 144, inciso IV, § 4°, da Constituição Federal, não tornam a investigação criminal exclusividade da polícia nem afastam os poderes de investigação do Ministério Público.

Fixada, em repercussão geral, tese assim sumulada:

"O Ministério Público dispõe de competência para promover, por autoridade própria e por prazo razoável, investigações de natureza penal, desde que respeitados os direitos e as garantias que assistem a qualquer indiciado ou a qualquer pessoa sob investigação do Estado, observadas, sempre, por seus agentes, as hipóteses de reserva constitucional de jurisdição e, também, as prerrogativas profissionais de que se acham investidos, em nosso País, os Advogados (Lei 8.906/94, art. 7°, notadamente os incisos I, II, III, XI, XIII, XIV e XIX), sem prejuízo da possibilidade – sempre presente no Estado democrático de Direito – do permanente controle jurisdicional dos atos, necessariamente documentados (Súmula Vinculante 14), praticados pelos membros dessa instituição."[19]

Da leitura do entendimento do Supremo Tribunal Federal anteriormente transcrito, infere-se que poderá o Ministério Público realizar investigações de natureza penal sem que isso signifique qualquer ofensa ao ordenamento jurídico, respeitados, porém: (1) os direitos e as garantias do indiciado; (2) as hipóteses de reserva de jurisdição; e (3) as prerrogativas profissionais dos defensores.

Além disso, convém mencionar as **Resoluções n° 181/2017 e n° 183/2018 do CNMP**, que dispõem sobre a instauração e tramitação do procedimento investigatório criminal a cargo do Ministério Público, especialmente em razão "da necessidade de modernização das investigações", promovendo a "efetividade e a proteção dos direitos fundamentais" e "superando um paradigma da investigação cartorial, burocratizada, centralizada e sigilosa".

Para melhor compreensão, destaca-se o teor do art. 1° da Resolução n° 183/2018 do CNMP, o qual traz o conceito, a natureza e a finalidade da investigação ministerial:

> O procedimento investigatório criminal é instrumento sumário e desburocratizado de natureza administrativa e investigatória, instaurado e presidido pelo membro do Ministério Público com atribuição criminal, e terá como finalidade apurar a ocorrência de infrações penais de iniciativa pública, servindo como preparação e embasamento para o juízo de propositura, ou não, da respectiva ação penal.

Em suma, conclui-se que se encontra deveras pacífico o entendimento de que **ao Ministério Público** é possibilitada **a realização de investigações próprias**, as quais serão regidas pelo disposto nas Resoluções do CNMP, respeitadas, entretanto, as ressalvas trazidas pelo Supremo Tribunal Federal.

---

[19] STF, RE 593.727, Rel. Min. Cezar Peluso, Relator(a) p/ Acórdão: Min. Gilmar Mendes, Tribunal Pleno, julgado em 14-5-2015, DJe 4-9-2015.

2.14.2 Termo circunstanciado

A lavratura de termo circunstanciado será procedida pela autoridade policial que tomar conhecimento do cometimento de **infração de menor potencial ofensivo**, ou seja, aqueles crimes ou contravenções penais aos quais a lei comine pena máxima de dois anos, conforme preceitua a **Lei nº 9.099/1995**.

Imagine que Tício pratique lesão corporal leve contra Mévio, após uma discussão motivada por um jogo de futebol, e Mévio comunique ao Delegado de Polícia a prática criminosa. Aqui, deverá a autoridade policial lavrar um termo circunstanciado, e não instaurar um inquérito policial. Afinal, o delito descrito no art. 129, *caput*, do Código Penal prevê pena máxima de detenção de apenas um ano.

Ato contínuo, após a lavratura do termo circunstanciado, a autoridade policial remeterá o feito ao Juizado Especial Criminal para que o magistrado competente tome as providências que entender cabíveis.

2.14.3 Comissão Parlamentar de Inquérito

Por fim, as Comissões Parlamentares de Inquérito (CPIs) possuem previsão constitucional, estando disciplinadas no art. 58, § 3º, da Magna Carta, o qual esclarece:

> as comissões parlamentares de inquérito, **que terão poderes de investigação próprios das autoridades judiciais**, além de outros previstos nos regimentos das respectivas Casas, **serão criadas pela Câmara dos Deputados e pelo Senado Federal**, em conjunto ou separadamente, mediante **requerimento de um terço de seus membros**, para a apuração de **fato determinado e por prazo certo**, sendo suas conclusões, se for o caso, encaminhadas ao Ministério Público, para que promova a responsabilidade civil ou criminal dos infratores. (Grifos nossos.)

Trata-se de comissões temporárias constituídas no âmbito do Poder Legislativo, com a finalidade de apurar a ocorrência de fatos específicos, sendo-lhes atribuídos, para tanto, **poderes de investigação próprios das autoridades judiciais**.

Observe o quadro a seguir, extraído do *site* oficial da Câmara dos Deputados, que enumera os poderes investigatórios das CPIs:[20]

O que a CPI pode fazer	O que a CPI não pode fazer
Convocar ministro de Estado; Tomar depoimento de autoridade federal, estadual ou municipal; Ouvir suspeitos e testemunhas (que têm o compromisso de dizer a verdade e são obrigados a comparecer); Ir a qualquer ponto do território nacional para investigações e audiências públicas; Prender em flagrante delito; Requisitar informações e documentos de repartições públicas e autárquicas; Requisitar funcionários de qualquer poder para ajudar nas investigações, inclusive policiais; Pedir perícias, exames e vistorias, inclusive busca e apreensão (vetada em domicílio); Determinar ao Tribunal de Contas da União (TCU) a realização de inspeções e auditorias; e Quebrar sigilo bancário, fiscal e de dados (inclusive telefônico, ou seja, extrato de conta, e não escuta ou grampo).	Condenar; Determinar medida cautelar, como prisões; Indisponibilizar bens, arresto, sequestro; Determinar interceptação telefônica e quebra de sigilo de correspondência; Impedir que o cidadão deixe o território nacional e determinar apreensão de passaporte; Expedir mandado de busca e apreensão domiciliar; e Impedir a presença de advogado do depoente na reunião (advogado pode: ter acesso a documentos da CPI; falar para esclarecer equívoco ou dúvida; opor a ato arbitrário ou abusivo; ter manifestações analisadas pela CPI até para impugnar prova ilícita).

Enfim, as Comissões Parlamentares de Inquérito **não** possuem poder para denunciar diretamente o autor do delito. **Cuidado!** Essa competência é exclusiva do Ministério Público, titular da ação penal. Portanto, caso uma CPI averigue a procedência de determinado fato criminoso e descortine seu possível autor, deverá, obrigatoriamente, remeter o teor das investigações ao órgão ministerial para que este, se entender possível, ofereça a denúncia.

---

[20]. Disponível em <https://www2.camara.leg.br/camaranoticias/noticias/politica/486727-o-que-a-cpi-pode-ou-nao-fazer.html>. Acesso em: 26 jun. 2019.

3

Ação penal

3.1 Introdução

Até aqui vimos que a prática de uma conduta prevista em lei como crime gera ao Estado, após o devido processo legal, o dever de punir o agente infrator. Desse modo, serão procedidas investigações preliminares (ex.: inquérito policial), a fim de apurar a autoria do delito em questão, para daí embasar o objeto do nosso capítulo: a ação penal.

Para ilustrar:

Assevera Guilherme de Souza Nucci (2006, p. 137) que "o monopólio de distribuição de justiça e o direito de punir cabem, como regra, ao Estado, vedada a autodefesa e a autocomposição. Evita-se, com isso, que as pessoas passem a agredir umas às outras a pretexto de estarem defendendo seu direito".

Assim, a **ação penal é o instrumento por meio do qual o Poder Judiciário, dentro do devido processo legal, promoverá o julgamento do agente criminoso, sob o crivo do contraditório e da ampla defesa.** A depender do delito praticado, caberá ao Ministério

Público ou à vítima oferecer, respectivamente, a denúncia ou a queixa-crime, instaurando, pois, uma ação para que o Estado processe e julgue o indivíduo pelo fato criminoso apurado.

3.2 Condições da ação

Instaurada qualquer ação judicial, seja ela civil, penal ou trabalhista, deve a autoridade competente apurar se aquele feito comporta todas as condições necessárias para o seu prosseguimento. Trata-se de uma análise procedimental a ser realizada pelo magistrado, com o fito de verificar se o mérito da questão está pronto para ser discutido e, posteriormente, julgado.

Em outras palavras, a autoridade judicial deve fazer a seguinte indagação: a ação proposta reúne todos os requisitos para ser admitida? Se a resposta for positiva, o Juiz receberá a denúncia ou a queixa-crime determinando a citação do réu, de forma a partir para a análise meritória. Se a resposta for negativa, rejeitará a peça inicial, fundamentando sua decisão.

As condições da ação poderão ser **genéricas** ou **específicas**.

3.2.1 Genéricas

■ **Legitimidade *ad causam*:** a legitimidade diz respeito ao **liame subjetivo da ação**, isto é, **quem são os sujeitos que figurarão nos polos ativo e passivo da lide.**

Por conseguinte, se cometido o crime de roubo contra a vítima Caio, a legitimidade para propositura da ação, ou seja, para oferecer a denúncia, é exclusiva do Ministério Público, não competindo a mais ninguém, *a priori*, iniciar o feito. Afinal, segundo a lei, o órgão ministerial é o titular da ação penal pública, e, via de consequência, sujeito ativo do feito.

Do mesmo modo, se contra Mévio existem indícios suficientes de autoria delitiva, haja vista que Caio o reconheceu como o agente infrator, não poderá o pai do suspeito assumir a responsabilidade e ser processado e julgado no lugar do filho, pois não possui legitimidade para tanto, já que Mévio é o sujeito passivo da ação.

Em contrapartida, quando a ação penal for de natureza privada, compete, em regra, à própria vítima (ou ao seu representante legal) instaurar a ordem processual, sendo pois o ofendido (ou quem o represente) o sujeito ativo da relação. Por ora, não é preciso mais questionamentos acerca do que vem a ser a "ação penal pública" e "ação penal privada". Tais matérias serão estudadas e esmiuçadas em momento oportuno.

Por outro lado, existem no ordenamento jurídico previsões de legitimidade extraordinária.

Voltando ao exemplo anterior, é possível que o ofendido Caio passe a ser o legitimado para propositura do feito, se o Ministério Público, titular da ação, deixar de oferecer injustificadamente a denúncia em desfavor de Mévio no prazo previsto em lei. Cuida-se de hipótese de ação penal privada subsidiária da pública, na qual se vislumbra a legitimidade extraordinária sucessiva, pois, a princípio, Caio não poderia propor a ação. Só poderá fazê-lo se for constatada a desídia do órgão ministerial.

Já em caso de crime cometido contra a honra de servidor público em razão do exercício de suas funções, o Supremo Tribunal Federal pacificou, por meio da Súmula nº 714, que a legitimidade para propositura da ação é concorrente, haja vista que poderão iniciar o feito tanto o ofendido (mediante queixa) quanto o Ministério Público (mediante denúncia), desde que haja a representação do ofendido.[1]

De outro modo, é incontestável o entendimento de que a pessoa jurídica poderá ter seus direitos violados, figurando, pois, como a vítima na ação penal. Inclusive, o art. 37 do Código de Processo Penal dispõe que "as fundações, associações ou sociedades legalmente constituídas poderão exercer a ação penal, devendo ser representa-

---

[1]. Súmula nº 714, STF: "É concorrente a legitimidade do ofendido, mediante queixa, e do Ministério Público, condicionada à representação do ofendido, para a ação penal por crime contra a honra de servidor público em razão do exercício de suas funções."

das por quem os respectivos contratos ou estatutos designarem ou, no silêncio destes, pelos seus diretores ou sócios-gerentes".

No entanto, muito se discutiu acerca da possibilidade de uma pessoa jurídica figurar como sujeito passivo de uma relação processual, ou, em outras palavras, deter legitimidade *ad causam* como autora de um ilícito penal. Contudo, atualmente, a própria Constituição Federal esclarece, em seu art. 225, § 3°, que "as condutas e atividades consideradas lesivas ao meio ambiente sujeitarão os infratores, pessoas físicas ou jurídicas, a sanções penais e administrativas, independentemente da obrigação de reparar os danos causados".

No mesmo sentido, a Magna Carta assevera, por meio do art. 173, § 5°, que "a lei, sem prejuízo da responsabilidade individual dos dirigentes da pessoa jurídica, estabelecerá a responsabilidade desta, sujeitando-a às punições compatíveis com sua natureza, nos atos praticados contra a ordem econômica e financeira e contra a economia popular".

Dessa forma, verifica-se a existência de duas previsões constitucionais que corroboram **a possibilidade de responsabilidade penal da pessoa jurídica**, quais sejam, a prática de crime: **(1)** ambiental; ou **(2)** contra a ordem econômica e financeira e contra a economia popular. Todavia, como apenas a primeira hipótese foi regulamentada por lei (a Lei n° 9.605/1998[2]), é cediço afirmar que essa é a única circunstância que poderia ensejar a denúncia em desfavor de uma pessoa jurídica.

Teoria da dupla imputação

A teoria da dupla imputação idealiza que a pessoa jurídica é incapaz de praticar atos executórios propriamente ditos, os quais devem ser realizados necessariamente por conduta de pessoa física. Dessa feita, seria substancial

---

[2.] Art. 3°: "As pessoas jurídicas serão responsabilizadas administrativa, civil e penalmente conforme o disposto nesta Lei, nos casos em que a infração seja cometida por decisão de seu representante legal ou contratual, ou de seu órgão colegiado, no interesse ou benefício da sua entidade."

que a denúncia fosse obrigatoriamente oferecida em desfavor da entidade em questão e de um indivíduo (em regra, os sócios ou administradores da PJ), de modo que tanto a pessoa física quanto a pessoa jurídica seriam impreterivelmente responsabilizadas pela ação ilícita. Entretanto, o Supremo Tribunal Federal, em RE 548.181, de relatoria da Ministra Rosa Weber, proferiu decisão no sentido de que **o ordenamento brasileiro não adota a teoria da dupla imputação**, sob o argumento de que "condicionar a aplicação do art. 225, § 3°, da Carta Política a uma concreta imputação também a pessoa física implica indevida restrição da norma constitucional, expressa a intenção do constituinte originário não apenas de ampliar o alcance das sanções penais, mas também de evitar a impunidade pelos crimes ambientais frente às imensas dificuldades de individualização dos responsáveis internamente pelas corporações, além de reforçar a tutela do bem jurídico ambiental".[3]

Por fim, é forçoso ressaltar que os menores de 18 anos não serão sujeitos passivos em ação penal justamente por não deterem legitimidade para figurar na relação processual, a qual será regida por legislação própria: o Estatuto da Criança e do Adolescente.

■ **Interesse de agir:** além de ser necessário que as partes sejam legítimas para figurarem no polo da ação penal, também é considerado como condição da ação o interesse de agir, o qual estará configurado por meio da conjunção perfeita do trinômio: **(1) necessidade; (2) adequação;** e **(3) utilidade**. Ou seja, embora pareça óbvio, a ação deve ser necessária, adequada e útil.

Mas o que isso significa?

(1) A ação será *necessária* quando não existir outro meio de sanar o direito violado. Caso seja possível a solução do conflito por vias alternativas que não a jurisdição, a ação não será admitida. Porém, não há como se visualizar a dispensabilidade da ação penal, pois os direitos tutelados em matéria criminal são os considerados mais caros à sociedade e, portanto, tidos como indisponíveis. Por isso compete exclusivamente ao Estado, por intermédio do Poder

---

[3.] STF, RE 548.181, Rel. Min. Rosa Weber, 1ª T., julgado em 6-8-2013, *DJe* 30-10-2014.

Judiciário, processar e julgar o indivíduo que viola esses bens. Ou seja, se praticada uma tentativa de homicídio, por exemplo, não é possível que vítima e acusado, por meio de uma audiência de conciliação, resolvam o conflito. Por mais que a prática criminosa tenha sido perdoada pelo ofendido, é dever do Estado apurar o delito, por intermédio da ação penal.

(2) A ação será *adequada* se o Estado (por meio do Ministério Público), ao ajuizá-la, estiver agindo em conformidade com o ordenamento jurídico. Destarte, além de necessária, a ação deverá ser o meio apropriado para alcançar a tutela jurisdicional pretendida, *in casu*, a condenação do réu.

Em outras palavras,

> a adequação, por sua vez, emerge da compatibilidade entre o fato narrado pelo autor da ação e a consequência jurídica que ele pleiteia com fundamento neste fato. No caso do processo penal, será adequado o pedido quando, narrada uma conduta típica, o acusador pleitear a condenação do acusado de acordo com os parâmetros do tipo incriminador, que estabelece a punição objetivamente adequada para cada delito (BONFIM, 2002, p. 80).

(3) A ação será **útil** se graças a ela for possível alcançar a tutela estatal pretendida. Dessa maneira, uma denúncia (ou uma queixa-crime) apenas será oferecida quando o objetivo almejado com seu ajuizamento não for em vão.

Então, se o acusado morrer antes da propositura da ação, por exemplo, o Ministério Público não tem mais interesse em ajuizar a demanda. Afinal, não é possível condenar um cadáver. Da mesma forma, se a pretensão punitiva estiver prescrita, não tem por que mover a máquina estatal, despendendo recursos financeiros se, ao final, o magistrado extinguirá a punibilidade do acusado.

Sobre o tema, insta mencionar a impossibilidade da autoridade judicial em reconhecer a denominada "prescrição virtual". Isso quer dizer que, mesmo se verificado que a pena em concreto do acusado acabará estipulada em patamar que gerará a futura prescrição do feito, **não será possível a declaração antecipada da extinção da punibilidade**. Inclusive, o Superior Tribunal de Justiça já sumulou a questão. Veja. "É inadmissível a extinção da punibilidade pela prescrição da pretensão punitiva com fundamento em pena hipotética, independentemente da existência ou sorte do processo penal."[4]

Mas se estiver clarividente que o acusado será condenado à pena mínima, por portar inúmeras circunstâncias judiciais positivas e que, inegavelmente, o processo incorrerá em prescrição a ação penal não passaria a ser inútil? *Não*.

Segundo o STJ,

> ao levarmos em consideração referida tese, estaríamos entendendo, *a priori*, sem analisar a prova dos autos, que a sentença seria condenatória e com pena em seu mínimo legal, afastando por completo a possibilidade de absolvição ou, até mesmo, de uma condenação com pena superior ao limite mínimo estabelecido pelo legislador.[5]

Em vista disso, é impossível a aplicação da intitulada "prescrição virtual", até porque a referida vertente sequer possui previsão legal.

■ **Possibilidade jurídica do pedido:** finalmente, além da verificação da legitimidade *ad causam* e da presença do interesse de agir, deverá o magistrado, ao receber uma denúncia ou queixa-crime, questionar-se **se há possibilidade jurídica no pedido formulado pelo sujeito ativo**.

Segundo dispõe o art. 1º do Código Penal, "não há crime sem lei anterior que o defina", bem como "não há pena sem prévia cominação legal". Logo, é imprescindível que o fato imputado ao agente infrator esteja anteriormente descrito em lei. Consequentemente, a conduta não prevista legalmente como crime não poderá ser objeto de denúncia pelo

---

4. Súmula nº 438 do STJ.
5. STJ, RHC 21929 PR, Rel. Min. Jane Silva (Desembargadora convocada do TJMG), 5ª T., julgado em 20-11-2007, *DJ* 10-12-2007, p. 399.

Ministério Público (ou de queixa-crime, pelo ofendido, em caso de ação penal privada), pois é atípica, e consequentemente, infactível de análise. Trata-se, pois, de pedido juridicamente impossível.

Desse modo, "enquanto no processo civil a possibilidade jurídica se define em termos negativos, como existente quando o ordenamento jurídico não veda, em tese, o pedido, afirma-se que no processo penal somente é viável o provimento condenatório que seja expressamente permitido" (GRINOVER; FERNANDES; GOMES FILHO, 2004, p. 78).

Imagine que, após um almoço em família, Tício, de forma culposa, quebre um prato de cristal de Mévio, seu irmão. Este, indignado e enfurecido com aquela perda material tão significativa, procura um advogado e exige a propositura de uma ação penal a fim de que Tício sofra as consequências por aquele ato tão doloroso. Ao ler a queixa-crime oferecida, o magistrado, por óbvio, verificará que o pedido interposto pela suposta vítima é impossível, já que não há, no ordenamento jurídico, qualquer tipo penal que descreva a conduta de "quebrar um prato de cristal" como crime. Assim, o magistrado rejeitará a peça inicial e não dará prosseguimento à ação penal.

Isso posto, conclui-se que a admissibilidade de qualquer ação está condicionada à verificação das seguintes condições: legitimidade *ad causam*; interesse de agir; e possibilidade jurídica do pedido.

Cumpre destacar que, além das condições já destacadas, Afrânio Silva Jardim (2007) posiciona-se no sentido de que, no processo penal, em especial, é necessária a presença de **justa causa**, haja vista que o Código de Processo Penal, em seu art. 395, inciso III, a cita como hipótese de rejeição da denúncia ou queixa.

Por justa causa entende-se a presença de conteúdo probatório mínimo para lastrear a propositura da ação penal, isto é, que **haja indícios suficientes de materialidade e autoria delitiva.**[6]

---

6. Nesse sentido: "É possível a concessão de *habeas corpus* para a extinção de ação penal sempre que se constatar ou imputação de fato atípico, ou inexistência de qualquer elemento que demonstre a autoria do delito, ou extinção da punibilidade. (...) Nas palavras de Reale Júnior, tipicidade é a 'congruência entre a ação concreta e o paradigma legal ou a configuração típica do injusto'. Não preenchidos esses requisitos, inexiste justa causa para a instauração da persecução penal pelo Parquet" (STF, HC 102.422, Rel. Min. Dias Toffoli, j. 10-6-2010, *DJe* 14-9-2011).

Vejamos o exemplo:

> um empresário da cidade procura Fulano, líder de um partido político da oposição, e relata que o Prefeito teria cometido fraudes em licitações da Prefeitura; Fulano reduz a termo as declarações e o empresário assina o documento; instaura-se o inquérito policial e o Ministério Público oferece denúncia; o empresário nunca foi ouvido pelo delegado de polícia nem pelo membro do Ministério Público – isso leva à ausência de justa causa da ação penal, diante da falta de fé pública e confiabilidade nas declarações produzidas estritamente em âmbito privado (COSTA; ARAÚJO, 2018, p. 171).

Em geral, a doutrina não adota tal posicionamento, limitando as condições da ação às três hipóteses esmiuçadas anteriormente.

3.2.2 Específicas

■ Condições de procedibilidade: em alguns casos, não basta que haja a legitimidade do sujeito, o interesse de agir, a possibilidade jurídica do pedido ou até mesmo a existência de justa causa. Também deverão estar presentes condições **específicas** de procedibilidade, sem as quais não será possível dar seguimento à ação penal.

Segundo o art. 24 do Código de Processo Penal,[7] em caso de crime processado mediante ação penal pública condicionada, o feito apenas terá andamento se verificada a existência de **representação do ofendido**, ou, em algumas hipóteses, de **requisição do Ministro da Justiça**.

A título exemplificativo, eis o disposto no art. 147 do Código Penal: "Art. 147 – Ameaçar alguém, por palavra, escrito ou gesto, ou qualquer outro meio simbólico, de causar-lhe mal injusto e grave: Pena – detenção, de um a seis meses, ou multa. Parágrafo único – Somente se procede mediante **representação**" (grifo nosso).

[7.] Art. 24. "Nos crimes de ação pública, esta será promovida por denúncia do Ministério Público, mas dependerá, quando a lei o exigir, de requisição do Ministro da Justiça, ou de representação do ofendido ou de quem tiver qualidade para representá-lo."

Suponha uma final de campeonato entre bairros considerados adversários. Tício, goleiro do time A, está jogando contra Mévio, atacante do time B, e, na ânsia de defender sua equipe, derruba o jogador adversário na área, cometendo pênalti. Com raiva e ensandecido com a situação, chega ao pé do ouvido de Mévio e lhe diz: "Se você fizer este gol eu acabo com a sua vida e a de sua família". Amedrontado, Mévio chuta para fora e, em seguida, reporta o acontecido à autoridade policial. Dois dias depois, após os ânimos se acalmarem, Mévio retorna à Delegacia e explica que não possui mais interesse no feito, já que Tício havia se desculpado pessoalmente, retratando-se da representação.

O Ministério Público, ainda assim, opta por oferecer a denúncia em desfavor de Tício. Afinal: (1) as partes detêm legitimidade *ad causam*; (2) há interesse de agir, pois a via é adequada, útil e necessária; e (3) há possibilidade jurídica do pedido – além de estar constatada a presença de conteúdo probatório suficiente para embasar a propositura da ação penal. Nessa situação, poderá o magistrado receber a denúncia oferecida? Obviamente, não. Afinal, ainda que presentes as condições genéricas, o ofendido se retratou, carecendo a ação do requisito de procedibilidade.

De outra maneira, alguns casos previstos no ordenamento jurídico brasileiro exigem a requisição do Ministro da Justiça como condição de procedibilidade,[8] de forma que a ausência de tal requisição torna impossível a análise do feito.

3.3 Espécies

Após o estudo acerca das condições necessárias para a propositura de uma ação penal, passamos a analisar suas espécies,

---

[8.] Art. 141. "As penas cominadas neste Capítulo aumentam-se de um terço se qualquer dos crimes é cometido: I – contra o Presidente da República, ou contra chefe de governo estrangeiro"; (...) Art. 145, parágrafo único: "Procede-se mediante requisição do Ministro da Justiça, no caso do inciso I do *caput* do art. 141 deste Código, e mediante representação do ofendido, no caso do inciso II do mesmo artigo, bem como no caso do § 3º do art. 140 deste Código".

quais sejam: pública ou privada, a depender de qual for a conduta criminosa praticada pelo agente.

A ação penal será **pública** quando a **titularidade** para a propositura do feito for do **Ministério Público**. Quando a ação penal não depender de qualquer condição específica de procedibilidade, dizemos que ela é **incondicionada**, pois o órgão ministerial não estará vinculado a qualquer manifestação de vontade. Mas, se a ação penal estiver subordinada à representação do ofendido ou à requisição de Ministro da Justiça, será ela **condicionada**.

Por outro lado, a ação penal será **privada** se a titularidade para iniciá-la for do próprio **ofendido**.

Em regra, as ações penais privadas serão **comuns** ou **exclusivas**, ocasião em que a própria vítima oferecerá a queixa-crime, sendo facultada aos seus sucessores a possibilidade de prosseguir com o feito em caso de morte do ofendido. Diferentemente, na ação penal privada **personalíssima**, apenas e tão somente a vítima detém legitimidade para propor a ação. Se o sujeito ativo falecer em meio ao processo, o feito será necessariamente extinto sem resolução do mérito. Por fim, a ação penal privada **subsidiária da pública** é aquela que, inicialmente, possui natureza pública, mas em decorrência de omissão do Ministério Público, que não oferece a denúncia, tampouco requer o arquivamento nos prazos legalmente estipulados, acaba por possibilitar que o ofendido, concorrentemente, inicie o feito.

Observe o quadro:

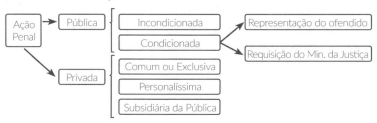

Entendidas as regras gerais, passemos à análise detalhada de cada espécie.

3.3.1 Ação penal pública

Como já estudamos, o titular da ação penal pública será o Ministério Público,[9] competindo ao órgão acusatório o oferecimento da denúncia a fim de iniciar o processo e julgamento de determinado fato tido como criminoso.

A título de destaque, segundo o art. 24, § 2°, do Código de Processo Penal, "seja qual for o crime, quando praticado em detrimento do patrimônio ou interesse da União, Estado e Município, a ação penal será pública".

Para tanto, a atuação ministerial deverá ser pautada em alguns princípios.

a) A ação penal pública é **obrigatória**. Isso quer dizer que, quando o Promotor de Justiça ou o Procurador da República visualizar a existência de conteúdo probatório apto a ensejar a propositura da ação, não poderá deixar de fazê-lo, pois nesse caso não há discricionariedade, conveniência ou oportunidade.

Dessa forma, por exemplo, se, após instaurado inquérito policial com o objetivo de elucidar a suposta prática de crime de lesão corporal grave restar descortinado que a vítima e as testemunhas presenciais atribuíram aquela conduta criminosa ao suspeito "X", bem como o laudo pericial constatar a presença de lesões que resultaram incapacidade para as ocupações habituais por mais de 30 dias, não poderá o órgão ministerial deixar de oferecer denúncia contra o referido agente, já que existem provas suficientes acerca da materialidade e autoria delitivas.

Destaca-se, contudo, que, se comprovado, após a colheita da prova judicial, que o acusado em questão não é o autor do delito, nada impede que o próprio Ministério Público requeira a absolvição do réu.

No entanto, a obrigatoriedade atribuída à ação penal pública possui exceções, de modo que existem previsões no ordena-

---

[9.] Art. 129 da CF: "São funções institucionais do Ministério Público: I – promover, privativamente, a ação penal pública, na forma da lei".

mento jurídico que permitem sua mitigação. São elas: (1) no âmbito dos Juizados Especiais Criminais, regulamentados pela Lei nº 9.099/1995, será possível a apresentação de proposta de transação penal[10] ou suspensão condicional do processo,[11] em detrimento do prosseguimento da ação penal, quando preenchidos os requisitos legais;[12] (2) a Lei nº 12.850/2013, que define organização criminosa e dispõe sobre a investigação criminal, os meios de obtenção da prova, as infrações penais correlatas e o procedimento criminal, concede ao Ministério Público a faculdade de não oferecer denúncia em desfavor daquele "que tenha colaborado efetiva e voluntariamente com a investigação e com o processo criminal (...), não for o líder da organização criminosa" e "for o primeiro a prestar efetiva colaboração"[13]; e (3) o acordo de não persecução penal, recentemente incluído no art. 28-A do Código de Processo Penal, conforme estabelecido pela Lei nº 13.964/2019. Ressalta-se que se trata de atos dotados de certa discricionariedade.

b) A ação penal pública será **indisponível**. Nos termos do art. 42 do Código de Processo Penal, o Ministério Público **não** poderá desistir da ação penal. Logo, se ajuizada a demanda, e constatada a ausência de provas mínimas de autoria delitiva, o órgão ministerial deverá postular pela absolvição do acusado, mas nunca lhe será facultada a possibilidade de simplesmente desistir do feito.

[10.] Art. 76 da Lei nº 9.099/1995: "Havendo representação ou tratando-se de crime de ação penal pública incondicionada, não sendo caso de arquivamento, o Ministério Público poderá propor a aplicação imediata de pena restritiva de direitos ou multas, a ser especificada na proposta."

[11.] Art. 89 da Lei nº 9.099/1995: "Nos crimes em que a pena mínima cominada for igual ou inferior a um ano, abrangidas ou não por esta Lei, o Ministério Público, ao oferecer a denúncia, poderá propor a suspensão do processo, por dois a quatro anos, desde que o acusado não esteja sendo processado ou não tenha sido condenado por outro crime, presentes os demais requisitos que autorizariam a suspensão condicional da pena (art. 77 do CP)".

[12.] Súmula Vinculante nº 35. "A homologação da transação penal prevista no art. 76 da Lei 9.099/1995 não faz coisa julgada material e, descumpridas suas cláusulas, retoma-se a situação anterior, possibilitando-se ao Ministério Público a continuidade da persecução penal mediante oferecimento de denúncia ou requisição de inquérito policial."

[13.] Art. 4º, § 4º, da Lei nº 12.850/2013.

Porém,

mitigando essas regras, permite a Lei 9.099/95, nos crimes de menor potencial ofensivo, a transação penal mesmo após o ajuizamento da denúncia (art. 79). Outra regra que também flexibiliza o princípio da indisponibilidade, igualmente prevista na Lei 9.099/95, respeita a previsão do art. 89 desse mesmo diploma. Este artigo, referindo-se aos crimes cuja pena mínima cominada seja igual ou inferior a um ano de prisão, faculta ao Ministério Público propor ao acusado suspensão do processo mediante certas condições cujo cumprimento acarretará a extinção da punibilidade (AVENA, 2018, p. 273).

Da mesma maneira, se interpuser um recurso, ao Ministério Público *não* é permitido desistir do referido ato processual, conforme prevê o art. 576 do Código de Processo Penal.

c) A ação penal pública é **oficial**, já que se trata de uma atuação do próprio Estado, por intermédio do Ministério Público, titular da ação, a quem foi constitucionalmente delegada a tarefa.

Ou seja,

o Estado é o titular do direito de punir e, para o exercício desta atividade em juízo, inseriu no seu próprio aparato um órgão dotado de independência e autonomia, a quem atribuiu, no âmbito da ação penal pública, a defesa dos interesses sociais. Na verdade, conquanto órgão oficial do Estado, o Ministério Público defende a própria sociedade. Componente do chamado estado-comunidade, sua atividade oficial (consubstanciada no monopólio da ação penal pública) é a defesa dos direitos fundamentais, notadamente aqueles ligados ao próprio *status libertatis*.

d) A ação penal pública é, em regra, **oficiosa**. Vê-se que, geralmente, o Ministério Público instaurará a ação penal, independentemente de qualquer manifestação de vontade. Entretanto, como vimos, é possível que a oficiosidade seja mitigada quando a ação penal for condicionada ao requerimento do ofendido ou à requisição do Ministro da Justiça, as quais são condições de procedibilidade que impedem o início da ação penal, se ausentes.

Quando silente o ordenamento jurídico, a prática de uma conduta criminosa ensejará o ajuizamento de uma ação penal pública incondicionada, a qual será iniciada **de ofício** pelo titular. Em contrapartida, deverá a legislação trazer expressamente quais os crimes que serão processados e julgados mediante ação penal pública condicionada.

e) A ação penal pública é **intranscendente**. Praticado determinado fato criminoso, o Ministério Público oferecerá denúncia apenas e exclusivamente contra o seu autor, não sendo possível que um terceiro seja punido pela máquina estatal por uma infração que não cometeu.

Neste sentido, a Constituição Federal de 1988 (art. 5°, inciso XLV) explicita que "nenhuma pena passará da pessoa do condenado, podendo a obrigação de reparar o dano e a decretação do perdimento de bens ser, nos termos da lei, estendidas aos sucessores e contra eles executadas, até o limite do valor do patrimônio transferido". Por isso, não obstante os sucessores possam ser responsabilizados no âmbito cível, a título de reparação dos danos sofridos, em caso de morte do réu será imperiosa a extinção do feito criminal (causa de extinção da punibilidade prevista no art. 107, inciso I, do CP), pois os que ficaram não poderão sofrer as graves consequências da órbita penal.

Para tanto, ressalta-se que apenas será declarada extinta a punibilidade do acusado, em razão de sua morte, após a juntada de certidão de óbito ao feito e depois de ouvido o Ministério Público.[14]

f) A ação penal pública é **divisível**, visto que o órgão ministerial, em caso de concurso de agentes, promoverá a denúncia ape-

---

[14.] Art. 62 do CPP: "No caso de morte do acusado, o juiz somente à vista da certidão de óbito, e depois de ouvido o Ministério Público, declarará extinta a punibilidade."

nas contra aqueles a quem tenha embasamento probatório para tanto.

O Supremo Tribunal Federal entende que "o princípio da indivisibilidade não se aplica à ação penal pública. Daí a possibilidade de aditamento da denúncia quando, a partir de novas diligências, sobrevierem provas suficientes para novas acusações".[15]

Por isso, se Tício, Mévio e Caio são suspeitos de serem os responsáveis pelo homicídio contra Sinfrônio, mas a testemunha Alfa relata que viu apenas Tício e Mévio na cena do crime, não reconhecendo o terceiro elemento, poderá o Ministério Público, *a priori*, oferecer denúncia somente contra Tício e Mévio, o que não impede o prosseguimento das investigações em relação a Caio. Se posteriormente for averiguado por outros meios que Caio também é suspeito de participar do crime, o titular da ação penal deverá aditar ou oferecer nova denúncia em desfavor deste.

3.3.1.1 Início da ação penal pública

A ação penal pública terá início com o oferecimento da **denúncia** pelo Ministério Público. Trata-se, pois, da peça processual cabível para instauração do feito.[16]

A qualquer pessoa é possibilitada a faculdade de provocar a iniciativa do órgão ministerial, fornecendo-lhe informações por escrito sobre os fatos, a autoria e as circunstâncias de delitos para os quais caibam ação penal pública.[17] Eis um corolário lógico do direito de petição constitucionalmente previsto.

Segundo o disposto no art. 41 do Código de Processo Penal, "a denúncia ou queixa conterá a exposição do fato criminoso, com todas as suas circunstâncias, a qualificação do acusado ou esclare-

---

[15] STF, HC 96.700, Rel. Min. Eros Grau, j. 17-3-2009, 2ª T., *DJe* 14-8-2009.
[16] Art. 24 do CPP: "Nos crimes de ação pública, esta será promovida por denúncia do Ministério Público, mas dependerá, quando a lei o exigir, de requisição do Ministro da Justiça, ou de representação do ofendido ou de quem tiver qualidade para representá-lo."
[17] Art. 27 do CPP.

cimentos pelos quais se possa identificá-lo, a classificação do crime e, quando necessário, o rol das testemunhas".

Destarte, deverá a peça inicial:

■ Conter uma **breve narração** do evento criminoso. Afinal, conforme veremos em momento oportuno, o acusado se defende dos fatos descritos na inicial acusatória, a qual deve ser clara e concisa, trazendo elementos importantes, como a data,[18] o local, o modo e as circunstâncias fáticas, retratando ainda eventual presença de qualificadoras ou causas de aumento de pena;
■ Descrever **quem é o agente criminoso**, individualizando o réu e inserindo seus dados pessoais, quando possível;
■ **Capitular o delito** em questão, realizando a adequação do fato à norma penal, embora seja possível, no curso do processo, a alteração da classificação do crime; e, se preciso,
■ Esmiuçar quem são as **testemunhas** que poderiam contribuir para a elucidação do fato.

Não será recebida pelo magistrado denúncia genérica, a qual é caracterizada "pela imputação de vários fatos típicos, genericamente (...) sem delimitar qual dos denunciados teria agido de tal ou qual maneira".[19]

Ofertada a denúncia, caberá ao magistrado competente deliberar sobre ela. Nesse ato, verificará se estão presentes os pressupostos processuais necessários, as condições da ação, a justa causa, bem como analisará se a peça inicial não é manifestamente inepta, nos termos do art. 395 do Código de Processo Penal. Constatada a regularidade no ajuizamento da ação, o juiz receberá a denúncia e ordenará a citação do réu. Nesse momento, interrompe-se a prescrição.

[18.] "Na denúncia, a descrição da materialidade e da autoria do delito deve indicar, o mais acuradamente possível, o respectivo elemento temporal, de modo a precisar o momento em que, supostamente, ocorreu o ilícito penal" (STF, Inq 3.038, Rel. Min. Ricardo Lewandowski, j. 10-11-2011, DJe 6-2-2012).
[19.] STJ, RHC 45.464/SP, Rel. Min. Ribeiro Dantas, 5ª T., julgado em 27-2-2018, DJe 5-3-2018.

3.3.1.2 Prazo para o ajuizamento da ação penal pública

Após recebidos os autos da investigação criminal (ex.: inquérito policial), não poderá o Ministério Público retê-los por tempo indeterminado, de tal forma que, se presentes os indícios suficientes de autoria e materialidade, deverá oferecer a denúncia em prazo estabelecido por lei.

O Código de Processo Penal, de forma expressa, em seu art. 46, determina quais os prazos para o oferecimento da peça vestibular.

São eles:

- **5 dias**, se o indiciado estiver **preso**; ou
- **15 dias**, se o indiciado estiver **solto ou afiançado**.

Os mencionados prazos serão contados da data em que o órgão do Ministério Público receber os autos do inquérito policial. Em caso de necessidade de se proceder à devolução do inquérito com o fito de realizar novas diligências, contar-se-á o prazo da data em que o órgão do Ministério Público receber novamente o feito.

Se o arcabouço probatório estiver embasado em outros meios investigatórios que não o inquérito policial, o prazo para o oferecimento da denúncia será iniciado na data em que o Ministério Público tiver recebido as peças de informações ou a representação.[20] Afinal, "a existência de inquérito policial não é obrigatória para o oferecimento da denúncia, uma vez que esta pode ser apresentada com fundamento nas chamadas peças de informação. Estas podem chegar ao Ministério Público por diversas formas" (REIS; GONÇALVES, 2014, p. 101).

Trata-se de prazos impróprios, os quais acarretarão apenas sanções no âmbito administrativo, mas sem mais consequências processuais. **Todavia, destaca-se:** conquanto sejam os prazos impróprios, se o investigado estiver preso e o órgão ministerial quedar-se inerte, não deliberando sobre a questão, configurado estará o constrangimento ilegal, tornando-se imperioso o relaxamento de sua prisão.

---

[20]. Art. 46, § 1º, do CPP.

Além disso, findo o prazo sem a manifestação ministerial, abre-se a oportunidade para que o ofendido ofereça queixa-crime para ajuizamento de ação penal privada subsidiária da pública, conforme veremos detalhadamente adiante.

Enfim, insta mencionar que a Lei n° 11.343/2006[21] e o Código Eleitoral[22] possuem prazos diferenciados para oferecimento da denúncia, não obedecendo à norma genérica disposta no Código Processual. Nessas situações, o órgão ministerial deverá fazê-lo em 10 dias, independentemente de o investigado estar solto ou preso.

3.3.1.3 Ação penal pública incondicionada

A **ação penal pública incondicionada** será iniciada pelo **Ministério Público**, sendo a espécie regente do ordenamento jurídico, já que a maioria das condutas tipificadas como crime na legislação serão processadas por essa via, pois nesse caso prevalece o interesse estatal de penalizar o ofensor.

Portanto, **quando silente a lei** acerca de qual a espécie de ação penal cabível para julgar a prática de determinado delito, presume-se ser a ação penal pública incondicionada o meio adequado, de modo que apenas quando estiver expressamente descrito, é que a conduta ilícita será objeto de processamento por meio de ação penal pública condicionada ou por ação penal privada.

Para a propositura de ação penal pública incondicionada, o Ministério Público *não* depende de qualquer condição específica de procedibilidade, pois se há justa causa para o ajuizamento da ação caberá ao seu titular o fazê-lo, ainda que contra a vontade de terceiros.

---

[21] Art. 54 da Lei n° 11.343/2006: "Recebidos em juízo os autos do inquérito policial, de Comissão Parlamentar de Inquérito ou peças de informação, dar-se-á vista ao Ministério Público para, no prazo de 10 (dez) dias, adotar uma das seguintes providências: I – requerer o arquivamento; II – requisitar as diligências que entender necessárias; III – oferecer denúncia, arrolar até 5 (cinco) testemunhas e requerer as demais provas que entender pertinentes."

[22] Art. 357 do Código Eleitoral: "Verificada a infração penal, o Ministério Público oferecerá a denúncia dentro do prazo de 10 (dez) dias."

Assim, se Tício, marido de Mévia, pratica lesão corporal contra sua esposa, no âmbito doméstico e familiar (art. 129, § 9°, do CP), deverá o órgão ministerial denunciá-lo. Não obstante a vítima implore para que o Promotor de Justiça não o faça ou que reate o relacionamento com o companheiro, se existem provas suficientes de materialidade e autoria, o Ministério Público estará obrigado a dar prosseguimento à ação, independentemente da representação da ofendida ou de qualquer outra pessoa.

Jurisprudência

Súmula n° 609 do STF: "É pública incondicionada a ação penal por crime de sonegação fiscal."

3.3.1.4 Ação penal pública condicionada

Em contrapartida, quando o ordenamento jurídico exigir a representação do ofendido ou a requisição do Ministro da Justiça (condições de procedibilidade, como vimos anteriormente), a atuação do Ministério Público passa a ser limitada, pois apesar de ainda ser o titular da ação penal, sua atividade está vinculada à vontade de outrem.

Trata-se da ação penal pública condicionada, na qual o órgão ministerial precisa do aval, da manifestação de vontade da vítima ou, em alguns casos específicos, do Ministro da Justiça para ajuizar a ação.

Colhe-se:

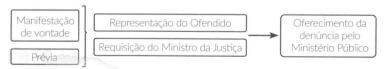

Aliás, eis o teor do art. 24 do Código de Processo Penal: "Nos crimes de ação pública, esta será promovida por denúncia do Ministério Público, **mas dependerá,** quando a lei o exigir, de requisição do Ministro da Justiça, ou de representação do ofendido ou de quem tiver qualidade para representá-lo."

3.3.1.4.1 Da representação do ofendido

Em alguns delitos, estará expressamente descrito que o seu processamento apenas se dará mediante **representação**, ou seja, em regra, a vítima, seu representante legal ou procurador com poderes especiais deverá manifestar-se no sentido de que tem interesse em ver o agente infrator processado, julgado e punido pela máquina estatal.

Desse modo, é possível afirmar que a representação do ofendido possui natureza jurídica de **condição de procedibilidade**, haja vista se tratar de requisito indispensável para a propositura da ação. Além disso, "conterá todas as informações que possam servir à apuração do fato e da autoria".[23]

Entretanto, "vale destacar, por fim, que a **representação confere ao promotor autorização para agir, e não obrigatoriedade**" (NUCCI, 2006, p. 154). Afinal, o órgão acusatório é o titular da ação e apenas a iniciará se estiver convencido da existência de justa causa (prova da existência do fato e indícios suficientes de autoria).

Ademais, segundo o art. 39 do Código de Processo Penal, "o direito de representação poderá ser exercido, pessoalmente ou por procurador com poderes especiais, mediante declaração, escrita ou oral, feita ao juiz, ao órgão do Ministério Público ou à autoridade policial." Desse dispositivo podemos extrair as seguintes informações:

Quem exercerá a representação? Em regra, o **ofendido**, mas também será possível que um procurador com poderes especiais o faça. Observe que a representação não é personalíssima. Inclusive, "no caso de morte do ofendido ou quando declarado ausente por decisão judicial, o direito de representação passará ao cônjuge, ascendente, descendente ou irmão".[24] Se a vítima for menor de 18 anos, a representação será procedida por meio de seu representante legal. Do mesmo modo, caso o ofendido seja mentalmente enfermo ou se seus interesses colidirem com os de seu representante legal, caberá ao seu curador especial, nomeado pelo magistrado, fazê-la.

[23.] Art. 39, § 2º, do CPP.
[24.] Art. 24, § 1º, do CPP.

Como será feita a representação? Mediante declaração, a qual será escrita ou oral (neste último caso, deverá ser reduzida a termo). Porém, nos termos do art. 39, § 1º, do Código de Processo Penal, se for realizada sem assinatura devidamente autenticada do ofendido ou de quem lhe fizer as vezes, a declaração será reduzida a termo perante o juiz ou autoridade policial. Se houver sido inicialmente dirigida ao Ministério Público, este deverá estar presente no ato.

Sobre o tema, o STF, por meio do Inq. nº 3.714, de relatoria do Ministro Marco Aurélio, já decidiu que "descabe impor forma especial relativamente à representação. A postura da vítima, a evidenciar a vontade de ver processado o agente, serve à atuação do Ministério Público".[25]

A quem será dirigida a representação? (a) Ao **juiz**, que a remeterá ao Ministério Público ou à autoridade policial, haja vista que a jurisdição é inerte; ou (b) ao **Ministério Público**, que deverá oferecer a denúncia se já estiver presente conteúdo probatório para tanto ou remeter o feito à Delegacia de Polícia para investigações; ou (c) à **autoridade policial**, que instaurará o inquérito policial, ficando, pois, a critério do ofendido.

Vejamos algumas condutas previstas na legislação para as quais somente será cabível o ajuizamento da ação penal mediante representação do ofendido:

Perigo de contágio venéreo	Divulgação de segredo
Art. 130. "Expor alguém, por meio de relações sexuais ou qualquer ato libidinoso, a contágio de moléstia venérea, de que sabe ou deve saber que está contaminado:	Art. 153. "Divulgar alguém, sem justa causa, conteúdo de documento particular ou de correspondência confidencial, de que é destinatário ou detentor, e cuja divulgação possa produzir dano a outrem:
Pena – detenção, de três meses a um ano, ou multa. (...)	Pena – detenção, de um a seis meses, ou multa.
§ 2º Somente se procede mediante representação."	§ 1º Somente se procede mediante representação."

---

25. STF, Inq 3.714, Rel. Min. Marco Aurélio, j. 15-9-2015, 1ª T., *DJe* 29-9-2015.

Ameaça	Furto de coisa comum
Art. 147. "Ameaçar alguém, por palavra, escrito ou gesto, ou qualquer outro meio simbólico, de causar-lhe mal injusto e grave:	Art. 156 "Subtrair o condômino, coerdeiro ou sócio, para si ou para outrem, a quem legitimamente a detém, a coisa comum:
Pena – detenção, de um a seis meses, ou multa.	Pena – detenção, de seis meses a dois anos, ou multa.
Parágrafo único. Somente se procede mediante representação."	§ 1º Somente se procede mediante representação."

Importante!

A representação não poderá ser exercida a qualquer tempo, e, sim, dentro do prazo decadencial de seis meses, contados da data em que o ofendido tiver ciência da autoria do fato criminoso.[26] Destaca-se que, segundo o STF, o "prazo de decadência da representação se conta do conhecimento inequívoco da autoria, e não de meras suspeitas".[27]

O prazo para oferecimento da representação é de direito material, incluindo o dia do início e excluindo o dia final. Por conseguinte, "não se prorroga e segue, portanto, a norma do citado art. 10 do Código Penal. Tal prazo é sempre mais benéfico para o réu. Expirando-se em um domingo ou feriado, não se prorroga, salvo exceção do § 4º do art. 798 do CPP" (DEMERCIAN; MALULY, 2009, p. 123).

Exemplo: Tício sabe que é portador da doença sexualmente transmissível X. Em janeiro, Tício e Mévia praticam atos libidinosos de forma consentida. Posteriormente, em junho, Mévia descobre que Tício é portador da patologia X e o questiona acerca do fato, oportunidade em que Tício confessa que tem conhecimento da doença há cinco anos, mas que não contou por medo de que Mévia não quisesse se relacionar com ele. Como a prática descrita no art. 130 do Código Penal apenas se processa mediante representação do ofendido, caberá a Mévia exercer tal direito dentro do prazo de seis meses, contados

[26.] Art. 38, primeira parte, do CPP.
[27.] STF, HC 89.938, Rel. Min. Sepúlveda Pertence, j. 14-11-2006, 1ª T., *DJ* 15-12-2006.

a partir de junho, pois em que pese o fato criminoso ter acontecido em janeiro, a autoria apenas foi conhecida cinco meses depois. Deste modo, Mévia possui o direito de representar contra Tício pelo crime de perigo de contágio venéreo até o mês de dezembro.

É possível retratar-se da representação?

Sim. O ofendido poderá se retratar da representação apresentada, ou seja, faculta-se à vítima o direito de se arrepender e entender pela desnecessidade de dar prosseguimento ao feito, desde que o faça até o oferecimento da denúncia. Neste sentido, prevê o art. 25 do Código de Processo Penal que "a representação será irretratável, depois de oferecida a denúncia".

Importante ressaltar, também, que a vítima poderá se retratar da retratação, **desde que o faça dentro do prazo legal de seis meses**, já que a retratação em si não gera automaticamente a extinção da punibilidade do réu.

Já a Lei nº 11.340/2006 (Lei Maria da Penha) possui regramento próprio: "só será admitida a renúncia à representação perante o juiz, em audiência especialmente designada com tal finalidade, antes do recebimento da denúncia e ouvido o Ministério Público".[28]

3.3.1.4.2 Da requisição do Ministro da Justiça

A requisição do Ministro da Justiça é **condição de procedibilidade** para alguns poucos delitos descritos na legislação penal. Trata-se de um ato político, pois, na maioria dos casos o conflito em questão não se resume apenas ao universo jurídico, competindo, pois, ao referido Ministro de Estado manifestar-se acerca da necessidade ou não de se apurar a conduta criminosa de acordo com a conveniência política.

Explica Edilson Mougenot (BONFIM, 2002, p. 87) que:

> requisição é a autorização, fundamentada em razões políticas, para que o Ministério Público promova a ação penal pública para a persecução penal. A requisição é prevista como condicionante para o exercício da ação penal

---

[28.] Art. 16 da Lei nº 11.340/2006.

em certos crimes de cunho eminentemente político (...) motivo por que se justifica que a persecução penal fique condicionada ao prudente arbítrio do Ministro da Justiça, que julgará a conveniência e oportunidade de que seja ajuizada a ação penal para cada caso que se lhe apresente.

Dessa maneira, em caso de requisição do Ministro da Justiça, poderá o Ministério Público oferecer a denúncia se entender que existem elementos probatórios suficientes para tanto, mas em **nenhum momento o órgão ministerial estará obrigado a ajuizar a ação** apenas e tão somente em razão da natureza do ato.

Diferentemente do que ocorre com a representação do ofendido, o Código de Processo Penal é omisso em relação ao prazo para a requisição do Ministro da Justiça. À vista disso, a doutrina majoritária entende que esta poderá ser apresentada a qualquer momento pela autoridade competente (claro, dentro do prazo prescricional previsto para o próprio delito, sob pena de extinção da punibilidade do acusado).

Vejamos algumas condutas previstas no Código Penal para as quais somente será cabível o ajuizamento da ação penal mediante requisição do Ministro da Justiça:

Art. 7º (...) § 2º: "Nos casos do inciso II, a aplicação da lei brasileira depende do concurso das seguintes condições: a) entrar o agente no território nacional; b) ser o fato punível também no país em que foi praticado; c) estar o crime incluído entre aqueles pelos quais a lei brasileira autoriza a extradição; d) não ter sido o agente absolvido no estrangeiro ou não ter aí cumprido a pena; e) não ter sido o agente perdoado no estrangeiro ou, por outro motivo, não estar extinta a punibilidade, segundo a lei mais favorável. § 3º A lei brasileira aplica-se também ao crime cometido por estrangeiro contra brasileiro fora do Brasil, se, reunidas as condições previstas no parágrafo anterior: **b) houve requisição do Ministro da Justiça.**"	**Dos crimes contra a honra** Art. 141. "As penas cominadas neste Capítulo aumentam-se de um terço, se qualquer dos crimes é cometido: I – contra o Presidente da República, ou contra chefe de governo estrangeiro"; Art. 145. (...) Parágrafo único. **Procede-se mediante requisição do Ministro da Justiça, no caso do inciso I do caput do art. 141 deste Código** (...).

3.3.2 Ação penal privada

Diversamente da ação penal pública, o titular da ação penal privada *não* será o Ministério Público, mas o **próprio ofendido** (ou seu representante legal).[29] Aqui, em regra, compete ao possuidor do direito violado o oferecimento da queixa-crime.[30]

Verifica-se, então, que o Estado outorga ao particular o direito de ação.

Leciona Nucci (2006, p. 156) que:

> o Estado legitima o ofendido a agir em seu nome, ingressando com ação penal e pleiteando a condenação do seu agressor em hipóteses excepcionais (...) é certo que, havendo um crime, surge a punição punitiva estatal, mas não menos verdadeiro é que existem certas infrações penais cuja apuração pode causar mais prejuízo à vítima do que se nada for feito. O critério, portanto, para se saber se o Estado vai ou não exercer sua força punitiva depende exclusivamente do maior interessado.

Mas cuidado! Embora a titularidade para propositura da ação passe a ser do particular, a pretensão punitiva ainda é atividade típica do Poder Judiciário, competindo à máquina estatal processar e julgar o crime imputado ao ofensor.

Para ajuizar a demanda, deverá o ofendido observar alguns princípios próprios da ação penal privada:

a) A ação penal privada não é **obrigatória**, e, sim, pautada na conveniência e na oportunidade. Isso quer dizer que se a vítima optar por não propor a ação poderá deixar de fazê-lo. Afinal, nesse caso, há discricionariedade, diferentemente do que ocorre com a atuação do Ministério Público nas ações penais públicas.

Destarte, "ainda que existam provas cabais contra os autores da infração penal, pode o ofendido preferir não os processar. Na

---

[29.] Súmula nº 594 do STF: "Os direitos de queixa e de representação podem ser exercidos, independentemente, pelo ofendido ou por seu representante legal."
[30.] Art. 30 do CPP.

ação penal privada, o ofendido (ou seu representante legal) decide, de acordo com seu livre-arbítrio, se vai ou não ingressar com a ação penal" (REIS; GONÇALVES, 2014, p. 101).

Dessa feita, se após uma discussão acalorada Mévio praticar crime de injúria contra Tício, poderá o ofendido oferecer a queixa-crime ou não, já que não está forçado a levar o conflito para o Estado resolvê-lo, mesmo que haja inúmeras provas para embasar o ajuizamento da ação.

Em verdade, nas ações penais privadas, ao particular é facultado, de duas maneiras, exercer seu direito de renúncia: **(1)** expressamente, nos moldes do art. 50 do Código de Processo Penal, que dispõe que "a renúncia expressa constará de declaração assinada pelo ofendido, por seu representante legal ou procurador com poderes especiais"; ou **(2)** tacitamente, quando não exercer o direito de ação dentro do prazo decadencial de seis meses, contados do dia em que tiver conhecimento acerca da autoria do crime, conforme descrito no art. 38 do Código de Processo Penal.

Portanto:

- **Quem poderá renunciar?** Via de regra, o **ofendido** é quem exerce o poder de renunciar ao direito de ação. No entanto, também será possível a renúncia por meio de seu representante legal nas hipóteses previstas em lei, e pelo procurador com poderes especiais.
- **Como será feita a renúncia?** Expressa, por meio de declaração assinada por um dos legitimados, ou **tacitamente**.[31]
- **Quando será realizada a renúncia?** Sempre *antes* do ajuizamento da ação, sendo, pois, um ato extrajudicial.

A **renúncia** gera a extinção da punibilidade do infrator (art. 107, inciso V, primeira parte, do CP). Se a vítima se manifesta, por exemplo, mediante declaração devidamente assinada, no sentido de que abdica o direito de propor a ação, não mais será possível o

---

[31.] Art. 104, parágrafo único: "Importa renúncia tácita ao direito de queixa a prática de ato incompatível com a vontade de exercê-lo (...)."

ajuizamento de uma queixa-crime, até porque, nesse caso, não há a oportunidade de se realizar juízo de retratação.

Por fim, salienta-se que o recebimento de indenização a título de danos causados pelo crime pelo ofendido não gera renúncia tácita.[32]

b) A ação penal privada será **disponível**. O ofendido poderá desistir da ação penal a qualquer tempo. Dessa forma, mesmo após ajuizada a ação, lhe será facultada a possibilidade de abandonar o feito até o trânsito em julgado da sentença condenatória. Assim, "a desistência da ação penal privada pode ocorrer a qualquer momento, somente surgindo óbice intransponível quando já existente decisão condenatória transitada em julgado".[33]

Via de regra, será extinta a ação penal[34] quando: (1) após iniciada, deixar o querelante de promover o seu andamento durante 30 dias consecutivos (art. 60, inciso I, do CPP); ou (2) se o ofendido perdoar o agressor.

O **perdão do ofendido** é instituto previsto dos arts. 51 ao 59 do Código de Processo Penal e consiste justamente na remissão exarada pela vítima em favor do seu agressor, *após* iniciada a ação penal. Ocorre que não basta o querelante perdoar. Deve o ofensor, ora querelado (ou o procurador com poderes especiais), aceitar o perdão, haja vista se tratar de **ato bilateral**.

Imagine que Tício mova um processo contra Mévio em razão da suposta prática de calúnia. Após a instrução judicial, as provas produzidas nos autos apontam para a absolvição de Mévio, de modo que Tício, já ciente da provável não condenação de seu desafeto, resolve perdoá-lo. Ora, não é vantajoso ao querelado ver o processo extinto apenas em razão do perdão de Tício. Ao contrário, lhe é conveniente que o magistrado decida por sua absolvição, a

---

32. Art. 104, parágrafo único, última parte, do CP.
33. STF, HC 83.228, Rel. Min. Marco Aurélio, j. 1º-8-2005, DJ 11-11-2005.
34. Art. 107, incisos IV, última parte, e V, segunda parte, do CP.

fim de restar comprovada sua inocência. Por isso, é preciso a manifestação de duas vontades para o ato ser perfeito: a do querelante e a do querelado.

E, de acordo com o art. 58 do Código de Processo Civil, "concedido o perdão, mediante declaração expressa nos autos, o querelado será intimado a dizer, dentro de três dias, se o aceita, devendo, ao mesmo tempo, ser cientificado de que o seu silêncio importará aceitação".

É certo que o querelante deve conceder o perdão ao seu ofensor de forma expressa, mediante declaração. Formulada a proposta, o agressor (querelado), após intimado, deverá manifestar-se sobre a situação, aceitando ou rejeitando o pedido, em três dias, sendo que sua omissão acarretará a aceitação, o que nos permite concluir que a recusa do querelado deverá ser formulada expressamente. Se aceitar o perdão, o juiz julgará extinta a punibilidade do querelado (art. 58, parágrafo único, do CPP). Se recusar, o feito prossegue.

Poderá o perdão ser aceito pelo querelado (no caso do exemplo supramencionado, por Mévio) ou por procurador com poderes especiais (art. 55 do CPP). Neste último caso, é mister ressaltar que o suposto agressor é quem outorga e delimita os poderes ao seu procurador, como se o próprio autor do fato criminoso estivesse agindo.

Além disso, o perdão judicial será expresso ou tácito, sendo admitidos todos os meios de provas para comprovar sua concessão, assim como na renúncia (art. 57 do CPP). Também poderá ser promovido o perdão tanto no âmbito do processo judicial quanto extrajudicialmente, sendo que neste último caso a aceitação constará de declaração assinada pelo querelado ou por outro legitimado (ex.: representante legal ou procurador com poderes especiais) (arts. 58 e 59 do CPP).

Esmiuçadas as características de cada um dos institutos próprios da ação penal privada, vejamos o quadro a seguir, o qual explana as diferenças e semelhanças entre a renúncia e o perdão do ofendido:

Renúncia	Perdão
Extinção de punibilidade do querelado (art. 107, inciso V, primeira parte, do CP).	Extinção de punibilidade do querelado (art. 107, inciso V, segunda parte, do CP)
Antes do ajuizamento da ação	Depois do ajuizamento da ação
Ato unilateral	Ato bilateral
Prazo decadencial de seis meses para exercer o direito	Concedido há qualquer momento, até o trânsito em julgado
Extrajudicial	Judicial ou extrajudicial
Expressa ou tácita	Expresso ou tácito
Decorre da conveniência e oportunidade	Decorre da disponibilidade
Iniciativa do querelante ou do procurador com poderes especiais	Iniciativa do querelante ou do procurador com poderes especiais

c) A ação penal privada é **intranscendente**, tal como a ação penal pública. Quando praticado um delito, deverá o ofendido oferecer queixa-crime tão somente contra o querelado, porquanto não é possível a condenação de alguém em razão de uma conduta ilícita que não praticou.

d) A ação penal privada é **indivisível**, pois o querelante, em caso de concurso de agentes, promoverá a queixa-crime contra todos os infratores, não podendo escolher ou indicar de maneira discricionária quem será processado. E, em vista disso, o Ministério Público, como órgão fiscal da lei, velará pela observância da indivisibilidade da ação.[35]

Por isso, se Tício, Mévio e Caio são suspeitos pela prática do delito de difamação contra Sinfrônio, deverá este último (dentro do seu parâmetro de conveniência e oportunidade) ajuizar a ação em desfavor de todos os agentes infratores, não podendo, por exem-

---

[35] Art. 48 do CPP: "A queixa contra qualquer dos autores do crime obrigará ao processo de todos, e o Ministério Público velará pela sua indivisibilidade."

plo, apenas propor o feito contra Caio. Então, ou Sinfrônio oferece queixa-crime contra todos ou contra ninguém.[36]

Ademais, é possível constatar a existência de desdobramentos lógicos da indivisibilidade da ação penal privada.

Se antes de ajuizada Sinfrônio optar por renunciar ao seu direito à ação, a renúncia deverá, obrigatoriamente, se estender a todos os envolvidos, extinguindo, pois, a punibilidade de Tício, Mévio e Caio, concomitantemente.

No mesmo sentido, se após ajuizada a ação Sinfrônio optar por perdoar um dos querelados o perdão do ofendido abrangerá todos eles. Entretanto, convém ressaltar que o perdão é ato bilateral, cabendo, pois, a cada um dos infratores aceitá-lo individualmente sem que se produzam efeitos reversos em relação àquele que o recusar (art. 51 do CPP). Logo, se Sinfrônio perdoar Tício é certo que a concessão do benefício se estenderá a Mévio e Caio. Contudo, se apenas Tício e Mévio aceitarem o perdão, a recusa de Caio não prejudicará os demais, sendo, pois, extinta a punibilidade de Tício e Mévio e prosseguindo o feito apenas em relação ao querelado Caio.

Nota-se que existem grandes diferenças entre os princípios regentes da ação penal pública e da ação penal privada:

Ação penal pública	Ação penal privada
Obrigatoriedade	Conveniência e oportunidade
Divisibilidade	Indivisibilidade
Indisponibilidade	Disponibilidade

[36] Segundo o STF: "Tratando-se de ação penal privada, o oferecimento de queixa-crime somente contra um ou alguns dos supostos autores ou partícipes da prática delituosa, com exclusão dos demais envolvidos, configura hipótese de violação ao princípio da indivisibilidade (CPP, art. 48), implicando, por isso mesmo, renúncia tácita ao direito de querela (CPP, art. 49), cuja eficácia extintiva da punibilidade estende-se a todos quantos alegadamente hajam intervindo no suposto cometimento da infração penal" (HC 88.165, Rel. Min. Celso de Mello, j. 18-4-2006, 2ª T., DJe 29-6-2007).

3.3.2.1 Início da ação penal privada

A ação penal privada terá início com o oferecimento da queixa-crime pelo ofendido, o qual será necessariamente representado por advogado devidamente habilitado na Ordem dos Advogados do Brasil (OAB), mediante procuração específica.[37]

O juiz, mediante requerimento da parte que comprovar sua pobreza, deverá nomear advogado para atuar na ação penal, sendo considerada pobre a pessoa que não puder arcar com as custas e despesas processuais sem frustrar o próprio sustento ou de sua família. Nessa hipótese, será suficiente a juntada de atestado de pobreza da autoridade policial da circunscrição onde residir o ofendido,[38] o qual terá presunção relativa de veracidade.

Em caso de morte do ofendido ou quando declarada sua ausência por decisão judicial, a titularidade da ação penal privada, ressalvada quando for personalíssima, **será repassada ao cônjuge (ou companheiro), ascendente, descendente ou irmão da vítima**, nesta ordem, nos termos dos arts. 31 e 36 do Código de Processo Penal.

Outrossim, o Código de Processo Penal contempla a hipótese, em seu art. 44, de a queixa ser oferecida por procurador com poderes especiais, os quais, por óbvio, serão outorgados pelo próprio ofendido, devendo constar do referido instrumento do mandato o nome do querelante e a menção do fato criminoso.

Caso o ofendido tenha menos de 18 anos ou for portador de doença mental, a queixa-crime será oferecida por meio de seu representante legal. Se a vítima não possui representante ou se os interesses deste colidem com os seus, deverá o magistrado competente nomear, de ofício ou a requerimento do Ministério Público, um curador especial.[39]

Tal qual na ação penal pública (oferecimento de denúncia), a **queixa-crime** incluirá "a exposição do fato criminoso, com todas

---

[37] Art. 30: "Ao ofendido ou a quem tenha qualidade para representá-lo caberá intentar a ação privada."
[38] Art. 32, *caput*, §§ 1º e 2º, do CPP.
[39] Art. 33 do CPP.

as suas circunstâncias, a qualificação do acusado ou esclarecimentos pelos quais se possa identificá-lo, a classificação do crime e, quando necessário, o rol das testemunhas".[40] Ou seja, a peça inicial deverá conter a narrativa dos fatos, identificar o agente criminoso e qualificá-lo, delimitar qual o delito cometido, capitulando-o, além da possibilidade de arrolar as testemunhas.

Ainda que a titularidade da ação penal privada seja do particular, é possível que o Ministério Público, como fiscal da ordem jurídica, adite a queixa-crime oferecida no prazo de três dias contados da data em que receber os autos e intervenha em todos os termos processuais, mormente para corrigir aspectos formais (ex.: qualificação do querelado), os quais poderiam levar à futura nulidade do feito.

Dessa forma, o Ministério Público **não** poderá aditar a queixa-crime para incluir um provável coautor ou alterar os fatos narrados na inicial. Afinal, não é parte. Todavia, por ser fiscal da lei, deverá zelar pela indivisibilidade do feito. Nesses casos, se o órgão ministerial verificar que o ofendido, por exemplo, deixou de incluir um partícipe como querelado, solicitará ao titular da ação seu aditamento. Caso não o faça, poderá o Ministério Público opinar pela renúncia tácita do ofendido, em favor do referido agente infrator, o que, consequentemente, gerará a extinção da punibilidade de todos os querelados, pois o benefício será necessariamente estendido a cada um dos envolvidos.

Além disso, o órgão ministerial poderá requisitar esclarecimentos e documentos complementares.[41]

3.3.2.2 Prazo para o ajuizamento da ação penal privada

Em regra, após o ofendido tomar conhecimento acerca de quem é o autor do fato criminoso, deverá oferecer a queixa-crime no prazo decadencial de **seis meses**, conforme descrito no art. 38 do Código de Processo Penal, sendo que eventual instauração de

---

40. Art. 41 do CPP.
41. Art. 47 do CPP.

inquérito policial ou de outro procedimento investigativo não interrompe ou suspende o prazo em questão.

3.3.2.3 Perempção

A perempção, em processo penal, implica na impossibilidade de o querelante prosseguir com o feito, se observada a existência de qualquer das hipóteses previstas no art. 60 do Código de Processo Penal, as quais demonstram a negligência do sujeito ativo com o feito. Trata-se, pois, de um pressuposto processual negativo, que gera a perda do direito de ação ao autor, se verificado que:

■ O querelante deixou de promover o andamento do processo por 30 dias.

■ Em caso de morte ou incapacidade superveniente do querelante, não compareceu em juízo, dentro do prazo de 60 dias, os legitimados para fazê-lo.

■ O querelante deixou de comparecer a ato processual a que deva estar presente, sem motivo justo, ou não formulou o pedido de condenação nas alegações finais.

■ Sendo a parte autora, pessoa jurídica, se extinguiu e não deixou sucessor.

Constatada a presença de uma dessas quatro hipóteses, extingue-se a punibilidade do querelado, nos termos do art. 107, inciso IV, do Código Penal, pois considerar-se-á perempta a ação penal privada em questão.

A seguir, vejamos detalhadamente cada uma delas.

"I – Quando, iniciada esta, o querelante deixar de promover o andamento do processo durante 30 dias seguidos";

Trata-se do abandono de causa. Nesse caso, o querelante, após intimado pelo Juízo, não promove o andamento da ação durante 30 dias seguidos, de modo que não se manifesta nem formula qualquer pretensão, quedando-se inerte.

Destarte, ao prever essa hipótese, o ordenamento entende que a falta de interesse do próprio querelante, que mesmo após intimado, continua indiferente ao feito, gerará a perempção do processo e, consequentemente, a extinção da punibilidade do querelado.

"II – quando, falecendo o querelante, ou sobrevindo sua incapacidade, não comparecer em juízo, para prosseguir no processo, dentro do prazo de 60 (sessenta) dias, qualquer das pessoas a quem couber fazê-lo, ressalvado o disposto no art. 36";

Ressalvada a hipótese de ação penal privada personalíssima, a morte do ofendido legitima seus sucessores a prosseguir com a ação. São eles, nesta ordem de preferência: o cônjuge, os descendentes, os ascendentes e os irmãos.

No entanto, o prazo para exercer o direito de ação não é indeterminado. Não poderão os sucessores esperar uma vida inteira para decidirem se continuam com o feito ou não. Para tanto, a partir do dia do falecimento do ofendido, será contado o prazo de 60 (sessenta) dias, para manifestação dos legitimados acerca de seu interesse em assumir a demanda, independente de intimação do Poder Judiciário.

Da mesma forma, em caso de incapacidade superveniente do ofendido, o direito de oferecer queixa ou prosseguir na ação passará ao cônjuge, ascendente, descendente ou irmão.

"III – Quando o querelante deixar de comparecer, sem motivo justificado, a qualquer ato do processo a que deva estar presente, ou deixar de formular o pedido de condenação nas alegações finais";

Se o querelante deixa de comparecer a ato processual pelo qual sua presença é imprescindível, bem como deixa de justificar os motivos para tanto, caracterizado está seu desinteresse no feito, tornando-se necessária a extinção da demanda, afinal, nem mesmo o seu autor se importa com o desenrolar.

Salienta-se que, caso o querelante tenha outorgado poderes especiais de representação ao seu procurador, e este venha a participar dos atos do processo, não há que se falar em perempção.

De igual modo, se depois de apresentadas as alegações finais, o juiz verificar que o querelante não formulou pedido de condenação em desfavor de seu ofensor, encerra-se o feito por perempção, até porque não poderá o magistrado, na ação penal privada, condenar o querelado, quando não requerido por seu autor (diferentemente do que ocorre na ação penal pública!). Via de consequência, o não oferecimento dos memoriais finais também acarretará a extinção da punibilidade do sujeito passivo por perempção.

Reitera-se: ao autor da ação é possibilitada a faculdade de dispor da demanda, a qualquer tempo, característica esta inerente às ações penais privadas.

"IV - Quando, sendo o querelante pessoa jurídica, esta se extinguir sem deixar sucessor".

Se o querelante é pessoa jurídica, e posteriormente, por qualquer motivo, deixar de existir, deverá designar seu sucessor, a fim de que este dê prosseguimento à ação. Entretanto, se não o fizer, restará caracterizada a hipótese de perempção descrita no inciso IV, do art. 60, do Código de Processo Penal.

Dessa feita, se a empresa Tício Alimentos oferece queixa--crime contra Mévio, em razão da prática de crime de injúria, e logo em seguida se extingue, sem deixar discriminado quem são seus sucessores, o magistrado se verá obrigado a obstar o prosseguimento do feito, declarando a perempção. Por outro lado, caso se constate a existência de sucessores, deverão os mesmos assumirem o feito em 60 (sessenta) dias.[42]

3.3.2.4 Ação penal privada comum ou exclusiva

Trata-se da espécie em sentido estrito, propriamente dita, também denominada de exclusiva, a qual é utilizada como regra quando estiver previsto na legislação que determinada conduta será processada e julgada mediante ação penal privada.

[42.] Embora não se trate de disposição expressa, a doutrina entende pela aplicação do referido prazo, em analogia à hipótese descrita no inciso II.

A ação penal privada comum será iniciada mediante queixa-crime e ajuizada pelo seu titular, qual seja: a) o ofendido, em regra, devidamente representado por profissional técnico habilitado; b) o representante legal, se a vítima for menor de idade ou mentalmente enferma; c) o curador especial, quando ausente o representante legal ou se colidirem os interesses deste com os do ofendido; ou d) o cônjuge, ascendente, descendente ou irmão da vítima, nesta ordem de preferência, no caso de morte daquela ou quando declarada sua ausência por decisão judicial.

São exemplos de condutas, todas previstas no Código Penal, passíveis de ajuizamento de ação penal privada comum:

Calúnia	Difamação
Art. 138. "Caluniar alguém, imputando-lhe falsamente fato definido como crime: Pena – detenção, de seis meses a dois anos, e multa." (...) Art. 145. "Nos crimes previstos neste Capítulo somente **se procede mediante queixa (...)**."	Art. 139. "Difamar alguém, imputando-lhe fato ofensivo à sua reputação: Pena – detenção, de três meses a um ano, e multa." (...) Art. 145. "Nos crimes previstos neste Capítulo somente **se procede mediante queixa (...)**."
Injúria	Fraude à execução
Art. 140. "Injuriar alguém, ofendendo-lhe a dignidade ou o decoro: Pena – detenção, de um a seis meses, ou multa." (...) Art. 145. "Nos crimes previstos neste Capítulo somente **se procede mediante queixa**, salvo quando, no caso do art. 140, § 2º, da violência resulta lesão corporal."	Art. 179. "Fraudar execução, alienando, desviando, destruindo ou danificando bens, ou simulando dívidas: Pena – detenção, de seis meses a dois anos, ou multa." Parágrafo único. "**Somente se procede mediante queixa.**"

3.3.2.5 Ação penal privada personalíssima

A ação penal privada personalíssima será obrigatoriamente iniciada pelo ofendido, exclusivo titular do feito, não podendo ninguém mais fazê-lo, sob pena de rejeição da inicial, por ausência de condição da ação, qual seja, a legitimidade *ad causam*.

Desse modo, nem o representante legal nem o curador especial, tampouco o cônjuge, ascendente, descendente ou irmão da vítima serão legitimados para propor a ação. Por conseguinte:

■ Se a vítima for menor de 18 anos, deverá aguardar a maioridade para ajuizar o feito, sendo que o período decadencial de seis meses contará a partir dessa data, haja vista que o prazo para efetivar o direito de ação não fluirá enquanto seu titular não puder exercê-lo.

■ Se a vítima for mentalmente enferma, poderá exercer seu direito de queixa quando cessar sua incapacidade, contando-se o prazo decadencial a partir dessa data.

■ Se o ofendido falecer ou for declarado ausente por decisão judicial, o magistrado deverá extinguir o feito, já que os sucessores não possuem legitimidade para dar prosseguimento à ação.

Atualmente, o ordenamento jurídico proclama apenas uma conduta ilícita cabível de ajuizamento de ação penal privada personalíssima, a citar:

> Induzimento a erro essencial e ocultação de impedimento
>
> Art. 236. Contrair casamento, induzindo em erro essencial o outro contraente, ou ocultando-lhe impedimento que não seja casamento anterior:
>
> Pena – detenção, de seis meses a dois anos.
>
> Parágrafo único – A ação penal depende de queixa do contraente enganado e não pode ser intentada senão depois de transitar em julgado a sentença que, por motivo de erro ou impedimento, anule o casamento.

3.3.2.6 Ação penal privada subsidiária da pública

Finalmente, verifica-se a possibilidade de o ofendido ajuizar a queixa-crime em razão da prática de delito que, embora seja *a priori* intentado mediante ação penal pública, não o fora pelo Ministério Público, titular do direito de ação, dentro do prazo legalmente previsto.

Dessa forma, ante a **omissão estatal injustificada**, a legislação pátria permite que a própria vítima instaure a ordem processual dentro de **seis meses**, contados do dia em que se esgotar o prazo para o oferecimento da denúncia (art. 5º, LIX, da CF, e art. 38 do CPP).[43]

[43.] Sobre o tema: ARE 859.251 RG, Rel. Min. Gilmar Mendes, j. 16-4-2015, DJe 21-5-2015, repercussão geral, Tema 811.

Exemplifiquemos. Tício pratica crime de furto qualificado em desfavor de Mévio, o qual se reporta à Delegacia de Polícia, oportunidade em que se instaura o inquérito policial e elucida-se que o autor do fato delituoso é Tício, posteriormente flagrado em posse do objeto subtraído. Realizadas todas as diligências necessárias, o feito é remetido ao Ministério Público, posto que se trata de crime processado por meio de ação penal pública incondicionada. Todavia, o tempo passa e o órgão ministerial permanece inerte: não oferece denúncia, tampouco requer o arquivamento do procedimento. Findo o prazo para se manifestar, conta-se desta data o início do prazo decadencial de seis meses para que Mévio, ora vítima, e agora legitimado para propositura da ação, ofereça queixa-crime, ainda que se trate de conduta inicialmente ajuizada mediante denúncia.

Vislumbra-se, pois, a existência de uma **legitimidade sucessiva**, pois o ofendido apenas iniciará a ação após constatada a desídia do órgão estatal.

Além disso, a legitimidade *ad causam* passa a ser **concorrente**, de maneira que o Ministério Público não perde a titularidade do direito de ação. Ao contrário, tanto o ofendido (dentro de seis meses) quanto o órgão ministerial poderão propor o feito em questão sem que a legitimidade de um anule a do outro.

Observe o quadro:

Se o ofendido não oferecer a queixa-crime dentro do prazo de seis meses, decairá seu direito de ação. Porém, **o Ministério**

Público continua sendo o titular da ação penal e, observado o princípio da obrigatoriedade, deverá oferecer a denúncia a qualquer tempo se presentes os indícios suficientes de materialidade e autoria delitivas, respeitando-se, por óbvio, os lapsos prescricionais e as demais causas extintivas de punibilidade.

Destarte, utilizando-se o exemplo supramencionado, se após 06 (seis) meses, contados do dia em que se esgotou o prazo para o oferecimento da denúncia pelo Estado, a vítima Mévio não oferecer a queixa-crime, o Ministério Público ainda poderá ajuizar ação penal pública mediante denúncia em desfavor de Tício. Contudo, Mévio não mais será competente para tanto, cessando-se a legitimidade concorrente.

Ademais, a injustificada desídia do órgão ministerial não converte a natureza da ação penal. Afinal, "como possui natureza pública, não são aplicáveis os institutos da renúncia, do perdão do ofendido e da perempção. Além disso, continua regendo-se pelos princípios da obrigatoriedade e indisponibilidade" (COSTA, 2018, p. 199).

Diversamente, imagine que Mévio, o ofendido, ofereça queixa-crime dentro do prazo de legal de seis meses. O ajuizamento da ação pelo particular não altera o fato de que o Ministério Público ainda é titular da ação penal pública e que, por isso, poderá atuar no processo como sujeito ativo, cabendo-lhe, nos termos do art. 29 do Código de Processo Penal: (1) aditar a queixa; (2) repudiá-la e oferecer denúncia substitutiva; (3) intervir em todos os termos do processo; (4) fornecer elementos de prova; (5) interpor recurso; e (6) a todo tempo, no caso de negligência do querelante, retomar a ação como parte principal.

Importante!

Caso o Ministério Público promova o arquivamento do inquérito policial (ou de outro meio de investigação) ou requisite novas diligências à autoridade policial, **não há que se falar em desídia ou omissão estatal**, e via de consequência, não será possível o ajuizamento de ação penal privada subsidiária da pública.

Nesse sentido:

> vale esclarecer ser inaceitável que o ofendido, porque o inquérito policial foi arquivado a requerimento do Ministério Público, ingresse com ação penal privada subsidiária da pública. A titularidade da ação não é, neste caso, da vítima, e a ação privada prevista no art. 29 somente é admissível quando o órgão acusatório estatal deixa de intentar a ação penal no prazo legal, mas não quando age pedindo arquivamento (NUCCI, 2006, p. 165).

Nessa hipótese, não se verifica a inércia do órgão ministerial, que é requisito essencial para a propositura de queixa subsidiária, e sim o exercício de sua atividade funcional, a qual permite que o Promotor de Justiça ou Procurador da República tome as providências que entender adequadas para o caso, com a ressalva de que deverá fazê-lo de forma fundamentada.

3.4 Hipóteses de rejeição liminar de denúncia ou queixa-crime

Estudamos que a denúncia é a peça inicial das ações penais públicas, enquanto a queixa-crime instaura a ação penal privada, sendo que a observância do art. 41 do CPP se estende às duas espécies, de forma que tanto a denúncia quanto a queixa deverão conter, em seu texto, a exposição do fato criminoso, a qualificação do acusado, a classificação do crime e, quando necessário, o rol das testemunhas.

O Supremo Tribunal Federal possui entendimento pacífico no sentido de que o magistrado, ao decidir sobre o recebimento da denúncia, deverá nortear-se pelo princípio *in dubio pro societate*, não sendo necessária uma análise extremamente minuciosa acerca das provas contidas nos autos, haja vista que, por ora, não está se sentenciando o acusado. Então, a presença de indícios suficientes de materialidade e autoria delitivas são o bastante para que o julgador receba a peça inicial e dê prosseguimento ao feito.[44]

---

[44] "Cabe destacar que, na fase do recebimento da denúncia, o julgador deve se pautar pelo princípio *pro societate*. Assim, para o recebimento da exordial

Segundo a Ministra Ellen Gracie, "a denúncia somente pode ser rejeitada quando a imputação se referir a fato atípico certo e delimitado, apreciável desde logo, sem necessidade de produção de qualquer meio de prova, eis que o juízo é de cognição imediata (...) partindo-se do pressuposto de sua veracidade, tal como narrado na peça acusatória".[45]

Diferentemente, a legislação prevê que, não sendo verificados os requisitos necessários para o prosseguimento da ação, **deverá o magistrado rejeitar a peça acusatória**, de modo a não receber a denúncia ou a queixa-crime, extinguindo o feito em razão do vício.

Em vista disso, a denúncia ou queixa será rejeitada quando: **(a)** for manifestamente inepta; **(b)** faltar pressuposto processual ou condição para o exercício da ação penal; ou **(c)** faltar justa causa para o exercício da ação penal.

Passemos à análise pormenorizada de cada uma das causas.

"**I – For manifestamente inepta**";

Por inépcia entende-se a não obediência ao teor do art. 41 do Código de Processo Penal, isto é, quando o autor da ação não expõe o fato criminoso de forma clara e coerente, ou não individualiza a conduta do acusado,[46] ou, ainda, não identifica o sujeito passivo da infração. Desse modo, a conduta criminosa e o autor do fato devem estar bem delineados na inicial para que o magistrado, ao analisar a peça, consiga vislumbrar, indene de dúvidas, o quê, como, onde e quando aconteceu o ilícito, bem como quem o praticou.

Sobre o tema, eis algumas importantes decisões proferidas no âmbito do Supremo Tribunal Federal:

---

acusatória, basta a presença da prova da materialidade delitiva e dos indícios suficientes de autoria" (STF, HC 105.251, Rel. Min. Ellen Gracie, j. 28-6-2011, 2ª T., DJe 31-8-2011).

[45] STF, Inq 3.016, Rel. Min. Ellen Gracie, j. 30-9-2010, DJe 17-2-2011.

[46] "É gravemente inepta a denúncia que, a título de imputação de crimes praticados em concurso de agentes, não descreve nenhum fato capaz de corresponder às figuras de coautoria ou de participação de um dos denunciados" (STF, HC 86.520, Rel. Min. Cezar Peluso, j. 6-2-2007, 2ª T., DJe 8-6-2007).

Jurisprudência

Inépcia da denúncia

"A denúncia deve conter a exposição do fato delituoso, descrito em toda a sua essência e narrado com todas as suas circunstâncias fundamentais. Essa narração, ainda que sucinta, impõe-se ao acusador como exigência derivada do postulado constitucional que assegura, ao réu, o exercício, em plenitude, do direito de defesa. Denúncia que deixa de estabelecer a necessária vinculação da conduta individual de cada agente aos eventos delituosos qualifica-se como denúncia inepta" (STF, HC 84.580, Rel. Min. Celso de Mello, j. 25-8-2009, 2ª T., *DJe* 18-9-2009).

"O exame preliminar da denúncia é balizado pelos arts. 41 e 395 do CPP. No art. 41, a lei adjetiva penal indica um necessário conteúdo positivo para a denúncia. É dizer: ela, denúncia, deve conter a exposição do fato normativamente descrito como criminoso, com suas circunstâncias, de par com a qualificação do acusado, a classificação do crime e o rol de testemunhas (quando necessário). Aporte factual esse que viabiliza a plena defesa do acusado, incorporante da garantia processual do contraditório. Já o art. 395 do mesmo diploma processual impõe à peça acusatória um conteúdo negativo. Se, pelo primeiro, há uma obrigação de fazer por parte do Ministério Público, pelo art. 395, há uma obrigação de não fazer" (STF, Inq 2.486, Rel. Min. Ayres Britto, j. 8-10-2009, *DJe* 18-12-2009).

Portanto, ao ajuizar a ação, é essencial que o órgão ministerial, nos casos de ação penal pública, e o ofendido, quando for cabível a ação penal privada, descrevam de maneira elucidativa os fatos e identifiquem seu autor, com o fito de evitar a rejeição da inicial bem como possibilitar o exercício da ampla defesa pelo acusado, que se defenderá justamente daquilo que for descrito pela acusação.

"II – Faltar pressuposto processual ou condição para o exercício da ação penal;"

Os **pressupostos** processuais serão de existência ou de validade.

a) A ausência dos pressupostos de existência significa, justamente, que o processo inexiste, não é real ou factual, haja vista que depende desses requisitos para que, ao menos, "tenha vida". O processo apenas existirá quando: (1) houver jurisdição, que significa o poder decorrente do Estado, o qual tem autoridade para impor sua vontade ao indivíduo; (2) houver partes, ou seja, pessoas que integram o polo processual, com capacidade para tanto – qualquer um com capacidade de direito, nos termos dos arts. **1º e 2º do Código Civil**[47] –, ainda que não legítimas; e (3) houver demanda. Afinal, sem o litígio trazido pela parte ao Judiciário não há processo.

b) A ausência dos pressupostos processuais de validade revela que, não obstante exista o processo, ele não preenche os requisitos necessários para ter prosseguimento. É como um bebê que nasce, mas não sobrevive. Destarte, apenas será válido se verificada a presença de pressupostos (1) objetivos e (2) subjetivos.

São eles:

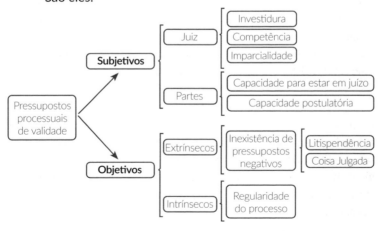

---

[47] Art. 1º, CC: "Toda pessoa é capaz de direitos e deveres na ordem civil." Art. 2º, CC: "A personalidade civil da pessoa começa do nascimento com vida; mas a lei põe a salvo, desde a concepção, os direitos do nascituro."

■ **Subjetivos:** dizem respeito aos sujeitos que atuam no feito. Vimos que para existir o processo é necessária a presença de partes, pessoas, sujeitos. Verificados tais elementos, analisa-se se tais indivíduos possuem os requisitos necessários para dar continuidade ao feito.

☐ **Juiz:** estudamos acerca da imprescindibilidade da jurisdição para a existência de um processo. Todavia, é substancial que essa jurisdição seja exercida por pessoa regularmente investida na função, após aprovação em concurso público de provas e títulos (o juiz). Além de estar devidamente **investida**, deverá a autoridade judiciária ser a **competente** para atuar no feito, de acordo com as regras processuais que versam sobre a temática (CPP, regimento interno etc.). Por exemplo, não poderá o magistrado titular da 1ª Vara Criminal da Comarca de Ribeirão Preto, *a priori*, processar e julgar uma ação de inventário, pois é incompetente para tanto. Por fim, o julgador também deve ser **imparcial**, desprovido de juízos de valor e opiniões subjetivas acerca do processo, sendo que, em casos de impedimento e suspeição, deverá o mesmo se isentar do julgamento da causa.

☐ **Partes:** são os polos ativos e passivos do processo, com capacidade para ser parte (pressuposto processual de existência). No entanto, para o feito ser válido não basta simplesmente apontar qualquer indivíduo para integrar a relação processual, pois algumas pessoas não possuem **capacidade para estar em juízo**, a citar: os menores de idade, os considerados doentes mentais etc. Por conseguinte, praticado um crime de injúria contra uma criança, por exemplo, caberá ao seu representante legal iniciar a ação penal privada, pois embora seja vítima o menor não possui capacidade processual. Além disso, ressalvada a ação de *habeas corpus*, deverá a parte estar sempre acompanhada por profissional (advogado, Defensor Público), o qual detenha **capacidade postulatória**, ou, em

Ação penal 109

outras palavras, que tenha habilitação técnica para atuar no processo.

- **Objetivos**: dizem respeito ao objeto, à demanda, ao litígio, ao conflito trazido ao Judiciário. Deverá o feito observar os seguintes requisitos de validade para não ser extinto:
  ☐ **Intrínsecos**: são os elementos concernentes e inerentes ao próprio processo. Para ter prosseguimento, será verificada a **regularidade da ação penal**, se esta obedece à forma previamente descrita na legislação, se os atos processuais são legítimos, se a ordem dos atos está correta etc. A título exemplificativo, não é possível o magistrado sentenciar um acusado que sequer foi citado validamente.
  ☐ **Extrínsecos**: São as elementares não aferíveis dentro do processo em questão, mas sim as verificadas fora dele. A presença de **pressupostos processuais negativos** acarreta a extinção da demanda, pois a invalidam.
  São eles: litispendência e coisa julgada.

Quando vislumbrado o ajuizamento concomitante de duas ações que possuam as mesmas partes, o mesmo pedido e a mesma causa de pedir, deverá, necessariamente, uma delas ser extinta, por **litispendência**. Porém, se constatada a existência de dois processos idênticos, sendo que um deles já transitou em julgado, será extinta a ação em curso em razão da **coisa julgada**.

O reconhecimento dos institutos impede que o indivíduo seja punido duplamente pelo mesmo fato. Dessa feita, para que o feito tenha validade, é substancial a inexistência de qualquer um dos pressupostos negativos.

Sobre as condições da ação, estudamos que a admissibilidade de qualquer feito está condicionada à verificação: da legitimidade *ad causam*; do interesse de agir; e da possibilidade jurídica do pedido.

Segundo o Ministro Dias Toffoli,

> o réu poderá, em sua resposta, suscitar todas as questões processuais que não sejam objeto de exceção, como a falta de pressupostos processuais ou de condições da ação ou a inép-

cia da denúncia, as quais poderão levar à sua rejeição (art. 395, I e II, CPP), razão por que o anterior ato de recebimento da denúncia não importará em preclusão para o juiz, que poderá, diante da resposta oferecida pelo acusado, rejeitar a denúncia em razão de vícios processuais.[48]

Logo, ainda que o magistrado não verifique a ausência dos pressupostos processuais ou de condição da ação e receba a denúncia ou a queixa-crime, poderá o acusado, em sua resposta à acusação, arguir os vícios processuais, pois o fato de o julgador não ter verificado sua existência em momento anterior não acarreta preclusão do seu reconhecimento, devendo, pois, a autoridade judiciária retratar-se e rejeitar a inicial.

III – "faltar justa causa para o exercício da ação penal";

A justa causa para a propositura da ação consiste na verificação da existência de provas da materialidade delitiva, bem como dos indícios suficientes de autoria. Para que haja o ajuizamento de uma demanda é substancial a presença de lastro probatório mínimo, o qual impute ao indivíduo em questão o fato criminoso.

Esclarece a Ministra Cármen Lúcia que

> a denúncia é proposta da demonstração de prática de um fato típico e antijurídico imputado a determinada pessoa, sujeita à efetiva comprovação e à contradita. Rejeita-se apenas quando não houver indícios da existência de crime ou, de início, seja possível reconhecer, indubitavelmente, a inocência do acusado ou, ainda, quando não houver, pelo menos, indícios de sua participação.[49]

Salienta-se, entretanto, a possibilidade de o acusado, em caso de flagrante ilegalidade, impetrar *habeas corpus* a fim de trancar a ação penal quando entender que sua deflagração é injusta por ausência de elementos de provas plausíveis.

---

[48] STF, AP 945 QO, Rel. Min. Dias Toffoli, j. 21-3-2017, 2ª T., *DJe* 3-8-2017.
[49] STF, Inq 1.990, Rel. Min. Cármen Lúcia, j. 11-11-2010, *DJe* 21-2-2011.

De outro ponto de vista, Edilson Mougenot (2012, p. 204) entende que

> a previsão de falta de justa causa para a ação penal sequer deveria ter sido prevista como hipótese autônoma de rejeição da petição inicial, por estar englobada no inciso anterior, já que se trata de condição genérica da ação penal, em que pese a divergência doutrinária no sentido de ser ela condição autônoma ou requisito do interesse de agir.

3.5 Pontos importantes

3.5.1 Crime de lesão corporal ocorrido no âmbito doméstico e familiar

Em regra, os crimes de lesão corporal serão processados e julgados mediante ação penal pública incondicionada, salvo os de natureza leve (art. 129, *caput*, do CP) e culposa (art. 129, § 6°, do CP), que dependerão de representação do ofendido, conforme descrito no art. 88 da Lei n° 9.099/1995.

É cediço que são cada vez mais frequentes os casos de **violência doméstica e familiar**. Muitas vezes são perpetradas contra a vítima lesões corporais de natureza leve, tornando-se, então, imprescindível, *a priori*, a manifestação de vontade da ofendida no sentido de ver instaurada a demanda, por ser delito passível de ação penal pública condicionada. Contudo, inúmeras ofendidas acabam por não apresentar a representação necessária para o ajuizamento da ação penal pelos mais variados motivos: medo, amor, insegurança, esperança etc.

Nesse sentido, no âmbito da ADI 4.424, explica o Ministro Marco Aurélio que

> dados estatísticos demonstram que o percentual maior é de renúncia à representação, quer deixando-se de ter a iniciativa, quer afastando-a do cenário jurídico. (...) Iniludivelmente, isso se deve não ao exercício da manifestação livre e espontânea da vítima, mas ao fato de vislumbrar uma

possibilidade de evolução do agente, quando, na verdade, o que acontece é a reiteração de procedimento e, pior, de forma mais agressiva ainda em razão da perda dos freios inibitórios e da visão míope de que, tendo havido o recuo na agressão pretérita, o mesmo ocorrerá na subsequente. Os dados estatísticos são assombrosos relativamente à progressão nesse campo, vindo a desaguar, inclusive, em prática que provoque a morte da vítima. Sob o ponto de vista feminino, a ameaça e as agressões físicas não vêm, na maioria dos casos, de fora. Estão em casa, não na rua. Consubstanciam evento decorrente de dinâmicas privadas, o que, evidentemente, não reduz a gravidade do problema, mas a aprofunda, no que acirra a situação de invisibilidade social. Na maior parte dos assassinatos de mulheres, o ato é praticado por homens com quem elas mantiveram ou mantêm relacionamentos amorosos.[50]

Ocorre que as peculiaridades que assombram os crimes praticados no meio doméstico e familiar passaram a ser consideradas **matéria de ordem pública**, sendo necessária a intervenção estatal, pois, apesar de envolver relações estritamente particulares, é notória a desigualdade em desfavor da mulher.

Partindo da premissa que é dever do Estado a criação de mecanismos que visem coibir a violência na esfera doméstica, não se mostra razoável deixar a critério da vítima, parte hipossuficiente da relação, cuja manifestação de vontade está envolta por vários fatores, a obrigação de proceder à representação em desfavor daquele que, na maioria dos casos, é o provedor do lar.

Assim, a necessidade de manifestação da ofendida, nos crimes perpetrados com violência doméstica, diminui a proteção da mulher e, por vezes, perpetua uma situação indigna, que acaba por chegar a limites extremos.

---

[50] ADI 4.424, voto do Rel. Min. Marco Aurélio, j. 9-2-2012, *DJe* 1º-8-2014.

Por tais motivos, o Supremo Tribunal Federal, em decisão proferida no âmbito da ADI n° 4.424, entendeu pela *não* aplicação da Lei n° 9.099/1995 em se tratando de lesões corporais praticadas contra a mulher em âmbito doméstico, os quais estão previstos no art. 129, § 9°, do Código Penal, devendo, pois, tais condutas serem processadas e julgadas mediante **ação penal pública incondicionada**, prescindindo-se de qualquer representação da ofendida.

Jurisprudência

Repercussão Geral

"O STF, ao julgar o HC 106.212/MS, rel. min. Marco Aurélio, Pleno, *DJE* de 13-6-2011, já havia declarado, em processo subjetivo, a constitucionalidade do art. 41 da Lei 11.340/2006, **no que afastaria a aplicação da Lei dos Juizados Especiais relativamente aos crimes cometidos com violência doméstica e familiar contra a mulher, independentemente da pena prevista**. (...) Acrescente-se que, em sessão plenária de 9-2-2012, esta Corte julgou procedente a ADI 4.424, proposta pelo PGR, para atribuir interpretação conforme a Constituição aos arts. 12, I; 16; e 41, todos da Lei 11.340/2006, e **assentar a natureza incondicionada da ação penal em caso de crime de lesão corporal praticado mediante violência doméstica e familiar contra a mulher**. Na ocasião entendeu-se não ser aplicável aos crimes previstos na referida lei o disposto na Lei 9.099/1995, de maneira que, em se tratando de lesões corporais, mesmo que de natureza leve ou culposa, praticadas contra a mulher em âmbito doméstico a ação penal cabível seria pública incondicionada. Acentuou-se, entretanto, permanecer a necessidade de representação para crimes dispostos em leis diversas da 9.099/1995, como o de ameaça e os cometidos contra a dignidade sexual. Assim, manifesto-me pela existência de repercussão geral da questão debatida e pela reafirmação da jurisprudência desta Corte, de modo a fixar entendimento no sentido de que os crimes de lesão corporal praticados contra a mulher no âmbito doméstico e familiar são de ação penal pública incondicionada" – grifos nossos (ARE 773.765

RG, voto do Rel. Min. Gilmar Mendes, j. 3-4-2014, DJe 28-4-2014, repercussão geral, Tema 713).

E, finalmente, contemplando a referida decisão proferida no âmbito do STF, o Superior Tribunal de Justiça, recentemente, por meio da Súmula 542, dispôs: "A ação penal relativa ao crime de lesão corporal resultante de violência doméstica contra a mulher é pública incondicionada."

Veja:

Lesão corporal	Ação penal
Leve (art. 129, *caput*, do CP)	Ação penal pública condicionada à representação do ofendido
Grave (art. 129, § 1°, do CP)	Ação penal pública incondicionada
Gravíssima (art. 129, § 2°, do CP)	Ação penal pública incondicionada
Seguida de morte (art. 129, § 3°, do CP)	Ação penal pública incondicionada
Culposa (art. 129, § 6°, do CP)	Ação penal pública condicionada à representação do ofendido
Violência doméstica (art. 129, § 9°, do CP)	**Ação penal pública incondicionada**

3.5.2 Crimes contra a dignidade sexual

São os crimes que tutelam a faculdade de qualquer pessoa em escolher, de forma independente, como, quando e com quem deseja ter relações de cunho sexual, bem como a proteção aos vulneráveis, que ainda não possuem o necessário discernimento para tanto. Desse modo, ninguém é obrigado a submeter-se à vontade de terceiros, podendo dispor da sua liberdade do jeito que melhor entender (com exceção dos vulneráveis).

Por muito tempo, o Código Penal estipulou, por meio do art. 225, que os crimes contra a liberdade sexual seriam julgados mediante ação penal pública condicionada, por entender que a vítima é quem deveria manifestar-se no sentido de querer ver seu ofensor processado e punido, pois por vezes era muito mais doloroso para o ofendido enfrentar um processo, se expor e relembrar os fatos do que simplesmente fazer justiça.

Acontece que, ao longo das constantes mudanças ocorridas no meio social, tornou-se necessária a alteração da espécie de ação cabível, haja vista a gravidade acentuada dos crimes em questão. Em vista disso, em 2009 a Lei n° 12.015 criou a figura típica descrita no art. 217-A do Código Penal,[51] bem como estabeleceu que as condutas disciplinadas como crimes sexuais seriam processadas mediante ação penal pública incondicionada quando a vítima fosse menor de 18 anos ou pessoa vulnerável. Portanto, embora ainda fosse prevista a necessidade de se proceder à representação quando o ofendido fosse plenamente capaz, tratou-se de avanço significativo na seara jurídica. Ademais, a referida legislação também incluiu o art. 234-B do Código Penal, o qual dispõe que "os processos em que se apuram crimes definidos neste Título correrão em segredo de justiça".

No entanto, em 2018, a Lei n° 13.718 alterou a redação do art. 225 do Código Penal, que dispunha, anteriormente, acerca da necessidade de representação da vítima (maior e não vulnerável) para ajuizamento do feito. A referida mudança ensejou **o reconhecimento da ação penal pública incondicionada como a cabível para processar e julgar todos os crimes perpetrados contra a dignidade sexual, independentemente do ofendido ser vulnerável ou menor de 18 anos.**[52]

Lembre-se, então: a referida alteração legislativa assevera que todos os crimes contra a dignidade sexual previstos no Código Penal serão processados mediante **ação penal pública incondicionada,** independentemente de representação criminal.

[51.] Art. 217-A, CP: "Ter conjunção carnal ou praticar outro ato libidinoso com menor de 14 (catorze) anos: Pena – reclusão, de 8 (oito) a 15 (quinze) anos."

[52] "Art. 225. Nos crimes definidos nos Capítulos I e II deste Título, procede-se mediante ação penal pública incondicionada" (Redação dada pela Lei n° 13.718, de 2018).

Finalmente, importante salientar que com o advento da Lei n° 14.245, de 22 de novembro de 2021, denominada Lei Mariana Ferrer, que tem por escopo coibir a prática de atos atentatórios à dignidade da vítima e de testemunhas, foi inserida uma causa de aumento de pena no crime de coação no curso do processo, que envolva crimes contra a dignidade sexual.[53]

---

[53] "Art. 344. Usar de violência ou grave ameaça, com o fim de favorecer interesse próprio ou alheio, contra autoridade, parte, ou qualquer outra pessoa que funciona ou é chamada a intervir em processo judicial, policial ou administrativo, ou em juízo arbitral: Pena – reclusão, de um a quatro anos, e multa, além da pena correspondente à violência. Parágrafo único. A pena aumenta-se de 1/3 (um terço) até a metade se o processo envolver crime contra a dignidade sexual."

4

Ação civil ex delicto

O ajuizamento da ação penal visa ao processo e julgamento do acusado pelo Estado em razão da prática de fato tipificado como crime. Todavia, é possível que o ilícito perpetrado pelo agente tenha reflexos na seara cível, oportunidade em que o lesado poderá procurar a reparação dos prejuízos nessa órbita contra o autor do crime e, se for o caso, contra o responsável civil.

Assim, por se tratar de **jurisdições independentes**, poderão, a partir do mesmo fato, atuar na resolução da demanda. Enquanto a esfera criminal objetiva a imposição de uma sanção penal ao infrator, a cível visa reparar o dano sofrido pelo ofendido em razão do delito praticado.

Portanto, "as decisões das diferentes instâncias têm respeitado seus limites sem interferir na área de atuação das outras e respeitando a independência entre elas. O que se observa é a complementação e harmonização entre as distintas decisões".[1]

A ação cível poderá ser proposta mediante duas maneiras:

a) **Via execução**, na qual o ofendido, por meio da sentença penal condenatória, interpõe diretamente a ação de execução, pois detém um título executivo judicial; ou

---

[1] STJ, AgRg no CC 161.858/MG, Rel. Min. Joel Ilan Paciornik, 3ª Seção, julgado em 14-8-2019, *DJe* 23-8-2019.

b) **Via processo de conhecimento**, ocasião em que a vítima ajuizará a demanda no juízo cível mediante petição inicial, passando por todas as fases do processo de conhecimento, as quais estão previstas no Código de Processo Civil.

Desse modo, após o trânsito em julgado da sentença penal condenatória, é facultado ao ofendido, ao seu representante legal ou aos seus herdeiros promover a execução ou o ajuizamento de ação no juízo cível para o efeito da reparação do dano causado, podendo ter por parâmetro o valor mínimo fixado na sentença penal (art. 387, inciso IV, CPP) sem prejuízo da liquidação para apuração do prejuízo efetivamente sofrido.

No que tange à prescrição, "o termo inicial do prazo do ajuizamento da ação de indenização por danos decorrentes de crime (ação civil *ex delicto*) é a data do trânsito em julgado da sentença penal condenatória".[2]

Entretanto, de acordo com o art. 935 do Código Civil, embora a responsabilidade civil seja independente da criminal, *não* se pode questionar, no juízo cível, **acerca da existência do fato ou sobre quem seja seu autor quando essas questões se acharem decididas no juízo criminal**. Isto é, embora autônomas, se o juiz criminal decidir pela inexistência do fato criminoso ou pela ausência de dolo, por exemplo, não poderá o juiz cível reanalisar as referidas matérias.

Dessa forma,

> se é reconhecido, em um processo criminal, que o réu cometeu homicídio culposo ao transpor o sinal vermelho, vindo a colher a vítima, matando-a, transitando em julgado essa sentença condenatória, o debate não pode ser reaberto no âmbito cível. Não teria cabimento que o juiz criminal afirmasse ter o réu agido com culpa e, em juízo cível, ao contrário, dissesse que não rompeu o sinal vermelho. A questão relativa à culpa, portanto, ficou definitivamente resolvida com o trânsito em julgado da senten-

---

[2] STJ, Informativo nº 530, Período: 20-11-2013.

ça penal condenatória. No juízo cível se irá apenas executar a sentença penal condenatória, já que ela tem a natureza de título executivo judicial (CUNHA; PINTO, 2017, p. 186).

Nesse mesmo sentido é a jurisprudência do STJ: "A despeito da independência entre as esferas civil e criminal, quando houver, na esfera penal, condenação com a comprovação da prática de ato ilícito, não há mais que se colocar em discussão, na esfera cível, a existência de culpa, pois se o fato constitui infração penal, com muito mais razão será um ilícito civil."[3]

De igual modo, a sentença absolutória e o reconhecimento da inexistência material do fato, no juízo criminal, obstam à proposição de ação civil, **não havendo que se falar em reparação de danos pelo réu quando comprovado que o fato criminoso não existiu ou que o acusado não é autor do ilícito praticado**. Trata-se de exceções à independência entre as jurisdições.

Nesse viés, acórdão de relatoria do Ministro Marco Aurélio Bellizze, do STJ, assevera que "diante da relativa independência entre as instâncias cível e criminal (CC, art. 935) nem mesmo a absolvição no Juízo criminal tem o condão de vincular o Juízo cível, salvo quando for reconhecida a inexistência do fato ou ficar demonstrado que o demandado não foi o seu autor".[4]

Além disso, em regra, não haverá dever de indenizar, na esfera cível, quando o fato criminoso for praticado em razão de causa excludente de antijuridicidade. Afinal, a conduta do agente é lícita. Logo, faz coisa julgada no cível a sentença penal que reconhece ter sido o ato praticado em estado de necessidade, legítima defesa, estrito cumprimento de dever legal ou exercício regular de direito.

No entanto, cuidado: excetuam-se os casos referentes à violação de direito de terceiros. Por conseguinte, se

---

[3.] STJ, AgInt no REsp 1.720.872/DF, Rel. Min. Raul Araújo, 4ª T., julgado em 3-9-2019, DJe 19-9-2019.
[4.] STJ, AgInt no AREsp 1.333.528/SP, Rel. Min. Marco Aurélio Bellizze, 3ª T., julgado em 19-8-2019, DJe 22-8-2019.

uma pessoa está presa num incêndio e grita por ajuda; um vizinho, percebendo isso, arromba a porta do local que está em chamas e a salva da morte; se o dono do local não foi quem causou o incêndio, ele deverá ser indenizado pelo agente "herói", cf. art. 929, CC, tendo este (o herói) o direito de regresso em face do verdadeiro causador do incêndio (COSTA; ARAÚJO, 2018, p. 239).

Em suma:

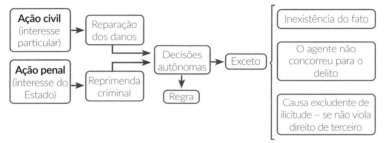

Por outro lado, **não** impedirão a propositura da ação civil:

- O despacho de arquivamento do inquérito ou das peças de informação, pois aqui não há coisa julgada material, sendo possível, inclusive, o desarquivamento, por superveniência de novas provas;
- A decisão que julgar extinta a punibilidade, haja vista se tratar de causas que apenas ensejam a não punição do agente, isto é, que impedem a imputação de uma sanção penal, o que não significa que o fato inexistiu ou que o acusado não é seu autor. Consequentemente, poderá a vítima buscar reparação dos danos no juízo cível;
- A sentença absolutória que decidir que o fato imputado, embora existente, não constitui crime, o que é perfeitamente usual, pois, ainda que a conduta não esteja tipificada em lei como delito, é possível a verificação de prejuízos na órbita civil, como a inscrição indevida em cadastro de inadimplentes, por exemplo;
- A sentença absolutória imprópria – aquela destinada ao inimputável; e

■ A incidência de causas excludentes de culpabilidade. Por isso, ainda que o acusado seja absolvido na esfera criminal, não necessariamente estará isento de responsabilização no âmbito cível. Deve ficar demonstrado que o réu, definitivamente, não concorreu para a prática do crime, de modo que **sua absolvição não implica, por si só, a dispensa de reparação do prejuízo.**

Caso sejam as demandas interpostas simultaneamente, o juiz da ação civil poderá suspender o curso desta até o julgamento definitivo da ação penal, até mesmo com o fito de evitar a prolatação de decisões conflitantes.

Destaca-se, por fim, que o Código de Processo Penal prevê que se o sujeito ativo da relação processual cível (ofendido, representante legal ou herdeiros) for pobre, a execução da sentença condenatória ou a propositura de ação civil poderá ser promovida mediante requerimento pelo Ministério Público. Contudo, segundo o entendimento do Superior Tribunal de Justiça, "o Ministério Público somente tem legitimidade para propor ação civil *ex delicto* em favor de pessoas pobres nas hipóteses em que a Defensoria Pública não estiver organizada no respectivo ente da Federação".[5] E, inclusive, sobre o tema, o Supremo Tribunal Federal reconheceu a inconstitucionalidade do dispositivo.[6]

---

[5] STJ, Informativo nº 0592, Período: 19-10 a 8-11-2016. Art. 68 do CPP.
[6] Art. 68 do CPP.

5

Jurisdição e competência

Estudamos até aqui que o poder de processar, julgar e sancionar um agente criminoso pertence única e exclusivamente ao Estado. Desse modo, ao particular não é concedido o direito de fazer justiça com as próprias mãos (ao contrário, tal conduta é prevista em lei como crime), cabendo apenas ao ente soberano, via de regra, o exercício de tal tarefa.

Todavia, a criminalidade não só cresce em números como também são constantemente criados, por meio de leis, novos tipos penais. Quem imaginaria, há 20 anos, que existiriam crimes cibernéticos? Ou seja, o aumento da quantidade e da variedade de práticas delitivas exige que o Estado organize sua estrutura (por meio de leis *lato sensu*) de modo a delinear qual comarca, vara ou juiz será competente para resolver a demanda em questão.

Feitas as considerações iniciais, passemos ao estudo detalhado dos institutos da **jurisdição** e **competência**, que encontram respaldo legal entre os arts. 69 e 91 do Código de Processo Penal.

5.1 Jurisdição

A jurisdição consiste no poder do Estado-Juiz de impor sua vontade soberana ao particular, de acordo com os ditames legais, a fim de solucionar os conflitos levados ao Poder Judiciário, trazendo a paz social.

São princípios da jurisdição:

a) A jurisdição é **una**, isto é, representa um único Poder, sendo que todas as normas, decisões, atos, resoluções etc. devem guardar sincronismo e harmonia entre si. Não há outra jurisdição. É singular, e tudo o que for nela produzido não pode cair em contradição.

Dessa forma, não é possível, por exemplo, que um acusado seja condenado por estupro enquanto a vítima também é penalizada a título de denunciação caluniosa em razão dos mesmos fatos, haja vista que as decisões proferidas não guardariam lógica entre si.

b) A jurisdição é **substitutiva**, de modo que o Estado substitui a vontade das partes pela sua. Se um réu é condenado com trânsito em julgado, em razão de determinado crime, pouco importa se o acusado ou a vítima estão satisfeitos com a deliberação judicial. Ela é soberana. Daí também deriva a figura da inevitabilidade, de modo que "não podem as partes recusar a atuação de determinado juiz, salvo nos casos de impedimento e suspeição" (AVENA, 2018, p. 729).

c) A jurisdição é **imperativa**, pois o Poder Judiciário impõe sua decisão às partes, independentemente se favorável a elas ou não. Se assim não fosse, a jurisdição não teria qualquer eficácia. Afinal, não existiria respeito pela vontade estatal, sendo que os conflitos seriam resolvidos pela autotutela.

d) A jurisdição é **imutável** ou **definitiva**. Então, é capaz de fazer, via de regra, coisa julgada formal e material, o que traz segurança jurídica à sociedade. Assim, se Mévio for absolvido de determinada prática delitiva após o trânsito em julgado do processo em comento, não é mais possível que futuramente venha a ser processado e julgado pelo mesmo fato.

e) A jurisdição é **inafastável**, de forma que o Estado não pode deixar de analisar a pretensão trazida pela parte. Portanto, nos termos descritos no art. 5°, inciso XXXV, da Constituição da República, "a lei não excluirá da apreciação do Poder Judiciário lesão ou ameaça a direito".

f) A jurisdição é **indelegável**, visto que apenas o Estado-Juiz é competente para exercê-la, não lhe sendo facultado outorgar o poder de solucionar um conflito social a outro órgão. Logo, não existe a possibilidade de o Poder Judiciário delegar ao Poder Executivo a atribuição de julgar um réu, proceder seu interrogatório, receber denúncia ou praticar qualquer outro ato inerente à atividade jurisdicional.

Entretanto, existem casos nos quais a própria Constituição Federal autoriza outro poder a exercer a função (atípica) jurisdicional, como a instituição de comissões parlamentares de inquérito[1] por parte do Poder Legislativo, o qual terá poderes de investigação próprios das autoridades judiciais, além de outros previstos nos regimentos das respectivas Casas.

g) A jurisdição é **inerte**. Por isso, para que a parte obtenha a tutela jurisdicional pretendida, deverá provocar a atuação do Poder Judiciário, pois este não pode, em hipótese alguma, iniciar uma ação penal de ofício, a seu bel-prazer, haja vista que tal ato violaria o sistema acusatório e a imparcialidade do Estado-Juiz.

Posteriormente, ao longo do processo, ao magistrado é facultado tomar as providências que entender cabíveis para produção de provas, garantia de direitos etc., porém, a instauração da demanda depende da manifestação do legitimado para ajuizar o feito.

Pois bem. É cediço que, embora todos os Juízes de Direito, após aprovação em concurso público de provas e títulos, sejam investidos na função jurisdicional, o Estado acaba por delimitar a atuação dos magistrados, com o fito de poder melhor exercer a jurisdição. Afinal, são muitos os conflitos levados ao Judiciário para que sejam

---

[1] Art. 58, § 3º, CF: "As comissões parlamentares de inquérito, que terão poderes de investigação próprios das autoridades judiciais, além de outros previstos nos regimentos das respectivas Casas, serão criadas pela Câmara dos Deputados e pelo Senado Federal, em conjunto ou separadamente, mediante requerimento de um terço de seus membros, para a apuração de fato determinado e por prazo certo, sendo suas conclusões, se for o caso, encaminhadas ao Ministério Público, para que promova a responsabilidade civil ou criminal dos infratores."

resolvidos dentro de prazo razoável. Tal demarcação de atribuições é denominada competência, objeto do nosso próximo tópico.

5.2 Competência

5.2.1 Conceito

Podemos conceituar competência como o pedaço de jurisdição atribuído a cada órgão judicial que exerce o referido poder. Por conseguinte, a depender da matéria, do local ou da pessoa, por exemplo, competirá a determinado magistrado processar e julgar o conflito, conforme preestabelecido em lei.

Dessa maneira, o Juiz de Direito lotado na Vara Especializada em Delitos Tóxicos de Cuiabá-MT será competente para deliberar acerca do crime de tráfico de entorpecentes praticado por Caio na capital mato-grossense. Contudo, não obstante esteja investido de poder jurisdicional, não será o competente para decidir acerca do delito de difamação perpetrado por Tício em Marília-SP, haja vista que a autoridade judiciária titular do Juizado Especial Criminal desta comarca o fará, pois tem atribuição para tanto.

5.2.2 Competência absoluta e relativa

O estudo da competência pressupõe a análise de duas hipóteses distintas: a competência **absoluta** e a **relativa**, sendo que cada uma possui características próprias.

5.2.2.1 *Competência absoluta*

Quando fixada a competência e esta for de natureza **absoluta**, podemos asseverar que se trata de hipótese de **interesse público**, e não poderá ser objeto de prorrogação pelo magistrado.

Dessa feita, ainda que o processo já esteja em fase avançada de resolução, deverá a autoridade judiciária declinar da competência se averiguar que é incompetente para decidir a causa. Não haverá convalidação dos atos, pois o vício é tão grave que comporta a nulidade de todos aqueles praticados em momento anterior, visto que o prejuízo da parte é presumido.

A competência, quando absoluta, não poderá ser alterada em situações que, em regra, ensejariam a reunião de processos conexos ou contingentes, pois, como dito, se trata de matéria predominantemente pública e, consequentemente, imodificável pelas partes.

Se um Deputado Federal comete crime de peculato que guarde relação com o mandato, durante seu exercício, será processado e julgado perante o Supremo Tribunal Federal, que é o órgão competente para tanto, conforme preceitua a Constituição Federal. Não poderá o parlamentar simplesmente postular pelo julgamento em primeira instância, porque lhe é mais conveniente. A fixação da competência em razão da pessoa é absoluta e não comporta modificação.

Igualmente, também terá caráter absoluto a competência fixada em razão da matéria e a funcional (veremos as espécies de forma mais detalhada no próximo capítulo). Desse modo, é passível de nulidade a ação penal julgada pela Justiça Comum em relação à prática de crime eleitoral, bem como será anulado o processo decidido por um Juiz da Vara de Execuções Penais quando, em verdade, a competência seria de um Juiz de feitos gerais que atua no processo de conhecimento.

Além disso, por ser vício de interesse público, poderá o magistrado reconhecer sua incompetência de ofício, bem como poderão as partes, a qualquer tempo, suscitá-la.

5.2.2.2 Competência relativa

Em contrapartida, a competência **relativa** abarca as hipóteses que englobam o **interesse das partes**, haja vista que o prejuízo, em razão da incompetência, deverá ser efetivamente demonstrado.

Destarte, em razão da natureza menos gravosa do vício, será possível a prorrogação da competência quando a irregularidade não for suscitada no momento processual cabível, isto é, um juiz que era anteriormente incompetente para deliberar acerca do feito passa a ser o competente caso as partes não suscitem a existência de nulidade.

A competência, se relativa, poderá ser modificada em caso de processos conexos ou contingentes de forma que **o magistrado não poderá reconhecê-la de ofício**, competindo às partes alegá-la em momento oportuno, sob pena de preclusão e, consequentemente, de sua prorrogação.

Poderá ser suscitada quando a competência for territorial, por distribuição, conexão ou continência, ou prevenção.[2] Exemplifiquemos: caso o cartório distribuidor, por descuido, não observe que o Juízo da 5ª Vara Criminal de feitos gerais de Manaus-AM é prevento em relação a crime de roubo perpetrado por Mévio, pois este, *v.g.*, já havia convertido sua prisão em flagrante em preventiva em momento anterior, e distribua a ação penal instaurada pelo Ministério Público para o Juízo da 4ª Vara Criminal de feitos gerais (o qual também possui competência em razão da matéria), competirá à defesa do acusado no primeiro momento possível aduzir a incompetência relativa do processo, pois como já fora praticado ato judicial, geraria a prevenção. Mas, se não o fizer, o magistrado titular da 4ª Vara Criminal de feitos gerais de Manaus-AM passa a ser o competente para deliberar sobre o caso.

Inclusive, sobre o tema, eis a Súmula 706 do Supremo Tribunal Federal: "É relativa a nulidade decorrente da inobservância da competência penal por prevenção." Esmiuçadas as diferenças principais entre a competência absoluta e a relativa, vejamos o quadro comparativo:

[2.] "Prevenção é hipótese de fixação de competência relativa, motivo pelo qual admite sua prorrogação, conforme se depreende da interpretação conferida à Súmula 706. Pleito de redistribuição após a ciência da distribuição do feito e ao proferimento da decisão ora agravada. Preclusão e, consequente, prorrogação configurada. Precedentes" (STF, ARE 1.007.693 AgR, Rel. Min. Alexandre de Moraes, 1ª T., j. 17-8-2018, DJe 188 de 10-9-2018).

Competência absoluta	Competência relativa
Vício insanável	Vício sanável
Suscitada a qualquer tempo	Suscitada em momento oportuno, sob pena de preclusão
Reconhecida de ofício	Necessidade de arguição pelas partes
Em razão da matéria, pessoa ou funcional	Em razão do local, prevenção, distribuição, conexão e continência
Improrrogável e imodificável, não há convalidação dos atos processuais	Prorrogável e modificável, há convalidação dos atos processuais
Nulidade absoluta	Nulidade relativa

5.2.3 Espécies

- **Competência em razão da matéria:** será estabelecida conforme a natureza do delito praticado (ex.: crimes dolosos contra a vida serão julgados pelo Tribunal do Júri, de acordo com o art. 5°, inciso XXXVIII, *d*, da Constituição Federal).
- **Competência em razão do local:** é a análise territorial, em qual lugar deverá ser ajuizada a ação penal (ex.: se um crime de roubo simples é executado e consumado em Guarulhos-SP, será julgado nessa mesma comarca).
- **Competência em razão da pessoa:** trata-se do foro por prerrogativa de função, de modo que algumas pessoas, em razão do cargo em que ocupam, serão processadas criminalmente em foro especial, e não em primeira instância (ex.: se o Governador de uma das unidades da federação incorre em crime de corrupção passiva, em razão do mandato e durante o seu exercício, deverá ser submetido a julgamento perante o Superior Tribunal de Justiça, e não às Varas comuns).
- **Competência funcional:** é competência definida entre os juízes competentes para decidir o feito (ex.: juiz que delibera no sumário da culpa e juiz que atua no Tribunal do Júri).

5.2.3.1 Da competência em razão da matéria

Vimos anteriormente que a competência em razão da matéria é de natureza absoluta, sendo que o agente infrator será processado e julgado de acordo com a espécie do delito cometido.

A depender da infração praticada poderá ser a competência atribuída às

- **justiças especiais**, quais sejam: **(a)** justiça eleitoral ou **(b)** justiça militar, ou
- **justiças comuns**, quais sejam: **(a)** justiça federal ou **(b)** justiça estadual.

De acordo com o previsto no Código de Processo Penal, "a competência pela natureza da infração será regulada pelas leis de organização judiciária, salvo a competência privativa do Tribunal do Júri" (art. 74), sendo que a este último é atribuída a competência para julgamento dos crimes dolosos contra a vida, quais sejam:

a) homicídio (art. 121, §§ 1º e 2º, do CP);
b) induzimento, instigação ou auxílio a suicídio (art. 122 do CP);
c) infanticídio (art. 123, do CP); e
d) aborto (arts. 124, 125, 126 e 127 do CP), nas modalidades consumada e tentada.

5.2.3.1.1 Justiças especiais

São elas: **Justiça Militar, Justiça Eleitoral e Justiça do Trabalho**. Embora faça parte do grupo das justiças especiais, a competência da Justiça do Trabalho não abarca os ilícitos penais, posto que a Justiça Trabalhista não detém atribuição para processar e julgar qualquer tipo de crime, mesmo quando cometidos dentro do local de trabalho ou em razão dele. Nesse sentido, a Súmula nº 165 do Superior Tribunal de Justiça salienta que: "Compete à Justiça Federal processar e julgar crime de falso testemunho cometido no processo trabalhista."

Portanto, não se esqueça: a Justiça do Trabalho não possui competência dentro da esfera penal.

Isso posto, passemos à análise da Justiça Militar e da Eleitoral, as quais possuem natureza especial, e atribuição para deliberar sobre eventos criminais.

5.2.3.1.1.1 Justiça Militar

A competência da **Justiça Militar** abrange o julgamento dos denominados crimes militares,[3] os quais estão previstos no Decreto-Lei nº 1.001/1969, também conhecido como **Código Penal Militar (CPM)**. Esses delitos são classificados como **próprios**, se o tipo penal está descrito apenas no ordenamento castrense (ex.: abandono de posto), ou **impróprios**, quando sua tipificação também ocorre em legislação estranha ao arcabouço normativo militar (ex.: roubo).

Em regra, a Justiça Militar funcionará no âmbito da União, ou seja, terá caráter federal, e julgará os delitos militares ocorridos no âmbito do Exército, Aeronáutica e Marinha. Segundo o art. 122 da Constituição Federal, são órgãos da Justiça Militar: o Superior Tribunal Militar;[4] e os Tribunais e Juízes Militares instituídos por lei.

Por outro lado, é facultado à lei estadual criar, através de proposta do Tribunal de Justiça local, a Justiça Militar Estadual, que processará e julgará os militares dos Estados, e será constituída por Juízes de Direito e por Conselhos de Justiça, em primeiro grau. Já em segunda instância, as atribuições ficam por conta do próprio TJ, ou, caso o efetivo militar seja superior a 20 mil integrantes, poderá ser criado um Tribunal de Justiça Militar (art. 125, §§ 3º e 4º, da CF). Nesse caso, eventual irresignação em relação à decisão proferida, será analisada pelo **Superior Tribunal de Justiça (STJ)**, não sendo cabível, aqui, a interposição de recurso ao Superior Tribunal Militar.

Importante!

Crimes dolosos contra a vida praticado contra civil

Sabemos que tanto a competência da Justiça Militar, quanto a do Tribunal do Júri estão constitucionalmente previstas, e em razão da matéria, são de caráter absoluto.

[3.] Art. 124 da CF: "À Justiça Militar compete processar e julgar os crimes militares definidos em lei."

[4.] Art. 123 da CF: "O Superior Tribunal Militar compor-se-á de quinze Ministros vitalícios, nomeados pelo Presidente da República, depois de aprovada a indicação pelo Senado Federal, sendo três dentre oficiais-generais da Marinha, quatro dentre oficiais-generais do Exército, três dentre oficiais-generais da Aeronáutica, todos da ativa e do posto mais elevado da carreira, e cinco dentre civis."

Desse modo, caso um militar pratique crime doloso contra a vida (ex.: homicídio), contra um civil, qual será o juízo competente para seu julgamento? Temos duas possibilidades:

■ Se o delito for cometido por militar estadual, dispõe a Constituição, através do art. 125, § 4º, que a competência é do Tribunal do Júri. Assim, se o PM Tício mata dolosamente o civil Mévio, será automaticamente submetido ao Júri Popular.

■ Se o delito for cometido por militar integrante das Forças Armadas, em regra, a competência será do Tribunal do Júri. Todavia, existem exceções, onde o julgamento será diante da Justiça Militar da União, quando o delito ocorrer (a) em meio ao cumprimento de atribuições que aos militares forem estabelecidas pelo Presidente da República ou Ministro da Defesa; ou (b) nas ações que envolvam a segurança de instituição militar ou missão militar; ou (c) na atividade de natureza militar, de operação de paz, de garantia da lei e da ordem ou de atribuições subsidiárias, realizadas em conformidade com a Constituição e na forma dos dispositivos legais.

Convém destacar que o Código Penal Militar foi alterado pela Lei nº 13.491/2017, a qual modificou regras de competência da justiça castrense. Ocorreram, essencialmente, as seguintes mudanças: **(a)** a previsão de que os crimes militares poderão ser enquadrados também na legislação penal comum, além do CPM; e **(b)** a competência para julgamento dos crimes dolosos praticados por militar das Forças Armadas contra a vida de civis diante de certos contextos fáticos (exemplos listados anteriormente).

Jurisprudência

Entendimentos emanados pelo Supremo Tribunal Federal (STF) sobre a competência militar

■ "O crime praticado por militar contra militar em situação de atividade em lugar sujeito à administração militar, inevitavelmente, atrai a competência da Justiça Castrense, por força do art. 9º, II, *a*, do CPM" (HC 125.836, Rel. Min. Dias Toffoli, j. 3-3-2015, 1ª T., DJe 6-5-2015).

■ "A orientação do STF é no sentido de que a condição de militar da vítima e do agressor não é suficiente para atrair a competência da Justiça

Militar" (HC 122.302, Rel. Min. Roberto Barroso, j. 20-5-2014, 1ª T., *DJe* 5-6-2014).

■ "Militar. Delito praticado, em lugar sujeito à administração militar, por soldado em situação de atividade. Interpretação do art. 9º, II, *b*, do CPM. Crime militar plenamente configurado. Posterior exclusão do serviço ativo das Forças Armadas. Irrelevância. Condição militar do agente que deve ser aferida no momento em que cometido o delito" (HC 117.179, Rel. Min. Celso de Mello, j. 22-10-2013, 2ª T., *DJe* 8-11-2013).

■ "É competente a Justiça Federal para conhecer e julgar infração penal cometida em detrimento de bens, serviços e interesses da União, nos termos do art. 109, IV, da CF. *In casu*, o paciente, policial militar do Exército Brasileiro, fez uso de documento militar ideologicamente falso junto à Caixa Econômica Federal (CEF), visando obter empréstimo bancário. A utilização do documento ideologicamente falso, no caso sub examine, representou, na realidade, a prática de crime-meio de que se serviu para falsear a verdade, em detrimento de bens, interesses e serviços juridicamente protegidos da empresa pública federal. Consectariamente, evidencia-se a incompetência da Justiça Penal Militar" (HC 110.261, Rel. p/ o Ac. Min. Luiz Fux, j. 28-8-2012, 1ª T., *DJe* 16-10-2012).

■ "Homicídio qualificado praticado por militar da ativa contra militar do Corpo de Bombeiros da ativa. Delito praticado fora do lugar sujeito à administração militar e por motivos pessoais. Competência da Justiça comum. Tribunal do júri" (RHC 111.025, Rel. Min. Gilmar Mendes, j. 10-4-2012, 2ª T., *DJe* 24-4-2012).

5.2.3.1.1.2 Justiça Eleitoral

Competirá à **Justiça Eleitoral** processar e julgar os denominados crimes eleitorais, que estão, em sua maioria, previstos no Código Eleitoral (Lei nº 4.737/1965). Trata-se de hipótese de competência absoluta, razão pela qual a prática de crime comum conexo ou continente ao delito eleitoral atrai a competência da justiça especial para decidir também sobre aquele.[5]

[5.] STF, Inq. 4435 AgR-quarto/DF, Rel. Min. Marco Aurélio, julgamento em 13 e 14-3-2019.

Jurisprudência

A Justiça Eleitoral é competente para processar e julgar os crimes eleitorais e os comuns que lhe forem conexos

Logo, "em caso de conexão ou continência entre crime comum e delito eleitoral, todos devem ser julgados conjuntamente perante a Justiça Especializada (...). De outro lado, a parte final do art. 82, do CPP, assim como o Enunciado da Súmula 235/STJ, apenas impede a reunião de processos conexos quando um deles já tenha sido julgado, não incidindo se eles caminharam conjuntamente, de forma reunida, desde o início da tramitação, muito anteriormente à prolação da sentença" (STJ, Informativo n° 713, publicação: 18-10-2021).

Cumpre ressaltar que se ressalvam as hipóteses de competência originária dos Tribunais regionais e os superiores, normalmente em razão do foro por prerrogativa de função.

5.2.3.1.2 Justiça comum

Após estudarmos as hipóteses especiais, passamos à análise da Justiça Comum, ou seja, quando o crime cometido **não for de competência do âmbito militar ou eleitoral**, estaremos diante de atribuição a ser resolvida ou pela Justiça Federal ou Estadual, a depender da natureza da infração.

5.2.3.1.2.1 Justiça Federal

As hipóteses que abarcam a competência da Justiça Federal estão **taxativamente** previstas nos arts. 108 e 109 da Constituição Federal. Assim, se o crime perpetrado não se enquadrar em qualquer das possibilidades expressas no rol constitucional, por exclusão, atrai-se a competência da Justiça Estadual, também dita **jurisdição residual**.

A Justiça Federal é formada (1) pelos Tribunais Regionais Federais, compostos por, no mínimo, sete juízes, recrutados, quando possível, na respectiva região e nomeados pelo Presidente da República dentre brasileiros com mais de trinta e menos de 65 anos (art. 106, inciso I, c/c art. 107, ambos da CF) e (2) pelos Juízes Federais (art. 106, inciso II, da CF).

A seguir, veremos as hipóteses que suscitam o julgamento da Justiça Federal, em primeira instância, a partir da supracitada previsão constitucional:

"I – As causas em que a União, entidade autárquica ou empresa pública federal forem interessadas na condição de autoras, rés, assistentes ou oponentes, exceto as de falência, as de acidentes de trabalho e as sujeitas à Justiça Eleitoral e à Justiça do Trabalho;"

Quando a União, suas autarquias, fundações ou empresas públicas figurarem no processo como sujeito ativo, passivo, assistente ou oponente, competirá à Justiça Federal processar e julgar a causa. Dessa forma, é possível interpretar que os crimes praticados em detrimento de sociedade de economia mista, por si só, não estarão abarcados pela competência federal, haja vista que não há previsão expressa sobre tal possibilidade, que apenas dispõe acerca das entidades autárquicas (autarquias e fundações) e empresas públicas.

Inclusive, já foram editadas duas súmulas atestando o entendimento:

- **Súmula nº 42 STJ:** "Compete à Justiça Comum Estadual processar e julgar as causas cíveis em que é parte sociedade de economia mista e os crimes praticados em seu detrimento."
- **Súmula nº 517 STF:** "As sociedades de economia mista só têm foro na Justiça Federal, quando a União intervém como assistente ou oponente."

Logo, se Tício pratica crime de roubo dentro de uma agência do Banco do Brasil, sociedade de economia mista federal, competirá à Justiça Estadual processar e julgar o acusado pelo delito cometido. No entanto, se o infrator rouba uma agência da Caixa Econômica, empresa pública federal, atrai-se, em regra, a competência da Justiça Federal.

> **Jurisprudência**
>
> ■ **Crime praticado contra agência dos Correios**
>
> É sabido que os Correios são uma empresa pública federal, a quem compete, de forma monopolizada, o envio e entrega de correspondências em nosso país.
>
> O Superior Tribunal de Justiça possui entendimento pacífico no sentido de que "em crimes perpetrados em detrimento de agência dos Correios, a circunstância determinante, para fins de fixação da competência federal, é a existência de prejuízo efetivo à empresa pública federal".[6] Portanto, para que um crime praticado em desfavor da referida empresa pública atraia a competência da Justiça Federal, é necessária a comprovação de que a conduta criminosa seja dirigida aos seus serviços típicos.
>
> Ao contrário, caso seja a agência franqueada (explorada por particular), competirá à Justiça Estadual a elucidação do feito.[7]
>
> ■ **Compete à Justiça Federal julgar crime contra a vida em desfavor de policiais militares, consumado ou tentado, no contexto de crime de roubo armado contra órgãos, autarquias ou empresas públicas da União.**

"Quando o crime contra a vida é executado ou tentado no contexto de crime de roubo armado contra órgãos, autarquias ou empresas públicas da União, cuja tipificação traz as elementares da violência ou da grave ameaça, impera o reconhecimento da competência do Juízo Federal. Segundo a doutrina, quando um crime ocorre para garantir a impunidade ou vantagem de outro, tem-se a conexão objetiva consequencial ou sequencial. No caso de roubo praticado em detrimento de empresa pública federal – por exemplo, Empresa de Correios e Telégrafos, Caixa Econômica Federal –, havendo a imediata perseguição com troca de tiros, eventual homicídio, consumado ou tentado, implicará conexão consequencial entre os dois delitos. O crime contra a vida, nessa hipótese, só existe em razão do delito contra a empresa federal e seu objetivo último é o exaurimento da infração patrimonial. Em outros termos, no mundo fenomenológico, esse homicídio orbita em torno do roubo em

---

6. STJ, AgRg no CC 164.656/MG, Rel. Min. Sebastião Reis Júnior, 3ª Seção, julgado em 24-4-2019, *DJe* 29-4-2019.
7. Neste sentido: STJ, CC 155.063/SP, Rel. Min. Joel Ilan Paciornik, 3ª Seção, julgado em 13-6-2018, *DJe* 29-6-2018.

detrimento da empresa pública federal em total dependência deste" (STJ, Informativo nº 659, publicação: 22-11-2019).

Todavia, quando a demanda envolver matéria atinente à falência e acidente de trabalho, não caberá à Justiça Federal decidir sobre o feito, ainda que envolva a União ou autarquias, fundações e empresas públicas federais, posto que tais temáticas foram expressamente excetuadas pela Constituição Federal.

Do mesmo modo, os feitos sujeitos à Justiça Eleitoral e à Justiça do Trabalho estarão vinculados às suas respectivas jurisdições.

"II – As causas entre Estado estrangeiro ou organismo internacional e Município ou pessoa domiciliada ou residente no País;

III – As causas fundadas em tratado ou contrato da União com Estado estrangeiro ou organismo internacional;

IV – Os crimes políticos e as infrações penais praticadas em detrimento de bens, serviços ou interesse da União ou de suas entidades autárquicas ou empresas públicas, excluídas as contravenções e ressalvada a competência da Justiça Militar e da Justiça Eleitoral;"

As infrações penais praticadas em detrimento de bens, serviços e interesse da União, bem como de suas entidades autárquicas e empresas públicas – não abrangendo, pois, as sociedades de economia mista – ensejam a atração da competência para a Justiça Federal. Entretanto, o inciso IV traz duas importantes ressalvas, quais sejam:

(1) as contravenções penais; e **(2)** a competência da Justiça Militar e Eleitoral.

Dessa maneira, a prática de qualquer **contravenção penal**, embora viole bens, serviços e interesse da União ou da administração indireta federal provocará a competência da Justiça Estadual, ante a vedação expressa trazida pela Carta Magna. Neste viés, eis o teor da Súmula nº 38 do STJ, o qual dispõe que: "Compete à Justiça Estadual Comum, na vigência da CF/88, o processo por contravenção penal, ainda que praticado em detrimento de bens, serviços ou interesse da União ou de suas entidades."

Contudo, visualiza-se uma exceção da exceção: caso seja a contravenção penal praticada por agente detentor de foro por prerrogativa de função, a competência originária atrairá o julgamento para um tribunal federal. Por isso, se o Prefeito de um município mato-grossense pratica a contravenção penal 'Y', no exercício de suas funções e durante o seu mandato, em detrimento de bem da União, será processado perante o Tribunal Regional Federal da 1ª Região. Em contrapartida, se Mévio, comerciante, cometer a mesma contravenção, será julgado pela Justiça Estadual.

Da mesma forma, quando a matéria ventilada for de competência das **Justiças Especializadas** (Militar e Eleitoral), não há que se falar em julgamento da justiça comum.

Além das ressalvas verificadas, também vislumbra-se do dispositivo que a Justiça Federal julgará os denominados **crimes políticos**, os quais encontram amparo legal na Lei nº 14.197/2021, e que buscam violar o alicerce político do Estado. Trata-se de hipótese de caráter peculiar, posto que eventual interposição de recurso contra decisões que versam sobre essa temática será feita diretamente ao **Supremo Tribunal Federal,** mediante recurso ordinário, não competindo ao TRF local a reanálise de tais feitos.

Sobre a competência da Justiça Federal, transcreve-se importantes decisões emanadas pelos Tribunais Superiores:

Súmulas do STJ

147: "Compete à **Justiça Federal** processar e julgar os *crimes praticados contra funcionário público federal*, quando relacionados com o exercício da função."

151: "A competência para o processo e julgamento por crime de *contrabando* ou *descaminho* define-se pela prevenção do **Juízo Federal** do lugar da apreensão dos bens."

165: "Compete à **Justiça Federal** processar e julgar crime de *falso testemunho cometido no processo trabalhista.*"

200: "O **Juízo Federal** competente para processar e julgar acusado de crime de *uso de passaporte falso* é o do lugar onde o delito se consumou."

208: "Compete à **Justiça Federal** processar e julgar Prefeito Municipal por desvio de verba sujeita a prestação de contas perante órgão federal."

528: "Compete ao **juiz federal** do local da apreensão da droga remetida do exterior pela via postal processar e julgar o *crime de tráfico internacional*."[8]

546: "A competência para processar e julgar o crime de uso de documento falso é firmada em razão da entidade ou órgão ao qual foi apresentado o documento público, não importando a qualificação do órgão expedidor." (Grifos nossos.)

Jurisprudência do STF

"A suposta prática de homicídio, desvinculada da condição funcional de policial rodoviário federal, não faz incidir a competência da Justiça Federal, a qual, nos termos do art. 109, inciso IV, da Constituição Federal, pressupõe o cometimento de delito em detrimento de bens, serviços ou interesse da União" (STF, HC 157.012, Rel. Min. Marco Aurélio, 1ª Turma, julgado em 10-12-2019, public. 27-2-2020).

"**V – Os crimes previstos em tratado ou convenção internacional, quando, iniciada a execução no País, o resultado tenha ou devesse ter ocorrido no estrangeiro, ou reciprocamente;**"

Para que haja a configuração da hipótese prevista no inciso V, torna-se necessário o preenchimento concomitante de dois requisitos, a saber: **(1)** que o crime cometido esteja previsto em tratado ou convenção internacional, os quais seja o Brasil país signatário; e **(2)** que o delito tenha sido iniciado ou consumado no Brasil, ou seja, deve a infração deter **transnacionalidade**. Preenchidos os

---

[8]. Redimensionamento do alcance da Súmula nº 528/STJ, a qual cuida de tráfico de drogas praticado via postal pelo STJ: "Compete ao Juízo Federal do endereço do destinatário da droga, importada via Correio, processar e julgar o crime de tráfico internacional (...). Na hipótese de importação da droga via correio cumulada com o conhecimento do destinatário por meio do endereço aposto na correspondência, a Súmula nº 528/STJ deva ser flexibilizada para se fixar a competência no Juízo do local de destino da droga, em favor da facilitação da fase investigativa, da busca da verdade e da duração razoável do processo" (STJ, CC 177.882/PR, Rel. Min. Joel Ilan Paciornik, 3ª Seção, por unanimidade, julgado em 26-5-2021).

requisitos expressamente descritos na Constituição, será possível a atração do feito para a Justiça Federal.

Jurisprudência

Crimes cibernéticos praticados contra a dignidade sexual de criança e adolescente

Segundo entendimento proferido pelo STF, através do **RE n° 628.624/MG**, compete à Justiça Federal processar e julgar prática de crime de publicação, na internet, de imagens com conteúdo pornográfico envolvendo criança ou adolescente.

De acordo com o acórdão prolatado: "Basta à configuração da competência da Justiça Federal que o material pornográfico envolvendo crianças ou adolescentes tenha estado acessível por alguém no estrangeiro, ainda que não haja evidências de que esse acesso realmente ocorreu. A extração da potencial internacionalidade do resultado advém do nível de abrangência próprio de sítios virtuais de amplo acesso, bem como da reconhecida dispersão mundial preconizada no art. 2°, I, da Lei 12.965/14, que instituiu o Marco Civil da Internet no Brasil."

Porém, salienta-se a necessidade de que a imagem jogada na rede alcance considerável número de pessoas, e que, eventualmente, possa ser acessada no exterior.

Destarte, se um imputável troca fotos com conteúdo pornográfico com a namorada adolescente, mas nenhuma outra pessoa acessa as imagens, estará descaracterizada a internacionalidade. Nesse sentido: "a mera utilização da internet não basta, por si só, para caracterizar a transnacionalidade do delito",[9] atraindo, pois, a competência para a Justiça Estadual.

Jurisprudência

"Compete à Justiça Federal o julgamento dos crimes de contrabando e de descaminho, ainda que inexistentes indícios de transnacionalidade na conduta" (STJ, Informativo n° 635, publicação em 9-11-2018).

[9.] STJ, AgRg no CC 118.394/DF, Rel. Min. Ribeiro Dantas, 3ª Seção, julgado em 10-8-2016, DJe 22-8-2016.

"Compete à Justiça Federal a condução do inquérito que investiga o cometimento do delito previsto no art. 334, § 1°, IV, do Código Penal, na hipótese de venda de mercadoria estrangeira, permitida pela ANVISA, desacompanhada de nota fiscal e sem comprovação de pagamento de imposto de importação" (STJ, Informativo n° 631, publicação em 14-9-2018).

"V-A – As causas relativas a direitos humanos a que se refere o § 5° deste artigo;"

Segundo o teor do § 5° do art. 109 da Constituição Federal, nas hipóteses de grave violação de direitos humanos, o Procurador-Geral da República, com a finalidade de assegurar o cumprimento de obrigações decorrentes de tratados internacionais de direitos humanos dos quais o Brasil seja parte, poderá suscitar, perante o Superior Tribunal de Justiça, em qualquer fase do inquérito ou processo, incidente de deslocamento de competência para a Justiça Federal.

Trata-se de **incidente de deslocamento de competência**, o qual será suscitado pelo **Procurador-Geral da República**, perante o **Superior Tribunal de Justiça**, nos casos em que ocorrerem graves violações de direitos humanos, que estejam previstos em tratados internacionais, cujo Brasil seja signatário. Por conseguinte, desloca-se a competência, que, *a priori*, pertence a outrem, para a Justiça Federal, em qualquer fase investigativa ou já no âmbito da ação penal.

Em síntese:

Incidente de deslocamento de competência	
Quem suscita?	Procurador-Geral da República (PGR)
Para quem suscita?	Superior Tribunal de Justiça
Por que suscita?	Para assegurar o cumprimento de obrigações decorrentes de tratados internacionais de direitos humanos dos quais o Brasil seja parte
Quando suscita?	Em qualquer fase do inquérito ou processo penal.

Sobre o tema, vejamos o que ensina o STJ:

O Incidente de Deslocamento de Competência foi instituído pela Emenda Constitucional n° 45/2004, que inseriu um

§ 5º no art. 109 da Constituição Federal, atribuindo a esta Corte a competência para o seu julgamento. (...) 2. A jurisprudência consagrou três pressupostos principais que devem ser atendidos simultaneamente para o acolhimento do Incidente de Deslocamento de Competência: (i) a constatação de grave violação efetiva e real de direitos humanos; (ii) a possibilidade de responsabilização internacional, decorrente do descumprimento de obrigações assumidas em tratados internacionais; e (iii) a evidência de que os órgãos do sistema estadual não mostram condições de seguir no desempenho da função de apuração, processamento e julgamento do caso com a devida isenção.

Importante salientar que o deslocamento de competência para a Justiça Federal não é simples. Ao contrário, além de preencher os requisitos anteriormente listados, também deve estar demonstrado, de forma concreta, "o risco de descumprimento de obrigações decorrentes de tratados internacionais firmados pelo Brasil, resultante da inércia, negligência, falta de vontade política ou de condições reais do Estado-membro, por suas instituições, em proceder à devida persecução penal".[10]

"**VI - Os crimes contra a organização do trabalho e, nos casos determinados por lei, contra o sistema financeiro e a ordem econômico-financeira;**"

Quando o crime cometido violar direitos dos trabalhadores **de maneira coletiva**, competirá à Justiça Federal processar e julgar a causa. Por exclusão, lesões ocorridas na esfera individual do trabalhador atraem a competência da Justiça Estadual.

A título exemplificativo, o art. 149 do Código Penal assevera que é crime reduzir alguém a condição análoga à de escravo, quer submetendo-o a trabalhos forçados ou a jornada exaustiva, quer

---

[10] STJ, IDC 1/PA, Rel. Min. Arnaldo Esteves Lima, 3ª Seção, julgado em 8-6-2005, DJ 10-10-2005, p. 217.

sujeitando-o a condições degradantes de trabalho, quer restringindo, por qualquer meio, sua locomoção em razão de dívida contraída com o empregador ou preposto.

In casu, o Supremo Tribunal Federal entende que "o bem jurídico objeto de tutela (...) vai além da liberdade individual, já que a prática da conduta em questão acaba por vilipendiar outros bens jurídicos protegidos constitucionalmente como a dignidade da pessoa humana, os direitos trabalhistas e previdenciários, indistintamente considerados",[11] razão pela qual caberá à Justiça Federal deliberar sobre causas similares a essa.

Por outro lado, se o empregador paga salário inferior ao mínimo, e obriga que seus empregados assinem recibo com valor à maior, teremos a prática de crime que viola a esfera individual do trabalhador, competindo, pois, o feito, à Justiça Estadual.

O teor da Súmula 115 do Tribunal Federal de Recursos expressa que: "Compete à Justiça Federal processar e julgar os crimes contra a organização do trabalho, quando tenham por objeto a organização geral do trabalho ou direitos dos trabalhadores considerados coletivamente." Apesar de antigo, o conteúdo sumulado continua vigente no cenário jurídico.

Também atrairá a competência da Justiça Federal os crimes cometidos contra o sistema financeiro e a ordem econômico-financeira, mas apenas e tão somente quando praticados em detrimento de bens serviços ou interesse da União, suas entidades autárquicas ou empresas públicas, e desde que a atribuição federal esteja expressamente prevista na legislação atinente.[12]

[11.] STF, RE 459510, Rel. Min. Cezar Peluso, Relator(A) P/ Acórdão: Min. Dias Toffoli, Tribunal Pleno, julgado em 26-11-2015, Acórdão Eletrônico *DJe*-067, divulg. 11-4-2016, public. 12-4-2016.

[12.] A título exemplificativo – art. 26 da Lei nº 7.492/1986: "A ação penal, nos crimes previstos nesta lei, será promovida pelo Ministério Público Federal, perante a Justiça Federal."

> **Jurisprudência**
>
> **Pirâmides financeiras**
>
> Atualmente, encontram-se em evidência no mercado financeiro as denominadas 'pirâmides', as quais se caracterizam "por oferecer a seus associados uma perspectiva de lucros, remuneração e benefícios futuros irreais, cujo pagamento depende do ingresso de novos investidores ou de aquisição de produtos para uso próprio, em vez de vendas para consumidores que não são participantes do esquema" (STJ, CC146153/SP).
>
> Sobre a mencionada conduta, o STJ já sedimentou o entendimento no sentido de que, em regra, caberá à Justiça Estadual processar e julgar eventuais lavagens de dinheiro ocorridas no âmbito de tais esquemas, sendo que Justiça Federal apenas atrairá a competência para si, em caso de envolvimento de bens, serviços ou interesses da União (ou entidades autárquicas e empresas públicas federais) ou se a infração penal antecedente for de sua atribuição.
>
> Neste mesmo viés, eis o enunciado da Súmula n° 498 do STF: "Compete à Justiça dos Estados, em ambas as instâncias, o processo e o julgamento dos crimes contra a economia popular."

"VII – Os *habeas corpus*, em matéria criminal de sua competência ou quando o constrangimento provier de autoridade cujos atos não estejam diretamente sujeitos a outra jurisdição;"

Segundo o art. 647 do Código de Processo Penal, "dar-se-á *habeas corpus* sempre que alguém sofrer ou se achar na iminência de sofrer violência ou coação ilegal na sua liberdade de ir e vir, salvo nos casos de punição disciplinar".

A competência do *habeas corpus* será fixada a partir da autoridade coatora, isto é, de quem supostamente praticou a coação contra o paciente. Em vista disso, se um Juiz de Federal proferir decisão manifestamente ilegal, caberá a um Desembargador Federal do TRF respectivo processar e julgar a ação de *habeas corpus*, posto que é superior hierarquicamente ao magistrado de primeira instância. Trata-se de ação de competência originária.

"VIII – Os mandados de segurança e os *habeas data* contra ato de autoridade federal, excetuados os casos de competência dos tribunais federais;"

Cuidam-se de ações constitucionais. O mandado de segurança visa proteger direito líquido e certo, não amparado por *habeas corpus* ou *habeas data*, quando o responsável pela ilegalidade ou abuso de poder for autoridade pública ou agente de pessoa jurídica no exercício de atribuições do Poder Público (art. 5°, inciso LXIX, da CF).

Já o *habeas data* busca assegurar o conhecimento de informações relativas à pessoa do impetrante, constantes de registros ou bancos de dados de entidades governamentais ou de caráter público ou a retificação de dados, quando não se prefira fazê-lo por processo sigiloso, judicial ou administrativo (art. 5°, inciso LXXII, da CF).

Por isso, eventuais atos emanados por autoridade federal que ensejariam a impetração dos referidos remédios constitucionais serão objeto de análise pelos juízes federais. No entanto, se a ilegalidade provier de ato proferido por magistrado federal de primeira instância, estar-se-á diante de competência originária, a ser resolvida pelo tribunal competente.

"IX – Os crimes cometidos a bordo de navios ou aeronaves, ressalvada a competência da Justiça Militar;"

O texto constitucional é expresso, no sentido de que, independentemente da infração, se for esta perpetrada a **bordo de navios ou aeronaves**, restará atraída a competência da Justiça Federal.

Aqui, ressalta-se que poderá o navio ou a aeronave estar em solo, mar ou em voo, isto é:

> perceba-se que o art. 109, X, da CF refere a competência federal para crimes cometidos a bordo de navios ou aeronaves.
>
> Logo, o que se exige é que a conduta do agente tenha ocorrido no âmbito do navio ou aeronave, sendo irrelevante se o resultado, eventualmente, ocorreu em terra firme. E também

não importa se o navio ou a aeronave estão em movimento ou atracados em porto ou aeroporto (AVENA, 2018, p. 772).

"X – Os crimes de ingresso ou permanência irregular de estrangeiro, a execução de carta rogatória, após o 'exequatur', e de sentença estrangeira, após a homologação, as causas referentes à nacionalidade, inclusive a respectiva opção, e à naturalização;"

De acordo com o previsto no art. 338 do Código Penal, comete crime o estrangeiro que reingressar no território nacional que dele foi expulso. Também pratica fato delituoso o estrangeiro que usa nome que não é o seu para entrar ou permanecer no território nacional, ou quem atribui falsa qualidade ao forâneo para promover a sua entrada no Brasil, nos termos do art. 309 do Código Penal. Em caso de prática das referidas condutas ilícitas, será o sujeito infrator submetido à Justiça Federal, a quem compete processar e julgar tais delitos.

Além disso, a Justiça Federal tem atribuição para executar carta rogatória, após o *exequatur* do Superior Tribunal de Justiça, e sentença estrangeira, após a homologação deste último órgão, bem como para decidir sobre causas referentes à nacionalidade e à naturalização.

"XI – A disputa sobre direitos indígenas."

Por fim, a Justiça Federal é competente para julgar demandas, cujo teor verse acerca dos **direitos indígenas coletivamente considerados**, ou, em outras palavras, que discorram sobre "a organização social, costumes, línguas, crenças e tradições, além dos direitos originários sobre as terras que tradicionalmente ocupam".[13]

Nesse sentido, o Superior Tribunal de Justiça já decidiu que:

> não exsurgindo dos autos qualquer evidência de que os crimes em tese cometidos pelos indígenas tiveram motivação relacionada à disputa de terras ou qualquer outra questão

---

[13] STJ, CC 156.502/RR, Rel. Min. Reynaldo Soares Da Fonseca, 3ª Seção, julgado em 22-2-2018, *DJe* 28-2-2018.

relacionada à condição étnica, nem envolveram interesses da comunidade indígena, não há que se falar em deslocamento da competência para a Justiça Federal.[14]

Em sentido contrário, caso a violação se dê estritamente na esfera individual do indígena, a competência para o feito será da Justiça Estadual, conforme se infere da Súmula 140 do STJ, a qual esclarece que: "Compete à Justiça Comum Estadual processar e julgar crime em que o indígena figure como autor ou vítima."

Destarte, se um índio, já inserido na sociedade, pratica crime de furto em um estabelecimento comercial, será julgado em âmbito estadual, posto que a mera condição de indígena não desperta, por si só, a competência da Justiça Federal. Ao contrário, como já reiterado, esta apenas será atraída em caso de violação aos valores coletivos do grupo.

■ **Delegação da competência federal**

A Constituição da República prevê a possibilidade de que a legislação ordinária preveja hipóteses de delegação da competência federal, para a Justiça Estadual, nas causas em que forem parte instituição de previdência social e segurado, quando a comarca não for sede de vara do Juízo Federal.[15]

Logo, para haver o deslocamento de competência, é necessário que as partes sejam instituição de previdência social e segurado, e que haja previsão legal para a delegação de atribuição, de forma que a simples inexistência de foro federal no município não gera, automaticamente, a possibilidade de ajuizamento de ação no âmbito estadual.

Ressalta-se que, embora a ausência de sede de vara do Juízo Federal na comarca de origem possibilite a delegação da competência para a Justiça Estadual, eventuais recursos contra decisões proferidas nessas condições não serão interpostos no Tribunal de

---

[14.] STJ, AgRg no AREsp 762.506/AM, Rel. Min. Felix Fischer, 5ª Turma, julgado em 28-6-2016, DJe 1-8-2016.
[15.] Art. 109, § 3º, da CF.

Justiça local, e, sim, no respectivo Tribunal Regional Federal (art. 109, § 4°, CF).

Finalmente, destaca-se o teor da Súmula n° 122 do Superior Tribunal de Justiça, o qual prevê que: "Compete à Justiça Federal o processo e julgamento unificado dos crimes conexos de competência federal e estadual, não se aplicando a regra do art. 78, II, a, do CPP."

Então, quando estivermos diante de hipótese de conexão entre processos, sendo que um competiria, *a priori*, à Justiça Estadual, e o outro à Justiça Federal, caberá a esta última processar e julgar as duas demandas, ainda que a 'infração estadual' seja mais grave que a 'federal'.

Feitas as considerações pertinentes à competência das Justiças Especializadas, bem como às matérias ventiladas no âmbito da Justiça Federal, passamos ao estudo da alçada da Justiça Estadual.

5.2.3.1.2.2 Justiça Estadual

A Justiça Estadual, como dito alhures, detém **competência residual**, isto é, tudo o que não for objeto de análise pelas outras justiças, será de atribuição da esfera estadual.

Sendo assim, "nem a Constituição Federal, nem as leis processuais definem expressamente quando a competência é estadual, entretanto, como há previsão detalhada acerca da competência militar, eleitoral e federal, é por exclusão que se conclui que um julgamento cabe à Justiça Estadual Comum" (REIS; GONÇALVES, 2014, p. 170).

Justamente por ser residual, a Justiça Estadual reúne o maior número de causas, razão pela qual é a mais demandada, pois são incontáveis as possibilidades para ajuizamento de ações.

Súmulas do STJ

42: "Compete à Justiça Comum Estadual processar e julgar as causas cíveis em que é parte sociedade de economia mista e os crimes praticados em seu detrimento."

62: "Compete à Justiça Estadual processar e julgar o crime de falsa anotação na Carteira de Trabalho e Previdência Social, atribuído à empresa privada."

104: "Compete à Justiça Estadual o processo e julgamento dos crimes de falsificação e uso de documento falso relativo a estabelecimento particular de ensino."

107: "Compete à Justiça Comum Estadual processar e julgar crime de estelionato praticado mediante falsificação das guias de recolhimento das contribuições previdenciárias, quando não ocorrente lesão à autarquia federal."

140: "Compete à Justiça Comum Estadual processar e julgar crime em que o indígena figure como autor ou vítima."

192: "Compete ao Juízo das Execuções Penais do Estado a execução das penas impostas a sentenciados pela Justiça Federal, Militar ou Eleitoral, quando recolhidos a estabelecimentos sujeitos à administração estadual."

209: "Compete à Justiça Estadual processar e julgar Prefeito por desvio de verba transferida e incorporada ao patrimônio municipal."

Súmula do STF

498: "Compete à **Justiça dos Estados**, em ambas as instâncias, o processo e o julgamento dos crimes contra a economia popular." (Grifo nosso.)

Informativo do STJ

"Compete à Justiça Estadual o julgamento de crimes ocorridos a bordo de balões de ar quente tripulados" (STJ, Informativo nº 649, publicação em 7-6-2019).

Por oportuno, frisa-se a competência constitucional (também prevista do CPP[16]) do Tribunal do Júri para julgar os crimes dolosos contra a vida.

---

16. Art. 74, § 1º: "Compete ao Tribunal do Júri o julgamento dos crimes previstos nos arts. 121, §§ 1º e 2º, 122, parágrafo único, 123, 124, 125, 126 e 127 do Código Penal, consumados ou tentados."

Portanto, após estudarmos acerca das matérias e das especialidades atinentes à atribuição de cada justiça, precisamos analisar a competência territorial, afinal, não obstante tenhamos salientado que a Justiça Estadual é competente para decidir sobre um crime de furto simples contra uma locadora de veículos, o próximo passo é descortinarmos em qual foro, comarca, vara ou juízo, serão processadas e julgadas as demandas que surgirem.

5.2.3.2 Da competência territorial

A competência territorial é de **natureza relativa**, sendo que o agente infrator será processado e julgado, em regra, **de acordo com o lugar em que se consumar a infração**, ou, em caso de crime tentado, pelo local em que **for praticado o último ato de execução**, segundo ensina o art. 70 do Código de Processo Penal.[17]

Imagine que Tício, ao descobrir uma traição de sua esposa Mévia, a convide para fazer uma viagem até Cuiabá-MT, saindo do município de Sinop-MT, mas desde já, com o intuito premeditado de matá-la. Assim, passa por diversas cidades do interior do Mato Grosso: Sorriso, Lucas do Rio Verde, Nova Mutum. Quando chega à cidade de Nobres, Tício compra uma arma de fogo com um velho conhecido. Em Rosário Oeste-MT, ordena que Mévia saia do carro, oportunidade em que lhe desfere dois tiros, os quais a levam a óbito. Desse modo, embora Tício tenha premeditado, cogitado e preparado o crime em outros municípios, o resultado 'morte' foi consumado apenas em Rosário Oeste-MT, razão pela qual o marido traído será submetido a julgamento perante o Tribunal do Júri desse município, ainda que more em localidade diversa.

Em contrapartida, é fundamental deixar registrado que quando o feito for de atribuição dos **Juizados Especiais Criminais**, em razão da prática de crime de menor potencial ofensivo, **a com-**

---

[17] Art. 70. "A competência será, de regra, determinada pelo lugar em que se consumar a infração, ou, no caso de tentativa, pelo lugar em que for praticado o último ato de execução."

petência será determinada pelo lugar em que foi praticada a infração penal.[18]

E se o crime se consumar no estrangeiro? Trata-se de **crimes a distância.** Se, iniciada a execução do crime dentro do território nacional, e a infração se consumar no exterior, a competência será determinada pelo lugar em que tiver sido praticado, no Brasil, o último ato de execução. Se o último ato de execução for praticado fora do território nacional, será competente o juiz do lugar em que o crime, embora parcialmente tenha produzido ou devia produzir seu resultado (art. 70, §§ 1° e 2°, do CPP).

Exemplifica Renato Brasileiro (LIMA, 2015, p. 514): "imagine-se que Tício, na cidade de Pacaraima, localizada no estado de Roraima, efetue disparos de arma de fogo contra Mévio; este, gravemente ferido, é levado para a cidade vizinha de Santa Elena de Uairén, localizada em território venezuelano, onde se dá o óbito".

E se houver dúvidas acerca do limite territorial entre duas jurisdições? Quando incerto o limite territorial entre duas ou mais jurisdições, ou quando incerta a jurisdição por ter sido a infração consumada ou tentada nas divisas de duas ou mais jurisdições, a competência firmar-se-á pela **prevenção** (art. 70, § 3°, do CPP).

E se o crime for continuado ou permanente? Por crime permanente entende-se aquele cuja consumação se prolonga no tempo por ação do agente, como por exemplo a extorsão mediante sequestro, pois, enquanto a liberdade da vítima está restringida, o delito está em constante consumação, sendo o pagamento da quantia mero exaurimento. Já o crime continuado ocorre quando o agente, mediante mais de uma ação ou omissão, pratica dois ou mais crimes da mesma espécie, em condições de tempo, lugar e maneira de execução semelhante. Dessa forma, se a infração for de natureza continuada ou permanente, e for praticada em mais de um território, a competência firmar-se-á pela prevenção. Dessa feita, se Tício apenas desejasse sequestrar Mévia, privando sua li-

---

[18.] Art. 63 da Lei n° 9.099/1995.

berdade, todos os municípios pelos quais passassem seriam competentes para processar e julgar a ação penal.

5.2.3.3 Da competência pelo domicílio ou residência do réu

Em regra, a fixação da competência se dará em razão do local da consumação da infração, de modo que se o crime é iniciado no município X, mas consumado na comarca Y, esta última será o foro competente para o julgamento da infração.

Porém, é possível que, em alguns casos, **não haja conhecimento acerca do local da infração**, razão pela qual o Código de Processo Penal preceitua como regra subsidiária que, "não sendo conhecido o lugar da infração, a competência regular-se-á pelo domicílio ou residência do réu" (art. 72 do CPP), sendo que, caso o infrator possua mais de um domicílio, a competência firmar-se-á pela prevenção (§ 1º).

Exemplifiquemos:

> um ônibus sai de São Paulo com destino a Recife. Antônio toma o ônibus em São Paulo e, chegando a Recife, constata ter sido furtado no trajeto. Suspeita-se de Joaquim, que tomara o ônibus em São Paulo e viajara o tempo todo junto da vítima. As diligências realizadas foram proveitosas, pois a res furtiva foi encontrada com Joaquim. Este nega o fato. Entretanto, as provas contra ele, a despeito de protestar inocência, são enormes. Se a vítima ou o indiciado pudesse esclarecer o dia e a hora em que se deu o furto, poder-se-ia, facilmente, precisar o locus delicti. Mas não há qualquer esclarecimento. Ante tal impossibilidade, deverá o réu ser processado e julgado no foro do seu domicílio ou residência (TOURINHO FILHO, 1994, p. 97).

Diversamente, caso o acusado não tenha domicílio certo ou seu paradeiro for desconhecido, será competente o Juízo que primeiro tomar conhecimento acerca do fato delituoso (§ 2º).

Vejamos:

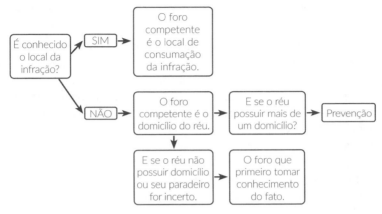

Realça-se que, no caso de ação penal privada, é facultado ao querelante escolher entre o foro de domicílio do réu e o foro do local da consumação do delito. Trata-se de hipótese de foro alternativo, no sentido de que o suposto ofendido poderá optar por qual dos foros melhor lhe aprouver.

5.2.3.4 Da competência por distribuição

Em comarcas com grande volume de demandas, é habitual a criação de diversas varas, igualmente competentes, a fim de que haja a **distribuição** das ações ajuizadas. E, segundo dispõe o art. 75 do Código de Processo Penal, "a precedência da distribuição fixará a competência quando, na mesma circunscrição judiciária, houver mais de um juiz igualmente competente".

De acordo com a organização judiciária de cada comarca, poderão ser algumas varas simultaneamente competentes para julgar determinado feito, cabendo, pois, ao cartório distribuidor (ou órgão similar), de maneira **equânime** e **automática**, proceder a 'partilha' das ações entre quem for competente para deliberar sobre aquela questão.

Segundo Rogério Sanches (CUNHA; PINTO, 2017, p. 225), a distribuição "nada mais é do que um sorteio realizado para determinar qual o juiz que deverá julgar determinado processo. Com isso se garante a impessoalidade, na medida em que o feito é distribuído aleatoriamente, sem qualquer direcionamento para um ou outro Magistrado".

Ainda, é possível que ocorra a distribuição por dependência, nos casos em que for realizado, por alguma das varas, diligência anterior ao oferecimento da denúncia ou da queixa-crime, o que, desde logo, prevenirá a ação penal.[19] Por isso, se a 5ª Vara Criminal decretar a prisão preventiva do réu, antes mesmo do ajuizamento da denúncia, esta se torna instantaneamente preventa para, futuramente, conhecer da ação penal. Se, por algum motivo, não houver a distribuição da demanda para o juízo prevento, torna-se imperiosa sua arguição no primeiro momento oportuno, sob risco de preclusão, haja vista se tratar de circunstância que enseja a nulidade relativa.

5.2.3.5 Conexão e continência

Referem-se às hipóteses de **modificação de competência**, isto é, embora inicialmente a demanda pertença à atribuição de determinado Juízo, em razão da conexão ou da continência, o feito será deslocado para um diverso, por motivos de celeridade e economia processual.

Destarte, "o importante é saber que tanto uma hipótese como a outra (conexão ou continência) haverá um só processo e julgamento, pois por economia processual e diante da possibilidade de julgamentos conflitantes o efeito primordial da conexão e da continência é a unidade de processo e julgamento (cf. art. 79 do CPP)" (RANGEL, 2014, p. 373).

5.2.3.5.1 Conexão

Vislumbra-se a ocorrência da conexão, quando cometido **vários crimes**, estes serão submetidos ao crivo de um mesmo Juízo, **em**

---

[19] Art. 75, parágrafo único: "A distribuição realizada para o efeito da concessão de fiança ou da decretação de prisão preventiva ou de qualquer diligência anterior à denúncia ou queixa prevenirá a da ação penal."

razão das similaridades que guardam entre si. A partir da leitura do art. 76 do Código de Processo Penal, é possível visualizar a existência das seguintes espécies de conexão: **(I)** intersubjetiva (inciso I); **(II)** objetiva (inciso II); **(III)** instrumental (inciso III).

Detalhemos:

"**I** – se, ocorrendo duas ou mais infrações, houverem sido praticadas, ao mesmo tempo, por várias pessoas *reunidas*, ou por várias pessoas em *concurso*, embora diverso o tempo e o lugar, ou por várias pessoas, *umas contra as outras*;" (grifos nossos)

A hipótese **intersubjetiva** exige a presença de múltiplas infrações, as quais sejam praticadas por múltiplos agentes, os quais podem estar reunidos (sem prévia combinação), em concurso (previamente ajustados) ou em oposição (uns contra os outros).

a) Se vários crimes são cometidos, ao mesmo tempo, por várias pessoas, as quais não estão em conluio prévio, tem-se a configuração da conexão por **simultaneidade** (ex.: transeuntes furtam a carga de um veículo que capotou em via pública).

b) Se vários crimes são cometidos, ao mesmo tempo, por várias pessoas, as quais estão em conluio prévio, tem-se a configuração da conexão por **concurso** (ex.: diversos moradores combinam de tombar o caminhão na rodovia, a fim de que possam, posteriormente, saquear o veículo).

c) Se vários crimes são cometidos, ao mesmo tempo, por várias pessoas, as quais estão umas contra as outras, tem-se a configuração da conexão por **reciprocidade** (ex.: torcidas de futebol rivais que praticam lesões corporais mutuamente).

"**II** – se, no mesmo caso, houverem sido umas praticadas para facilitar ou ocultar as outras, ou para conseguir impunidade ou vantagem em relação a qualquer delas;" (grifos nossos)

A espécie **objetiva** exige a presença de múltiplas infrações, que são praticadas conjuntamente, com o fito de facilitar, ocultar ou alcançar impunidade ou vantagem em relação a uma delas.

Haverá conexão objetiva se, por exemplo, após praticar crime de homicídio em desfavor da vítima Mévio, o acusado Tício mata Caio, a única testemunha que presenciou a infração anterior, a fim de assegurar sua impunidade.

"III – quando a prova de uma infração ou de qualquer de suas circunstâncias elementares influir na prova de outra infração;"

Enfim, a hipótese **instrumental** atrai a reunião de processos, os quais versam sobre crimes distintos, sendo que um deles possui elementos probatórios que podem influenciar na elucidação da outra demanda. Exemplo

> é o da receptação e do roubo (ou furto), em que a prova de existência do crime de roubo (ou furto) influencia a prova da existência da receptação. Da mesma forma que o crime de favorecimento real (art. 349 do CP), a existência de crime anterior influencia na sua prova, pois, se a coisa não é proveito de crime, não há favorecimento real. Assim, Tício rouba (ou furta) um veículo na cidade do Rio de Janeiro e o leva para Caio na cidade de Niterói, que já o aguarda e sabe da origem criminosa do automóvel. Neste caso, haverá conexão probatória ou instrumental entre ambas as infrações penais (RANGEL, 2014, p. 375).

5.2.3.5.2 Continência

Diferentemente da conexão, a continência presume a ocorrência de um fato, seja porque múltiplos agentes cometem um único crime, seja porque um único agente comete vários crimes, na forma do concurso formal de delitos. Da análise do art. 77 do Código de Processo Penal, é possível visualizar a existência das seguintes hipóteses de continência: **(1)** subjetiva (inciso I); e **(2)** objetiva (inciso II).

1. duas ou mais pessoas forem acusadas pela mesma infração;

A cumulação **subjetiva** exige a presença de múltiplas pessoas, as quais praticam um único crime, em concurso (ex.: Caio e

Tício matam Mévio – prática de um homicídio perpetrada por dois agentes).

2. **no caso de infração cometida nas condições previstas nos arts. 51, § 1º, 53, segunda parte, e 54 do Código Penal.** Trata-se da cumulação **objetiva**. Insta mencionar que a referência aos arts. 51, § 1º, 53, segunda parte, e 54 faz alusão aos dispositivos originários do Código Penal, os quais, atualmente, correspondem aos arts. 70, 73 e 74 da mesma legislação.

a) O concurso formal de crimes é instituto previsto no art. 70 do Código Penal,[20] o qual se caracteriza quando o infrator, mediante uma só ação, pratica mais de um crime. Nesse viés, se Mévio pratica crime de roubo contra um casal, subtraindo-lhes seus aparelhos celulares, é possível visualizar que ação criminosa se deu mediante uma só conduta, a qual culminou em dois delitos de roubo, haja vista ter atingido dois patrimônios distintos.

b) O erro na execução[21] (ou *aberratio ictus*) tem previsão no art. 73 do Código Penal, sendo vislumbrado quando o agente, visando a prática de delito contra determinada pessoa, acaba atingindo outro indivíduo. Então, se Mévio pretende praticar crime de homicídio contra Tício e, no momento do delito, acaba por desferir um tiro que atinge além deste um transeunte que se encontrava próximo ao seu alvo, vindo ambos a óbito, verifica-se que a ação de Mévio foi perpetrada através de uma só conduta, a qual resultou em dois delitos consumados.

---

20. Concurso formal: art. 70. "Quando o agente, mediante uma só ação ou omissão, pratica dois ou mais crimes, idênticos ou não, aplica-se-lhe a mais grave das penas cabíveis ou, se iguais, somente uma delas, mas aumentada, em qualquer caso, de um sexto até metade. As penas aplicam-se, entretanto, cumulativamente, se a ação ou omissão é dolosa e os crimes concorrentes resultam de desígnios autônomos, consoante o disposto no artigo anterior."

21. Erro na execução: art. 73. "Quando, por acidente ou erro no uso dos meios de execução, o agente, ao invés de atingir a pessoa que pretendia ofender, atinge pessoa diversa, responde como se tivesse praticado o crime contra aquela, atendendo-se ao disposto no § 3º do art. 20 deste Código. No caso de ser também atingida a pessoa que o agente pretendia ofender, aplica-se a regra do art. 70 deste Código."

c) O resultado diverso do pretendido (ou *aberratio criminis*) encontra-se descrito no art. 74,[22] e é verificado quando o agente, buscando a prática de delito Y, comete também, por acidente ou erro na execução, o crime X. Imagine que Mévio pretenda incendiar a lavoura de seu vizinho Tício, e não perceba que, no momento do delito, há uma pessoa no local, que acaba por vir a óbito. Constata-se que a ação criminosa foi praticada mediante uma conduta, a qual resultou nos delitos de incêndio e homicídio, sendo que este último não foi pretendido por Mévio, que responderá a título de culpa.

5.2.3.5.3 Disposições comuns entre conexão e continência

Via de consequência, as infrações conexas e continentes serão julgadas conjuntamente, pois guardam estrita relação entre si.

Contudo, se uma delas já houver transitado em julgado, não há que se falar em reunião, nos termos da Súmula nº 235 do STJ, *in verbis*: "A conexão não determina a reunião dos processos, se um deles já foi julgado."

Sustenta o art. 78 do Código de Processo Penal que devem ser observadas determinadas regras para fins de modificação da competência, a partir da conexão ou continência. Vamos a elas.

■ **No concurso entre a competência do júri e a de outro órgão da jurisdição comum, prevalecerá a competência do júri (ex.: indivíduo portava arma de fogo casualmente, sendo que, um dia, ao topar com um desafeto, desfere-lhe inúmeros tiros, o que lhe ocasiona o resultado morte. Ainda que não seja crime doloso contra a vida, o delito de porte ilegal de arma de fogo será atraído para a competência do Júri, pois é conexo ao homicídio perpetrado, e este é foro prevalente sob o juízo comum).**

---

[22] Art. 74. "Fora dos casos do artigo anterior, quando, por acidente ou erro na execução do crime, sobrevém resultado diverso do pretendido, o agente responde por culpa, se o fato é previsto como crime culposo; se ocorre também o resultado pretendido, aplica-se a regra do art. 70 deste Código."

Se inicialmente reconhecida ao júri a competência por conexão ou continência, o juiz, se vier a desclassificar a infração, impronunciar ou absolver o acusado, de forma que exclua a competência do Tribunal do Júri, remeterá o processo ao juízo competente, nos termos do parágrafo único do art. 81 do Código de Processo Penal.

■ **No concurso de jurisdições da mesma categoria:**

a) **preponderará a do lugar da infração, à qual for cominada a pena mais grave** (ex.: Tício pratica crime de lesão corporal contra Mévio, em razão de uma colisão entre automóveis, no município de Cuiabá-MT. Em seguida, Mévio segue rumo à cidade de Várzea Grande-MT, oportunidade em que é seguido por Tício, que se encontra irresignado com a situação. Tício desfere dois tiros, causando a morte de Mévio. Assim, os delitos de lesão corporal, porte ilegal de arma e homicídio doloso, serão processados e julgado pelo Tribunal do Júri, na comarca de Várzea Grande-MT).

b) **prevalecerá a do lugar em que houver ocorrido o maior número de infrações, se as respectivas penas forem de igual gravidade** (ex.: Tício e Mévio praticam três crimes de roubo em Sinop-MT. Em seguida, vão até a cidade de Vera-MT, e cometem mais quatro crimes idênticos. Dessa forma, os delitos de roubo perpetrados por Tício e Mévio serão processados e julgado pelo Juízo da Comarca de Vera-MT, onde ocorreu maior número de infrações de igual gravidade).

c) **firmar-se-á a competência pela prevenção, nos outros casos** (ex.: Tício pratica três furtos em Nobres-MT. Posteriormente, segue até o município de Diamantino-MT e comete mais três crimes idênticos. Portanto, o juízo que antes conhecer a demanda, será o competente para julgá-la).

■ **No concurso de jurisdições de diversas categorias, predominará a de maior graduação** (ex.: se um Prefeito e um Governador praticam crime de corrupção passiva, em razão de suas funções e no exercício de seus mandatos, em conluio, será competente para julgar a demanda o Superior Tribunal de Justiça, foro privativo do Governador, em detrimento do Tribunal de Justiça Estadual, foro privativo do Prefeito, haja vista que aquele possui hierarquia e maior graduação em relação a este). *Vide* foro por prerrogativa de função no tópico 5.2.3.7.

■ Inclusive, o STF já pacificou a presente questão, através da Súmula nº 704: "Não viola as garantias do juiz natural, da ampla defesa e do devido processo legal a atração por continência ou conexão do processo do corréu ao foro por prerrogativa de função de um dos denunciados."[23]

■ Além disso, imperioso ressaltar outro entendimento, desta vez sumulado pelo Superior Tribunal de Justiça, no sentido de que: "Compete à Justiça Federal o processo e julgamento unificado dos crimes conexos de competência federal e estadual, não se aplicando a regra do art. 78, II, *a*, do CPP."[24] Ou seja, em caso de conexão entre crime de competência da Justiça Federal e delito de atribuição do Juízo Estadual, à primeira caberá deliberar acerca de ambas as infrações, ainda que a pena cominada ao crime estadual seja mais grave, haja vista que sua competência encontra-se discriminada na Constituição da República.

■ **No concurso entre a jurisdição comum e a especial, prevalecerá esta** (ex.: se um servidor público pratica, no mesmo contexto fático, crime de corrupção passiva e delito eleitoral, será competente para julgar a demanda a referida Justiça Especializada, a qual também atrairá o feito referente à infração comum).

Por outro lado, o Código de Processo Penal aduz que a conexão e a continência **não** importarão, **obrigatoriamente**, na unidade de processo e julgamento nas hipóteses descritas pelo art. 79 e em outras espalhadas no ordenamento. São elas:

---

[23]. Sobre o tema: "A decisão pela manutenção da unidade de processo e de julgamento perante o Supremo Tribunal Federal ou pelo desmembramento da ação penal está sujeita a questões de conveniência e oportunidade, como permite o art. 80 do Código de Processo Penal" (STF, Inq. 3.412 ED, Rel. Min. Rosa Weber, 1ª T., j. 11-9-2014, *DJe* 196 de 8-10-2014).
[24]. Súmula nº 122 do STJ.

- **Crime militar e crime comum** (ex.: policial militar, no exercício de suas funções, e um torcedor membro de uma torcida organizada se agridem de forma excessiva após um jogo de futebol, em uma confusão generalizada). Sobre o tema, eis a Súmula n° 90 do STJ: "Compete à Justiça Estadual Militar processar e julgar o policial militar pela prática do crime militar, e à Comum pela prática do crime comum simultâneo àquele."
- **Crime comum e juízo de menores** (ex.: um maior e um menor praticam crime de furto contra um estabelecimento comercial).
- **Crime militar e crime eleitoral.** Cuidam-se de competências absolutas, fixadas em razão da matéria, devido à especialidade de cada justiça.
- **Superveniência de doença mental de corréu.** Se verificar que a doença mental sobreveio à infração, em relação a um dos acusados, o processo será suspenso apenas em relação a este, cessando-se a unidade dos processos (§ 1°, art. 79, CPP).
- **Fuga de corréu.** Ainda que os processos estejam reunidos, a fuga de um corréu, o qual não pode ser julgado à revelia, não importará em unidade de julgamento, em relação aos demais (§ 2°, art. 79, CPP). Dessa maneira, "se o acusado foi citado por edital e não comparecer em juízo para oferecer resposta escrita, nem nomear defensor, o processo ficará suspenso em relação a ele, nos termos do art. 366 do Código de Processo Penal. O processo prosseguirá, porém, em relação aos demais que tenham comparecido" (REIS; GONÇALVES, 2014, p. 183).

Em sentido contrário, é facultada a separação dos processos: **(1)** se as infrações tiverem sido praticadas em circunstâncias de tempo ou lugar diferentes; ou **(2)** se excessivo o número de acusados, para não lhes prolongar a prisão provisória; ou **(3)** se por outro motivo relevante, o juiz reputar conveniente a separação (art. 80 do CPP).

5.2.3.6 *Prevenção*

Quando houver, simultaneamente, dois ou mais juízes **igualmente competentes**, o primeiro que conhecer do feito será o competente para deliberação, conquanto o ato processual praticado seja anterior ao ajuizamento da ação penal. A esse instituto dá-se o nome de **prevenção**.[25]

De acordo com a Súmula n° 706 do STF: "É **relativa** a nulidade decorrente da inobservância da competência penal por prevenção." Desse modo, deverá a parte interessada arguir a nulidade no primeiro momento processual cabível, sob pena de ocorrer a preclusão e a competência se prorrogar.

O reconhecimento da prevenção do juízo está previsto ao longo de vários dispositivos da legislação processual. Transcrevemos alguns:

- Art. 70, § 3°, CPP: "Quando incerto o limite territorial entre duas ou mais jurisdições, ou quando incerta a jurisdição por ter sido a infração consumada ou tentada nas divisas de duas ou mais jurisdições, a competência **firmar-se-á pela prevenção**."
- Art. 72, § 1°, CPP: "Se o réu tiver mais de uma residência, a competência **firmar-se-á pela prevenção**."
- Art. 78, inciso II, c, CPP: "Na determinação da competência por conexão ou continência, serão observadas as seguintes regras: (...) II – no concurso de jurisdições da mesma categoria: (...) c) **firmar-se-á a competência pela prevenção, nos outros casos**." (Grifos nossos.)

5.2.3.7 Da competência por prerrogativa de função

A legislação brasileira dispõe que algumas pessoas, **em razão do cargo público em que ocupam**, terão a prerrogativa de serem julgados, originariamente, por instâncias superiores, e não em primeira instância.

A título exemplificativo, se um parlamentar federal comete determinado crime, no exercício de suas funções e durante seu

---

[25] Art. 83. "Verificar-se-á a competência por prevenção toda vez que, concorrendo dois ou mais juízes igualmente competentes ou com jurisdição cumulativa, um deles tiver antecedido aos outros na prática de algum ato do processo ou de medida a este relativa, ainda que anterior ao oferecimento da denúncia ou da queixa" (arts. 70, § 3°, 71, 72, § 2°, e 78, II, c).

mandato, não será processado por um Juiz de Direito, em primeiro grau, e sim pelo Supremo Tribunal Federal, pois esse é o órgão a quem a Constituição Federal atribui competência para tanto. Infere-se da leitura do art. 84 do Código de Processo Penal que "a competência pela prerrogativa de função é do Supremo Tribunal Federal, do Superior Tribunal de Justiça, dos Tribunais Regionais Federais e Tribunais de Justiça dos Estados e do Distrito Federal, relativamente às pessoas que devam responder perante eles por crimes comuns e de responsabilidade".

A seguir, observe exemplos de detentores de foro privativo:

Agente infrator	Órgão competente para julgamento
Nas infrações penais comuns: 1. Presidente da República; 2. Vice-Presidente da República; 3. Membros do Congresso Nacional; 4. Ministros do STF; 5. Procurador-Geral da República; **Nas infrações penais comuns e nos crimes de responsabilidade:** 1. Ministros de Estado; 2. Comandantes da Marinha, do Exército e da Aeronáutica; Membros dos Tribunais Superiores; 3. Membros do Tribunal de Contas da União; 4. Chefes de missão diplomática de caráter permanente.	**Supremo Tribunal Federal**
Nas infrações penais comuns: 1. Governadores dos Estados e do DF. **Nas infrações penais comuns e nos crimes de responsabilidade:** 1. Desembargadores dos Tribunais de Justiça dos Estados e do DF; 2. Membros dos Tribunais de Contas dos Estados e do DF; 3. Membros dos Tribunais Regionais Federais, dos Tribunais Regionais Eleitorais e do Trabalho; 4. Membros dos Conselhos ou Tribunais de Contas dos Municípios; 5. Membros do Ministério Público da União que oficiem perante tribunais.	**Superior Tribunal de Justiça**

Agente infrator	Órgão competente para julgamento
1. Juízes federais da área de sua jurisdição, incluídos os da Justiça Militar e da Justiça do Trabalho; 2. Membros do Ministério Público da União, ressalvada a competência da Justiça Eleitoral; 3. Prefeitos Municipais (em crimes federais).	Tribunais Regionais Federais
1. Prefeitos Municipais; 2. Juízes de Direito; 3. Promotores de Justiça.[26]	Tribunais de Justiça

Cumpre destacar que, recentemente, o Supremo Tribunal Federal decidiu pela **inconstitucionalidade** de dispositivo de Constituição Estadual que incluía, entre as autoridades com foro criminal originário perante o Tribunal de Justiça, os Procuradores de Estado, os Procuradores da Assembleia Legislativa, os Defensores Públicos e os Delegados de Polícia.[27]

Jurisprudência

"É **inconstitucional** norma de constituição estadual que estende o foro por prerrogativa de função a autoridades não contempladas pela Constituição Federal de forma expressa ou por simetria" (STF, Informativo n° 1026 – ADI 6501/PA, ADI 6508/RO, ADI 6515/AM e ADI 6516/AL, Rel. Min. Roberto Barroso, j. em 20-8-2021).

O foro por prerrogativa de função é delimitado a partir do cargo ocupado pelo agente público e **não detém caráter pessoal**, pois "somente tem foro por prerrogativa de função a pessoa que está no exercício do respectivo cargo público" (COSTA; ARAÚJO, 2018, p. 317). Sendo assim, se o Juiz Tício se aposenta, após anos

---

[26.] Informativo n° 708, STJ: "Compete aos tribunais de justiça estaduais processar e julgar os delitos comuns, não relacionados com o cargo, em tese praticados por Promotores de Justiça" (CC 177.100-CE, Rel. Min. Joel Ilan Paciornik, 3ª Seção, por unanimidade, julgado em 8-9-2021, DJe 10-9-2021).

[27.] STF, ADI 2553/MA, Rel. Min. Gilmar Mendes, red. p/ o ac. Min. Alexandre de Moraes, j. 15-5-2019.

de magistratura, e logo em seguida comete crime de homicídio culposo na direção de veículo automotor, não será processado e julgado pelo Tribunal de Justiça, e sim por um magistrado de primeiro grau.

A Súmula n° 451 do Supremo Tribunal Federal assegura que: **"A competência especial por prerrogativa de função não se estende ao crime cometido após a cessação definitiva do exercício funcional."**

Em recente decisão, o Supremo Tribunal Federal firmou entendimento no sentido de que o foro por prerrogativa de função apenas será aplicado – em relação aos deputados federais e senadores – em virtude de eventuais delitos praticados **em razão das funções relacionadas ao cargo público**. Na mesma decisão, também chancelou que, **finda a instrução processual, mesmo que o agente público não mais esteja ocupando o cargo público, a competência originária se perpetua**, a fim de evitar possíveis fraudes processuais.[28]

A tese foi assentada no seguinte sentido:

> (I) O foro por prerrogativa de função aplica-se apenas aos crimes cometidos durante o exercício do cargo e relacionados às funções desempenhadas; e (II) Após o final da instrução processual, com a publicação do despacho de intimação para apresentação de alegações finais, a competência para processar e julgar ações penais não será mais afetada em razão de o agente público vir a ocupar outro cargo ou deixar o cargo que ocupava, qualquer que seja o motivo (STF, AP 937 QO, Rel. Min. Roberto Barroso, j. 3-5-2018, *DJe* 11-12-2018, Informativo n° 900).

[28.] Nesse sentido: "1. A renúncia de parlamentar, após o final da instrução, não acarreta a perda de competência do Supremo Tribunal Federal. Superação da jurisprudência anterior. 2. Havendo a renúncia ocorrido anteriormente ao final da instrução, declina-se da competência para o juízo de primeiro grau" (STF, AP 606 QO, Relator(a): Min. Roberto Barroso, 1ª T., j. em 12-8-2014, p. 18-9-2014).

Por conseguinte, se Caio, Senador da República, praticar crime de ameaça, no âmbito doméstico e familiar, em desfavor de sua esposa, não será submetido a julgamento pelo Supremo Tribunal Federal, pois o delito não está relacionado às funções parlamentares. Mas, se Caio pratica crime de peculato, apropriando-se de dinheiro público, de que tem a posse em razão do cargo, será julgado em instância originária, sendo que, após o final da instrução processual, ainda que o Senador deixe, por qualquer razão, o cargo político, o feito permanecerá no STF, a fim de que este delibere sobre a questão.

Cuidado! A jurisprudência do Superior Tribunal de Justiça enfatiza que "o Superior Tribunal de Justiça é o tribunal competente para o julgamento nas hipóteses em que, não fosse a prerrogativa de foro (art. 105, I, da Constituição Federal), o desembargador acusado houvesse de responder à ação penal perante juiz de primeiro grau vinculado ao mesmo tribunal". Segundo a referida Corte de Justiça,

> caso desembargadores, acusados da prática de qualquer crime (com ou sem relação com o cargo de Desembargador) viessem a ser julgados por juiz de primeiro grau vinculado ao Tribunal ao qual ambos pertencem, se criaria, em alguma medida, um embaraço ao juiz de carreira. Isso porque, consoante a disciplina jurídica aplicável, os Tribunais locais (por meio de seus desembargadores) promovem sua própria gestão e correicionam as atividades dos juízes de primeiro grau de jurisdição, além de deliberarem sobre o vitaliciamento e efetuarem a movimentação dos juízes na carreira, por antiguidade ou merecimento e, até, autorizarem ou não o juiz a residir fora da comarca e mesmo a fruição de licença, férias ou outros afastamentos.[29]

---

[29]. STJ, Informativo nº 639, publicação em 1-2-2020.

Jurisprudência

O STJ é incompetente para examinar o recebimento de denúncia por crime supostamente praticado durante mandato anterior de governador, ainda que atualmente ocupe referido cargo por força de nova eleição

"A sucessão de mandatos decorrente da reeleição para um mesmo cargo, ainda que de forma consecutiva, não pode, de fato, ser suficiente para a manutenção do foro por prerrogativa de função. Além disso, o princípio da unidade de legislatura, previsto originariamente na Constituição Federal em relação ao Poder Legislativo e ao processo de elaboração legislativa, também é justificador do isolamento dos mandatos em relação às supervenientes reeleições. O término de um determinado mandato acarreta, por si só, a cessação do foro por prerrogativa de função em relação ao ato praticado nesse intervalo, tendo como consequência o encaminhamento do processo que o apura ao órgão jurisdicional do primeiro grau de jurisdição" (STJ, Informativo nº 649, publicação em 21-6-2019).

O STF asseverou que o fato de o denunciado ter assumido um novo mandato de prefeito não consecutivo não enseja a prorrogação do foro.

"O Colegiado reafirmou jurisprudência firmada no Supremo Tribunal Federal (STF) no sentido de que o foro por prerrogativa de função se aplica apenas aos crimes cometidos durante o exercício do cargo e relacionados às funções desempenhadas. Entretanto, a prerrogativa de foro relaciona-se às funções desempenhadas na atualidade e a jurisprudência da Corte não abrange os interregnos de mandatos. No caso, após o término do primeiro mandato, no qual supostamente praticados os delitos apurados, a ação deveria ter sido encaminhada para a primeira instância. O fato de o denunciado ter assumido novo mandato de prefeito não enseja a prorrogação do foro" (STF, RE 1185838 AgR, Relator(a): Min. Rosa Weber, Relator(a) p/ Acórdão: Min. Alexandre de Moraes, 1ª T., j. em 14-5-2019, p. 08-08-2019).

Jurisprudência

"O fato de o agente ocupar cargo público não gera, por si só, a competência da Justiça Federal. Define-a a prática delitiva" (STF, Inq. 4624 AgR-segundo, Relator(a): Min. Marco Aurélio, 1ª T., j. 8-10-2019, p. 19-12-2019).

Ressalta-se que o marco inicial para o foro de prerrogativa de função é a **diplomação**, isto é, os julgamentos de crimes cometidos antes do referido ato não atrairão a competência originária.

Verifica-se, então, a necessidade de preenchimento concomitante de dois requisitos para atração do foro por prerrogativa de função: **(1)** que o crime seja cometido durante o mandato; e **(2)** que o delito seja praticado em razão do cargo ocupado.

Observe:

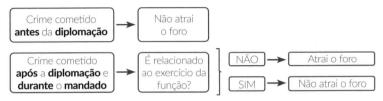

Cumpre salientar que, nos termos da Constituição Federal, o Presidente da República não será processado e julgado por crime que não tenha nexo causal ao exercício de suas funções, ou os praticados antes da diplomação. Isso quer dizer que o Chefe de Estado, "na vigência de seu mandato, não pode ser responsabilizado por atos estranhos ao exercício de suas funções".[30] Trata-se de uma imunidade temporária.

Contudo, caso pratique delito nas condições supracitadas, a competência para julgamento de infrações comuns será do Supremo Tribunal Federal, após autorização de dois terços dos deputados federais (art. 51, inciso I, da CF), sendo que o recebimento da denúncia (a ser oferecida pelo Procurador Geral da República) acarretará a suspensão de suas funções por até 180 dias.

5.2.4 Questões pontuais

■ **Tribunal do Júri e foro por prerrogativa de função previsto em Constituição Estadual:** é possível que as Constituições

---

[30.] Art. 86, § 4º, da CF.

Estaduais atribuam a determinados cargos públicos o foro por prerrogativa de função, de tal modo que, embora não estejam previstos na Carta Magna, estão descritos na referida legislação estadual, como é o caso dos deputados estaduais, em vários Estados-Membros.

Entretanto, ainda que a alguns agentes públicos seja concedido o foro privativo por meio de Constituição Estadual, **não será possível anular as atribuições previstas na Constituição Federal**, a Lei Maior que rege todo ordenamento jurídico. Assim, por ser a competência do Tribunal do Júri fixada na CF, não prevalecerá o foro estabelecido em legislação inferior, em detrimento da previsão constitucional.

Sobre o tema, já foram editadas duas súmulas pelo Supremo Tribunal Federal, uma delas com caráter vinculante, mas que possuem o mesmo conteúdo, vejamos:

Jurisprudência

Súmula nº 721: "A competência constitucional do Tribunal do Júri prevalece sobre o foro por prerrogativa de função estabelecido exclusivamente pela Constituição estadual."

Súmula Vinculante nº 45: "A competência constitucional do Tribunal do Júri prevalece sobre o foro por prerrogativa de função estabelecido exclusivamente pela constituição estadual."

Destarte, se uma autoridade estadual pratica crime de homicídio doloso qualificado, não obstante a Constituição de seu Estado-membro confira-lhe o foro de prerrogativa ao Tribunal de Justiça, será processado e julgado perante o Júri Popular, **haja vista ser esta uma competência descrita na Constituição Federal.**

■ **Concurso de agentes**: em regra, cada agente será processado e julgado de acordo com suas prerrogativas. Logo, se um crime é cometido em concurso de agentes por um vereador, um Prefeito, um Governador e um deputado federal, caberá, *a priori*, respectivamente, ao juízo estadual de primeira instância, ao

Tribunal de Justiça, ao Superior Tribunal de Justiça e ao Supremo Tribunal Federal deliberar, separadamente, decidir acerca da conduta perpetrada por cada um dos agentes. **Lembre-se: a regra é o desmembramento do feito.**

Todavia, quando as condutas criminosas estiverem intimamente ligadas, isto é, guardarem estrita conexão entre si, de forma que o julgamento em separado prejudica o andamento processual, será possível realizar a reunião dos processos, atraindo para tanto, o foro hierarquicamente superior aos demais.[31]

Inclusive, eis o teor da Súmula n° 704 do STF: "Não viola as garantias do juiz natural, da ampla defesa e do devido processo legal a atração por continência ou conexão do processo do corréu ao foro por prerrogativa de função de um dos denunciados."

No exemplo supramencionado, podemos afirmar que, em caso de necessidade de reunião dos processos, competiria ao STF julgar a demanda em relação a todos os envolvidos, pois, nessa situação, é o órgão que possui maior graduação.

- **Investigações que antecedem a instauração da ação penal:** vimos que o crime quando praticado por parlamentar federal durante o mandato, e em razão do cargo ocupado pelo agente político, atrai a competência originária do respectivo Tribunal (*in casu*, STF). As investigações e o indiciamento do referido parlamentar apenas serão realizados após a autorização do órgão competente para processar e julgar a eventual ação.

Portanto, se um deputado federal comete o crime de corrupção passiva, durante o exercício parlamentar, e em razão deste, o Procurador-Geral da República deverá requerer ao Supremo Tribunal Federal a autorização para investigar os fatos.

[31.] Nesse sentido: "Na forma do art. 78, III, do Código de Processo Penal, no concurso de jurisdições de diversas categorias, deve prevalecer a de maior graduação. Na espécie, a competência para processar e julgar os fatos era do Tribunal de Justiça do Estado do Amazonas, tendo em vista que um dos acusados possuía mandato de Prefeito Municipal" (HC n° 317.299/AM, Min. Rel. Reynaldo Soares da Fonseca, j. 1-12-2016).

O STF também exige a **investigação supervisionada**, ou seja, a autorização dos Tribunais de origem para a instauração de investigação contra as demais autoridades detentoras de foro por prerrogativa de função, conforme posição firmada no *Habeas Corpus* nº 94.705/RJ e na Ação Penal nº 933.

Em sentido diverso, se o crime for praticado por outras autoridades detentoras do foro privativo, o Superior Tribunal de Justiça possui entendimento no sentido de que, no que concerne às investigações preliminares, a lei não exige qualquer autorização pelo tribunal competente, devendo ser aplicada a regra descrita no art. 5º, inciso II, do Código de Processo Penal.

Vejamos recente decisão do Superior Tribunal de Justiça:

> Em resumo: a) O Código de Processo Penal prevê, como primeira hipótese, a instauração de inquérito policial *ex officio* pela Polícia Judiciária, em cumprimento de seu dever constitucional, sem necessidade de requerimento ou provocação de qualquer órgão externo; b) O Supremo Tribunal Federal, no julgamento do Recurso Extraordinário nº 593.727/MG, assentou a concorrência de atribuição entre o Ministério Público e a Polícia Judiciária para realizar investigações criminais; c) Sendo assim, a mesma sistemática é válida tanto para procedimentos investigatórios ordinários quanto para investigações que envolvam autoridades com prerrogativa de função; d) Por constituírem limitações ao poder de investigação conferido pela Constituição Federal à Polícia Judiciária e ao Ministério Público, as hipóteses em que a atividade investigatória é condicionada à prévia autorização judicial exigem previsão legal expressa – REsp nº 1.697.146/MA, Rel. Ministro Jorge Mussi, Quinta Turma, julgado em 9/10/2018, *DJe* 17/10/2018.[32]

Desse modo, quando o investigado for Deputado Federal ou Senador da República, e o crime praticado estiver relacionado ao

---

[32] STJ, RHC 79.910/MA, Rel. Min. Reynaldo Soares Da Fonseca, 5ª T., julgado em 26-3-2019, *DJe* 22-4-2019.

exercício de suas funções e durante seu mandato, **a instauração de procedimento investigatório dependerá necessariamente de autorização pelo Supremo Tribunal Federal**.

Já em relação **aos demais cargos** detentores de foro privativo, há divergência jurisprudencial entre o STF, que exige prévia autorização do respectivo tribunal, e o STJ, no sentido da não exigência.

Crimes contra a honra: nos crimes contra a honra, é facultado ao querelado (autor do crime) a oposição da denominada 'exceção da verdade', a qual possibilita que o suposto ofensor comprove que o alegado acerca do querelante é verdadeiro.[33]

Exemplo: Tício divulga em suas redes sociais que Mévio praticou crime de estelionato. Indignado, Mévio ajuíza queixa-crime em desfavor de Tício, imputando-lhe a prática de calúnia. Dessa feita, Tício poderá valer-se de oposição da exceção de verdade, incidente que possibilitará que o suposto ofensor comprove que os fatos alegados por ele não são mentira, ou seja, que, de fato, Mévio é estelionatário.

Porém, quando forem querelantes, as pessoas detentoras de foro por prerrogativa de função, a oposição de incidente de exceção da verdade pelo querelado será apreciada pelo foro privativo do querelante. Nesse viés, considerando que Mévio fosse Governador de um Estado-Membro, se Tício suscitasse a exceção da verdade, esta seria apreciada pelo Superior Tribunal de Justiça, foro competente para processar e julgar Mévio.

5.2.5 Disposições finais

1. Extraterritorialidade: o Código Penal prevê algumas hipóteses nas quais, não obstante determinado delito tenha sido cometido em território estrangeiro, a competência para conhecer a causa será da Justiça Brasileira.

---

[33] Art. 85 do CPP. "Nos processos por crime contra a honra, em que forem querelantes as pessoas que a Constituição sujeita à jurisdição do Supremo Tribunal Federal e dos Tribunais de Apelação, àquele ou a estes caberá o julgamento, quando oposta e admitida a exceção da verdade."

São casos excepcionais, haja vista que a regra adotada por nosso ordenamento é a territorialidade. Nessas hipóteses, como o local da consumação da infração não é o Brasil, será competente para apreciar a demanda o Juízo da Capital do Estado onde houver por último residido o acusado. Caso o infrator nunca tenha residido no Brasil, a atribuição será do Juízo da Capital da República, nos termos do art. 88 do Código de Processo Penal.

2. Crimes cometidos em navios e aeronaves: de acordo com a legislação brasileira, os crimes praticados em **(1) qualquer embarcação** a qual esteja em águas territoriais do Brasil ou em rios e lagos fronteiriços, ou **(2) embarcações nacionais**, em alto-mar, serão processados e julgados pela Justiça do primeiro porto brasileiro em que tocar a embarcação após o crime, ou, quando se afastar do País, pela do último em que houver tocado.

Do mesmo modo, os crimes cometidos a **(1)** bordo de **aeronave nacional** a qual se encontre no espaço aéreo do território brasileiro ou em alto-mar, ou **(2)** a bordo de **aeronave estrangeira** no espaço aéreo correspondente ao território nacional, serão processados e julgados pela Justiça da comarca em cujo território se verificar o pouso após o crime ou pela Justiça da comarca de onde houver partido a aeronave.

Se não for possível determinar a atribuição de acordo com as supramencionadas regras, a competência se firmará pela prevenção.

6

Das questões e processos incidentes

O Código de Processo Penal dispõe no título VI acerca das **questões e processos incidentes**, dividindo a presente temática em capítulos distintos: das questões prejudiciais (capítulo I), das exceções (capítulo II), das incompatibilidades e impedimentos (capítulo III), do conflito de jurisdição (capítulo IV), da restituição das coisas apreendidas (capítulo V), das medidas assecuratórias (capítulo VI), do incidente de falsidade (capítulo VII) e da insanidade mental do acusado (capítulo VIII).

Trata-se de matérias acessórias à ação principal, mas que precisam ser dirimidas antes do julgamento do mérito. Em outras palavras,

> as questões prévias se apresentam, pois, como meros incidentes do processo criminal em curso, cuja solução tem de ser dada imediatamente, pela influência que exercem sobre o andamento da causa; assim, à exceção de coisa julgada, quando apresentada, é de ser resolvida preliminarmente, obstando o prosseguimento, se procedente (ESPÍNDOLA FILHO, 2000a, p. 279).

A partir de agora avaliaremos o referido conteúdo bem como sua utilidade no processo penal.

6.1 Das questões prejudiciais

Por questões prejudiciais entendem-se aqueles temas incidentais que devem ser resolvidos em momento prévio à análise do mérito da causa. Ou seja, antes de julgar o feito principal, caberá ao magistrado decidir determinadas questões para que o exame meritório seja realizado de forma satisfativa.

A doutrina divide as questões prejudiciais em duas espécies: **(1)** homogêneas; e **(2)** heterogêneas.

As questões prejudiciais **homogêneas** versam sobre matérias a serem solucionadas dentro do próprio processo penal, de modo que o magistrado competente para deliberar acerca do feito principal também resolverá a questão prejudicial, "*v.g.*, a exceção da verdade no crime de calúnia ou a existência do furto como prejudicial ao crime de receptação" (DEMERCIAN; MALULY, 2009, p. 291).

Já as questões prejudiciais **heterogêneas** tratam de impasses fora do processo penal, isto é, no juízo cível *lato sensu*, não competindo ao magistrado da ação penal decidir a questão. Desse modo, "se a prejudicialidade for de um ramo diverso do direito penal, a questão é chamada de heterogênea (*e.g.*, a validade do casamento e o crime de bigamia)" (DEMERCIAN; MALULY, 2009, p. 291).

Além da mencionada classificação, as questões prejudiciais podem ser subdivididas em **(1) obrigatórias**, quando o processo criminal será necessariamente suspenso até o desenrolar do incidente; ou **(2) facultativas**, se ao magistrado é facultada a possibilidade de suspender o feito principal ou não, podendo fazê-lo de ofício ou a requerimento das partes.

1. No primeiro caso, explica o Código de Processo Penal em seu art. 92 que, se a decisão sobre a existência da infração penal depender de solução de controvérsia acerca do **estado civil das pessoas**, a qual o magistrado reputar séria e fundada, o curso da ação penal **ficará suspenso** até que o juízo cível decida sobre o litígio, por sentença passada em julgado.

Todavia, salienta-se que a suspensão do feito não prejudica a inquirição de testemunhas e a produção de outras provas consideradas urgentes, de forma que

> não se suspende a fase instrutória na sua totalidade. Diz a lei: sem prejuízo, entretanto, da inquirição de testemunhas (mesmo porque a solução do cível pode demorar, e um depoimento tomado tardiamente perde, inegavelmente, todo aquele vigor probatório). Quanto às outras provas acaso requeridas, deverão ser realizadas de maneira urgente. Assim, um exame pericial, uma busca e apreensão etc. (TOURINHO FILHO, 1994, p. 483).

Aqui é importante destacar que o prazo de prescrição da pretensão punitiva também permanecerá suspenso.

Além disso, se o crime praticado for processado mediante ação pública, o Ministério Público, quando necessário, também promoverá a ação civil ou prosseguirá na que já tiver sido iniciada, com a citação dos interessados, nos termos do parágrafo único do art. 92 do Código Processual.

2. Por outro lado, no que diz respeito à segunda hipótese, se o reconhecimento da existência da infração penal depender de decisão sobre questão de competência do juízo cível, que não recaia sobre o estado civil da pessoa. E, se neste já houver sido proposta ação para resolvê-la, ao juiz criminal, após inquirição das testemunhas e realização das outras provas de natureza urgente, é **facultado** suspender o curso do processo penal, desde que a questão prejudicial seja de difícil solução e não verse sobre direito cuja prova a lei civil limite (art. 93 do CPP).

Se a suspensão do feito principal for de natureza facultativa, a autoridade judiciária deverá assinalar o prazo para paralisação, o qual poderá ser prorrogado de maneira razoável quando a demora para resolução não se der por desídia da parte. Porém, se após expirado o tempo assinalado o magistrado cível não proferir a decisão, o juiz criminal prosseguirá a ação penal, retomando sua competência para resolver a matéria, conforme preceitua o § 1° do art. 93 do Código de Processo Penal.

Insta evidenciar que, se a autoridade criminal optar por não suspender a ação penal em razão de questão prejudicial facultativa, dessa decisão não caberá recurso.[1] Entretanto, se for a ação penal suspensa, em se tratando de crime de ação pública, ao Ministério Público é atribuída a tarefa de intervir imediatamente na causa cível, promovendo-lhe o rápido andamento.[2]

Examine o presente esquema:

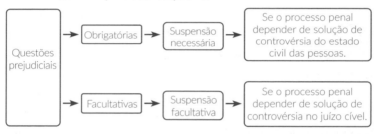

6.2 Das exceções

A defesa de um indivíduo processado criminalmente poderá se manifestar de maneira **direta**, por meio do embate meritório (ex.: negar a prática do delito), ou **indireta**, por intermédio de ataques a questões meramente processuais (ex.: opor exceção de suspeição).

As **exceções** são **meios de defesa indireta**, normalmente opostas pelo acusado (por meio de sua defesa técnica) a fim de que o processo principal seja extinto ou retardado, mas sem entrar na apreciação do mérito propriamente dito.

Se o vício processual tiver o condão de extinguir o processo fazendo coisa julgada formal dizemos tratar-se de exceção **pe-**

[1.] Art. 93, § 2°, do CPP: "Do despacho que denegar a suspensão não caberá recurso."
[2.] Art. 93, § 3°, do CPP: "Suspenso o processo, e tratando-se de crime de ação pública, incumbirá ao Ministério Público intervir imediatamente na causa cível, para o fim de promover-lhe o rápido andamento."

remptória, dentre as quais podemos citar: **(a)** a coisa julgada; **(b)** a litispendência; e **(c)** a ilegitimidade da parte, quando *ad causam*.

Em contrapartida, a exceção será **dilatória** se seus efeitos não acarretarem a extinção do processo, mas tão somente a postergação da análise do mérito. São elas: **(a)** a suspeição; **(b)** a incompetência; e **(c)** a ilegitimidade da parte, se *ad processum*.

As exceções serão processadas em autos apartados e não suspenderão, em regra, o andamento da ação penal.[3]

6.2.1 Exceção de suspeição

A exceção de **suspeição** deverá ser oposta quando existir dúvidas sobre a imparcialidade do magistrado, do membro do Ministério Público, dos jurados ou dos serventuários da justiça.

1. Hipóteses. De acordo com o art. 254 do Código de Processo Penal, o juiz (e por analogia todos os outros agentes públicos citados) será considerado suspeito: **(a)** se for amigo íntimo ou inimigo capital de qualquer das partes; **(b)** se ele, seu cônjuge, ascendente ou descendente, estiver respondendo a processo por fato análogo sobre cujo caráter criminoso haja controvérsia; **(c)** se ele, seu cônjuge ou parente consanguíneo, ou afim, até o terceiro grau, inclusive, sustentar demanda ou responder a processo que tenha de ser julgado por qualquer das partes; **(d)** se tiver aconselhado qualquer das partes; **(e)** se for credor ou devedor, tutor ou curador de qualquer das partes; **(f)** se for sócio, acionista ou administrador de sociedade interessada no processo.

Assevera a jurisprudência do STF que "a presunção de parcialidade nas hipóteses de suspeição é relativa, pelo que cumpre ao interessado argui-la na primeira oportunidade, sob pena de preclusão".[4]

2. Processamento. Por violar um pressuposto processual de validade – a imparcialidade –, a legislação brasileira explicita que a

---

[3.] Art. 111 do CPP.
[4.] STF, HC 107.780, Rel. Min. Cármen Lúcia, j. 13-9-2011, 1ª T., *DJe* 5-10-2011.

arguição de suspeição precederá qualquer outra, salvo se fundada em motivo superveniente (art. 96 do CPP).

A suspeição poderá ser oposta pelas partes ou reconhecida, de ofício, pelo juiz. Quando a arguição for espontânea, caberá ao magistrado fazê-la por escrito, de maneira fundamentada, declarando o motivo legal. Em seguida, a autoridade remeterá o feito ao seu substituto, oportunidade em que serão intimadas as partes (art. 97 do CPP).

Ora, "a suspeição por motivo íntimo independe de previsão legal. Por isso mesmo, embora não mencionada no Código de Processo Penal, claro está que o juiz que se sentir, em consciência, impedido de funcionar em determinada causa, pode afirmar suspeição por motivo íntimo" (MARQUES, 1997b, p. 374).

De forma diversa, quando a exceção se originar de provocação de qualquer uma das partes, estas o farão por meio de petição subscrita pela própria parte ou por procurador com poderes especiais, momento em que explicitarão seus motivos, juntando a prova documental necessária e indicando o rol de testemunhas.[5]

Ato contínuo, em conformidade com o art. 99 do Código de Processo Penal, o juiz analisará a arguição realizada pela parte e decidirá pela declaração ou não da suspeição. Se optar por reconhecer a exceção, sustará a marcha processual e mandará juntar aos autos a petição da parte, acompanhada de documentos. Depois, mediante despacho, se declarará suspeito e ordenará a remessa da ação principal ao substituto legal.

Contudo, se a autoridade judiciária não reconhecer a suspeição, o procedimento se dará de maneira diversa. Ao não aceitar arguição, mandará o juiz autuar em apartado a petição interposta pela parte e exercerá sua resposta no prazo de três dias, oportunidade em que poderá instruí-la e apresentar testemunhas. Posteriormente, remeterá os autos da exceção, em 24 horas, ao Juiz ou Tribunal a quem competir o julgamento (art. 100 do CPP).

O Tribunal ou o Juiz, ao verificar, preliminarmente, a relevância

---

[5.] Art. 98 do CPP.

da arguição, citará as partes e designará dia e hora a fim de proceder à oitiva de testemunhas. No entanto, se o relator verificar manifesta improcedência, poderá rejeitar liminarmente.[6] No final, julgará a exceção, independentemente de mais alegações.[7]

Vejamos a seguir o quadro explicativo:

Conforme previsto no art. 101 do Código de Processo Penal, se o magistrado for declarado suspeito pelo Juiz ou Tribunal competente, serão nulos os atos processuais referentes à ação principal, tornando-se imperioso o pagamento das custas pelo juiz se o erro for inescusável. Todavia, se julgada improcedente a exceção, a qual foi motivada por malícia da parte, a esta será imposta multa,[8] além da obrigação das próprias custas processuais.

Ademais, de acordo com art. 102 do Código de Processo Penal, poderá uma das partes reconhecer a procedência da arguição realizada pela outra, oportunidade em que poderá requerer a sustação dos autos principais até que se julgue a exceção da suspeição.

[6.] Art. 100, § 2°, do CPP.
[7.] Art. 100, § 1°, do CPP.
[8.] Sobre o tema: "A imposição da multa ao excipiente, por ter agido com malícia, prevista na parte final deste dispositivo resultou em verdadeira letra morta, posto que sanção ao ser fixada em réis, moeda corrente ao tempo de entrada em vigor do Código (1942), perdeu sua expressão econômica, corroída que foi pela inflação, sendo incabível qualquer possibilidade de atualização deste valor" (CUNHA, 2017, p. 289).

Em casos de arguição da suspeição em tribunais, a autoridade que se julgar suspeita, espontaneamente, deverá fazê-lo nos autos, observadas as seguintes diretrizes: **(1)** se for o revisor, passará o feito ao seu substituto na ordem da precedência; **(2)** se for o relator da demanda, apresentará os autos, a fim de que se proceda uma nova distribuição; e, **(3)** se não for nem o relator tampouco o revisor, deverá se dar por suspeita verbalmente, em sessão de julgamento registrada em ata.

Finalmente, se o Presidente do tribunal declarar a suspeição, competirá ao seu substituto designar dia para o julgamento e presidi-lo.[9] Caso o desembargador/ministro reconheça sua suspeição, será procedido, de maneira equânime, o mesmo trâmite realizado em primeira instância.

Não sendo reconhecida a exceção de forma voluntária, esta será julgada pelo Tribunal Pleno, funcionando como relator o Presidente daquela Corte de Justiça. E, caso o Presidente do tribunal for o dito suspeito, o relator do feito será o Vice-Presidente.[10]

3. Agentes. Conforme aduzido anteriormente, poderá ser suscitada a exceção de suspeição contra o magistrado, membro do Ministério Público, jurados ou serventuários da justiça.

Se suscitada a exceção em relação a órgão do Ministério Público, o juiz, depois ouvido o membro ministerial, determinará a produção de provas no prazo de três dias, se preciso. Em seguida, decidirá o incidente sem que haja possibilidade de recurso (art. 104 do CPP). Assim, "aos órgãos do Ministério Público, ocorrendo motivo legal de suspeição (...) cumpre afirmá-la nos autos que o juiz da ação, após apurar a respectiva procedência, remeterá ao substituto legal daquele, preestabelecido na lei de organização judiciária, ou, se não houver, ao que for designado pelo procurador-geral" (ESPÍNDOLA FILHO, 2000a, p. 324).

[9.] Art. 103, *caput*, §§ 1º e 2º, do CPP.
[10.] Art. 103, §§ 3º, 4º, 5º, do CPP.

Jurisprudência

Suspeição do membro ministerial

O simples fato de um membro do Ministério Público participar dos atos praticados no bojo do inquérito policial, antes mesmo do ajuizamento da ação (ex.: requerer a prisão preventiva do indiciado), não o torna suspeito para oferecer denúncia ou praticar outros atos processuais posteriores.

Nesse sentido: "a participação de membro do Ministério Público na fase investigatória não acarreta, por si só, seu impedimento ou sua suspeição para o oferecimento da denúncia, e nem poderia ser diferente à luz da tese firmada pelo Plenário, mormente por ser ele o dominus litis e sua atuação estar voltada exatamente à formação de sua convicção" (STF, HC 85.011, Rel. Teori Zavascki, j. 26-5-2015, 1ª T., *DJe* 22-6-2015).

Quando suspeitos os peritos, os intérpretes e os serventuários ou funcionários de justiça, caberá à parte arguir a exceção. Ato contínuo, caberá ao juiz, de plano e sem recurso, decidir sobre a matéria suscitada (art. 105 do CPP).

Convém ressaltar que "parte da doutrina (...) entende que não deveria existir referida hipótese, uma vez que tais agentes não adotam nenhuma providência decisória no processo, apenas exercem meros trabalhos administrativos" (COSTA; ARAÚJO, 2018, p. 377).

Já a suspeição dos jurados deverá ser arguida oralmente, na sessão de julgamento do Tribunal do Júri, sob pena de preclusão, competindo ao magistrado presidente decidir, de plano, a questão, constando-se tudo em ata (art. 106 do CPP). A arguição da referida exceção será fundamentada e não entrará no cômputo referente às recusas peremptórias – três –, as quais prescindem de motivação.

Por fim, impende destacar a impossibilidade de se opor exceção de suspeição às autoridades policiais em relação aos atos realizados no bojo do inquérito preliminar.[11] Entretanto, caso sejam,

---

[11] Nesse sentido: "A jurisprudência do Supremo Tribunal Federal estabelece que a suspeição de autoridade policial não é motivo de nulidade do processo, pois o

de fato, suspeitas, deverão elas assim declarar-se, mormente se ocorrer motivo legal (art. 107 do CPP).

6.2.2 Exceção de incompetência

A **exceção de incompetência** será suscitada quando a autoridade judiciária a qual está distribuído o feito não for a competente para deliberar sobre a demanda. Ou seja, "é sempre oposta contra o órgão jurisdicional que, sem ter competência, tomou conhecimento do feito. Daí por que se denomina também declinatória fori" (DEMERCIAN; MALULY, 2009, p. 276).

Vimos, em capítulo anterior, que a competência poderá ser **absoluta** ou **relativa**, oportunidade em que enumeramos suas diferenças. Se a incompetência da autoridade for de natureza absoluta, caberá ao magistrado reconhecê-la, de ofício, ou às partes argui-la, a qualquer tempo – além do Ministério Público, litisconsorte, querelado etc. Diversamente, quando for de caráter relativo, competirá apenas ao interessado suscitar a questão no primeiro momento oportuno, sob pena de preclusão.

1. Processamento. A oposição, quando provocada por uma das partes, poderá se dar verbalmente ou por escrito, no prazo de defesa, sem que seja necessária a suspensão do processo. Em seguida, proceder-se-á a oitiva do Ministério Público, que emitirá parecer. Posteriormente, o próprio magistrado decidirá a exceção.

Se o Juiz de Direito entender, de fato, por sua incompetência, em conformidade com o pedido da parte, declinará sua atribuição, remetendo o feito à autoridade competente, a quem ratificará ou não os atos proferidos anteriormente. Dessa decisão caberá re-

---

inquérito é mera peça informativa de que se serve o Ministério Público para o início da ação penal. Precedentes. 3. É inviável anulação do processo penal por alegada irregularidade no inquérito, pois, segundo jurisprudência firmada neste Supremo Tribunal, as nulidades processuais concernem tão somente aos defeitos de ordem jurídica pelos quais afetados os atos praticados ao longo da ação penal condenatória. Precedentes" (STF, RHC 131450, Relator(a): Min. Carmem Lúcia, 2ª T., julgado em 3-5-2016, Processo Eletrônico DJe-100, divulg. 16-5-2016, public. 17-5-2016).

curso em sentido estrito, nos termos do art. 581, II, do Código de Processo Penal.

Porém, se o magistrado entender que possui atribuição para decidir sobre o feito, haja vista ser, realmente, a autoridade competente, continuará deliberando nos autos (art. 108, §§ 1º e 2º, do CPP), podendo a parte impetrar *habeas corpus* quando for evidente o constrangimento ilegal sofrido.

Em qualquer fase processual poderá o julgador, voluntariamente, reconhecer motivos que o tornem incompetente, ocasião em que declarar-se-á impossibilitado para atuar na demanda, haja ou não alegação da parte. Em seguida, "o feito será remetido ao juízo competente, onde, ratificados os atos anteriores, o processo prosseguirá".[12]

Sobre o tema, eis o quadro explicativo:

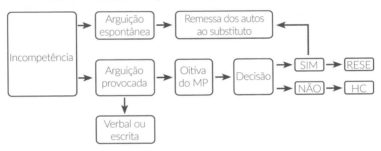

6.2.3 Exceções de litispendência, ilegitimidade da parte e coisa julgada

Trata-se de matérias de **ordem pública**, as quais poderão ser arguidas a qualquer tempo pelas partes ou reconhecidas de ofício pelo magistrado.

O processamento das supramencionadas exceções observará, no que lhes for cabível, o disposto sobre a exceção de incompetência do juízo. De modo que, sem mais delongas, remetemos à leitura do tópico anterior (6.2.2).

[12.] Art. 108, § 1º, c/c art. 109, ambos do CPP.

Se a parte opuser mais de uma dessas exceções, deverá fazê-lo em uma só petição ou articulado (§ 1°, art. 110, CPP).

Ainda, da decisão que deferir as referidas exceções, caberá recurso em sentido estrito, nos termos do art. 581, inciso III, do Código de Processo Penal. No entanto, ante a ausência de previsão legal, não há recurso cabível para combater a decisão que julgar improcedentes os incidentes, entendendo a doutrina majoritária pela possibilidade de impetração de *habeas corpus*.

A **litispendência** corresponde à existência de dois processos simultâneos que ainda não transitaram em julgado e versem acerca do mesmo fato. Há a repetição de uma ação que já se encontra em curso, tornando-se, pois, substancial a extinção de uma delas, sem análise meritória.[13] Em verdade, a arguição de litispendência possui o fito de evitar que duas demandas idênticas tramitem concomitantemente, discorrendo sobre o mesmo fato criminoso e em desfavor do mesmo suspeito.

Atente-se que, consoante entendimento do Superior Tribunal de Justiça, "a **pendência** de julgamento de litígio no exterior não impede, por si só, o processamento da ação penal no Brasil, não configurando *bis in idem*".[14]

Por outro lado, a **coisa julgada** será suscitada quando o fato similar for submetido ao crivo do Poder Judiciário por mais de uma vez,[15] sendo que uma das demandas já transitou em julgado. Desse modo, a ação que se encontra em curso será necessariamente extinta, sob pena de dupla punição.[16]

---

[13] Sobre o tema: "A litispendência só ocorre quando há identidade de partes, causa de pedir e pedido. No caso de duas ações penais que, com base nos mesmos fatos, narram condutas diversas, com diferente enquadramento típico, o procedimento correto é a reunião de ambas perante um único juízo, tendo em vista a conexão, tal como reconhecido no acórdão impugnado" (STF, HC 97.216, Rel. Min. Joaquim Barbosa, j. 16-11-2010, 2ª T., DJe 1°-2-2011).

[14] STJ, Informativo n° 656, publicação em 11-10-2019.

[15] Nesse sentido: "Para que a exceção de coisa julgada seja acolhida, é preciso que haja identidade de partes, objeto e fundamentos do pedido" (STF, HC 93.917, Rel. Min. Joaquim Barbosa, j. 2-6-2009, 2ª T., DJe 1°-7-2009).

[16] Havendo duas sentenças transitadas em julgado envolvendo fatos idênticos, deverá prevalecer a que transitou em julgado em primeiro lugar. "Vige no sistema processual penal o princípio da lealdade, da boa-fé objetiva e da cooperação entre os sujeitos

Segundo a LINDB, "chama-se coisa julgada ou caso julgado a decisão judicial de que já não caiba recurso" (art. 6°, § 3°).

A coisa julgada será **formal** quando extinto o processo, em razão de vícios processuais. Contudo, será **material** quando a demanda, que já apreciou o mérito, não é mais passível de recurso. A exceção em análise apenas será arguida quando se verificar a ocorrência desta última.

Salienta-se que a exceção de coisa julgada somente poderá ser oposta em relação ao fato principal que tiver sido objeto da sentença (§ 2°, art. 110, do CPP).

Jurisprudência

Quando verificada a duplicidade de ações idênticas, não há que se falar em manutenção da sentença mais benéfica ao réu. Ao contrário, será extinto o processo mais recente, independentemente do seu desenrolar.

Nesse sentido: "Processo. Duplicidade. Sentenças condenatórias. Os institutos da litispendência e da coisa julgada direcionam à insubsistência do segundo processo e da segunda sentença proferida, sendo imprópria a prevalência do que seja mais favorável ao acusado" (STF, HC 101.131, Rel. Min. Marco Aurélio, j. 25-10-2011, 1ª T., DJe 10-2-2012).

Por fim, a ilegitimidade da parte é um vício processual, pelo qual a parte autora ou a ré não corresponde àquela que deveria estar, por lei, ocupando um dos polos processuais.[17]

6.3 Das incompatibilidades e impedimentos

Ressai da leitura da primeira parte do art. 112 do Código de Processo Penal que "o juiz, o órgão do Ministério Público, os serventuários ou funcionários de justiça e os peritos ou intérpretes

---

processuais, não sendo lícito à parte arguir vício para o qual concorreu em sua produção, sob pena de se violar o princípio de que ninguém pode se beneficiar da própria torpeza – *nemo auditur propriam turpitudinem allegans*" (RHC n° 77.692/BA, Rel. Min. Felix Fischer, 5ª T., DJe 18-10-2017). (STJ, Informativo n° 642, publicação em 15-3-2019).

17. Ver capítulo de ação penal, tópico de condições da ação: legitimidade da parte.

abster-se-ão de servir no processo, quando houver incompatibilidade ou impedimento legal, que declararão nos autos".

Cuida-se de necessidade de resguardar a imparcialidade do feito, razão pela qual a incompatibilidade ou o impedimento poderão ser arguidos pelas partes ou reconhecidos, de ofício, pelo magistrado considerado parcial, seguindo-se o rito procedimental estabelecido para a exceção de suspeição.

1. Hipóteses. De acordo com o art. 252 do Código de Processo Penal, a autoridade judiciária será considerada impedida de exercer jurisdição quando: **(a)** tiver funcionado seu cônjuge ou parente, consanguíneo ou afim, em linha reta ou colateral até o terceiro grau, inclusive, como defensor ou advogado, órgão do Ministério Público, autoridade policial, auxiliar da justiça ou perito; **(b)** ele próprio houver desempenhado qualquer dessas funções ou servido como testemunha; **(c)** tiver funcionado como juiz de outra instância, pronunciando-se, de fato ou de direito, sobre a questão; ou **(d)** ele próprio ou seu cônjuge ou parente, consanguíneo ou afim em linha reta ou colateral até o terceiro grau, inclusive, for parte ou diretamente interessado no feito.

Em acórdão proferido no âmbito do HC nº 97.553, decidiu o relator Ministro Dias Toffoli que "as hipóteses de impedimento elencadas no art. 252 do CPP constituem um *numerus clausus*".[18] Em outras palavras, trata-se de rol **taxativo**, não exemplificativo.

Já nos órgãos colegiados, acrescenta-se que não poderão servir na mesma demanda juízes que forem entre si parentes, consanguíneos ou afins, em linha reta ou colateral até o terceiro grau.[19] Dessa forma, não é possível, por exemplo, que dois desembargadores que sejam irmãos e exerçam jurisdição em um mesmo Tribunal de Justiça componham a mesma Câmara Criminal, posto que não podem atuar no mesmo processo.

---

[18] STF, HC 97.553, Rel. Min. Dias Toffoli, j. 16-6-2010, 1ª T., DJe 10-9-2010. De forma idêntica: STF, HC 92.893, Rel. Min. Ricardo Lewandowski, j. 2-10-2008, DJe 12-12-2008.

[19] Art. 253 do CPP.

6.4 Conflito de jurisdição

É o incidente processual pelo qual duas ou mais autoridades judiciárias reputam-se competentes (ou incompetentes) para apreciar determinado feito.

1. Hipóteses.[20] Haverá conflito de jurisdição **positivo** se os magistrados envolvidos se considerarem igualmente competentes para julgar a demanda em questão. Diversamente, será suscitado conflito de jurisdição **negativo** quando nenhuma das autoridades entender que deva atuar no processo, isto é, quando ambas se declaram incompetentes para a ação.

Além disso, o incidente também poderá ser suscitado quando entre os magistrados ditos (in)competentes surgir conflito acerca da unidade de juízo, junção ou separação de processos, ou melhor, quando configurada eventual hipótese de conexão ou continência.

Estudamos em momento oportuno que vícios envolvendo competência de natureza absoluta podem ser arguidos a qualquer momento até o trânsito em julgado da ação. E, sobre o assunto, foi sumulado o seguinte entendimento pelo STJ: "Não há conflito de competência se já existe sentença com trânsito em julgado, proferida por um dos Juízos conflitantes."[21]

2. Processamento. Possuem legitimidade para suscitar o conflito de jurisdição:

a) a parte interessada;
b) os órgãos do Ministério Público; ou
c) qualquer um dos juízes ou tribunais em causa, consoante art. 115 do Código Processual.

Quando **positivo**, o conflito poderá ser provocado por uma das partes mediante apresentação de requerimento escrito ao tribunal

---

[20] Art. 114 do CPP.
[21] Súmula nº 59 do STJ.

competente para apreciá-lo, oportunidade em que deverão ser juntados os documentos necessários, bem como apresentada a fundamentação da irresignação. Do mesmo modo, se o incidente for suscitado de forma espontânea pelas autoridades judiciárias, proceder-se-á uma representação igualmente endereçada ao órgão colegiado competente.

Destaca-se que, após distribuído o feito, é facultado ao desembargador (ou ministro) relator sorteado determinar a suspensão do processo principal.

Em contrapartida, se o conflito for **negativo**, os juízes e tribunais poderão argui-lo nos próprios autos do processo sem que haja necessidade de apartá-lo. Aqui não há que se falar em suspensão da demanda, haja vista que nenhum dos magistrados considera-se competente para apreciá-la, sendo que o feito permanecerá parado até o julgamento do conflito de jurisdição.

Em seguida, após suscitado o conflito, suspensa ou não a ação principal, caberá ao relator do incidente requisitar informações às autoridades judiciárias em litígio a fim de que melhor possa elucidar a questão no prazo designado pelo próprio relator. Posteriormente, após o recebimento das citadas informações, será ouvido o Procurador-Geral do Ministério Público, sendo que o incidente será julgado e decidido na primeira sessão, salvo se ainda estiver pendente a realização de diligências.

Portanto, após a prolatação da decisão, será esta remetida para sua execução às autoridades envolvidas no incidente, para que possam dar cumprimento e, consequentemente, prosseguimento à ação principal.

Feitas as considerações acerca do trâmite processual do conflito de jurisdição, vejamos o quadro a seguir:

3. Competência. A partir da leitura da Constituição Federal, extrai-se a previsão acerca da competência originária de alguns órgãos do Poder Judiciário para analisarem conflitos ocasionais de jurisdição. Vejamos:

Art. 102. Compete ao **Supremo Tribunal Federal**, precipuamente, a guarda da Constituição, cabendo-lhe: I – processar e julgar, originariamente: (...) o – os conflitos de competência entre o Superior Tribunal de Justiça e quaisquer tribunais; entre Tribunais Superiores ou entre estes e qualquer outro tribunal.

Art. 105. Compete ao **Superior Tribunal de Justiça**: I – processar e julgar, originariamente: (...) d – os conflitos de competência entre quaisquer tribunais, ressalvado o disposto no art. 102, I, 'o', bem como entre tribunal e juízes a ele não vinculados e entre juízes vinculados a tribunais diversos.

Art. 108. Compete aos **Tribunais Regionais Federais**: I – processar e julgar, originariamente: (...) e) os conflitos de competência entre juízes federais vinculados ao Tribunal.

Art. 114. Compete à **Justiça do Trabalho** processar e julgar: (...) V – os conflitos de competência entre órgãos com jurisdição trabalhista, ressalvado o disposto no art. 102, I, "o".

(Grifos nossos.)

6.5 Da restituição das coisas apreendidas

A restituição das coisas apreendidas é o procedimento a ser instaurado por sujeito interessado em ver restituído determinado bem, o qual foi utilizado no inquérito policial ou no processo penal, para elucidação de um fato criminoso.

1. Hipóteses. Ao longo do feito podem ser apreendidos pelas autoridades, por meio de auto ou termo de apreensão: **(a)** os instrumentos do crime (ex.: a faca utilizada no crime de homicídio); **(b)** as coisas alcançadas como proveito da infração (ex.: o relógio roubado pelo agente em um assalto); e **(c)** os bens de valor probatório (ex.: um telefone celular, para fins de verificar a existência de possível organização criminosa).

2. Requisitos. De igual modo, quando tais coisas **(a)** não mais interessarem ao processo **(b)** não forem objeto de confisco pela União, bem como **(c)** não houver dúvidas quanto ao direito do reclamante, serão restituídas ao verdadeiro proprietário ou possuidor.[22] Dessa maneira, deverão estar necessariamente preenchidos três requisitos cumulativos para que haja o deferimento do pedido de restituição. Assim, um bem não será entregue à parte interessada se o objeto ainda tiver utilidade para o feito, se for de procedência ilícita ou se não restar comprovada a propriedade ou posse da coisa em testilha.

3. Processamento. A restituição será requerida pelo proprietário ou possuidor do objeto, podendo o titular da coisa ser um terceiro de boa-fé, o ofendido, ou até mesmo o próprio acusado.

Se instaurado ao longo do inquérito policial, deverá o interessado endereçar o requerimento ao Delegado de Polícia, o qual decidirá, respeitando os requisitos anteriormente transcritos.

De outro modo, a análise caberá ao Juízo Criminal: **(a)** se o pedido for interposto no curso da ação penal; ou **(b)** se a autoridade policial tiver dúvidas acerca da restituição, oportunidade em que o juiz autuará o feito em apartado, abrindo ao requerente o prazo de cinco dias para a prova;[23] ou **(c)** se as coisas forem apreendidas em poder de terceiro de boa-fé, conforme dispõe o art. 120, § 2º, do Código de Processo Penal. Neste último caso, o terceiro será intimado para alegar e provar o seu direito em prazo igual e sucessivo ao do postulante, tendo um e outro dois dias para arrazoar.

Todavia, se o magistrado criminal também estiver em dúvida acerca de quem seja o verdadeiro dono da coisa apreendida, remeterá as partes para o Juízo Cível, depositando o bem em discussão

---

[22] Arts. 118, 119 e 120 do CPP.
[23] Art. 120, § 1º, do CPP.

nas mãos de depositário ou até mesmo do próprio terceiro que o detinha, se este for pessoa idônea (art. 120, § 4°, do CPP).

Importante mencionar que, caso sejam as coisas facilmente deterioráveis, serão estas avaliadas e, posteriormente, levadas a leilão público, depositando-se o dinheiro apurado ou entregues ao terceiro que as detinha, se este for pessoa idônea e assinar termo de responsabilidade.[24]

No caso de apreensão de bem adquirido como provento da infração, também será realizado leilão, sendo que a quantia levantada será entregue ao proprietário da coisa. Dessa feita, "por exemplo, o agente que, após furtar dinheiro do ofendido, com esse numerário compra um televisor. Ou, após subtrair um computador, troca-o por um celular. Não terá a vítima, em ambas as hipóteses, o direito de tomar para si o televisor ou celular como forma de reparação do prejuízo sofrido" (CUNHA; PINTO, 2017, p. 322).

Reitera-se que em todos os casos sempre será ouvido o Ministério Público.

O incidente poderá ser suscitado a qualquer tempo, respeitado o **limite máximo de 90 dias após o trânsito em julgado da sentença,** seja ela condenatória ou absolutória. Após esse lapso temporal não poderá mais o titular do bem restituí-lo.

■ **Se a sentença for condenatória,** o juiz, de ofício ou a requerimento do interessado ou do Ministério Público, determinará a avaliação e a venda da coisa em leilão público. O que não couber ao ofendido ou ao terceiro de boa-fé será recolhido aos cofres públicos em benefício do Fundo Penitenciário Nacional, salvo se houver previsão diversa em lei especial (art. 122 c/c art. 133, ambos do CPP).

■ **Se a sentença for condenatória ou absolutória, mas** os objetos apreendidos não forem reclamados no prazo legal previsto (90 dias) ou não pertencerem ao acusado, serão vendidos em leilão,

---

[24]. Art. 120, § 5°, do CPP.

depositando-se o saldo à disposição do juízo de ausentes (art. 123 do CPP).

■ **Se os bens apreendidos forem instrumento do crime** cuja perda em favor da União foi decretada, serão inutilizados (ex.: queima de entorpecentes) ou recolhidos a museu criminal (ex.: arma muitíssimo rara) caso haja interesse na sua conservação. E, caso a decretação de perdimento recaia sobre obras de arte ou qualquer bem de relevante valor cultural ou artístico, se o crime não tiver vítima determinada, poderá haver destinação daqueles a museus públicos.

6.6 Das medidas assecuratórias

As medidas assecuratórias têm por objeto garantir que o ofendido seja reparado dos danos que eventualmente vier a sofrer em razão da prática delitiva, bem como assegurar o pagamento de possível pena pecuniária ou das custas processuais. Inclusive, este é o teor do art. 140 do Código de Processo Penal: "As garantias do ressarcimento do dano alcançarão também as despesas processuais e as penas pecuniárias, tendo preferência sobre estas a reparação do dano ao ofendido."

São elas: **(a)** sequestro; **(b)** hipoteca legal; e **(c)** arresto.

6.6.1 Sequestro

O **sequestro** é medida assecuratória que visa a retenção **dos bens móveis ou imóveis**, os quais foram adquiridos pelo infrator com os **proventos do crime**, ainda que já tenham sido transferidos para terceiro. Logo, se o acusado praticar delito de roubo contra um banco e, em seguida, adquirir um apartamento, caberá à autoridade judicial decretar o sequestro do referido bem a fim de resguardar o direito do ofendido à reparação dos danos sofridos em razão da ação delituosa.

Para que haja decretação do sequestro, basta a existência de indícios veementes da proveniência ilícita dos bens, conforme descreve o art. 126 do Código de Processo Penal, isto é, é necessária a existência de lastro probatório mínimo o qual leve à conclusão de que, muito provavelmente, o bem é provento de crime.

1. Processamento. O sequestro será decretado a qualquer tempo, inclusive, antes do início da ação penal (ex.: no bojo do inquérito policial), podendo ser instaurado de ofício pelo magistrado, requerido pelo Ministério Público ou pelo ofendido, ou mediante representação da autoridade policial.

O sequestro autuar-se-á em apartado, com o fito de preservar o bom andamento processual, bem como admitirá embargos de terceiro.[25]

A medida também poderá ser embargada: **(a)** pelo agente infrator, sob a justificativa de não terem os bens sido adquiridos com os proventos da infração; e **(b)** por terceiro, a quem houver os bens sido transferidos a título oneroso, sob o fundamento de tê-los adquirido de boa-fé.[26] Aqui não poderá ser pronunciada decisão antes de passar em julgado a sentença condenatória com o propósito de se evitar decisões contraditórias.

Se o juiz ordenar o sequestro, contra tal decisão caberá recurso de apelação.

Ressalta-se que "o *habeas corpus* não é o meio adequado para impugnar ato alusivo a sequestro de bens móveis e imóveis, bem como a bloqueio de valores".[27]

Concluído o processo, a autoridade judicial mandará que se proceda à sua inscrição no **Registro de Imóveis**, com o fim de assegurar a publicidade do sequestro para que terceiros tomem conhecimento dele, ficando o agente impedido de realizar qualquer prática que envolva a disposição do bem. **Porém, atente-se:** esse procedimento não será realizado caso o bem sequestrado for móvel.

Proferida sentença condenatória, após seu trânsito em julgado, caberá ao juiz, de ofício ou a requerimento do interessado,

---

[25]. Art. 674 do CPC: "Quem, não sendo parte no processo, sofrer constrição ou ameaça de constrição sobre bens que possua ou sobre os quais tenha direito incompatível com o ato constritivo, poderá requerer seu desfazimento ou sua inibição por meio de embargos de terceiro."
[26]. Art. 130 do CPP.
[27]. STF, HC 103.823, Rel. Min. Marco Aurélio, j. 3-4-2012, 1ª T., *DJe* 26-4-2012.

determinar a avaliação e posterior venda dos bens sequestrados em leilão público, sendo que o que não couber ao lesado ou a terceiro de boa-fé será recolhido ao Fundo Penitenciário Nacional, exceto se houver previsão diversa em lei especial (art. 133 do CPP).

Imagine que Tício tenha sido vítima de crime de roubo no valor de 100 reais. Com a quantia, Mévio, autor do crime, adquire um aparelho celular cujo valor, em juízo, é avaliado em 150 reais. Transitada em julgado a decisão em desfavor de Mévio, terá Tício o direito de ver reparado seu prejuízo até o montante que lhe foi subtraído, qual seja, o de 100 reais. O excedente (cinquenta reais) será recolhido, em regra, em favor do Fundo Penitenciário Nacional.

Atenção!

Uma das inúmeras mudanças trazidas pela Lei Anticrime diz respeito à possibilidade de o juiz competente autorizar a utilização de bem sequestrado, apreendido ou sujeito a qualquer medida assecuratória, quando constatado o interesse público pelos órgãos: **(1)** de segurança pública previstos no art. 144 da Constituição Federal, **(2)** do sistema prisional, **(3)** do sistema socioeducativo, **(4)** da Força Nacional de Segurança Pública e **(5)** do Instituto Geral de Perícia, para o desempenho de suas atividades.

Fora de tais hipóteses, é facultado ao juiz autorizar o uso do bem por outros órgãos públicos, contanto que demonstrado o interesse público.

O órgão participante das ações de investigação ou repressão da infração penal as quais tenham ensejado a constrição do bem terá prioridade na sua utilização.

Ressalta-se que, se o bem sequestrado apreendido ou sujeito a qualquer medida assecuratória for veículo, embarcação ou aeronave, caberá ao magistrado ordenar à autoridade de trânsito ou ao órgão de registro e controle a expedição de certificado provisório de registro e licenciamento em favor do beneficiário. O órgão público usufruidor estará isento do pagamento de multas, encargos e tributos anteriores à disponibilização do bem, os quais deverão ser cobrados de seu responsável.

Por fim, após transitada em julgado a sentença condenatória o juiz poderá determinar a transferência definitiva da propriedade do bem ao órgão público beneficiário, ressalvado o direito do lesado ou terceiro de boa-fé.

Por outro lado, o sequestro será levantado – afinal, se trata de medida constritiva, cuja natureza não permite prolongamento *ad eternum* – nas seguintes hipóteses: **(a)** se a ação penal não for intentada no prazo de 60 dias, contados da data em que ficar concluída a diligência; **(b)** se o terceiro, a quem tiver sido transferido os bens, prestar caução que assegure a indenização do valor que constitua proveito auferido pelo agente com a prática do fato criminoso; ou **(c)** se for julgada extinta a punibilidade ou absolvido o réu por sentença transitada em julgado.[28]

Em suma:

Sequestro	
Objeto	Bens móveis ou imóveis adquiridos com os proventos da infração.
Requisitos	Existência de indícios veementes da proveniência ilícita dos bens.
Momento	No inquérito policial ou no processo penal.
Legitimados	Ministério Público, autoridade policial, ofendido ou o juiz, de ofício.

6.6.2 Hipoteca legal

A **hipoteca legal** trata-se de medida assecuratória por meio da qual se resguardam os **bens imóveis** do acusado, **independentemente de sua origem (lícita ou ilícita)**, objetivando garantir o direito da vítima de ver reparados os prejuízos causados pelo infrator. Poderão ser objeto de hipoteca legal desde proventos do crime até coisas adquiridas licitamente pelo agente.

Para que seja determinada a hipoteca legal, é necessário que haja certeza da infração e indícios suficientes da autoria, como descreve o art. 134 do Código de Processo Penal. Dessa forma, é imprescindível que o arcabouço probatório certifique a existência de materialidade delitiva e a plausibilidade da autoria do fato.

1. Processamento. São legitimados para requerer a hipoteca legal o ofendido ou o Ministério Público, desde que pobre a víti-

---

[28] Art. 131 do CPP.

ma.[29] Diferentemente do sequestro, não caberá ao magistrado, de ofício, decretar a medida assecuratória em análise ante a ausência de previsão legal. Da leitura do disposto no art. 134 do Código de Processo Penal infere-se que "a hipoteca legal sobre os imóveis do indiciado poderá ser requerida pelo ofendido em qualquer fase do processo". Nesse sentido diverge a doutrina acerca da possibilidade de deflagração da medida no inquérito policial, sendo que a maioria entende pela sua admissão.

No bojo do procedimento, ao ofendido caberá, mediante requerimento, proceder à especialização, oportunidade em que a parte estimará o valor da responsabilidade do infrator, designando e estimando os imóveis os quais terão de ficar especialmente hipotecados, assim como indicará as provas nas quais se fundar a estimação da responsabilidade, juntando os documentos comprobatórios do domínio. Lembre-se: poderão ser hipotecados quaisquer bens imóveis, independentemente de sua procedência.

Ato contínuo, apresentado o requerimento, o magistrado ordenará que se faça o arbitramento do valor da responsabilidade e a avaliação dos imóveis designados, os quais serão procedidos por um perito nomeado, onde não houver avaliador judicial, sendo-lhe facultada a consulta dos autos do processo respectivo.

Em seguida, o juiz ouvirá as partes em dois dias, que correrá em cartório, e poderá, se for o caso, corrigir o arbitramento realizado se lhe aparentar excessivo ou deficiente. Em vista disso, somente autorizará a inscrição da hipoteca dos imóveis necessários à garantia da responsabilidade.

Destaca-se a possibilidade de o agente oferecer caução em dinheiro ou títulos de dívida pública (pelo valor de sua cotação em Bolsa) em detrimento da retenção de seus bens imóveis. Nesses casos, à autoridade judiciária é facultado deixar de proceder à inscrição da hipoteca legal.

---

[29]. Art. 142. "Caberá ao Ministério Público promover as medidas estabelecidas nos arts. 134 e 137, se houver interesse da Fazenda Pública, ou se o ofendido for pobre e o requerer."

Proferida a sentença, se for ela condenatória, o valor da responsabilidade será liquidado definitivamente, podendo ser requerido novo arbitramento quando a parte não compactuar com o realizado anteriormente. Em caso de absolvição ou extinção da punibilidade do agente, torna-se imperioso o cancelamento da medida,[30] sem prejuízo de eventual reparação no juízo cível.

Após o trânsito em julgado da sentença condenatória, os autos do procedimento da hipoteca legal serão remetidos ao juiz do cível.[31]

O processo de especialização de hipoteca legal não suspenderá o processo principal e será autuado em apartado pela autoridade competente.

Feitas as considerações pertinentes, eis o quadro explicativo:

Hipoteca legal	
Objeto	Bens imóveis, independentemente da procedência.
Requisitos	Certeza da infração e indícios suficientes da autoria.
Momento	Qualquer fase do processo.
Legitimados	Em regra, o ofendido. O MP apenas poderá requerer quando pobre a vítima.

6.6.3 Arresto

Cuida-se o arresto de medida preventiva à qual se dirige a apreensão de **bens (lícitos ou ilícitos)** do infrator, intencionando a proteção do seu patrimônio a fim de que aquele não disponha de seus bens, que serão utilizados na satisfação dos danos ocasionados à vítima.

Alexandre Reis e Victor Gonçalves (2014, p. 233) ensinam que

se o indiciado ou réu não for titular de bens imóveis ou se o valor deles for insuficiente, é possível, durante a ação pe-

---

[30] Art. 140 do CPP: "O arresto será levantado ou cancelada a hipoteca, se, por sentença irrecorrível, o réu for absolvido ou julgada extinta a punibilidade."
[31] Art. 63 do CPP: "Transitada em julgado a sentença condenatória, poderão promover-lhe a execução, no juízo cível, para o efeito da reparação do dano, o ofendido, seu representante legal ou seus herdeiros."

nal ou antes do seu exercício, o arresto de bens móveis que integrem o seu patrimônio lícito, hipótese em que as coisas serão retiradas da posse do agente e entregues, em depósito, a quem o juiz determinar.

Se constatado que o agente não possui bens imóveis ou os possui em valor menor, será admitida a apreensão, mediante arresto, de bens móveis suscetíveis de penhora, utilizando-se as regras procedimentais da hipoteca legal. Se tais bens forem fungíveis ou facilmente deterioráveis, serão avaliadas e levadas a leilão público, depositando-se o dinheiro apurado de modo similar às normas previstas no sequestro.

Das possíveis rendas provenientes dos bens móveis poderão ser fornecidos recursos arbitrados pelo juiz para manutenção do indiciado e de sua família, evitando que terceiros dependentes do possível infrator tenham suas necessidades violadas.

De forma similar à hipoteca legal, o arresto será submetido ao processo de especialização, o qual correrá em autos apartados, sem que haja suspensão da ação principal, sendo que o depósito e a administração dos objetos arrestados sujeitar-se-ão ao regime do processo civil nos termos do art. 139 do Código Processual.

Entretanto, segundo o ordenamento jurídico, o arresto possui natureza precária, pois embora possa ser decretado de início, **será revogado em 15 dias** se não for promovido o processo de inscrição da hipoteca legal. Nesse caso, funcionará como medida preparatória da hipoteca legal.

Arresto	
Objeto	Bens móveis e imóveis, independentemente da procedência.
Requisitos	Certeza da infração e indícios suficientes da autoria.
Momento	Qualquer fase do processo.
Legitimados	Em regra, o ofendido. O MP apenas poderá requerer quando pobre a vítima.

6.6.4 Alienação antecipada dos bens

Cuida-se de procedimento regulamentado pelo art. 144-A do Código de Processo Penal.

Poderá o magistrado determinar que se proceda à **alienação antecipada dos bens apreendidos** por medida assecuratória, por meio de leilão (preferencialmente eletrônico), sempre que estes estiverem sujeitos a deterioração/depreciação ou se houver dificuldade para sua manutenção, com o fito de preservar seu valor (*caput* e § 1º).

Os bens serão submetidos à avaliação judicial e somente serão alienados pelo valor fixado ou por valor maior. Em caso de não alcançar o montante estipulado, será realizado novo leilão em até 10 dias, contados da realização do primeiro, oportunidade em que a coisa poderá ser alienada por quantia menor, desde que não inferior a 80% do estipulado originariamente (§ 2º).

O provento da venda em leilão ficará depositado judicialmente até a prolatação da decisão final da ação principal. Se condenatória, proceder-se-á a conversão em renda para a União, Estado ou Distrito Federal. No entanto, em caso de decisum absolutório, a quantia será devolvida ao acusado (§ 3º).

De acordo com o § 4º do art. 144-A do Código Processual, se a indisponibilidade recair sobre dinheiro, inclusive moeda estrangeira, títulos, valores mobiliários ou cheques emitidos como ordem de pagamento, o magistrado determinará a conversão do numerário apreendido em moeda nacional corrente e o depósito das correspondentes quantias em conta judicial.

Contudo, quando se tratar de alienação antecipada de veículos, embarcações ou aeronaves, a autoridade judicial ordenará ao competente órgão de registro e controle a expedição de certificado de registro e licenciamento em favor do arrematante sem previsão de encargos, como o pagamento de multas e tributos, sem prejuízo, obviamente, de execução fiscal do antigo proprietário (§ 5º).

Enfim, o valor **(a)** dos títulos da dívida pública, **(b)** das ações das sociedades e **(c)** dos títulos de crédito negociáveis em bolsa será o da cotação oficial do dia, comprovada por meio de certidão ou publicação no órgão oficial (§ 6º).

6.7 Do incidente de falsidade

O incidente de falsidade será arguido sempre que houver dúvidas acerca da veracidade de algum documento juntado ao processo. A legislação descreve que

> sua instauração pode se dar exclusivamente no curso do processo judicial. Caso determinado documento falso seja juntado nos autos de um inquérito policial, como os crimes contra a fé pública são de ação penal pública incondicionada, é plenamente possível que o Delegado determine o desentranhamento de tal documento, que passará a funcionar como *notitia criminis* para a instauração de novo inquérito policial, visando a apuração de possível crime de falsificação ou de uso de documento falso (LIMA, 2015, p. 1161-1162).

Por documento entende-se "quaisquer escritos, instrumentos ou papéis, públicos ou particulares".[32] Assim, quando existirem incertezas sobre a autenticidade de fotografias, certidões, atestados, desenhos, mapas, laudos, dentre outros, instaurar-se-á o incidente em comento.

1. Espécies. A falsidade poderá ser **(a)** ideológica; ou **(b)** material.

A **falsidade ideológica** ocorre quando se insere dado falso em documento formalmente verdadeiro (ex.: atestado subscrito por médico, certificando falsamente que o indivíduo possui determinada doença). Aqui, tem-se vício de **conteúdo**.

Já a **falsidade material** é constatada quando o agente, no todo ou em parte, falsifica um documento ou altera documento verdadeiro (ex.: falsificar notas fiscais ou inserir dígitos em um cheque). Agora, o vício é de **forma**.

---

[32] Art. 232 do CPP.

Ambas as espécies poderão ser objeto de arguição do incidente de falsidade.

2. Processamento. O incidente será suscitado por escrito, por qualquer um dos legitimados. São eles: o Ministério Público, a vítima, o acusado ou até mesmo o magistrado, de ofício. Também é facultado ao procurador arguir a falsidade, desde que detenha poderes especiais.

Instaurado o incidente, a autoridade judiciária mandará autuar em apartado a impugnação e, ato contínuo, procederá à oitiva da parte contrária, que oferecerá resposta em até 48 horas. Em seguida, o magistrado assinará o prazo de três dias, sucessivamente, a cada uma das partes, para prova de suas alegações. Posteriormente, os autos serão conclusos para eventual saneamento, oportunidade em que o juiz poderá ordenar a realização de diligências que entender substanciais, a citar, a realização de perícia. Logo, proferirá decisão.

Da decisão que deliberar acerca do incidente de falsidade, caberá recurso em sentido estrito, conforme preceitua o art. 581, inciso XVIII, do Código de Processo Penal.

Após o trânsito em julgado do *decisum*, a autoridade judiciária mandará desentranhar o documento falso. Depois, irá remetê-lo, junto aos autos do processo incidente, ao Ministério Público.

Vejamos o esquema a seguir:

Além disso, o ordenamento jurídico pátrio prevê que a decisão proferida no âmbito do incidente não é definitiva em relação a outras possíveis demandas. Por conseguinte, ainda que verificada a falsidade do documento em determinado feito, é possível que a autoridade competente de outro processo se utilize do mesmo, entendendo de maneira diversa.

6.8 Do incidente de insanidade mental do acusado

Prevê a legislação ser **inimputável** e, via de consequência, isento de pena o agente que por doença mental ou desenvolvimento mental incompleto ou retardado, era, ao tempo da ação ou da omissão, inteiramente incapaz de entender o caráter ilícito do fato ou de determinar-se de acordo com esse entendimento.

Trata-se de **critério biopsicológico,** pelo qual não se deve aferir tão somente se o agente possuía desenvolvimento mental incompleto ou retardado, mas também se, ao tempo do fato criminoso, estava impossibilitado de entender seu caráter ilícito.

Desse modo, sempre que houver dúvida acerca da integridade mental do acusado o juiz determinará a instauração do presente incidente, para que o agente seja submetido a exame médico-legal para fins de atestar sua sanidade.

De acordo com a jurisprudência do STF, o mero requerimento do exame não é suficiente para que haja o deferimento da medida, sendo, portanto, requisitos para o ajuizamento do incidente: **(a)** a presença de dúvida razoável a respeito da imputabilidade penal do acusado em virtude de doença ou deficiência mental; e **(b)** a comprovação da doença, não sendo suficiente a mera informação de que o paciente se encontra sujeito a tratamento.[33]

1. Processamento. São legitimados para iniciar o incidente, mediante requerimento, o Ministério Público, o defensor, o curador, o ascendente, descendente, irmão ou cônjuge do acusado. Ademais, também é facultado ao juiz instaurá-lo, de ofício. E na fase de inquérito poderá ser procedido mediante representação da autoridade policial.

[33.] STF, HC 102.936, Rel. Min. Luiz Fux, j. 5-4-2011, 1ª T., *DJe* 28-4-2011.

> **Jurisprudência**
>
> **Incidente de insanidade mental**
>
> "O incidente de insanidade mental, que subsidiará o juiz na decisão sobre a culpabilidade ou não do réu, é prova pericial constituída em favor da defesa, não sendo possível determiná-la compulsoriamente quando a defesa se opõe" (STF, HC 33.078, Rel. Min. Cármen Lúcia, j. 6-9-2016, 2ª T., DJe 22-9-2016).
>
> "O reconhecimento da inimputabilidade ou semi-imputabilidade do réu **depende** da prévia instauração de incidente de insanidade mental e do respectivo exame médico-legal nele previsto" (STJ, REsp 1.802.845-RS, Rel. Min. Sebastião Reis Júnior, 6ª T., j. 23-6-2020).

O incidente será autuado em autos apartados, sendo que o processo principal ficará suspenso até a elucidação do mencionado procedimento, salvo quanto às diligências que possam ser prejudicadas pelo adiamento. Todavia, guarde: o prazo prescricional **não** será suspenso!

Em seguida, determinar-se-á a nomeação de curador ao acusado, que, na grande maioria dos casos, é o próprio defensor do agente.

Quando da realização do exame médico-legal, se o acusado estiver segregado, será internado em manicômio judiciário. Mas, se estiver solto e os peritos assim o requererem, será encaminhado ao estabelecimento que o magistrado designar adequado.

Cumpre salientar que o exame supramencionado **não excederá mais de 45 dias,** exceto quando os peritos demonstrarem a imprescindibilidade de concessão do prazo. Além disso, a autoridade judicial poderá autorizar a entrega dos autos aos peritos se não houver prejuízos.

Realizado o exame, aos peritos caberão indicar se o agente era ou não, ao tempo da infração, capaz de entender o caráter ilícito do fato ou de determinar-se de acordo com esse entendimento, apresentando os resultados obtidos por meio de laudo, o qual será apensado à ação principal.

Assistentes técnicos poderão ser admitidos no procedimento. Se verificada a **imputabilidade** do agente, a ação penal seguirá seu curso.

Se constatada a **inimputabilidade do acusado**, o processo prosseguirá, com a presença do curador, pois, não obstante verificada sua irresponsabilidade, é possível que, eventualmente, o agente seja absolvido ou extinta sua punibilidade, o que lhe é mais favorável.

Se vislumbrado que a **doença mental é superveniente à infração**, o processo permanecerá suspenso até que o acusado restabeleça sua integridade mental, oportunidade em que o juiz poderá ordenar a internação do réu em estabelecimento que entender adequado. Após cessada a inimputabilidade do agente, o processo retomará seu curso, ficando assegurada à defesa do acusado a possibilidade de reinquirir testemunhas que houverem prestado depoimento em sua ausência.

Destaca-se que "o incidente de insanidade mental não pode ser objeto de determinação de instauração na via estreita do *habeas corpus*, salvo manifesta arbitrariedade na denegação da realização da perícia".[34]

---

[34] STF, HC 102.936, Rel. Min. Luiz Fux, j. 5-4-2011, 1ª T., *DJe* 28-4-2011.

7

Provas

7.1 Disposições gerais

Para que haja a condenação do agente, se faz necessária a presença de **provas**, competindo à acusação demonstrar que o réu, de fato, cometeu o ilícito que lhe é atribuído. Caso não haja provas suficientes de materialidade e autoria delitivas, as quais atestem a veracidade da imputação, o magistrado absolverá o acusado. Do mesmo modo, se a defesa alegar estar presente causa ensejadora de exclusão do crime, deverá produzir provas nesse sentido que ratifiquem sua tese.

Portanto, "a demonstração dos fatos na qual assenta a acusação e daquilo que o réu alega em sua defesa é o que constitui a prova (...) A prova é, assim, elemento instrumental para que as partes influam na convicção do juiz e o meio de que este se serve para averiguar os fatos nos quais as partes fundamentam suas alegações" (MARQUES, 1997b, p. 253).

7.1.1 Significados

Destarte, a doutrina atribui às provas três naturezas distintas, a saber:

a) É **atividade**, pois deverão as partes produzir provas as quais sejam capazes de ratificar o que fora alegado em juízo, ou seja, os sujeitos processuais atuarão de modo a demonstrar a autenticidade de suas imputações.

b) É **meio**, haja vista que funcionam como mecanismo de comprovação das alegações das partes, isto é, por meio da produção de provas pode-se alcançar o objetivo pretendido: a condenação (acusação) ou a absolvição (defesa) do acusado.

c) É **resultado**, eis que sua produção influencia na conclusão do julgador acerca da ação. Afinal, para sentenciar o feito deverá o juiz fundamentar sua decisão, que será pautada nos elementos probatórios juntados aos autos.

7.1.2 Princípios

- **Contraditório**, tornando-se imperiosa a possibilidade de manifestação da parte contrária a partir de qualquer prova colacionada aos autos.
- **Comunhão dos meios de prova**, pois o arcabouço probatório juntado aos autos pertence ao feito, e não tão somente a quem que o produziu, de modo que poderá ser utilizada, inclusive, pela parte contrária.
- **Publicidade**, devendo-se tornar público o que for produzido na ação.
- **Concentração**, posto que, em regra, as provas – em especial, a oral – serão produzidas em uma só audiência de instrução e julgamento, concentrando-se a apresentação probatória em um único ato processual.
- **Privilégio contra a autoincriminação**, não podendo ser o acusado coagido a produzir provas contra si mesmo. Segundo o Supremo Tribunal Federal, "a realização de interrogatório em ambiente intimidatório representa uma diminuição da garantia contra a autoincriminação".[1]
- **Autorresponsabilidade das partes**, cabendo a quem alega pro-

---

[1]. STF, Rcl 33711, Rel. Min. Gilmar Mendes, 2ª T., julgado em 11-6-2019, DJe 23-8-2019.

var o que diz e, via de consequência, arcar com os ônus e os bônus de sua manifestação.

7.1.3 Destinatário e finalidade

O **destinatário** da prova é o juiz, autoridade a quem competirá realizar o exame aprofundado da ação, para que, ao final, profira decisão fundamentada.

Consequentemente, é possível afirmar que a **finalidade** da prova é convencer o magistrado de que as alegações realizadas são pertinentes, e, por isso, merecem ser valoradas e consideradas quando da prolatação da sentença.

7.1.4 Sistemas

O ordenamento jurídico prevê que o magistrado formará seu convencimento sobre os fatos por meio da livre apreciação das provas produzidas em contraditório judicial, de modo a privilegiar **o sistema da livre convicção do juiz ou da persuasão racional,** o qual permite que a autoridade tome sua decisão analisando a autenticidade das provas em conformidade com seus próprios critérios. Porém, no final, deverá necessariamente motivar sua conclusão em consonância ao disposto no art. 93, IX, da Constituição da República.

Logo, o ordenamento jurídico brasileiro *não* adota a tarifação ou a hierarquia entre as provas, cujo preceito é que cada espécie probatória possuiria seu determinado grau de valor dentro do processo penal, ficando o magistrado estritamente vinculado no momento de sopesar as provas angariadas ao feito. Este é o denominado **sistema da prova legal.**

Assim,

> no sistema do livre convencimento motivado ou persuasão racional, adotado pela Constituição Federal, não há que se falar em hierarquia entre elementos probatórios, não estando o magistrado adstrito a critérios valorativos e

apriorísticos, sendo livre na escolha da aceitação e valoração, pois pode formar sua convicção com base nos demais elementos que constituem o arcabouço probatório acostado nos autos da ação penal.[2]

Entretanto, é importante pontuar acerca da decisão proferida no âmbito do Tribunal do Júri. Aqui os jurados leigos não precisarão fundamentar sua decisão. Vige, pois, o sistema da íntima convicção,[3] tendo os julgadores ampla discricionariedade para decidir de acordo com sua opinião, religião, crenças etc.

Veja:

7.1.5 Da produção de provas

Por outro lado, não poderá a autoridade embasar sua decisão única e exclusivamente em elementos de prova colhidos na investigação pré-processual, na qual não há a necessidade de observação dos princípios do contraditório e da ampla defesa, em razão da natureza de tais procedimentos.

Excetuam-se, todavia, nesse caso:

a) **as provas cautelares,** aquelas que não poderão ser produzidas em momento posterior, sob pena de desaparecimento (ex.: vítima possui doença grave);

b) **as provas não repetíveis,** as quais só poderão ser produzidas uma única vez, face a sua natureza (ex. laudo pericial atestando a presença de atos libidinosos); e

---

[2.] STJ, AgRg no REsp 1814050/PB, Rel. Min. Jorge Mussi, 5ª T., julgado em 13-8-2019, DJe 19-8-2019.

[3.] Nesse sentido: "Aos jurados somente é possível o questionamento dos fatos ocorridos, sem que se adentrem as questões jurídicas, justamente porque não se contempla a fundamentação dos veredictos, votando aqueles por íntima convicção – corolário do primado constitucional de soberania (CF, art. 5º, inciso XXXVII) – inerente aos julgamentos do tribunal popular" (STJ, Informativo nº 273, Período: 6 a 10-2-2006).

c) **as provas antecipadas**, de sorte que no curso da ação penal poderão sobrevir intercorrências de caráter urgente que exigem o adiantamento na produção da prova, sob risco de perecimento (ex.: oitiva de testemunha presencial idosa).

Nesse sentido: "Não há que se falar em violação ao art. 155 do CPP quando a condenação não se lastreou exclusivamente em elementos indiciários, sendo que esta Corte legitima o chamado contraditório diferido, em casos de provas cautelares, não repetíveis e antecipadas que embasaram o édito condenatório."[4]

Além disso, poderá o juiz, consoante ao princípio da economia processual, indeferir as provas consideradas irrelevantes, impertinentes ou protelatórias ao processo.

O Código de Processo Penal, em matéria de provas, traz extenso rol de dispositivos os quais disciplinam suas peculiaridades, de modo que tão somente quanto ao estado das pessoas é que serão observadas as restrições estabelecidas na lei civil.

7.1.6 Ônus da prova

O ônus da prova é de quem alega. Dessa forma, a parte que arguir determinada matéria será a responsável por produzir provas a fim de atestar suas alegações.

Por conseguinte, se o Ministério Público aponta o réu Tício como autor de determinado crime, denunciando-o, deverá comprovar suas alegações. Igualmente, se a defesa de Tício aduz que o acusado praticou o delito em legítima defesa, por exemplo, deverá produzir provas para fundamentar suas razões.

Sobre o tema, destaca-se o pacífico entendimento jurisprudencial acerca da prática do delito de receptação, no sentido de que

> sendo flagrado o agente com a res furtiva em seu poder, firma-se a presunção relativa da responsabilidade do réu, momento

---

[4.] STJ, AgRg no REsp 1771698/SP, Rel. Min. Felix Fischer, 5ª T., julgado em 7-2-2019, *DJe* 19-2-2019.

em que se transfere à defesa, nos termos do art. 156 do Código de Processo Penal, a tarefa de comprovar a licitude da conduta mediante emprego de quaisquer dos artifícios inerentes ao exercício do contraditório e da ampla defesa, não havendo que se falar em indevida inversão do ônus da prova.[5]

Contudo, independentemente do ônus da prova, é facultado ao juiz, de ofício: **(a)** ordenar, ainda que antes de instaurada a ação penal, a produção antecipada das provas consideradas urgentes e relevantes à elucidação do feito, observando-se a necessidade, a adequação e a proporcionalidade da medida; ou **(b)** determinar a realização de diligências com o fito de dirimir eventual controvérsia acerca de ponto importante.

Em processo penal, vige o **princípio da verdade real**, de forma que o magistrado poderá, com ou sem requerimento prévio, determinar a produção de provas para que profira, no final, a mais justa decisão possível. No entanto, também é salutar a observância da proporcionalidade da medida, sob pena de sua conduta ser tida por parcial.

7.1.7 Fases de produção

a) **Proposição:** é o momento em que a parte requer a produção (à autoridade) ou colaciona determinada prova aos autos.

b) **Admissão:** o juiz, em seguida, decide pelo deferimento ou não do requerimento ou da juntada da prova proposta pela parte.

c) **Produção:** a prova é efetivamente inserida no processo, de forma que as partes possuirão acesso ao seu teor, podendo, pois, exercer o contraditório judicial.

d) **Apreciação:** caberá ao magistrado analisar o arcabouço probatório proposto, admitido e produzido para que, no final da ação, profira uma decisão de mérito.

---

5. STJ, AgRg no HC 458.917/SC, Rel. Min. Antonio Saldanha Palheiro, 6ª T., julgado em 6-12-2018, *DJe* 17-12-2018.

7.1.8 Da vedação das provas ilícitas e das obtidas por meio ilícito

De acordo com o disposto na Carta Constitucional, são inadmissíveis, no processo, as provas obtidas por meios ilícitos. Em vista disso, a prova deverá ser produzida dentro dos limites legais, não se admitindo sua formação por intermédio de violação de direitos.

Para Paulo Osternack do Amaral, "trata-se da imposição pela Constituição de um limite moral ao direito à prova, que norteia a conduta das partes e a atividade do juiz no processo" (AMARAL, 2017, p. 190). Desse modo, o direito fundamental à produção de provas – assim como qualquer outro direito fundamental – não é absoluto, e encontra limitações, não podendo a parte exercer tal premissa de forma indiscriminada.

Insta sublinhar a diferença entre três termos:

1. **Prova ilegítima** é a prova produzida em desacordo com a forma prevista na legislação vigente. Há um vício processual, como a não observância do prazo de três dias antes do julgamento em Plenário, no procedimento do Tribunal do Júri, para a juntada de nova prova. Então, a depender da natureza do erro, poderá o ato ser convalidado.

2. **Prova ilícita**, diferentemente, é aquela que viola diretamente os preceitos constitucionais e legais, de forma que é produzida em face do desrespeito aos direitos materiais do indivíduo, a citar a confissão obtida mediante tortura na Delegacia de Polícia.

3. **Prova obtida por meio ilícito** é aquela derivada de ato processual substancial não observado, o qual acaba por molestar as garantias legais constitucionais ou legais do agente, como a busca e apreensão sem mandado judicial ou "a prova obtida diretamente dos dados constantes de aparelho celular, decorrentes de mensagens de textos SMS, conversas por meio de programa ou aplicativos (WhatsApp), mensagens enviadas ou recebidas por meio

de correio eletrônico, decorrentes de flagrante, sem prévia autorização judicial".[6]

Sendo ilegítima, ilícita ou obtida por meio ilícito, a prova será **desentranhada do processo**, bem como se derivada daquelas, em razão da incidência da **'teoria dos frutos da árvore envenenada'**, não podendo, de forma alguma, ser utilizadas nos autos. Todavia, lembre-se: a prova ilegítima poderá ser repetida, a depender do vício processual.

Vejamos um caso prático decidido pelo STJ:

> Como foram consideradas ilícitas as provas colhidas, adotou a teoria dos frutos da árvore envenenada (os vícios da árvore são transmitidos aos seus frutos) para anular a ação penal desde o início, apontando que assim se posicionam a doutrina e a jurisprudência – uma vez reconhecida a ilicitude das provas colhidas, essa circunstância as torna destituídas de qualquer eficácia jurídica, sendo que elas contaminam a futura ação penal.[7]

No mesmo viés, "é ilícita a prova obtida por meio de revista íntima realizada com base unicamente em denúncia anônima",[8] da mesma maneira que "é ilícita a prova obtida mediante conduta da autoridade policial que atende, sem autorização, o telefone móvel do acusado e se passa pela pessoa sob investigação"[9] e "teve acesso, sem autorização judicial, ao aparelho celular do paciente, bem como às conversas havidas no aplicativo WhatsApp".[10]

Ademais, foi incluído pela Lei Anticrime o § 5º no art. 157 do CPP, o qual aduz que a autoridade judicial que vier a conhe-

---

[6.] STJ, AgRg no RHC 78.065/SP, Rel. Min. Reynaldo Soares Da Fonseca, 5ª T., julgado em 3-9-2019, DJe 12-9-2019.
[7.] STJ, Informativo nº 476, período: 6 a 10-6-2011.
[8.] STJ, Informativo nº 659, publicação em 22-11-2019.
[9.] STJ, Informativo nº 655, publicação em 27-9-2019.
[10.] STF, HC 168052/SP, Rel. Min. Gilmar Mendes, julgamento em 11-6-2019.

cer o teor da prova declarada inadmissível não poderá, com o fito de assegurar a imparcialidade de sua decisão, proferir sentença ou acórdão. Porém, até o fechamento desta edição, a eficácia do dispositivo encontrava-se suspensa por decisão liminar proferida pelo Ministro Luiz Fux, no bojo da ADI nº 6299/DF.

Importante!

Em contrapartida, quando não evidenciado o nexo de causalidade entre a prova ilegal e outras produzidas (fonte independente), ou quando as provas derivadas pudessem ter sido obtidas por outro meio que não o ilícito (descoberta inevitável), não há que se falar em eliminação da prova.

Considera-se **fonte independente** aquela que por si só, individualmente, seguindo os trâmites típicos e de praxe próprios da investigação, seria capaz de conduzir ao objeto da prova, não havendo vinculação ou derivação com a prova ilegal.

Inclusive, o Superior Tribunal de Justiça, em processo cujo recorrente buscava a nulidade do feito, em razão do acesso ao seu telefone celular sem autorização judicial, decidiu que

> a apreensão de drogas em diversidade, fracionamento e forma de acondicionamento, além de valores em dinheiro, bem como as declarações da adolescente que auxiliava as atividades criminosas e de usuários que confirmaram adquirir entorpecente do grupo, constituem provas autônomas e emanam de fonte independente, não restando evidenciado nexo causal com a ilicitude reconhecida.[11]

Já a **descoberta inevitável** ocorre quando o objeto da prova, apesar de encontrado de modo ilegal, seria posterior e inevitavelmente produzido, por meio lícito.

Exemplifiquemos:

---

11. STJ, HC 459.181/SC, Rel. Min. Felix Fischer, 5ª T., julgado em 4-9-2018, DJe 19-9-2018.

> chega ao conhecimento da polícia civil que na casa de Fulano está uma arma que teria sido utilizada na prática de um homicídio dias atrás, inclusive com marcas do sangue da vítima e as digitais do suposto autor. Com essa informação, a polícia representa judicialmente pela expedição de mandado de busca e apreensão, que é deferido. Chegando ao local, o Delegado de Polícia se depara com uma viatura da polícia militar em que os militares se aproveitaram que a casa estava vazia e nela adentraram, sem mandado judicial, e localizaram a referida arma de fogo. Neste caso, o Delegado poderá, legalmente, apreender a arma, considerando que já existia um mandado legal de busca e apreensão, cuja fonte originária era independente da atitude ilegal dos policiais militares, não havendo nenhum vício na apreensão pela polícia civil (COSTA; ARAÚJO, 2018, p. 536).

Conclui-se, pois, que "a prova ilícita não contamina as provas produzidas por fonte independente ou cuja descoberta seria inevitável".[12]

Por fim, ressai do entendimento doutrinário e jurisprudencial que a prova obtida por meio ilícito em benefício do réu pode ser aceita no processo, de modo a privilegiar o princípio da verdade real. Destarte, se o agente, através de grampos telefônicos ilegais, por exemplo, descobre o verdadeiro autor do crime, poderá apresentar a descoberta em juízo.

De igual forma, se na tentativa legal de se produzir provas para determinado processo, acaba-se encontrando provas de outro crime, é possível o seu aproveitamento sem que haja qualquer ilegalidade. A este fenômeno dá-se o nome de **serendipidade**.

Sobre o tema:

> Sendo a colaboração premiada uma forma de *delatio criminis*, ou seja, um meio de obtenção de elementos de convicção, as informações prestadas pelo colaborador podem se

---

[12] STJ, AgRg no AREsp 1280071/MS, Rel. Min. Jorge Mussi, 5ª T., julgado em 23-4-2019, *DJe* 7-5-2019.

referir até mesmo a crimes diversos daqueles que dão causa ao acordo, configurando-se, nessa situação, a hipótese da serendipidade ou descoberta fortuita de provas.[13]

7.1.9 Prova emprestada

Em processo penal é possível a utilização de **prova emprestada**, ou seja, aquela produzida em outro processo, mas que aproveita a ação em curso, até por obediência ao princípio da verdade real e ao da economia processual. Contudo, deverá ser oportunizada à outra parte o exercício do **contraditório**, para que se manifeste sobre a "nova" prova.

Jurisprudência

Da legalidade da prova emprestada

"É admissível, assegurado o contraditório, prova emprestada de processo do qual não participaram as partes do processo para o qual a prova será trasladada. A grande valia da prova emprestada reside na economia processual que proporciona, tendo em vista que se evita a repetição desnecessária da produção de prova de idêntico conteúdo. Igualmente, a economia processual decorrente da utilização da prova emprestada importa em incremento de eficiência, na medida em que garante a obtenção do mesmo resultado útil, em menor período de tempo, em consonância com a garantia constitucional da duração razoável do processo, inserida na CF pela EC 45/2004. Assim, é recomendável que a prova emprestada seja utilizada sempre que possível, desde que se mantenha hígida a garantia do contraditório. Porém, a prova emprestada não pode se restringir a processos em que figurem partes idênticas, sob pena de se reduzir excessivamente sua aplicabilidade sem justificativa razoável para isso. Assegurado às partes o contraditório sobre a prova, isto é, o direito de se insurgir contra a prova e de refutá-la adequadamente, o empréstimo será válido" (STJ, Informativo n° 0543, período: 13-8-2014).

[13.] STJ, Informativo n° 0612, publicação: 25-10-2017.

No mesmo sentido, a Súmula n° 591 do Superior Tribunal de Justiça, a qual possui aplicabilidade no processo penal, preceitua que "é permitida a prova emprestada no processo administrativo disciplinar, desde que devidamente autorizada pelo juízo competente e respeitados o contraditório e a ampla defesa".

Mas observe que "*é dever do Estado a disponibilização da integralidade das conversas advindas nos autos de forma emprestada, sendo inadmissível a seleção pelas autoridades de persecução de partes dos áudios interceptados*".[14]

7.2 Das espécies de provas

Realizadas as considerações gerais sobre a matéria de provas, passemos ao estudo das espécies nominadas no Código de Processo Penal, o que não significa a taxatividade dos meios. Ao contrário. A parte possui plena liberdade para produzir o que entender necessário para comprovação de suas alegações, desde que licitamente.

São hipóteses expressamente listadas no Código de Processo Penal:

a) do exame do corpo de delito e das perícias em geral;
b) do interrogatório do acusado;
c) da confissão;
d) da oitiva do ofendido;
e) das testemunhas;
f) do reconhecimento de pessoas e coisas;
g) da acareação;
h) dos documentos;
i) dos indícios; e
j) da busca e da apreensão.

[14.] STJ, Informativo 0648, publicação em 7-6-2019.

Cumpre destacar, ainda, que as novas formas de criminalidade (crime organizado, crimes contra o sistema financeiro, crimes contra bens difusos e coletivos etc.) exigiram a promoção de mudanças no modo de obtenção de provas, muito em função das tecnologias inovadoras inseridas cotidianamente em nossa sociedade. Logo, ater-se aos meios de provas nominados no Código de Processo Penal, por vezes, não é mais suficiente para elucidação de delitos. Nesse contexto, surgem outras possibilidades probatórias, a citar a **interceptação telefônica**, a **captação ambiental** e a **colaboração premiada**.

Novidade!

Provas digitais

Não podemos deixar de mencionar acerca do emprego de provas digitais, as quais estão relacionadas à utilização de ferramentas virtuais, para fins de resolução dos fatos criminosos. Atualmente, é cada vez mais frequente a prática de delitos cibernéticos, cometidos por usuários da rede de computadores, que se utilizam dos dispositivos eletrônicos para lesar bens jurídicos, o que, indubitavelmente, gera danos indeléveis às vítimas. Logo, a nova realidade exige que o direito converse com área de tecnologia, a fim de preservar a privacidade dos indivíduos. Porém, se praticado o delito, deve se estar preparado para elucidação criminosa, principalmente no que tange à lida com o tratamento de dados.

7.2.1 Exame de corpo de delito e perícias em geral

O **exame de corpo de delito** é realizado quando a infração deixar vestígios – crimes não transeuntes – de modo a verificar, objetivamente, as consequências ocasionadas pela conduta delitiva, podendo ser realizado em qualquer dia ou hora. Em regra, será efetuado em delitos como homicídio, lesão corporal, estupro etc.

Vestígio, segundo o conceito trazido pela Lei Anticrime (art. 158-A, § 3º, do CPP), é todo objeto ou material bruto, visível ou latente, constatado ou recolhido que se relaciona à infração penal.

O **corpo de delito** consiste precisamente no objeto a ser analisado, como um cadáver ou uma vítima de violência doméstica. Será realizado o exame pericial, cujos resultados se externarão por meio de um **laudo**, a ser confeccionado por um **perito**, profissional técnico hábil a realizar a referida análise, contendo todas as informações possíveis relativas às peculiaridades da infração.[15]

O laudo deverá ser confeccionado em até **10 dias**, podendo esse prazo ser, excepcionalmente, prorrogado após requerimento dos peritos.

Distingue-se o exame de corpo de delito em:

a) **direto**, quando o estudo é realizado sobre o objeto propriamente dito. No caso de um homicídio, por exemplo, cujo cadáver foi encontrado, realizam-se os exames diretamente a partir do corpo da vítima. Além disso, serão sujeitos à análise os instrumentos empregados na infração, para verificar sua natureza e eficiência; ou

b) **indireto**, embora a infração, teoricamente, tendesse a deixar vestígios, acaba, por motivos fortuitos, não sendo possível realizar o exame direto sobre o objeto material, cabendo a análise de outras circunstâncias do delito.[16]

Dessa feita, a perícia realizada em vítima de crime de estupro que deixa de denunciar a prática delitiva logo após a infração, fazendo-o meses depois, por exemplo, será em vão, pois é natural que os vestígios se percam em virtude da natureza do ilícito. Mas não é impossível que se considerem outros meios de prova – indiretos, como relatórios psiquiátricos, prontuários médicos etc.

---

[15] Art. 160, CPP: "Os peritos elaborarão o laudo pericial, no qual descreverão minuciosamente o que examinarem, e responderão aos quesitos formulados."
[16] Art. 172, parágrafo único, CPP: "Se impossível a avaliação direta, os peritos procederão à avaliação por meio dos elementos existentes nos autos e dos que resultarem de diligências."

Todavia, cuidado: ainda que não se vislumbre em nosso ordenamento jurídico a tarifação das provas, não havendo, pois, hierarquia entre elas em relação aos delitos não transeuntes – os que deixam vestígios – é imprescindível a realização de exame de corpo de delito, não podendo supri-lo à confissão do acusado, sob pena de nulidade da ação. Trata-se de mitigação da regra.

Por outro lado, **em caso de *total* desaparecimento dos vestígios, a prova testemunhal poderá suprir-lhe a falta** (ex.: avião que cai em alto-mar, não sendo o corpo da vítima encontrado). No entanto, observe: cuida-se de exceção, sendo que o dispositivo apenas possui eficácia em virtude da impossibilidade completa de realização do exame de corpo de delito direto.

Dessa maneira, "o exame de corpo de delito indireto, fundado em prova testemunhal idônea e/ou em outros meios de prova consistentes (CPP, art. 167) revela-se legítimo desde que, por não mais subsistirem vestígios sensíveis do fato delituoso, não se viabilize a realização do exame direto".[17]

Dar-se-á prioridade à realização do exame de corpo de delito quando se tratar de crime que envolva **(a)** violência doméstica e familiar contra mulher; ou **(b)** violência contra criança, adolescente, idoso ou pessoa com deficiência.

Entretanto, ressalvados os casos de imprescindibilidade da realização do exame de corpo de delito, a autoridade poderá negar a perícia requerida pelas partes se entender não ser esta necessária ao esclarecimento dos fatos.

Após o cometimento do crime o qual deixou vestígios, deverá a autoridade impossibilitar que haja alterações do estado das coisas até a chegada dos peritos – profissionais técnicos – ao local. Afinal, esses poderão instruir seus respectivos laudos com fotografias, desenhos ou esquemas elucidativos. Em caso de modificação da cena do crime, os peritos anotarão, em laudo, as consequências das alterações para a elucidação dos fatos.

---

[17] STF, HC 85.955, Rel. Min. Ellen Gracie, j. 5-8-2008, 2ª T., *DJe* 22-8-2008.

> **Novidade!**
>
> ## Cadeia de custódia probatória
>
> A **cadeia de custódia** consiste em um processo cronológico que visa assegurar a integridade da prova de modo a ordenar temporalmente todo o conjunto de procedimentos a serem realizados para manter e documentar a história do vestígio coletado em locais ou vítimas de crimes.
>
> Exemplifiquemos: supondo que em uma busca e apreensão seja encontrada uma faca com manchas de sangue (vestígio). A partir daí será realizado um procedimento, como isolamento do local, a coleta do objeto, seu transporte, a análise laboratorial etc., ou seja, tudo prévia e sequencialmente determinado.
>
> Assim, após a adoção e a observância de todos os procedimentos cabíveis, o perito chegará a conclusões mais realistas e interessantes ao elaborar o laudo pericial.
>
> Vejamos a seguir as etapas do rastreamento de vestígios:[18]
>
> **1. Reconhecimento**
>
> Ato de distinguir um elemento como de potencial interesse para a produção da prova pericial.
>
> **2. Isolamento**
>
> Ato de evitar que se altere o estado das coisas, devendo isolar e preservar o ambiente imediato, mediato e relacionado aos vestígios e local de crime.
>
> **3. Fixação**
>
> Descrição detalhada do vestígio conforme se encontra no local de crime ou no corpo de delito, e sua posição na área de exames, podendo ser ilustrada por fotografias, filmagens ou croqui, sendo indispensável sua descrição no laudo pericial produzido pelo perito responsável pelo atendimento.
>
> **4. Coleta**
>
> Ato de recolher o vestígio que será submetido à análise pericial, respeitando suas características e natureza.
>
> **5. Acondicionamento**
>
> Procedimento por meio do qual cada vestígio coletado é embalado de forma individualizada, de acordo com suas características físicas, químicas

---

[18]. Conceitos retirados no art. 158-B do CPP.

e biológicas, para posterior análise, com anotação da data, hora e nome de quem realizou a coleta e o acondicionamento.

6. Transporte
Ato formal de transferência da posse do vestígio, que deve ser documentado com, no mínimo, informações referentes ao número de procedimento e unidade de polícia judiciária relacionada, local de origem, nome de quem transportou o vestígio, código de rastreamento, natureza do exame, tipo do vestígio, protocolo, assinatura e identificação de quem o recebeu.

7. Recebimento
Ato de transferir o vestígio de um local para outro utilizando as condições adequadas (embalagens, veículos, temperatura, entre outras), de modo a garantir a manutenção de suas características originais, bem como o controle de sua posse.

8. Processamento
Exame pericial em si, manipulação do vestígio de acordo com a metodologia adequada às suas características biológicas, físicas e químicas, a fim de se obter o resultado desejado, o qual deverá ser formalizado em laudo produzido por perito.

9. Armazenamento
Procedimento referente à guarda, em condições adequadas, do material a ser processado, guardado para realização de contraperícia, descartado ou transportado, com vinculação ao número do laudo correspondente.

10. Descarte
Procedimento referente à liberação do vestígio, respeitando a legislação vigente e, quando pertinente, mediante autorização judicial.

Todos os vestígios colhidos durante as investigações deverão seguir, **cronologicamente**, o processo supracitado, competindo ao órgão central de perícia oficial de natureza criminal pormenorizar a forma do seu cumprimento.

O início da cadeia de custódia dar-se-á com a preservação do local do crime ou com procedimentos policiais ou periciais, nos quais **(1)** seja verificada a existência de determinado elemento que possua potencial para elucidação dos fatos, de forma que o agente público que o encontrar ficará responsável por sua preservação.

(2) Até que haja autorização do perito responsável pela investigação, os locais isolados para análise **não** poderão ser objeto de quaisquer modificações, sob pena de incursão do agente no crime de fraude processual.

Sempre que possível, os vestígios encontrados serão **(3)/(4)** detalhados e coletados por perito oficial a quem caberá encaminhar a prova para as centrais de custódia, localizadas em qualquer Instituto de Criminalística, embora seja necessária a realização de exames complementares.

(5) O recipiente utilizado para acondicionar os vestígios será determinado por meio da natureza do material capturado, devendo individualizá-lo, preservar suas características, impedir contaminação e vazamento, ter grau de resistência adequado, e espaço. Os recipientes serão lacrados e numerados individualmente, de modo a assegurar a inviolabilidade e a idoneidade do vestígio durante o seu **(6)** transporte.

Realizados todos os procedimentos anteriores, o vestígio será **(6)** transferido e **(7)** recebido pelo órgão competente para fins de exame pericial.

O recipiente contendo o vestígio coletado apenas será aberto pelo perito que vai proceder à **(8)** análise ou, fundamentadamente, por pessoa autorizada. Cada rompimento de lacre se fará constar na ficha de acompanhamento de vestígio: o nome e a matrícula do responsável, a data, o local, a finalidade, bem como as informações referentes ao novo lacre utilizado. O lacre rompido será acondicionado no interior do novo recipiente.

Conforme citado anteriormente, os vestígios coletados nas investigações serão inicialmente levados às denominadas centrais de custódia. Esses locais serão destinados à **(9)** guarda e ao controle dos materiais encontrados, e sua gestão estará vinculada diretamente ao órgão central de perícia oficial de natureza criminal. As centrais de custódia deverão oferecer serviços de protocolo, local para conferência do material, recepção e devolução de vestígios e documentos, possibilitando a seleção, classificação e distribuição dos elementos coletados. Por óbvio, o espaço deve ser seguro e apresentar condições ambientais que não interfiram nas características do vestígio.

A entrada e a saída dos vestígios serão protocoladas nas centrais, consignando-se as informações devidas na investigação às quais eles se relacionem.

Todas as ações deverão ser **registradas**, consignando-se a identificação do responsável pela tramitação, destinação, data e horário da ação. Além disso, as pessoas que causalmente tiverem contato com o vestígio armazenado deverão protocolar a data e a hora do acesso.

Após a realização da perícia o material será **(10)** encaminhado à central de custódia, devendo nela permanecer.

Caso a central de custódia não possua condições de armazenar determinado vestígio, deverá a autoridade policial ou judiciária determinar as condições de depósito do referido material em local diverso, mediante requerimento do diretor do órgão central de perícia oficial de natureza criminal.

O exame pericial será efetuado por um **perito oficial** investido na função mediante concurso público e portador de diploma de curso superior.[19] Nas comarcas em que não existam servidores vinculados diretamente ao Estado, o exame será realizado por **peritos não oficiais**, sendo eles **duas pessoas idôneas**, que também deverão portar formação em curso superior, preferencialmente na área específica da perícia, e que prestarão o compromisso de fielmente desempenhar a atividade.

Sobre os peritos não oficiais, o Supremo Tribunal Federal proferiu o seguinte entendimento:

> O laudo pericial foi firmado por dois peritos não oficiais, ambos bacharéis, que prestaram compromisso de bem e fielmente proceder à perícia na arma de fogo apreendida em poder do paciente. Tudo em conformidade com o que determina a lei processual, não havendo motivos para se declarar qualquer nulidade.[20]

Em caso de divergência entre os profissionais técnicos, tais discrepâncias serão consignadas no laudo, descrevendo-se as constatações e conclusões de cada um. Também poderão redigir, separadamente, seu próprio laudo. Em face de tal ocorrência, deverá a autoridade nomear um terceiro perito. Mas, se este também divergir dos anteriores, é facultada a designação de outros peritos para nova análise.

---

[19] Nesse sentido: "Perito criminal. Qualificação profissional. Formação acadêmica. Direito do réu em conhecer o grau de formação profissional desse agente auxiliar do Poder Judiciário. Prerrogativa que se compreende na fórmula constitucional da plenitude do direito de defesa" (STF, AP 470 AgR-décimo quarto, rel. p/ o ac. Min. Celso de Mello, j. 26-5-2011, DJe 22-9-2011).

[20] STF, HC 100.860, Rel. Min. Ellen Gracie, j. 17-8-2010, 2ª T., DJe 28-10-2010.

Em matéria de exame pericial poderão o Ministério Público, o assistente de acusação, o ofendido, o querelante e o acusado:

a) **Formular quesitos**, isto é, questionamentos acerca do objeto da perícia, os quais poderão ser expressos até o ato da diligência.

b) **Indicar assistente técnico**, a ser admitido pelo juiz. Consiste o assistente técnico em um "perito particular" escolhido pelas próprias partes, que possua capacidade técnica e que acompanhará a perícia e seus resultados, atuando após a conclusão dos exames e elaboração do laudo pelos peritos oficiais. Também poderão apresentar pareceres ou serem inquiridos em audiência. Desse modo, é evidente que o profissional técnico indicado pela parte não incorre em causas de suspeição ou impedimento, haja vista que sua imparcialidade encontra-se claramente comprometida, pois está vinculado a um dos polos processuais.

c) **Requerer a oitiva dos peritos** até 10 dias antes da audiência para que esclareçam as provas angariadas e respondam aos quesitos formulados, até porque, a depender dos questionamentos, poderão os referidos profissionais confeccionar um laudo complementar.

O material probatório colhido para fins periciais será disponibilizado mediante requerimento do interessado – até mesmo para realização de exames dos assistentes técnicos – no ambiente do órgão oficial, a quem caberá manter sua guarda, na presença de perito oficial, exceto se impossível for sua utilização.

Em caso de complexidade da perícia que abranja mais de uma área de conhecimento, poderá a autoridade indicar a atuação de mais de um perito oficial, bem como a parte designar mais de um assistente técnico.

Ademais, observada a existência de omissões, obscuridades ou contradições, o juiz mandará suprir a irregularidade, complementar ou esclarecer o laudo. Também lhe é facultado determinar a realização de nova perícia, por outros profissionais.

Como vigora em nosso ordenamento jurídico o sistema da livre convicção do juiz, **o magistrado *não* ficará adstrito ao conteúdo do laudo pericial**, podendo aceitá-lo ou rejeitá-lo, no todo ou em parte, desde que fundamente sua decisão, de modo a justificar as razões pelas quais entendeu de maneira diversa.

7.2.1.1 Autópsia

A **autópsia** (ou necrópsia) é o exame pericial realizado no interior do cadáver para descobrir a causa determinante de sua morte. Será, contudo, por questões de segurança, efetuada **pelo menos seis horas após a constatação do óbito**, salvo se evidentes os sinais de morte – devendo tal informação constar nos autos. Em caso de morte violenta, bastará a análise externa do corpo. Todavia, será realizada perícia interna quando necessária para verificação de alguma circunstância relevante.

A necrópsia a ser realizada por médico-legista não se equipara à perícia técnica efetuada na cena do crime. Trata-se de espécies periciais distintas. Portanto, nos casos de morte violenta, por exemplo, em que for prescindível o exame interno no cadáver, não deixa de ser obrigatória a análise pericial no local dos fatos.

Os cadáveres serão fotografados na posição em que forem encontrados, do mesmo modo que as lesões externas e os indícios na cena do crime, devendo os peritos, quando possível, juntar ao laudo pericial as imagens registradas, bem como eventuais esquemas, desenhos etc.

A **exumação** é a retirada do cadáver que já se encontra sepultado para fins de análise pericial. Se necessária a realização de tal diligência, deverá a autoridade providenciar que se realize o referido exame em dia e horário previamente marcados, lavrando-se, para tanto, auto circunstanciado.

Deverá o administrador do cemitério – público ou particular –, obrigatoriamente, indicar o local da sepultura, sob pena de responder pelo delito de desobediência.

Em caso de dúvidas acerca do reconhecimento do exumado, realizar-se-á sua identificação pelo Instituto de Identificação e Estatística, por repartição congênere ou pela inquirição de testemunhas, lavrando-se, no final, o respectivo auto. Todos os objetos encontrados os quais possam ser relevantes para o reconhecimento do corpo serão arrecadados e autenticados.

7.2.1.2 Exame de lesão corporal

A prática de crime de lesão corporal enseja, necessariamente, a perícia para atestar sua existência.[21] No entanto, se existentes outros meios de prova documental, como prontuários médicos subscritos por profissionais técnicos de saúde, os quais sejam capazes de certificar a materialidade do delito, também se torna possível a imputação pela infração em testilha.

Jurisprudência

É prescindível a produção de laudo pericial para atestar o delito de lesão corporal, mas é necessária a existência de prova documental atestando a ocorrência da infração. Caso a prova seja exclusivamente testemunhal resta configurada a contravenção penal de vias de fato.

"Para configuração da materialidade do delito de lesão corporal no contexto de violência doméstica, nos termos do art. 12, § 3º, da Lei nº 11.340/06, é prescindível o exame de corpo de delito do art. 158 do Código de Processo Penal – CPP, se existentes outros elementos de prova, tais como laudos médicos subscritos por profissional de saúde" (STJ, AgRg no AREsp 822.385/GO, Rel. Min. Joel Ilan Paciornik, 5ª T., julgado em 14-6-2016, DJe 22-6-2016).

Se a realização do primeiro exame pericial não for suficiente, proceder-se-á ao exame complementar, principalmente quando

---

[21.] Sobre o tema: "Em se tratando de crime de lesão corporal de natureza grave, cujos vestígios não desapareceram, impõe-se a realização de perícia, a fim de comprovar a materialidade delitiva" (STJ, REsp 1798906/ES, Rel. Min. Nefi Cordeiro, 6ª T., julgado em 27-8-2019, DJe 4-9-2019).

necessária à certificação de que a lesão gerou incapacidade para as ocupações habituais por mais de 30 dias – o que caracterizaria o tipo do art. 129, § 1°, do Código Penal.

Diferentemente do primeiro exame, a perícia complementar é prescindível e poderá ser suprida pela prova testemunhal, de sorte que "emanando das provas coletadas que as lesões sofridas pelo ofendido ensejaram sua incapacidade para as ocupações habituais por mais de 30 (trinta) dias, fica suprida a exigência do exame pericial complementar".[22]

7.2.1.3 Exames laboratoriais

São os exames realizados em laboratório, como análises de DNA ou de compatibilidade sanguínea, por exemplo. Os peritos guardarão material para caso haja necessidade de realização de nova análise – ou até mesmo para fins de contraprova. Quando relevante, os laudos serão ilustrados com imagens, desenhos ou esquemas.

7.2.1.4 Exames nos crimes de roubo ou furto

Quando cometido crime de roubo ou furto, é salutar a existência de perícia no local, de forma a descortinar como se deu a sequência dos fatos criminosos (por onde o agente entrou, como entrou, como saiu etc.), bem como recolher elementos que atestem a materialidade delitiva. Tal espécie de laudo também pode ser destinado à elucidação de outros tipos de crimes que não os patrimoniais.

Ademais, se o delito de furto for cometido com destruição, rompimento de obstáculo ou por meio de escalada, é imprescindível que os peritos indiquem tais circunstâncias: com quais instrumentos, por quais meios e em que época presumem ter sido o fato praticado, sob pena de o agente ser denunciado como incluso no *caput* do tipo – em detrimento das qualificadoras.

---

[22] STJ, AgRg no AREsp 145181/RS, Min. Rel. Marco Aurélio Bellizze, 5ª T., *DJe* 28-6-2013.

Inclusive, a matéria se encontra pacificada no âmbito dos Tribunais Superiores: "Ausente laudo pericial que ateste a configuração do rompimento de obstáculo, deve ser afastada a qualificadora prevista no inciso I do § 4° do art. 155 do Código Penal."[23]

No mesmo viés:

> Quanto à escalada, a jurisprudência do Superior Tribunal de Justiça é assente no sentido de que a incidência da qualificadora prevista no art. 155, § 4°, inciso II, do Código Penal, exige exame pericial, somente admitindo-se prova indireta quando justificada a impossibilidade de realização do laudo direito, o que não restou explicitado nos autos.[24]

Em contrapartida, não é necessária a realização de perícia na arma de fogo utilizada no crime de roubo, bastando prova testemunhal no sentido de que o delito foi perpetrado dessa forma, até porque, por vezes, o instrumento do crime sequer é apreendido.[25]

Finalmente, no que se refere aos delitos patrimoniais, de modo geral, proceder-se-á, se necessária, à avaliação de coisas destruídas, deterioradas ou que constituam produto do crime, a ser realizada por perito.

7.2.1.5 Exame de incêndio

Causar **incêndio** expondo a perigo a vida, a integridade física ou o patrimônio de outrem (art. 250 do CP) é crime, devendo, necessariamente, ser realizado o exame pericial do local para fins de checagem da causa e do lugar em que o fogo houver começado, bem como a extensão do dano, seu valor e as demais circunstâncias relevantes.

[23.] STJ, AgRg no REsp 1784955/MS, Rel. Min. Rogério Schietti Cruz, 6ª T., julgado em 3-9-2019, DJe 9-9-2019.

[24.] STJ, HC 508.935/SP, Rel. Min. Ribeiro Dantas, 5ª T., julgado em 30-5-2019, DJe 4-6-2019.

[25.] STJ, HC 507.537/SP, Rel. Min. Ribeiro Dantas, 5ª T., julgado em 1-10-2019, DJe 7-10-2019.

O exame pericial em comento também será realizado quando praticado qualquer outro tipo penal que envolva uso de fogo.

Sobre o tema:

As provas testemunhais e o boletim de atendimento do corpo de bombeiros – atestando apenas a ocorrência do incêndio e os objetos danificados – não bastam para alicerçar a condenação. É imprescindível o laudo pericial para configuração do crime de incêndio, eis que a delineação de sua causa é decisiva para se concluir se houve ação proposital.[26]

7.2.1.6 Exame de reconhecimento de escritos

O exame grafotécnico objetiva reconhecer escritos, por comparação de letra, e é utilizado para elucidação de falsidade documental, por exemplo.

Serão observadas as seguintes peculiaridades: (a) deverá a pessoa a quem se atribua ou se possa atribuir a letra, ser intimada para o ato; (b) para fins de comparação servirão quaisquer documentos que a dita pessoa reconhecer ou já tiverem sido judicialmente certificados como de seu punho ou sobre cuja veracidade não houver dúvida; (c) quando necessário, a autoridade competente requisitará documentos que existirem em arquivos ou estabelecimentos públicos; e (d) se não houver escritos suficientes para a comparação, a autoridade mandará que a pessoa escreva o que lhe for ditado.

7.2.1.7 Exame de instrumentos

Poderão ser verificados e analisados, por fim, os instrumentos empregados para prática delitiva com o intuito de lhes verificar a natureza e a eficiência, como o exame a partir de uma arma de fogo, uma faca etc.

---

[26] STJ, HC 283.368/RS, Rel. Min. Maria Thereza De Assis Moura, 6ª T., julgado em 23-10-2014, DJe 10-11-2014.

7.2.2 Interrogatório do acusado

O **interrogatório** trata-se de **meio de prova e de defesa do réu** com o fito de lhe objetivar a apresentação de sua versão dos fatos e produzir provas. O acusado será questionado acerca da prática delitiva que lhe é imputada, oportunidade em que poderá esclarecer sua tese, bem como permanecer calado, sendo que seu silêncio não lhe acarretará prejuízos. Trata-se do exercício do direito de **autodefesa**.

O interrogatório é:

a) **Personalíssimo**, não podendo ser o ato delegado a terceiros.

b) **Bifásico**, pois será dividido em duas partes: a qualificação e o mérito.

c) **Oral**, haja vista que, em regra, será procedido por tal via.

d) **Público**, podendo qualquer pessoa assisti-lo, em regra.

Não obstante possa ser interrogado a qualquer tempo mediante pedido fundamentado das partes ou de ofício pelo juiz, em regra o réu costuma ser ouvido em dois momentos distintos: **(a)** no inquérito policial, sendo aqui dispensável a presença de advogado para acompanhá-lo. Ressalta-se que

> inexiste nulidade do interrogatório policial por ausência do acompanhamento do paciente por um advogado, sendo que esta Corte acumula julgados no sentido da prescindibilidade da presença de um defensor por ocasião do interrogatório havido na esfera policial, por se tratar o inquérito de procedimento administrativo, de cunho eminentemente inquisitivo, distinto dos atos processuais praticados em juízo;[27]

e **(b)** no curso do processo penal, diante do magistrado, que procederá à oitiva do acusado, obrigatoriamente, na presença de seu defensor, constituído ou nomeado, eis que a defesa técnica é irrenunciável.

---

[27] STJ, HC 162.149/MG, Rel. Min. Joel Ilan Paciornik, 5ª T., julgado em 24-4-2018, DJe 10-5-2018.

Em se tratando de réu preso, será o interrogatório realizado em sala própria, no estabelecimento em que estiver recolhido ou deverá ser apresentado em juízo quando da audiência de instrução de julgamento. Caso esteja solto, será intimado para comparecimento em audiência una.

Na vertente ato, quando procedido em meio à ação penal, deverá o juiz garantir ao interrogado o **direito de entrevista prévia e reservada com seu defensor**.

Será o interrogatório judicial, independentemente da previsão legal,[28] o último ato a ser realizado na audiência de instrução e julgamento, como forma de assegurar que o réu exerça ampla defesa sobre todas as provas produzidas anteriormente.

Divergência no STJ

Art. 400 do Código de Processo Penal: A não observância do dispositivo acarreta nulidade absoluta ou relativa?

■ "É desnecessária a comprovação de prejuízo para o reconhecimento da nulidade decorrente da não observância do rito previsto no art. 400 do Código de Processo Penal, o qual determina que o interrogatório do acusado seja o último ato a ser realizado" (STJ, REsp 1.808.389/AM, Rel. Min. Rogerio Schietti Cruz, 6ª T., por maioria, julgado em 20-10-2020, DJe 23-11-2020).

■ *"No que tange à pretensão de reconhecimento da nulidade da instrução processual, desde o interrogatório, por suposta violação do art. 400, do CPP, a Quinta Turma deste Superior Tribunal de Justiça consolidou o entendimento de que, para se reconhecer nulidade pela inversão da ordem de interrogatório, 'é necessário que o inconformismo da Defesa tenha sido manifestado tempestivamente, ou seja, na própria audiência em que rea-*

---

[28] Sobre o tema: "Os procedimentos regidos por leis especiais devem observar, a partir da publicação da ata de julgamento do HC 127.900/AM do STF (11.03.2016), a regra disposta no art. 400 do CPP, cujo conteúdo determina ser o interrogatório o último ato da instrução criminal" (STJ, Informativo nº 609, publicação: 13-9-2017).

lizado o ato, sob pena de preclusão. Além disso, necessária a comprovação do prejuízo que o réu teria sofrido com a citada inversão'" (STJ, HC 446.528/SP, Rel. p/ acórdão Min. Felix Fischer, julgado em 11-9-2018, DJe 20-9-2018).

Todavia, **o acusado não é obrigado a estar presente na audiência** una caso manifeste vontade neste sentido, por ser a autodefesa direito disponível. De igual modo,

se o réu foi considerado revel porque, mesmo sabendo da existência de ação penal em seu desfavor, se mudou sem aviso prévio, o que impossibilitou sua intimação acerca da audiência de instrução e julgamento, não pode a defesa pretender que o feito seja anulado sob o argumento de que não esgotados os meios válidos para tentar localizá-lo.[29]

Por outro lado, **a presença do defensor é imprescindível** para realização do ato, por ser a defesa técnica irrenunciável.

Interrogatório por videoconferência

Em regra, o interrogatório do réu será realizado na presença do juiz. Entretanto, excepcionalmente, por decisão fundamentada, quando estiver o réu preso, o magistrado poderá, de ofício ou mediante requerimento das partes, realizar o referido ato por **sistema de videoconferência** ou outro recurso tecnológico de transmissão de sons e imagens em tempo real.

Para tanto, a decisão da autoridade deve estar pautada em um dos seguintes aspectos: (a) prevenção do risco à segurança pública, em caso de fundada suspeita de que o acusado integre organização criminosa ou de que possa fugir durante o deslocamento; (b) viabilização da participação do agente no referido ato processual, se houver relevante dificuldade para seu comparecimento em juízo, por enfermidade ou outra circunstância; (c) impedir que a presença do acusado influa no comportamento de testemunha ou da vítima, desde que não seja possível colher o depoimento

---

[29]. STJ, RHC 83.279/MG, Rel. Min. Jorge Mussi, 5ª T., julgado em 2-8-2018, DJe 10-8-2018.

destas por videoconferência; ou (d) em caso de gravíssima questão de ordem pública.

No estabelecimento prisional haverá sala reservada para fins de realização de atos processuais através de tais meios, a qual será fiscalizada por corregedores, pelo juiz, pelo Ministério Público e pela OAB (Ordem dos Advogados do Brasil).

Nesse sentido: "O Magistrado de primeiro grau, em obediência ao disposto no § 2º do art. 185 da Lei nº 11.900/2009, apresentou fundamentação apta a justificar a necessidade da adoção do interrogatório do recorrente pelo sistema de videoconferência, notadamente para se evitar a delonga na prestação jurisdicional, considerando sobretudo os problemas constantes na escolta de réu preso."[30]

Após proferida a decisão que determina a realização do interrogatório do agente, via videoconferência, serão as partes intimadas com até 10 dias de antecedência do ato processual.

Ainda antes de ser interrogado poderá o acusado, por videoconferência, acompanhar os atos procedidos na audiência de instrução e julgamento, como oitiva do ofendido e das testemunhas.

Por fim, se realizado o interrogatório por videoconferência, fica garantido o acesso a canais telefônicos reservados para comunicação entre o defensor e o réu.

O interrogatório será constituído: (a) da qualificação do acusado; e (b) do interrogatório de mérito.

O réu será, primeiramente, **qualificado** pela autoridade, respondendo às indagações relativas à sua identidade: nome, endereço, filiação, meios de vida ou profissão, oportunidades sociais, dentre outros. Igualmente deverá ser perguntado sobre a existência de filhos, suas idades, se possuem alguma deficiência, e o nome e o contato de responsável pelos seus cuidados. Na qualificação *não* poderá o réu mentir ou omitir informações, sob pena de incorrer em crime de falsa identidade,

---

[30] STJ, AgRg no RHC 110.019/AL, Rel. Min. Reynaldo Soares Da Fonseca, 5ª T., julgado em 21-5-2019, *DJe* 3-6-2019.

diferentemente do interrogatório de mérito, no qual o mesmo não é obrigado a produzir prova contra si mesmo.

Assevera o teor da Súmula nº 522 do STJ que "a conduta de atribuir-se falsa identidade perante autoridade policial é típica, ainda que em situação de alegada autodefesa". De acordo com o entendimento desse Tribunal Superior, "a referida conduta não constitui extensão da garantia à ampla defesa, visto tratar-se de conduta típica, por ofensa à fé pública e aos interesses de disciplina social, prejudicial, inclusive, a eventual terceiro cujo nome seja utilizado no falso".[31]

Após qualificado, o juiz cientificará o acusado do inteiro teor da acusação, bem como de seu **direito constitucional ao silêncio**, isto é, o de permanecer calado, sem que tal conduta importe em confissão.

Ato contínuo, iniciam-se as indagações acerca do **mérito** da ação penal, a serem realizadas pela autoridade judicial, oportunidade em que será perguntado ao réu – caso não opte por permanecer em silêncio:

- Se é verdadeira a imputação realizada pela acusação e, em caso de confissão, sobre os motivos, circunstâncias e se outras pessoas concorreram para o crime;
- Caso não seja verdadeira a acusação, se possui algum motivo particular a que atribuí-la, se conhece a pessoa a quem deva ser imputada a prática de tal delito e se com ela esteve antes ou após a prática do crime;
- Onde estava quando foi cometida a infração e se teve notícia desta;
- Sobre as provas já produzidas no bojo do processo;
- Se conhece as vítimas e testemunhas inquiridas;
- Se conhece o instrumento com que foi praticado o delito ou qualquer objeto que com este se relacione e tenha sido apreendido; e, finalmente,

---

31. STJ, Informativo nº 533, período: 12-2-2014.

■ Sobre os demais pormenores que conduzam à verificação dos antecedentes e circunstâncias do crime e se tem algo mais a alegar em sua defesa.

Caso o acusado possua determinada debilidade que lhe impeça de responder às perguntas diretamente, como surdez, mudez etc., o juiz procederá da seguinte maneira: (a) ao surdo serão apresentadas por escrito as perguntas, que ele responderá oralmente; (b) ao mudo as perguntas serão feitas oralmente, respondendo-as por escrito; e (c) ao surdo-mudo as perguntas serão formuladas por escrito e do mesmo modo dará as respostas. Nessas hipóteses, em se tratando de réu analfabeto, intervirá no ato, como intérprete e sob compromisso, pessoa habilitada a entendê-lo.

De igual modo, quando o agente não souber se comunicar em português, o interrogatório será realizado mediante intervenção de intérprete.

Ao final do ato, o magistrado questionará se as partes interessadas gostariam de formular perguntas ao acusado.

Em caso de pluralidade de réus, estes serão interrogados separadamente.

Enfim, se o acusado for analfabeto, não puder escrever (ex.: está com os braços enfaixados) ou não quiser assinar o termo de interrogatório, tal fato será consignado nos autos respectivos.

7.2.3 Confissão

A **confissão** consiste no reconhecimento do crime, por parte do acusado, **confirmando o teor das imputações realizadas em seu desfavor.**

Trata-se de prova normalmente produzida no bojo do interrogatório do acusado – inquisitivo ou judicial –, possuindo, pois, caráter pessoal. Se realizada em outra oportunidade, será tomada por termo nos autos.

Leciona José Frederico Marques (1997b, p. 303) que o "objeto da confissão é o que vem descrito na imputação; ela recai, ao demais, sobre fatos e acontecimentos do mundo exterior ou da vida psíquica interior, com as circunstâncias que os rodeia. Não versa a confissão sobre a apreciação do resultado das provas, nem sobre preceitos jurídicos".

O silêncio do réu não importará em confissão. Dispõe o Código, no entanto, que o silêncio poderia constituir elemento para a formação do convencimento do juiz. Contudo, cuida-se de dispositivo não recepcionado pela Constituição Federal, pois viola frontalmente o art. 5°, inciso LXIII, da Carta Magna.

Embora já denominada "a rainha das provas", atualmente, em consonância ao sistema da livre convicção do juiz,[32] a confissão será aferida em conjunto com o arcabouço probatório produzido, sendo que para sua apreciação o magistrado deverá confrontá-la com as demais provas juntadas ao processo, para constatar a existência de compatibilidade entre elas.

São características da confissão:

a) **Divisibilidade**, pois o magistrado pode considerar como verdadeira apenas parte das alegações do acusado.

b) **Retratabilidade**, haja vista ser possível que o réu altere sua versão dos fatos, retratando sua confissão anterior.

A confissão espontânea do réu está prevista no Código Penal como causa atenuante da pena, na segunda etapa dosimétrica. Aduz o Superior Tribunal de Justiça que "a confissão, mesmo que qualificada, dá ensejo à incidência da atenuante prevista no art. 65, III, *d*, do CP, quando utilizada para corroborar o acervo probatório e fundamentar a condenação",[33] salvo se tratando de crime de tráfico de drogas, oportunidade em que se "exige o reconhecimento da traficância pelo acusado, não bastando a mera admissão

---

[32.] Nesse sentido: "No contexto do Estado Democrático de Direito, não há falar em caráter tarifário da prova. Assim, o juízo de certeza que deve embasar a condenação criminal lastreia-se no conjunto probatório" (STJ, HC 135.326/SP, Rel. Min. Maria Thereza De Assis Moura, 6ª T., j. em 4-12-2012, *DJe* 12-12-2012).

[33.] STJ, Informativo n° 551, Período: 3-12-2014.

da posse ou propriedade para uso próprio", segundo a Súmula 630 deste Tribunal Superior.

7.2.4 Oitiva do ofendido

A vítima, quando possível, será qualificada e ouvida, em regra, pela autoridade policial e pelo juiz, sendo questionada acerca dos fatos, tomando-se por termo suas declarações. Refere-se à oitiva daquela que teve seus bens jurídicos violados, do **sujeito passivo do crime**, de modo que **o ofendido não é considerado testemunha**.

A vítima será resguardada de exposição, sendo necessária a preservação da sua intimidade, vida privada, honra e imagem. O magistrado, se entender necessário, poderá determinar o segredo de justiça em relação aos dados constantes dos autos.

Em crimes praticados no âmbito da violência doméstica ou contra a dignidade sexual, nos quais normalmente não se constata a presença de testemunhas, a oitiva do ofendido ganha especial relevância, devendo ser considerada, ainda que esteja na condição de vítima.

Jurisprudência

Valor probatório da oitiva da vítima

■ "Em razão das dificuldades que envolvem a obtenção de provas de crimes que atentam contra a liberdade sexual, praticados, no mais das vezes, longe dos olhos de testemunhas e, normalmente, sem vestígios físicos que permitam a comprovação dos eventos – a palavra da vítima adquire relevo diferenciado, como no caso destes autos" (STJ, AgRg no AREsp 1.191.886/PE, Rel. Min. Jorge Mussi, 5ª T., julgado em 6-12-2018, *DJe* 14-12-2018).

■ "Nos crimes contra a dignidade sexual, a palavra da vítima ganha substancial relevo para o esclarecimento dos fatos, notadamente em razão da maneira como tais delitos são cometidos – de forma obscura e na clandestinidade" (STJ, AgRg no AREsp 1.506.226/SC, Rel. Min. Ribeiro Dantas, 5ª T., julgado em 3-9-2019, *DJe* 10-9-2019).

■ "A jurisprudência desta Corte é assente no sentido de que, em se tratando de crimes praticados no âmbito doméstico, a palavra da vítima tem valor probante diferenciado, desde que corroborada por outros elementos probatórios, tal como ocorrido na espécie" (STJ, AgRg no AREsp 1.495.616/AM, Rel. Min. Ribeiro Dantas, 5ª T., julgado em 20-8-2019, DJe 23-8-2019).

No que se refere à prática de crimes cujas consequências sejam graves ao ofendido, poderá a autoridade judicial determinar o encaminhamento da vítima, às custas do infrator ou do Estado, para atendimento multidisciplinar nas áreas psicossocial, de assistência jurídica e de saúde.

A oitiva da vítima é o primeiro ato realizado em audiência una e, em regra, será registrada por meios ou recursos de gravação magnética, estenotipia, digital ou técnica similar, inclusive audiovisual, destinada a obter maior fidelidade das informações. Já decidiu o Superior Tribunal de Justiça, todavia, que "a expedição de carta precatória (para tomar a oitiva do ofendido) não suspende a instrução criminal, sendo possível o prosseguimento do feito, inclusive com o interrogatório do réu, ainda que pendente a devolução da carta pelo juízo deprecado".[34]

Ainda que não seja o titular para o ajuizamento de ação penal pública, o ofendido será comunicado dos atos processuais referentes à prisão do acusado, à data de audiências, à sentença e aos acórdãos que serão procedidos no endereço por ele indicado ou por meio eletrônico.

Se intimado para prestar depoimento, deverá o ofendido apresentar-se, sob pena de ser conduzido à presença da autoridade, salvo em caso de motivo justo. Quando da realização de audiências, será reservado local separado para a acomodação da vítima.

---

34. STJ, AgRg no HC 520.310/PR, Rel. Min. Laurita Vaz, 6ª T., julgado em 17-9-2019, DJe 1º-10-2019.

7.2.5 Prova testemunhal

A testemunha é **qualquer pessoa**[35] – inclusive inimputável – que comparece aos autos com o intuito de esclarecer objetivamente eventuais pontos referentes ao processo, prestando informações acerca da prática delitiva apurada que contribuam para a busca da verdade real e explicando sempre as razões de sua ciência ou as circunstâncias pelas quais possa avaliar-se sua credibilidade.

Por conseguinte, não é possível que a testemunha manifeste suas apreciações pessoais, emitindo opiniões de ordem subjetiva, salvo se inseparáveis à narrativa do fato.

As declarações serão tomadas oralmente, sendo facultada à testemunha breve consulta aos apontamentos constantes nos autos.

A testemunha:

a) **Não poderá eximir-se da obrigação de depor**, sob pena de condução coercitiva pela autoridade,[36] exceto se for ascendente, descendente, afim em linha reta, cônjuge, mesmo que desquitado, ou irmão do acusado (informantes). Aqui o dever de testemunhar será **facultativo**. Entretanto, caso o depoimento de tais pessoas seja imprescindível para elucidação do crime, haja vista que integram a prova do fato, não será possível a escusa.

Além disso, poderá o juiz aplicar multa à testemunha que não se apresentar em juízo, sem prejuízo do processo penal por

---

[35] Nesse sentido: "É pacífica a jurisprudência dos Tribunais Superiores no sentido de que, nos moldes do art. 202 do Código de Processo Penal, qualquer pessoa pode ser testemunha, inclusive a autoridade policial, não havendo que se falar em impedimento ou suspeição do delegado somente pelo fato de, em razão da natureza de seu cargo, ter presidido a fase inquisitorial" (STJ, AgRg no RHC 117.506/CE, Rel. Min. Reynaldo Soares Da Fonseca, 5ª T., julgado em 10-10-2019, DJe 18-10-2019).

[36] Art. 218, CPP: "Se, regularmente intimada, a testemunha deixar de comparecer sem motivo justificado, o juiz poderá requisitar à autoridade policial a sua apresentação ou determinar seja conduzida por oficial de justiça, que poderá solicitar o auxílio da força pública."

crime de desobediência, assim como condená-la ao pagamento das custas da diligência.

Porém, as pessoas impossibilitadas de comparecer para depor em razão de dificuldade de mobilidade, como os enfermos, idosos etc., serão inquiridas de onde estiverem.

Sobre o tema, "tem-se entendido que toda a antecipação de prova realizada nos termos do art. 366 do CPP está adstrita à fundamentação da necessidade concreta desse ato".[37] O Superior Tribunal de Justiça, inclusive, já pacificou a questão através da Súmula n° 455: "A decisão que determina a produção antecipada de provas com base no art. 366 do CPP deve ser concretamente fundamentada, não a justificando unicamente o mero decurso do tempo."

Jurisprudência

Prova testemunhal x agentes policiais

"É justificável a antecipação da colheita da prova testemunhal com arrimo no art. 366 do Código de Processo Penal nas hipóteses em que as testemunhas são policiais. O atuar constante no combate à criminalidade expõe o agente da segurança pública a inúmeras situações conflituosas com o ordenamento jurídico, sendo certo que as peculiaridades de cada uma acabam se perdendo em sua memória, seja pela frequência com que ocorrem, ou pela própria similitude dos fatos, sem que isso configure violação à garantia da ampla defesa do acusado" (STJ, Informativo n° 0595, publicação: 15-2-2017).

---

b) **Prestará compromisso**, prometendo dizer tão somente a verdade do que souber ou lhe for perguntado, sob pena de incorrer no delito de falso testemunho,[38] devendo o juiz

---

[37.] STF, HC 114.519, Rel. Min. Dias Toffoli, j. 26-2-2013, 1ª T., *DJe* 12-4-2013.
[38.] Nesse sentido: "O crime disposto no art. 342 do Código Penal é de mão própria, só podendo ser cometido por quem possui a qualidade legal de testemunha, a qual não pode ser estendida a simples declarantes ou informantes, cujos depoimentos, que são excepcionais, apenas colhidos quando indispensáveis, devem ser apreciados pelo Juízo conforme o valor que possam merecer" (STJ, HC 192.659/ES, Rel. Min. Jorge Mussi, 5ª T., julgado em 6-12-2011, *DJe* 19-12-2011).

adverti-las sobre tal possibilidade. Excetuam-se, aqui, os doentes e deficientes mentais, os menores de 14 anos[39] e os informantes, ou seja, aqueles que, em razão de possuírem vínculo com uma das partes, acabam com a imparcialidade comprometida.

Caso a autoridade judicial reconheça que determinada testemunha fez afirmação falsa, calou-se ou negou a verdade no bojo do processo, quando da sentença remeterá cópia do depoimento à autoridade policial para fins de instauração de inquérito policial, que poderá embasar a proposição de futura ação penal.

c) **Declarará seus dados pessoais**,[40] bem como se possui quaisquer relações com as partes.

d) **Não será admitida, se em razão de função, ministério, ofício ou profissão, deva guardar segredo.** Trata-se de **proibição prevista na legislação**. Destarte, se o acusado confessa o crime ao padre ou pastor, por exemplo, o sacerdote não prestará depoimento, **salvo se desobrigado pela parte**.

Ademais, consoante entendimento dos Tribunais Superiores, "o sistema processual penal brasileiro impede a oitiva de corréu na qualidade de testemunha, na mesma ação penal, em razão da incompatibilidade entre o direito constitucional ao silêncio e a obrigação de dizer a verdade imposta nos termos do Código de Processo Penal".[41]

[39.] "O art. 202 do CPP não veda a oitiva do menor de idade em juízo, sendo apenas dispensado de prestar compromisso, nos termos do art. 208 do CPP, de modo que não há nulidade a ser declarada" (STJ, AgRg no AREsp 515.612/SP, Rel. Min. Jorge Mussi, 5ª T., julgado em 13-3-2018, DJe 23-3-2018).

[40.] Art. 205, CPP: "Se ocorrer dúvida sobre a identidade da testemunha, o juiz procederá à verificação pelos meios ao seu alcance, podendo, entretanto, tomar-lhe o depoimento desde logo."

[41.] STJ, RHC 67.493/PR, Rel. Min. Felix Fischer, 5ª T., julgado em 19-4-2016, DJe 2-5-2016.

Por isso, observadas as ressalvas anteriormente realizadas:

Hipótese	Quem?
Depoimento proibido	Quem em razão de função, ministério, ofício ou profissão, deva guardar segredo.
Depoimento facultativo	Ascendente, descendente, afim em linha reta, cônjuge, ainda que desquitado, ou irmão do acusado.
Depoimento sem compromisso	Os informantes, os doentes e deficientes mentais e os menores de 14 anos.

Antes de iniciada a oitiva, a parte interessada poderá suscitar a imparcialidade da testemunha arrolada, ocasião em que arguirá a **contradita**, indicando a motivação de seu requerimento. Em seguida, o juiz questionará a testemunha acerca do que fora anteriormente alegado.

O magistrado só excluirá a testemunha se em razão de função, ministério, ofício ou profissão deva guardar segredo. Em compensação, não tomará seu compromisso se esta for informante, doente/deficiente mental ou menor de 14 anos. Não visualizadas as duas referidas hipóteses, apenas consignará, no termo de audiência, a contradita e a resposta da testemunha.

A prova testemunhal será tomada **separadamente**, de maneira que uma testemunha não presencie a oitiva das outras. Para tanto, serão reservados espaços apropriados para a garantir a incomunicabilidade entre elas.

Durante a instrução, **as partes questionarão as testemunhas diretamente**, sem a intervenção do magistrado. A esse sistema de inquirição dá-se o nome de *cross-examination*. No entanto, poderá a autoridade não admitir perguntas que possam induzir a resposta, não tiverem relação com o feito ou importarem na repetição de outra já respondida. Ao final, caso entenda pertinente, o juiz complementará a inquirição.

O **número** de testemunhas dependerá do procedimento adotado, sendo que o rol será designado pela acusação **no mo-**

mento do oferecimento da denúncia ou da queixa-crime,[42] e pela defesa, quando da resposta à acusação.

Em regra, as testemunhas de acusação serão ouvidas antes das de defesa. Todavia,

> o fato de uma testemunha da defesa ter sido inquirida antes da oitiva das testemunhas de acusação não implica, por si só, em nulidade do processo, dado que a inversão na ordem do depoimento das testemunhas somente geraria nulidade se demostrado, de modo efetivo e concreto, o prejuízo (*pas de nullité sans grief*).[43]

Cumpre ressaltar que poderá o juiz, quando julgar necessário, ouvir outras testemunhas além da quantidade máxima prevista e indicada por cada uma das partes. São as denominadas testemunhas do juízo ou extranumerárias.

Em vista disso, "em observância ao princípio da busca da verdade real, não há nulidade na oitiva das testemunhas e informantes dispensadas pela defesa, tendo em vista a possibilidade de serem ouvidas na qualidade de testemunhas do juízo".[44]

Não será considerada testemunha quem nada souber sobre a causa.

Feitas tais considerações, vejamos o número máximo de testemunhas que poderão ser indicadas por cada uma das partes:

Procedimento	Número de testemunhas
Procedimento comum ordinário	8 testemunhas
Procedimento comum sumário	5 testemunhas
Procedimento comum sumaríssimo	3 testemunhas
Procedimento especial do Júri	Sumário da culpa – 8 testemunhas Plenário – 5 testemunhas

---

[42]. Sobre o tema: "A intimação do Ministério Público para que indique as provas que pretende produzir em Juízo e a juntada do rol de testemunhas pela acusação, após a apresentação da denúncia, mas antes da formação da relação processual, não são causas, por si sós, de nulidade absoluta" (STJ, Informativo n° 577, período: 20-2 a 2-3-2016).
[43]. STF, HC 116.569, Rel. Min. Luiz Fux, j. 4-2-2014, 1ª T., DJe 18-2-2014.
[44]. STJ, AgRg no AREsp 486.618/SC, Rel. Min. Jorge Mussi, 5ª T., julgado em 15-3-2018, DJe 23-3-2018.

Caso uma testemunha aponte determinada pessoa que não está, inicialmente, inserida no rol indicado pelas partes, poderá o magistrado, se entender conveniente, ouvir a quem as testemunhas se referirem. Da mesma maneira, se enfermidade ou a idade avançada da testemunha inspirar receio, o juiz poderá, de ofício ou a requerimento de qualquer das partes, tomar-lhe antecipadamente o depoimento.

Ainda é possível que o juiz, fundamentadamente, faça a inquirição do réu por videoconferência ou determine sua retirada do local da audiência se verificar que sua presença cause humilhação, temor ou sério constrangimento à testemunha ou ao ofendido, de forma a prejudicar a autenticidade das suas declarações, não havendo que se falar, dessa forma, em cerceamento de defesa.

Serão inquiridos de forma **especial**:

a) O Presidente e o Vice-Presidente da República, os senadores e deputados federais, os ministros de Estado, os governadores de Estados e Territórios, os secretários de Estado, os prefeitos do Distrito Federal e dos Municípios, os deputados às Assembleias Legislativas Estaduais, os membros do Poder Judiciário, os membros do Ministério Público, os ministros e juízes dos Tribunais de Contas da União, dos Estados, do Distrito Federal, bem como os do Tribunal Marítimo serão inquiridos em local, dia e hora previamente ajustados entre eles e o juiz.[45]

Jurisprudência
Autoridades com foro privilegiado

"As autoridades com prerrogativa de foro previstas no art. 221 do CPP, quando figurarem na condição de investigadas no inquérito policial ou de acusadas na ação penal, não têm o direito de ser inquiridas em local, dia e

---

[45.] Art. 221, § 1°, do CPP: "O Presidente e o Vice-Presidente da República, os presidentes do Senado Federal, da Câmara dos Deputados e do Supremo Tribunal Federal poderão optar pela prestação de depoimento por escrito, caso em que as perguntas, formuladas pelas partes e deferidas pelo juiz, lhes serão transmitidas por ofício."

hora previamente ajustados com a autoridade policial ou com o juiz. Isso porque não há previsão legal que assegure essa prerrogativa processual, tendo em vista que o art. 221 do CPP se restringe às hipóteses em que as autoridades nele elencadas participem do processo na qualidade de testemunhas, e não como investigadas ou acusadas" (STJ, Informativo n° 547, período: 8-10-2014).

b) Os militares, cuja oitiva deverá ser requisitada à autoridade superior.

c) Os funcionários públicos, devendo o mandado de intimação ser imediatamente comunicado ao chefe da repartição em que servir, com indicação do dia e hora marcados.

d) Testemunha residente fora da jurisdição:
- será ouvida pelo juízo deprecado após expedição da competente carta precatória e intimação das partes; ou
- por meio de videoconferência ou outro recurso tecnológico de transmissão de sons e imagens em tempo real, durante a realização da instrução processual.

Não obstante seja necessária a intimação das partes para oitiva da testemunha, segundo a Súmula n° 155 do Supremo Tribunal Federal, "é relativa a nulidade do processo criminal por falta de intimação da expedição de precatória para inquirição de testemunha".

Caso a testemunha, no curso da ação penal, mude de residência, deverá comunicar seu novo endereço ao juízo em até um ano, sob pena de incorrer nas sanções referentes ao não comparecimento.

e) Testemunha que não conhece a língua nacional, oportunidade em que será nomeado intérprete para a respectiva tradução.

f) Testemunha surda, muda ou surda-muda:
- à surda, as perguntas serão formuladas por escrito, e as respostas proferidas oralmente;
- à muda, as indagações serão realizadas oralmente, enquanto as respostas serão escritas; e

- à surda muda, as perguntas e respostas serão exteriorizadas por escrito.

7.2.6 Reconhecimento de pessoas e coisas

O reconhecimento será procedido com a finalidade de que vítimas ou testemunhas identifiquem determinada pessoa ou objeto, os quais possuam ligação com o fato criminoso. Dessa maneira, poderá, por exemplo, ser apresentada fotografia de um suspeito a fim de que o ofendido reconheça (ou não) o agente como autor do delito.[46] Do mesmo jeito, poderá identificar objetos como o instrumento do crime, a *res furtiva* etc.

Para realização da diligência, necessária se faz a observação dos aspectos descritos no art. 226 do Código de Processo Penal:

a) primeiramente, a pessoa que for proceder ao reconhecimento descreverá o indivíduo a ser reconhecido;

b) posteriormente, a pessoa cujo reconhecimento se pretender, será colocada ao lado de outras com ela semelhantes;

c) após isso, quem estiver realizando o reconhecimento apontará a pessoa a ser reconhecida.

Jurisprudência

Imprescindibilidade das formalidades previstas no art. 226 do Código de Processo Penal

"O reconhecimento de pessoa, presencialmente ou por fotografia, realizado na fase do inquérito policial, apenas é apto, para identificar o réu e fixar a autoria delitiva, quando observadas as formalidades previstas no art. 226 do Código de Processo Penal e quando corroborado por outras provas colhidas na fase judicial, sob o crivo do contraditório e da ampla defesa. Segundo

---

[46.] Sobre o tema: "O reconhecimento fotográfico do réu, quando ratificado em juízo, sob a garantia do contraditório e da ampla defesa, pode servir como meio idôneo de prova para fundamentar a condenação" (STJ, HC 477.128/SP, Rel. Min. Ribeiro Dantas, 5ª T., julgado em 5-9-2019, *DJe* 12-9-2019).

estudos da Psicologia moderna, são comuns as falhas e os equívocos que podem advir da memória humana e da capacidade de armazenamento de informações. Isso porque a memória pode, ao longo do tempo, se fragmentar e, por fim, se tornar inacessível para a reconstrução do fato. O valor probatório do reconhecimento, portanto, possui considerável grau de subjetivismo, a potencializar falhas e distorções do ato e, consequentemente, causar erros judiciários de efeitos deletérios e muitas vezes irreversíveis. O reconhecimento de pessoas deve, portanto, observar o procedimento previsto no art. 226 do Código de Processo Penal, cujas formalidades constituem garantia mínima para quem se vê na condição de suspeito da prática de um crime, não se tratando, como se tem compreendido, de 'mera recomendação' do legislador" (STJ, HC 598.886-SC, Rel. Min. Rogerio Schietti Cruz, 6ª T., por unanimidade, julgado em 27-10-2020, DJe 18-12-2020).

Se houver pluralidade de pessoas para efetuar o reconhecimento, este será realizado separadamente, a fim de que uma não influa na opinião da outra, evitando-se, por conseguinte, a comunicação entre elas.

Quando o reconhecimento for realizado no bojo do inquérito policial, caso a pessoa sinta-se intimidada ao proceder ao reconhecimento ou houver fundado receio de que não diga a verdade, por influência de quem deva ser reconhecido, a autoridade providenciará para que o suspeito não tenha visão de quem o identifica. De outro modo, na fase da instrução criminal ou em plenário de julgamento, não far-se-á tal procedimento.

O ato de reconhecimento será lavrado a termo e subscrito pela autoridade, pela pessoa chamada para realizar o reconhecimento e por duas testemunhas presenciais.

E, em relação ao reconhecimento de objetos, serão aplicados os mesmos procedimentos estabelecidos para o de pessoas, dentro do que for cabível.

7.2.7 Acareação

A **acareação** consiste no confronto entre pessoas que possuem teses contraditórias acerca do ocorrido ou de suas peculiaridades. Dessa feita, a finalidade da acareação é **suprir as dúvidas causadas por eventuais contradições entre as oitivas**.

Poderão ser colocados defronte uns aos outros: **(1)** os acusados; **(2)** o acusado e a testemunha; **(3)** as testemunhas; **(4)** acusado ou testemunha e o ofendido; e **(5)** os ofendidos, oportunidade em que serão reformuladas as questões divergentes entre si.

A acareação poderá ser realizada em sede inquisitorial ou em juízo, e sempre será reduzida a termo.

Na prática, a referida espécie de prova não tem sido muito utilizada, posto que raramente é eficaz. Por consequência, "o deferimento de provas é ato próprio do magistrado processante, que poderá indeferi-las de forma fundamentada, quando as julgar protelatórias ou desnecessárias e sem pertinência com a instrução do processo, não caracterizando, tal ato, cerceamento de defesa" (STJ, HC 337.889/MT, Rel. Min. Félix Fischer, 5ª T., DJe 1-8-2016).[47]

7.2.8 Prova documental

De acordo com o Código Processual, os **documentos** consistem em quaisquer escritos, instrumentos, papéis – de natureza pública ou particular. No entanto, o entendimento doutrinário é no sentido de que a conceituação do legislador é restrita, sendo também abarcados como documentos: imagens, fotos, pinturas, mapas etc. – e não apenas os escritos.

Assim,

> embora preferindo restringir o conceito de documento, é certo que o legislador, em outras passagens, acaba aludindo à fotografia, desenhos, esquemas etc. (arts. 165 e 170). Cremos, assim, que deva se adotar um conceito amplo, a abranger não só os escritos propriamente ditos, mas todo e qualquer elemento capaz de expressar determinado fato (CUNHA; PINTO, 2017, p. 622).

---

[47] STJ, AgRg no AREsp 902.364/SP, Rel. Min. Nefi Cordeiro, 6ª T., julgado em 24-10-2017, DJe 6-11-2017.

Trata-se de importante meio de prova, por meio da qual poderão as partes apresentá-la **durante todas as fases processuais**, salvo quando expressamente vedado em lei, cabendo ao juiz, em seguida, intimar a parte contrária para exercer seu direito ao contraditório.

Jurisprudência

Súmula nº 74, STJ: "Para efeitos penais, o reconhecimento da menoridade do réu requer prova por documento hábil."

Quando originais, os documentos, ao final da ação, poderão, após requerimento da parte e oitiva do Ministério Público, ser entregues a quem os produziu, se não houver motivo hábil a justificar sua manutenção nos autos.

Provas documentais interceptadas ou obtidas por meios criminosos *não* serão admitidas em juízo, com fulcro no art. 5º, inciso LVI, da Constituição da República. Em contrapartida, no caso de cartas, *e-mails*, mensagens etc., poderá o destinatário exibi-las em sua defesa, mesmo que não haja anuência do remetente.

Os documentos juntados em língua estrangeira serão traduzidos por tradutor, ou, em sua falta, por pessoa idônea nomeada pela autoridade, sendo que "a tradução para o vernáculo de documentos em idioma estrangeiro só deverá ser realizada se tal providência tornar-se absolutamente 'necessária', nos termos do que dispõe o art. 236 do CPP."[48]

Em caso de dúvidas acerca da autenticidade de algum documento juntado ao processo, poderá ser arguido o **incidente de falsidade** pelo Ministério Público, pela vítima, pelo acusado, pelo procurador com poderes especiais ou, de ofício, pelo magistrado. Se o juiz entender por sua falsidade, desentranhará o documento, após o trânsito em julgado da decisão.

---

[48] STF, Inq 4.146, Rel. Min. Teori Zavascki, j. 22-6-2016, *DJe* 5-10-2016.

7.2.9 Indícios

Os **indícios** do crime são meios de prova **indiretos**, nos quais, a partir do método indutivo-dedutivo, encontra-se a conclusão acerca da existência de fato criminoso ou da autoria delitiva. Portanto, a partir de uma série de elementos lógicos colacionados ao feito, pressupõem-se outras peculiaridades da infração.

De acordo com o Código de Processo Penal, "considera-se indício a circunstância conhecida e provada, que, tendo relação com o fato, autorize, por indução, concluir-se a existência de outra ou outras circunstâncias".

Sobre o tema: "a apreensão de expressiva quantidade de entorpecente evidencia, por raciocínio lógico dedutivo, que se trata de pessoa dedicada à criminalidade ou integrante de organização criminosa, o que impede a aplicação da causa especial de diminuição da pena prevista no art. 33, § 4°, da Lei n° 11.343/2006".[49]

Já os **contraindícios** são elementos que dão conta de que os indícios produzidos não são verdadeiros.

Exemplifiquemos: Tício e Mévia moram na mesma casa, sendo notório que ambos vivem em conflito. Mévia é assassinada em sua residência. Dessa forma, existem indícios de que Tício possa ser o autor do delito, em razão das circunstâncias apresentadas. Porém, se este consegue comprovar que, no exato momento do crime, não se encontrava em casa, está-se diante de um contraindício.

7.2.10 Busca e Apreensão

A **busca** consiste na averiguação a ser procedida pelo órgão competente, com o fito de procurar algum elemento de prova passível de utilização na elucidação do crime. Poderá ser: **(a)** pessoal; ou **(b)** domiciliar.

---

[49]. STJ, REsp 1359491/PR, Rel. Min. Marilza Maynard (Desembargadora convocada do TJ/SE), 5ª T., julgado em 18-4-2013, DJe 25-4-2013.

A **apreensão** significa o apoderamento, pela autoridade, de coisa que se encontra em posse de outrem, por interessar ao deslinde e compreensão da causa. Do mesmo modo, poderá uma pessoa ser apreendida, se observados os requisitos necessários, os quais serão estudados no capítulo referente à "Prisão e outras medidas cautelares".

São meios de prova (ou meios de obtenção de prova) complementares, que dificilmente serão realizados separadamente, podendo ser efetuados a qualquer tempo. Mas há quem entenda que a natureza jurídica da busca e apreensão é medida cautelar.

7.2.10.1 Busca pessoal

A **busca pessoal** será realizada, em regra, mediante **autorização judicial ou policial**, se houver fundada suspeita de que o indivíduo esteja ocultando consigo – em seu corpo, roupa, mala, bolsa etc. – arma proibida, coisas achadas ou obtidas por meios criminosos, objetos falsificados, instrumentos utilizados na prática de crime, objetos necessários à prova de infração, dentre outros elementos de convicção que atestem determinada prática delitiva.

7.2.10.2 Busca domiciliar

Já a **busca domiciliar** será procedida mediante **autorização judicial**, desde que haja fundadas razões em admiti-la. Sua finalidade será: **(a)** prender criminosos; **(b)** apreender coisas achadas ou obtidas por meios criminosos; **(c)** apreender instrumentos de falsificação ou de contrafação e objetos falsificados ou contrafeitos; **(d)** apreender armas e munições, instrumentos utilizados na prática de crime ou destinados a fim delituoso; **(e)** descobrir objetos necessários à prova de infração ou à defesa do réu; **(f)** apreender cartas, abertas ou não, destinadas ao acusado ou em seu poder, quando haja suspeita de que o conhecimento do seu conteúdo possa ser útil à elucidação do fato; **(g)** apreender pessoas vítimas de crimes; ou **(h)** colher qualquer elemento de convicção.

A não observância da expedição de mandado judicial gera a nulidade do feito, por ser considerada **prova obtida por meio ilícito.** Inclusive, já decidiu o Superior Tribunal de Justiça que

> a entrada da autoridade policial no domicílio se deu estritamente em razão de denúncia anônima quanto ao paradeiro de foragido da justiça e pelo fato de um outro indivíduo empreender fuga para o interior de residência, não tendo havido nenhuma investigação prévia apta a justificar concretamente tal ingresso, o que configura ilegalidade e torna ilícitas as provas obtidas, inclusive a apreensão das drogas, contaminando todo o procedimento penal.[50]

Será considerado domicílio não apenas a residência da vítima, mas também os demais compartimentos habitados, aposentos ocupados de habitação coletiva e compartimentos não abertos ao público, onde se exerça profissão ou atividade.

Nessa modalidade, em face da **inviolabilidade do domicílio**, é imperioso que o cumprimento da diligência se dê no período diurno, conforme bem aduz o art. 5°, XI, da Constituição Federal, **exceto** se o morador consentir em realizá-la à noite ou em caso de flagrante delito.

Jurisprudência

A prova da legalidade e da voluntariedade do consentimento para o ingresso na residência do suspeito incumbe, em caso de dúvida, ao Estado

De acordo com recente entendimento proferido pelo Superior Tribunal de Justiça, "na hipótese de suspeita de crime em flagrante, exige-se, em termos de *standard* probatório para ingresso no domicílio do suspeito sem mandado judicial, a existência de fundadas razões (justa causa), aferidas de modo objetivo e devidamente justificadas, de maneira a indicar que

---

[50] STJ, AgRg no REsp 1812220/RS, Rel. Min. Laurita Vaz, 6ª T., julgado em 15-10-2019, DJe 25-10-2019.

dentro da casa ocorre situação de flagrante delito. O tráfico ilícito de entorpecentes, em que pese ser classificado como crime de natureza permanente, nem sempre autoriza a entrada sem mandado no domicílio onde supostamente se encontra a droga. Apenas será permitido o ingresso em situações de urgência, quando se concluir que do atraso decorrente da obtenção de mandado judicial se possa objetiva e concretamente inferir que a prova do crime (ou a própria droga) será destruída ou ocultada. O consentimento do morador, para validar o ingresso de agentes estatais em sua casa e a busca e apreensão de objetos relacionados ao crime, precisa ser voluntário e livre de qualquer tipo de constrangimento ou coação. A prova da legalidade e da voluntariedade do consentimento para o ingresso na residência do suspeito incumbe, em caso de dúvida, ao Estado, e deve ser feita com declaração assinada pela pessoa que autorizou o ingresso domiciliar, indicando-se, sempre que possível, testemunhas do ato. Em todo caso, a operação deve ser registrada em áudio-vídeo e preservada tal prova enquanto durar o processo" (STJ, HC 598.051/SP, Rel. Min. Rogério Schietti Cruz, 6ª T., por unanimidade, julgado em 2-3-2021).

De todo modo, deverá o executor da busca ler o mandado judicial expedido, intimando o morador (ou quem seja o seu representante) a abrir a porta. Se estiver ausente o proprietário/possuidor, qualquer vizinho será intimado a acompanhar a busca domiciliar.

Entretanto, já consignou a jurisprudência que "o reconhecimento de nulidades no curso do processo penal reclama uma efetiva demonstração do prejuízo à parte, sem a qual prevalecerá o princípio da instrumentalidade das formas positivado pelo art. 563 do CPP *pas de nullité sans grief*".[51]

Caso haja desobediência por parte do morador em permitir a passagem dos executores da diligência, será arrombada a porta e forçada a entrada.

Em meio à realização da diligência, também será permitido o uso de força com o fito de descortinar a localização dos objetos

---

51. STJ, RHC 109.781/SP, Rel. Min. Ribeiro Dantas, 5ª T., julgado em 13-8-2019, *DJe* 19-8-2019.

buscados que se encontrem possivelmente escondidos no domicílio. **Cuidado**: tal prerrogativa não é absoluta, devendo ser observado o princípio da proporcionalidade, de forma que não moleste os direitos do indivíduo mais do que o necessário para o êxito da ação.

Além disso, deverá o morador apontar o lugar em que se encontra determinada pessoa ou coisa, quando discriminado no mandado.

Quando encontrados objetos ou pessoas, os quais possuam relevância para o esclarecimento dos fatos, serão estes apreendidos e colocados sob custódia dos executores. Contudo, não sendo nada localizado, as razões da diligência serão comunicadas ao morador, se assim o requerer.

Finalmente, insta mencionar ser "válida a autorização expressa para busca e apreensão em sede de empresa investigada dada por pessoa que age como sua representante".[52]

7.2.10.3 Busca: disposições em comum

Em regra, as duas espécies de busca serão determinadas pela autoridade competente, de ofício ou mediante requerimento de qualquer das partes interessadas, de sorte que sua realização será procedida por **mandado**. Para tanto, deverá ser expedido **mandado de busca**, a ser subscrito pelo escrivão e assinado pela autoridade, contendo, em seu corpo, a casa em que será realizada a diligência e o nome do proprietário ou morador, ou, no caso de busca pessoal, o nome da pessoa que terá de sofrê-la ou os sinais que a identifiquem, mencionando-se, ainda, o motivo e os fins da diligência.

Menciona-se que "inexiste exigência legal de que o mandado de busca e apreensão detalhe o tipo de documento a ser apreendido, ainda que de natureza sigilosa".[53]

---

[52] Informativo nº 690, STJ – RMS 57.740-PE, Rel. Min. Reynaldo Soares da Fonseca, 5ª T., por unanimidade, julgado em 23-3-2021.

[53] STJ, Informativo 694 – RHC 135.970/RS, Rel. Min. Sebastião Reis Junior, 6ª T., por unanimidade, julgado em 20-4-2021.

> **Jurisprudência**
>
> ■ **Busca e apreensão em aparelho celular**
>
> "Determinada judicialmente a busca e apreensão de telefone celular ou smartphone, é lícito o acesso aos dados armazenados no aparelho apreendido, notadamente quando a referida decisão o tenha expressamente autorizado" (STJ, Informativo n° 590, período: 16-9 a 3-10-2016).
>
> ■ **Busca e apreensão em quarto de hotel**
>
> "É lícita a entrada de policiais, sem autorização judicial e sem o consentimento do hóspede, em quarto de hotel não utilizado como morada permanente, desde que presentes as fundadas razões que sinalizem a ocorrência de crime e hipótese de flagrante delito" (STJ, Informativo n° 715, publicação: 3-11-2021).

> **Importante!**
>
> Por outro lado, será prescindível a expedição de mandado:
>
> a) Quando a própria autoridade estiver presente no momento do ato, oportunidade em que declarará sua qualidade e o objeto da diligência.
>
> b) Em busca pessoal, quando houver fundada suspeita[54] de que a pessoa esteja na posse de arma proibida ou de objetos ou papéis que constituam corpo de delito.
>
> c) Em busca pessoal, em meio à realização de busca domiciliar.
>
> Veja:

---

54. Sobre o tema: "A permissão para a revista pessoal em caso de fundada suspeita decorre de desconfiança devidamente justificada pelas circunstâncias do caso concreto de que o indivíduo esteja na posse de armas ou de outros objetos ou papéis que constituam corpo de delito, evidenciando-se a urgência de se executar a diligência. É necessário, pois, que ela (a suspeita) seja fundada em algum dado concreto que justifique, objetivamente, a invasão na privacidade ou na intimidade do indivíduo" (STJ, REsp 1576623/RS, Rel. Min. Rogério Schietti Cruz, 6ª T., julgado em 8-10-2019, DJe 14-10-2019).

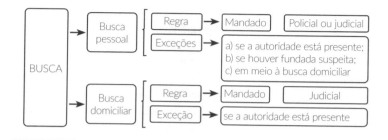

Destaca-se **não** ser possível a apreensão de documento que esteja em posse do advogado do réu, por violar a prerrogativa profissional do defensor e a inviolabilidade de seu local de trabalho, exceto se o objeto constituir elemento do corpo de delito. Logo, documentos pessoais do acusado que estejam em poder do patrono não poderão ser apreendidos, diferentemente, se o advogado estiver escondendo um cadáver, por exemplo.

Jurisprudência
Inviolabilidade do local de trabalho do advogado

"A teor do art. 7º, II, do Estatuto da Advocacia, é direito do advogado a inviolabilidade de seu escritório ou local de trabalho, bem como de seus instrumentos de trabalho, de sua correspondência escrita, eletrônica, telefônica e telemática, desde que relativas ao exercício da advocacia. No entanto, presentes indícios de autoria e materialidade da prática de crime por parte de advogado, a autoridade judiciária competente poderá decretar a quebra da inviolabilidade, em decisão motivada, expedindo mandado de busca e apreensão específico e pormenorizado, a ser cumprido na presença de representante da OAB (§ 6º do art. 7º do mesmo diploma legal)" (STJ, AgRg no HC 349.811/MG, Rel. Min. Reynaldo Soares Da Fonseca, 5ª T., julgado em 27-11-2018, *DJe* 10-12-2018).

Por fim, menciona-se que a realização da busca em mulher deverá ser efetuada por outra mulher, a fim de resguardar sua intimidade e evitar constrangimentos, salvo se importar retardamento ou prejuízo da diligência.

7.2.11 Meios de prova previstos na legislação extravagante

Esmiucemos, a seguir, outros meios de prova que, embora não descritos no corpo do Código de Processo Penal, encontram-se previstos na legislação penal extravagante, e possuem igual relevância na busca da verdade real.

7.2.11.1 Interceptação telefônica

A **interceptação das comunicações telefônicas**, isto é, a captura de diálogos realizada por terceiros, entre interlocutores que conversam via telefone, é meio de prova obtido tão somete por **autorização judicial**, podendo ser determinada de ofício ou mediante requerimento da autoridade policial ou do representante do Ministério Público, desde que imprescindível à produção de provas em **investigação criminal e em instrução processual penal**. Observe, portanto: **(1)** a interceptação telefônica sem ordem judicial é ilegal;[55] e **(2)** a interceptação telefônica apenas se dará procedimento penal, não sendo admitida no bojo de processos cíveis *lato sensu*.

De acordo com a Constituição Federal, em regra, o sigilo das comunicações telefônicas é inviolável, salvo se a quebra for autorizada por decisão judicial, nas hipóteses e na forma que a lei estabelecer. Ou seja: a inviolabilidade das comunicações é direito fundamental do indivíduo, e deve ser, ao máximo, resguardado. Porém, se demonstrada a imprescindibilidade da medida, bem como os requisitos autorizadores para a quebra do sigilo, os quais se encontram previstos em lei – Lei nº 9.296/1996 –, é possível que o magistrado defira a realização da interceptação telefônica.

Ademais, segundo a legislação ordinária, ***não*** será admitida a interceptação de comunicações telefônicas se **(1)** não houver indícios razoáveis da autoria ou participação em infração penal; ou **(2)** a prova puder ser feita por outros meios disponíveis; ou **(3)** quando o fato investigado constituir infração penal punida, no máximo, com

---

[55] "É ilícita a prova obtida mediante conduta da autoridade policial que atende, sem autorização, o telefone móvel do acusado e se passa pela pessoa sob investigação" (STJ, Informativo nº 655, publicação: 27-9-2019).

pena de detenção.[56] Logo, a imprescindibilidade da medida deve ser demonstrada, sendo que a incidência em uma das hipóteses enumeradas torna ilegal o seu deferimento.

Em regra, o requerimento será formulado por escrito. No entanto, o juiz poderá admitir que o pedido seja realizado verbalmente, desde que presentes os pressupostos que autorizem a interceptação, ocasião em que a concessão será reduzida a termo. Após, a autoridade judicial terá o **prazo máximo de 24 horas** para deliberar sobre o pedido, explicando, de forma **fundamentada**, as razões que o fizeram decidir de tal maneira, sob pena de nulidade. Nessa oportunidade, o magistrado também indicará a forma de execução da diligência.

Lembrando que, em qualquer hipótese, deve ser descrita com clareza a situação objeto da investigação, inclusive com a indicação e qualificação dos investigados, salvo impossibilidade manifesta, devidamente justificada (art. 2º, parágrafo único, da Lei nº 9.296/1996).

Importante!

A Lei nº 9.296/1996 prevê que a interceptação telefônica **não** poderá exceder o prazo de **15 dias**, podendo ser **renovada por igual tempo, uma vez**, se comprovada a **indispensabilidade** do meio de prova. Contudo, o Superior Tribunal de Justiça já decidiu ser possível a prorrogação da interceptação telefônica, sem limite de vezes, desde que haja autorização judicial, e que seja demonstrada a indispensabilidade da medida e a permanência dos pressupostos previstos na Lei nº 9.296/1996.[57]

[56.] Cuidado! Para o STJ, "é legítima a prova obtida por meio de interceptação telefônica para apuração de delito punido com detenção, se conexo com outro crime apenado com reclusão" (HC 366070/RS, Rel. Min. Sebastião Reis Júnior, 6ª T., julgado em 8-11-2018, DJe 23-11-2018).

[57.] STJ, AgRg no RHC 136.245/MG, Rel. Min. João Otávio de Noronha, 5ª T., julgado em 14-9-2021, DJe 20-9-2021.

Jurisprudência

Importantes entendimentos do STJ sobre interceptação telefônica

- "É admissível a utilização da técnica de fundamentação *per relationem* para a prorrogação de interceptação telefônica quando mantidos os pressupostos que autorizaram a decretação da medida originária" (STJ, AgInt no REsp 1390751/PR, Rel. Min. Rogerio Schietti Cruz, 6ª T., julgado em 8-11-2018, DJe 23-11-2018).

- "É possível a determinação de interceptações telefônicas com base em **denúncia anônima**, desde que corroborada por **outros elementos que confirmem** a necessidade da medida excepcional" (STJ, RHC 70560/SP, Rel. Min. Reynaldo Soares da Fonseca, 5ª T., julgado em 4-12-2018, DJe 14-12-2018).

- "A garantia do sigilo das comunicações entre advogado e cliente **não** confere imunidade para a **prática de crimes no exercício da advocacia**, sendo lícita a colheita de provas em interceptação telefônica devidamente autorizada e motivada pela autoridade judicial" (STJ, RMS 58898/SE, Rel. Min. Laurita Vaz, 6ª T., julgado em 8-11-2018, DJe 23-11-2018).

- "**Não** há necessidade de **degravação dos diálogos** objeto de interceptação telefônica, em sua integralidade, visto que a Lei n° 9.296/1996 não faz qualquer exigência nesse sentido" (STJ, HC 422642/SP, Rel. Min. Reynaldo Soares da Fonseca, 5ª T., julgado em 25-9-2018, DJe 2-10-2018).

- "Durante interceptação telefônica deferida em primeiro grau de jurisdição, **a captação fortuita de diálogos mantidos por autoridade com prerrogativa de foro não impõe, por si só, a remessa imediata dos autos ao Tribunal competente para processar e julgar a referida autoridade**, sem que antes se avalie a idoneidade e a suficiência dos dados colhidos para se firmar o convencimento acerca do possível envolvimento do detentor de prerrogativa de foro com a prática de crime" (STJ, HC 307.152-GO, Rel. Min. Sebastião Reis Júnior, Rel. para acórdão Min. Rogerio Schietti Cruz, julgado em 19-11-2015, DJe 15-12-2015).

- "É **desnecessário** que cada sucessiva autorização judicial de interceptação telefônica apresente inéditos fundamentos motivadores da continuidade das investigações, bastando que estejam mantidos os pressupostos que autorizaram a decretação da interceptação originária" (STJ, AgRg no AREsp 1789984/PR, Rel. Min. Reynaldo Soares da Fonseca, 5ª T., julgado em 18-5-2021, DJe 24-5-2021).

Destaca-se que, embora se faça confusão entre os termos interceptação, gravação e escuta telefônica, trata-se de institutos distintos, que possuem conceitos e características diferentes. Na interceptação, os interlocutores não possuem conhecimento de que a conversa está sendo acompanhada por terceiro, que a grava. Já na gravação, não há figura do terceiro, posto que um dos interlocutores da conversa é quem a captura. Por fim, na escuta, a gravação do diálogo é realizada por terceiro, sendo que um dos interlocutores tem conhecimento de que estão sendo gravados.

Cumpre explicitar que a interceptação e a escuta telefônicas imprescindem de ordem judicial para serem efetivadas, sob pena de nulidade por ilicitude da prova. Porém, o mesmo não ocorre com a gravação, que, segundo a jurisprudência pode ser realizada sem autorização judicial.

Observe o quadro:

	Interceptação	Gravação	Escuta
Quem conversa?	A e B	A e B	A e B
Quem grava?	C	A ou B	C
Quem tem conhecimento da medida?	Apenas C. A e B não têm conhecimento da interceptação.	Apenas quem está gravando (A ou B).	Além de C, um dos interlocutores (A ou B) tem conhecimento da escuta.
É necessária autorização judicial?	Sim	Não[58]	Sim[59]

---

[58] "Pacificou-se neste Sodalício o entendimento de que a gravação ambiental realizada por um dos interlocutores é válida como prova no processo penal, independentemente de autorização judicial. Da mesma forma, a gravação de conversa realizada por um dos interlocutores é considerada prova lícita, não se confundindo com interceptação telefônica. Precedentes" (STJ, AgRg no HC 549.821/MG, Rel. Min. Jorge Mussi, 5ª T., julgado em 17-12-2019, DJe 19-12-2019); "As inovações do Pacote Anticrime na Lei nº 9.296/1996 não alteraram o entendimento de que é lícita a prova consistente em gravação ambiental realizada por um dos interlocutores sem conhecimento do outro" (STJ, HC 512.290-RJ, Rel. Min. Rogerio Schietti Cruz, 6ª T., por unanimidade, julgado em 18-8-2020, DJe 25-8-2020).

[59] "As referências às escutas telefônicas empreendidas sem autorização judicial, por ilícitas, devem ser desentranhadas dos autos, na esteira do que determina o inciso LVI do art. 5º da Constituição da República. Precedentes" (STF, HC 106244, Relator(a): Cármen Lúcia, 1ª T., julgado em 17-5-2011).

Outrossim, além das comunicações telefônicas propriamente ditas, o Superior Tribunal de Justiça, no âmbito do RE n° 51.531/RO, já pacificou que "ilícita é a devassa de dados, bem como das conversas de Whatsapp, obtidas diretamente pela polícia em celular apreendido no flagrante, sem prévia autorização judicial". Por conseguinte, o acesso ao conteúdo dos aplicativos de mensagens instantâneas também imprescinde de autorização judicial, exceto quando o proprietário do aparelho telefônico, de forma voluntária, autoriza o ingresso ao aplicativo.

Nesse sentido, ainda:

> Na ocorrência de autuação de crime em flagrante, ainda que seja dispensável ordem judicial para a apreensão de telefone celular, as mensagens armazenadas no aparelho estão protegidas pelo sigilo telefônico, que compreende igualmente a transmissão, recepção ou emissão de símbolos, caracteres, sinais, escritos, imagens, sons ou informações de qualquer natureza, por meio de telefonia fixa ou móvel ou, ainda, por meio de sistemas de informática e telemática.[60]

Jurisprudência

Aplicativos de mensagem instantânea

- É impossível aplicar a analogia entre o instituto da **interceptação telefônica** e o espelhamento, por meio do *Whatsapp Web*, das conversas realizadas pelo aplicativo *Whatsapp* (STJ, RHC 99.735-SC, Rel. Min. Laurita Vaz, por unanimidade, julgado em 27-11-2018, DJe 12-12-2018).

- Sem prévia autorização judicial, são nulas as provas obtidas pela polícia por meio da extração de dados e de conversas registradas no *whatsapp* presentes no celular do suposto autor de fato delituoso, ainda que o aparelho tenha sido apreendido no momento da prisão em flagrante.

---

[60]. STJ, Informativo n° 593 – RHC 67.379-RN, Rel. Min. Ribeiro Dantas, por unanimidade, julgado em 20-10-2016, DJe 9-11-2016.

7.2.11.2 Captação ambiental

A **captação ambiental** de sinais eletromagnéticos, ópticos ou acústicos é meio de prova previsto na Lei n° 9.296/1996, e imprescinde de **autorização judicial**. Assim como a interceptação telefônica, a captação será realizada no bojo de investigação ou instrução criminal, após requerimento da autoridade policial ou do Ministério Público. Trata-se de medida excepcional, que apenas será deferida, quando, cumulativamente, **(1)** a prova não puder ser feita por outros meios disponíveis e igualmente eficazes; e **(2)** houver elementos probatórios razoáveis de autoria e participação em infrações criminais, cujas penas máximas sejam superiores a quatro anos ou em infrações penais conexas.

A decisão será fundamentada, e descreverá circunstanciadamente o local e a forma de instalação do dispositivo de captação ambiental, *não* podendo exceder o prazo de **15 dias**, renovável por iguais períodos, se comprovada a indispensabilidade e quando presente atividade criminal permanente, habitual ou continuada.

7.2.11.3 Colaboração premiada

A **colaboração premiada** encontra previsão na **Lei n° 12.850/2013** e possui natureza jurídica de negócio jurídico processual personalíssimo e meio de obtenção de prova. Aqui, o colaborador, em troca de benesses processuais, disporá de informações relevantes à elucidação do fato criminoso, dando conta **(1)** da identificação dos demais coautores e partícipes da organização criminosa e das infrações penais por eles praticadas; ou **(2)** da revelação da estrutura hierárquica e da divisão de tarefas da organização criminosa; ou **(3)** da prevenção de infrações penais decorrentes das atividades da organização criminosa; ou **(4)** da recuperação total ou parcial do produto ou do proveito das infrações penais praticadas pela organização criminosa; ou **(5)** da localização de eventual vítima com a sua integridade física preservada.

Dentre os benefícios potencialmente concedidos, os quais estarão discriminados no acordo, encontram-se à possibilidade de concessão de perdão judicial, redução em até 2/3 (dois terços) da pena privativa de liberdade ou até a substituição por restritiva de direitos, considerando, para tanto, a personalidade do colaborador, a natureza, as circunstâncias, a gravidade e a repercussão social do fato criminoso e a eficácia da colaboração.

Para tanto, será formalizada proposta de acordo, a qual se inicia com as respectivas negociações. Aqui, tem-se um marco de confidencialidade, configurando violação de sigilo e quebra da confiança e da boa-fé a divulgação de tais tratativas iniciais ou de documento que as formalize, até o levantamento de sigilo por decisão judicial. Para fins de celebração do acordo, é imprescindível que a colaboração seja **voluntária**, isto é, sem qualquer espécie de coação, e **efetiva**, não podendo o colaborador dispor de elementos probatórios já conhecidos no procedimento.

Ademais, nos depoimentos que prestar, o colaborador renunciará, na presença de seu defensor, ao direito ao silêncio e estará sujeito ao compromisso legal de dizer a verdade.

O acordo será fixado entre **o Delegado de polícia, o investigado e o defensor, com a manifestação do Ministério Público**, ou, conforme o caso, entre **o Ministério Público e o investigado ou acusado e seu defensor**. Os termos de recebimento de proposta de colaboração e de confidencialidade serão elaborados pelo celebrante e assinados por ele, pelo colaborador e pelo advogado ou defensor público com poderes específicos – *nenhuma* tratativa sobre colaboração premiada deve ser realizada *sem* **a presença de um profissional técnico**. Ademais, o colaborador, no bojo do acordo, deverá narrar todos os fatos ilícitos para os quais concorreu e que tenham relação direta com os fatos investigados.

Observe que o *juiz não participa das tratativas*. Apenas será competente, em momento posterior, para realizar a análise do respectivo termo e das declarações do colaborador, procedendo a oitiva sigilosa do colaborador, para daí, realizar a *homologação* dos termos. Quando da homologação do acordo, a autoridade judicial observará os seguintes aspectos: **(1)** a regularidade e legalidade do acordo; **(2)** a adequação dos benefícios pactuados e dos resultados da colaboração aos resultados mínimos exigidos em lei; e **(3)** a voluntariedade da manifestação de vontade, especialmente nos casos em que o colaborador está ou esteve sob efeito de medidas cautelares. Lembrando que é possível que o magistrado recuse a homologação da proposta que não atender aos requisitos legais, devolvendo-a às partes para as adequações necessárias. De acordo com jurisprudência do Superior Tribunal de Justiça, "[a] apelação criminal é o recurso adequado para impugnar a decisão que recusa a homologação do acordo de colaboração premiada, *mas ante a existência de dúvida objetiva é cabível a aplicação do princípio da fungibilidade*".[61]

Outrossim, o Ministério Público poderá deixar de oferecer denúncia se a proposta de acordo de colaboração referir-se à infração de cuja existência não tenha prévio conhecimento, e o colaborador não for o líder da organização criminosa e for o primeiro a prestar efetiva colaboração.

Após a homologação do acordo, o colaborador poderá, sempre acompanhado pelo seu defensor, ser ouvido pelo membro do Ministério Público ou pelo delegado de polícia responsável pelas investigações.

O acordo de colaboração premiada poderá ser celebrado no âmbito da investigação criminal, durante o processo penal, e, até mesmo, após o trânsito em julgado na sentença penal condenatória.

Ainda, poderão as partes retratar-se da proposta. Nesse caso, as provas autoincriminatórias produzidas pelo colaborador *não* poderão ser utilizadas exclusivamente em seu desfavor.

Jurisprudência

■ "A homologação de acordo de colaboração premiada por juiz de primeiro grau de jurisdição, que mencione autoridade com prerrogativa de foro

---

[61.] STJ, Informativo n° 683 – REsp 1.834.215/RS, Rel. Min. Rogerio Schietti Cruz, 6ª T., por unanimidade, julgado em 27-10-2020, DJe 12-11-2020.

no STJ, não traduz em usurpação de competência desta Corte Superior" (STJ, Informativo nº 612 – Rcl 31.629/PR, Rel. Min. Nancy Andrighi, por unanimidade, julgado em 20-9-2017, DJe 28-9-2017).

■ "O delegado de polícia pode formalizar acordos de colaboração premiada, na fase de inquérito policial, respeitadas as prerrogativas do Ministério Público, o qual deverá se manifestar, sem caráter vinculante, previamente à decisão judicial" (STF, Informativo nº 907 – ADI 5508/DF, Rel. Min. Marco Aurélio, julgado em 20-6-2018).

■ "O sigilo sobre o conteúdo de colaboração premiada deve perdurar, no máximo, até o recebimento da denúncia" (STF, Informativo nº 877 – Inq 4435 AgR/DF, Rel. Min. Marco Aurélio, julgamento em 12-9-2017).

Observe o quadro:

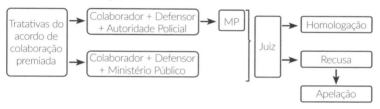

8

Sujeitos processuais

Os **sujeitos processuais** são todos aqueles que participam e/ou atuam no processo penal.

Em geral, a relação processual é composta pelo seguinte tripé:
- **Juiz;**
- **Autor;**
- **Réu.**

Trata-se dos sujeitos principais.

Já os sujeitos acessórios, embora sejam prescindíveis ao andamento do feito, possuem sua importância, a citar, o assistente de acusação.

Por fim, cita-se a presença de terceiros,[1] a quem caberá auxiliar no deslinde da ação, como os funcionários da justiça, testemunhas, peritos etc.

8.1 Do Juiz

Em regra, trata-se do bacharel em direito que, aprovado em concurso público de provas e títulos (com a participação da Ordem

---

[1]. O STJ decidiu ser possível a fixação de astreintes em desfavor de terceiros, não participantes do processo, pela demora ou não cumprimento de ordem emanada do Juízo Criminal (STJ, 3ª Seção, REsp 1.568.445/PR, Rel. Min. Rogerio Schietti Cruz, Rel. Acd. Min. Ribeiro Dantas, julgado em 24-6-2020, Informativo nº 677).

dos Advogados do Brasil em todas as fases), com, no mínimo, três anos de atividade jurídica.[2]

É investido da **função jurisdicional**,

> assumindo o poder de dirigir e solucionar os processos que caírem na sua jurisdição e forem atribuídos à sua competência (...) investe-se no dever de proceder, observando fiel, intransigentemente, as normas disciplinares e todos os preceitos de direito objetivo a que se possa fazer a subsunção de cada caso concreto (ESPÍNDOLA FILHO, 2000b, p. 288).

Compete ao magistrado, de **maneira imparcial**, prover à regularidade e ao correto andamento do processo penal, proferindo suas decisões e ordenando as medidas que entender cabíveis, sempre mantendo a ordem no curso dos respectivos atos, os quais estão legalmente previstos, podendo, para tanto, requisitar a força pública.

José Frederico Marques leciona que

> toda essa atividade, porém, tem por objetivo primacial a aplicação da norma agendi por meio da sentença. Só então a prestação jurisdicional estará cumprida e, satisfeita, assim, a obrigação estatal impetrada pelas partes. Não havendo qualquer circunstância que torne inadmissível o exame sobre o mérito do pedido contido na denúncia ou queixa, o juiz decidirá, julgando procedente ou improcedente a pretensão punitiva (MARQUES, 1997b, p. 30).

Em verdade, o Juiz nada mais é do que a figura personificada do Estado.

Além da investidura por meio de concurso público, excepcionalmente, é possível que advogados e/ou membros do Ministério

---

[2] Art. 93, inciso I, da CF.

Público venham a compor os tribunais por meio da regra do quinto constitucional.

Além disso, a Constituição Federal apenas condiciona a nomeação a Ministro do Supremo Tribunal Federal, pelo Presidente da República, aos seguintes requisitos: cidadãos com mais de trinta e cinco e menos de sessenta e cinco anos de idade, de notável saber jurídico e reputação ilibada. Logo, é prescindível o título de bacharel em direito, bem como aprovação prévia em concurso.

Garantias. Com o fito de garantir a imparcialidade do Estado-Juiz, a Constituição Federal enumera algumas garantias, as quais são atribuídas a estas autoridades. São elas: **(a)** a **vitaliciedade**, após dois anos de exercício, podendo apenas perder o cargo público por sentença judicial transitada em julgado; **(b)** a **inamovibilidade**, proibindo-se, pois, promoções, remoções ou transferências compulsórias, salvo por motivo de interesse público, após decisão da maioria absoluta do Tribunal ou do Conselho Nacional de Justiça, assegurada a ampla defesa; e **(c) a irredutibilidade de subsídio**, sendo vedada a redução de seus vencimentos, garantindo-se seu valor nominal.

Vedações. Por outro lado, os magistrados, em razão da importância do cargo que ocupam, também estão proibidos de praticar determinadas condutas, a citar: **(a)** exercer, ainda que em disponibilidade, outro cargo ou função, salvo uma de magistério; **(b)** receber, a qualquer título ou pretexto, custas ou participação em processo; **(c)** dedicar-se à atividade político-partidária; **(d)** receber, a qualquer título ou pretexto, auxílios ou contribuições de pessoas físicas, entidades públicas ou privadas, ressalvadas as exceções previstas em lei; e **(e)** exercer a advocacia no juízo ou tribunal do qual se afastou antes de decorridos três anos do afastamento do cargo por aposentadoria ou exoneração (quarentena).

Imparcialidade. Estudamos que a imparcialidade do juiz é pressuposto processual de validade. Desse modo, necessário se faz que a ação seja decidida por magistrado que não incorra em causas de suspeição ou impedimento, haja vista se tratar de elementos que viciam o processo, de forma a anular os atos decisórios anteriores.

> **Jurisprudência**
> **Eventual prática de atos de ordenação processual não basta, só por si, para caracterizar hipótese de impedimento do juiz**
> "Não se registra situação configuradora de impedimento se o magistrado, no curso do procedimento penal, não se pronunciou sobre matéria de fato ou sobre questão de direito, uma e outra concernentes **ao mérito** da demanda penal" (STF, HC 71.448, Rel. Min. Celso de Mello, j. 14-2-1995, 1ª T., *DJe* 4-12-2009).

De todo modo, o impedimento ou a suspeição que decorrerem de parentesco por afinidade será cessada pela dissolução do casamento que lhe tiver dado causa, salvo quando envolver sogro, padrasto, cunhado, genro ou enteado de quem for parte no processo, ou, se da relação matrimonial em testilha, sobrevirem descendentes.

8.1.1 Impedimento

As causas de impedimento são enumeradas **taxativamente** no art. 252 do Código de Processo Penal e possuem caráter **objetivo**, razão pela qual, uma vez configuradas, possuem **presunção absoluta de parcialidade**.

A autoridade judiciária será considerada **impedida** de exercer jurisdição se:

a) tiver funcionado seu cônjuge (ou companheiro) ou parente, consanguíneo ou afim, em linha reta ou colateral até o terceiro grau, como defensor ou advogado, órgão do Ministério Público, autoridade policial, auxiliar da justiça ou perito (ex.: Aporta no gabinete do magistrado Tício uma representação de prisão preventiva formulada pelo Delegado de Polícia Mévio, seu irmão. O feito deverá ser redistribuído, em virtude do parentesco).

Jurisprudência

"A participação de magistrado em julgamento de caso em que seu pai já havia atuado é causa de nulidade absoluta, prevista no art. 252, I, do Código de Processo Penal (CPP)" (STF, HC 136015/MG, Rel. Min. Ricardo Lewandowski, julgamento em 14-5-2019).

b) ele próprio houver desempenhado qualquer das funções citadas ou servido como testemunha no processo (ex.: Tício presencia determinada prática de homicídio qualificado e depõe, enquanto testemunha no processo. Em seguida, é aprovado em concurso público da magistratura, sendo lotado justamente na Vara do Tribunal do Júri. Por óbvio, não poderá atuar na presente demanda).

c) tiver funcionado como juiz de outra instância, pronunciando-se, de fato ou de direito, sobre a questão[3] (ex.: Tício é magistrado em primeira instância e sentencia um processo julgando procedente a denúncia oferecida pelo Ministério Público. Posteriormente, Tício é promovido e passa a integrar o quadro de Desembargadores do Tribunal. Destarte, não poderá apreciar eventual recurso interposto pela defesa); ou

d) ele próprio, seu cônjuge ou parente, consanguíneo ou afim em linha reta ou colateral até o terceiro grau, for parte ou diretamente interessado no feito (ex.: A esposa de Tício pratica crime de estelionato. Evidentemente que Tício não é a autoridade mais indicada para decidir sobre o feito).

De mais a mais, é atribuição do Supremo Tribunal Federal julgar o recurso de apelação criminal interposto contra sentença proferida em primeira instância, se mais da metade dos membros

---

[3.] Nesse sentido: STF, AI 706.078 QO, Rel. Min. Celso de Mello, j. 10-3-2009, 2ª T., *DJe* 23-10-2009.

do Tribunal de Justiça estejam impedidos ou sejam interessados no deslinde da causa.[4]

8.1.2 Suspeição

Em contrapartida, as hipóteses de suspeição são **subjetivas**, gerando uma **presunção relativa** de parcialidade, ou seja, admite a produção de prova em contrário. Eis o rol **exemplificativo** do art. 254 do Código de Processo Penal:

a) se for amigo íntimo ou inimigo capital de qualquer das partes. Aqui, "em relação à suspeição por se tratar de 'inimigo capital', temos que 'é indispensável que o sentimento seja grave, que remeta ao ódio, a um sentimento de rancor ou de vingança. Não basta uma simples antipatia ou malquerença' (LIMA, Renato Brasileiro de; Código de Processo Penal Comentado Salvador: Ed. Juspodivm, 2016, pág. 695)".[5]

b) se ele, seu cônjuge (ou companheiro), ascendente ou descendente, estiver respondendo a processo por fato análogo, sobre cujo caráter criminoso haja controvérsia.

c) se ele, seu cônjuge (ou companheiro) ou parente, consanguíneo ou afim, até o terceiro grau, inclusive, sustentar demanda ou responder a processo que tenha de ser julgado por qualquer das partes.

d) se tiver aconselhado qualquer das partes.

e) se for credor ou devedor, tutor ou curador, de qualquer das partes.

f) se for sócio, acionista ou administrador de sociedade interessada no processo.

[4.] STF, AO 2093, Rel. Min. Cármen Lúcia, 2ª T., j. 3-9-2019, DJe 10-10-2019.
[5.] STJ, HC 216.239/MG, Rel. Min. Ribeiro Dantas, 5ª T., julgado em 16-3-2017, DJe 23-3-2017.

Sujeitos processuais 277

> **Jurisprudência**
>
> "A presunção de parcialidade nas hipóteses de suspeição é relativa, pelo que cumpre ao interessado argui-la na primeira oportunidade, sob pena de preclusão" (STF, HC 107.780, Rel. Min. Cármen Lúcia, j. 13-9-2011, 1ª T., *DJe* 5-10-2011).

> **Importante!**
>
> A suspeição **não** poderá ser suscitada se a própria parte lhe der causa, isto é, se propositalmente, o agente insultar o magistrado com o intuito de lhe gerar suspeição. Visa o ordenamento jurídico, assim, que a parte não se valha da própria torpeza para legitimar seu direito, de sorte a beneficiá-la em razão de um comportamento sem valor.
>
> Por conseguinte, "se a parte injuriar o juiz ou de propósito der motivo para arguir a suspeição, não será possível que seja declarada ou reconhecida (art. 256 do CPP), uma vez que a lei não agasalha a má-fé" (REIS; GONÇALVES, 2014, p. 331).

8.2 Do Ministério Público

O **Ministério Público** é uma instituição permanente, essencial à função jurisdicional do Estado, incumbindo-lhe a defesa da ordem jurídica, do regime democrático e dos interesses sociais e individuais indisponíveis.[6]

Princípios institucionais. São princípios institucionais do Ministério Público: **(a)** a **unidade**, de modo que "o Ministério Público é um único órgão, atuando sob uma única direção, já que seus componentes não agem em nome próprio, senão da Instituição" (CUNHA; PINTO, 2017, p. 691); **(b)** a **indivisibilidade**, pois quem atua é o Ministério Público, sendo que todos os integrantes da carreira podem ser substituídos uns pelos outros; e **(c)** a **independência funcional**, já

[6.] Art. 127 da CF.

que a atuação do membro ministerial se dá a partir de suas próprias convicções, sem que haja vinculação a qualquer outro órgão ou poder.

Funções.[7] O Código de Processo Penal elenca apenas duas atribuições ao órgão ministerial, quais sejam: **(a)** a promoção privativa da ação penal pública, consistente no oferecimento da denúncia, atuando, pois, como órgão de acusação; e **(b)** a fiscalização à execução da lei, na qualidade de *custos legis* (art. 257, CPP).

Ressalta-se que o órgão ministerial, como fiscal da lei, poderá postular em favor do acusado se assim entender pertinente. Afinal, como *custos legis*, não poderá o Ministério Público, por exemplo, requerer uma condenação quando não houver provas suficientes para tanto. Igualmente, postulará pela concessão da liberdade provisória do réu, caso não exista fundamentação idônea para manutenção do investigado em cárcere. Assim, sua atuação deve pautar-se em consonância aos ditames legalmente previstos.

Por outro lado, a Constituição Federal elevou a importância da instituição, atribuindo-lhe também outras funções, além da atividade meramente acusatória, a saber: **(a)** zelar pelo efetivo respeito dos Poderes Públicos e dos serviços de relevância pública aos direitos assegurados nesta Constituição, promovendo as medidas necessárias à sua garantia; **(b)** promover o inquérito civil e a ação civil pública, para a proteção do patrimônio público e social, do meio ambiente e de outros interesses difusos e coletivos; **(c)** promover a ação de inconstitucionalidade ou representação para fins de intervenção da União e dos Estados, nos casos previstos nesta Constituição; **(d)** defender judicialmente os direitos e interesses das populações indígenas; **(e)** expedir notificações nos procedimentos administrativos de sua competência, requisitando informações e documentos para instruí-los, na forma da lei complementar respectiva; **(f)** exercer o controle externo da atividade policial, na forma da lei complementar mencionada no art. anterior; **(g)** requisitar dili-

---

[7.] Art. 129 da CF.

gências investigatórias e a instauração de inquérito policial, indicados os fundamentos jurídicos de suas manifestações processuais; e **(h)** exercer outras funções que lhe forem conferidas, desde que compatíveis com sua finalidade, sendo-lhe vedada a representação judicial e a consultoria jurídica de entidades públicas. Importante destacar a **função investigatória** do Ministério Público, que poderá proceder investigações de natureza criminal, respeitados os direitos do suposto infrator, e observadas as hipóteses de reserva constitucional de jurisdição e as prerrogativas profissionais dos defensores.[8] O Conselho Nacional do Ministério Público editou as Resoluções n° 181/2017 e 183/2018 que dispõem a instauração e a tramitação de procedimento investigatório criminal a cargo do Ministério Público.

As funções do Ministério Público serão exercidas pelos integrantes da carreira (membros), os quais deverão ser bacharéis em direito, aprovados em concurso público de provas e títulos, com no mínimo três anos de atividade jurídica, e que, em regra, residirão na comarca da respectiva lotação.

Jurisprudência

"Os Ministérios Públicos dos Estados e do Distrito Federal têm legitimidade para propor e atuar em recursos e meios de impugnação de decisões judiciais em trâmite no STF e no STJ, oriundos de processos de sua atribuição, sem prejuízo da atuação do MPF" (STF, RE 985.392 RG, Rel. Min. Gilmar Mendes, j. 26-5-2017, repercussão geral, Tema 946).

Garantias.[9] De forma idêntica às concedidas aos magistrados, a Constituição Federal estende as garantias supratranscritas aos membros ministeriais. Repete-se: (a) a **vitaliciedade**, após dois anos de exercício, podendo apenas perder o cargo pú-

---

[8]. Sobre o tema: STF, RE 593.727, rel. p/ o acórdão Min. Gilmar Mendes, j. 14-5-2015, DJe 8-9-2015, Repercussão Geral, Tema 184.

[9]. Art. 128, § 5°, inciso I, da CF.

blico por sentença judicial transitada em julgado; (b) a **inamovibilidade**, salvo por motivo de interesse público, mediante decisão do órgão colegiado competente do Ministério Público, pelo voto da maioria absoluta de seus membros, assegurada ampla defesa; e (c) a **irredutibilidade de subsídio**.

Vedações.[10] Do mesmo modo, similares também são as vedações: (a) receber, a qualquer título e sob qualquer pretexto, honorários, percentagens ou custas processuais; (b) exercer a advocacia; (c) participar de sociedade comercial, na forma da lei; (d) exercer, ainda que em disponibilidade, qualquer outra função pública, salvo uma de magistério; (e) exercer atividade político-partidária; (f) receber, a qualquer título ou pretexto, auxílios ou contribuições de pessoas físicas, entidades públicas ou privadas, ressalvadas as exceções previstas em lei.

Impedimentos e suspeições. Os membros do Ministério Público não atuarão em processos em que o juiz ou qualquer das partes for seu cônjuge, ou parente, consanguíneo ou afim, em linha reta ou colateral, até o terceiro grau. Em vista disso, se uma Promotora de Justiça for casada com um magistrado, não poderão os dois atuarem concomitantemente no mesmo processo.

Portanto, as prescrições relativas à suspeição e aos impedimentos das autoridades judiciais estendem-se, no que lhes for aplicável, aos integrantes do órgão ministerial, haja vista a necessidade de preservar a imparcialidade da demanda, até porque a atuação ministerial é decisiva no desenrolar do processo.

Jurisprudência

É possível a atuação de um mesmo membro ministerial no inquérito policial e na ação penal que visem à elucidação do mesmo fato criminoso

"a participação de membro do Ministério Público na fase investigatória não acarreta, por si só, seu impedimento ou sua suspeição para o oferecimento

---

[10.] Art. 128, § 5º, inciso II, da CF.

da denúncia, e nem poderia ser diferente à luz da tese firmada pelo Plenário, mormente por ser ele o dominus litis e sua atuação estar voltada exatamente à formação de sua convicção" (STF, HC 85.011, rel. p/ o ac. Teori Zavascki, j. 26-5-2015, 1ª T., DJe 22-6-2015).

8.3 Do acusado

Refere-se ao **sujeito passivo do processo**, o agente infrator, aquele que cometeu o ato ilícito, e será processado e julgado por conta de sua conduta criminosa.

Assevera José Frederico Marques, acertadamente, que "só estão legitimados a ser acusados os que puderem ser sujeitos passivos de uma pretensão punitiva. A falta de capacidade penal produz, como consequência jurídico-processual, a ausência de legitimação passiva *ad causam* na relação processual penal" (MARQUES, 1997b, p. 63).

Primeiramente, o infrator será considerado **investigado/suspeito** pela autoridade policial. A partir do momento em que existirem indícios suficientes de autoria, será **indiciado** pelo Delegado Polícia, no bojo do inquérito. Oferecida a denúncia pelo Ministério Público, o agente passa a ser denominado **acusado** ou **réu**.

Pessoa jurídica. Conforme estudamos no capítulo atinente à ação penal, é viável que uma pessoa jurídica figure como sujeito passivo em uma relação processual, ou seja, que detenha legitimidade *ad causam*, como autora de um ilícito penal.

Para tanto, vislumbra-se a existência de duas previsões constitucionais que corroboram a possibilidade de responsabilidade criminal da pessoa jurídica. São elas: **(1)** a prática de crime ambiental (art. 225, § 3º, da CF); ou **(2)** a prática de crime contra a ordem econômica e financeira e contra a economia popular (art. 173, § 5º, da CF). Ocorre que apenas a primeira hipótese foi regulamentada por lei ordinária (por meio da Lei nº 9.605/1998). Dessa feita, cuida-se da única circunstância que poderia ensejar o ajuizamento de ação em desfavor de uma pessoa jurídica.[11]

Pessoa física. Não obstante esteja prevista a hipótese da pessoa jurídica apresentar-se como ré, na grande maioria dos casos o acusado será pessoa física.

Pode acontecer que haja dificuldades na identificação do réu, seja em relação ao seu verdadeiro nome, seja em relação a outros qualificativos. Contudo, tal fato não é motivo ensejador da retardação da ação penal, principalmente quando a identidade física do acusado é certa. Consequentemente, se existirem fortes indícios de que Tício praticou determinada conduta criminosa, o fato de não saber se o infrator se chama Tício ou Técio não é causa determinante para procrastinação do transcurso processual.

Destarte, em qualquer momento da ação (até mesmo na execução) poderá ser realizada a retificação da qualificação do acusado, por termo, sem prejuízo da validade dos atos anteriores.[12]

8.4 Do defensor

Poderá o réu exercer seu direito de defesa de duas formas distintas: **(a)** por meio da **autodefesa**, consistente na prática de atos pessoais nos quais o próprio agente argumentará, dialogará e participará do processo diretamente (ex.: interrogatório); ou **(b)** por meio da **defesa técnica**, a qual se refere à atuação de um profissional devidamente habilitado, que possui o conhecimento técnico necessário para instruir o acusado, como lhe for mais favorável. O papel do **defensor** encaixa-se justamente nesta última proposta.

A função exercida pelo defensor possui caráter de **imprescindibilidade**, de sorte que a assistência jurídica prestada pelo profissional **não** pode ser renunciada pelo acusado. Nesse sentido, aponta o

---

[11.] Para mais esclarecimentos, remetemos ao capítulo de ação penal, tópico legitimidade *ad causam.*
[12.] Art. 259 do CPP.

art. 261 do Código de Processo Penal que "nenhum acusado, ainda que ausente ou foragido, será processado ou julgado sem defensor". Por isso, o processo prosseguirá quando presente o defensor, mas ausente o réu. Entretanto, a recíproca não é verdadeira.

Porém, não basta a presença de um advogado figurativo. A atuação profissional deve se dar de maneira relevante, e não apenas com o fito de respeitar os aspectos meramente formais. Desse modo, a defesa será exercida por intermédio de manifestações fundamentadas, inclusive quando realizadas por defensor público ou dativo.

A defesa técnica será exercida (a) por advogado constituído – o qual o próprio acusado designa –, um profissional de sua confiança,[13] geralmente por intermédio de procuração; (b) pela Defensoria Pública; ou (c) por defensor dativo.

A **Defensoria Pública** é uma instituição permanente, a quem incumbe a orientação jurídica, a promoção dos direitos humanos e a defesa em todos os graus, judicial e extrajudicial, dos direitos individuais e coletivos, de forma integral e gratuita, aos necessitados.[14]

De forma idêntica ao Ministério Público, a Defensoria possui como princípios institucionais: (a) a unidade; (b) a indivisibilidade; e (c) a independência funcional.

Os cargos da carreira serão providos, na classe inicial, mediante concurso público de provas e títulos, assegurada a seus integrantes a garantia da inamovibilidade, sendo vedado o exercício da advocacia fora das atribuições institucionais.[15] Aqui, diferentemente dos magistrados e membros do Ministério Público, aos Defensores Públicos não é assegurada a garantia da vitaliciedade. Todavia, gozarão de estabilidade, após três anos de estágio probatório, característica inata aos servidores públicos concursados.

---

[13] Art. 133 da CF: "O advogado é indispensável à administração da justiça, sendo inviolável por seus atos e manifestações no exercício da profissão, nos limites da lei."
[14] Art. 134 da CF.
[15] Art. 135 da CF.

Já o **Defensor Dativo** é aquele nomeado pelo juiz, mormente quando o acusado não indica um profissional. Normalmente, a própria Defensoria Pública é designada pelo magistrado para intervir na causa.

No entanto, em comarcas pequenas, onde não há atuação da Defensoria Pública, a autoridade judiciária deverá proceder à nomeação de advogado particular, ordenando, posteriormente, que o Estado desembolse o pagamento de honorários àquele.[16] Mas, se o agente não for verdadeiramente pobre e valer-se de má-fé, será obrigado a pagar os honorários do defensor dativo.

Destaca-se a possibilidade de o juiz nomear **defensor *ad hoc*,** o qual atuará em um ato específico, quando, por algum motivo, o defensor originário não estiver presente para prestar assistência jurídica ao réu – ex.: membro da Defensoria Pública que possui duas audiências designadas no mesmo horário. Nomeia-se um profissional habilitado que estiver ali disponível com o objetivo de assegurar o direito do acusado à ampla defesa.

Então, se o acusado não constituir advogado, ser-lhe-á nomeado defensor pelo magistrado, ressalvado, porém, seu direito de, a qualquer tempo, designar outro profissional de sua confiança.

Jurisprudência

Súmula nº 523, STF: "No processo penal, a falta da defesa constitui nulidade absoluta, mas sua deficiência só o anulará se houver prova de prejuízo para o réu."
Portanto, há presunção absoluta do prejuízo quando ausente a defesa. Ao contrário da defesa deficiente, em que a presunção de prejuízo é relativa.

Nesse sentido: "Embora a questionada manifestação do Ministério Público tenha sido posterior à apresentação da defesa preliminar, o agravante não demonstrou qualquer ato ou fato sobre o qual a defesa não teve possibilidade de se manifestar. Sem a demonstração de efetivo prejuízo causado à parte,

---

[16]. "As tabelas de honorários elaboradas unilateralmente pelos Conselhos Seccionais da OAB não vinculam o magistrado no momento de arbitrar o valor da remuneração a que faz jus o defensor dativo que atua no processo penal; servem como referência para o estabelecimento de valor que seja justo e que reflita o labor despendido pelo advogado" (STJ, Informativo nº 0659, publicação em 22-11-2019).

em atenção ao disposto no art. 563 do CPP, não se reconhece nulidade no processo penal (*pas de nullité sans grief*)" (STF, HC 144.018 AgR, Rel. Min. Alexandre de Moraes, 1ª T., j. 7-11-2017, *DJe* 17-11-2017).

Uma vez nomeado, o defensor não pode abandonar o processo a seu bel-prazer, salvo se por motivo imperioso, devendo, entretanto, comunicar ao juiz previamente, sob pena de multa no valor de 10 a 100 salários mínimos, sem prejuízo das demais sanções cabíveis.[17]

Dada a importância da figura do advogado no processo penal, poderá a audiência ser adiada pelo magistrado caso o defensor, por motivo justificado, não puder comparecer ao ato. Ressalta-se que incumbe ao próprio profissional, até a abertura da audiência, comprovar o motivo do impedimento. Se não o fizer, o juiz não determinará o adiamento do ato, mas sim, nomeará um defensor substituto, ainda que temporariamente, ou só para efeito do ato.[18]

No processo penal é possível que o acusado constitua um defensor, independentemente de procuração escrita, bastando a mera manifestação verbal na ocasião da audiência instrutória.

Por fim, dispõe o Código Processual que não funcionarão como defensores os parentes do juiz, a fim de assegurar a imparcialidade do feito, consoante já ilustrado em momento oportuno. Dessa maneira, "basta imaginar, *v.g.*, a situação de uma cidade de mediano porte em que o melhor e mais especializado advogado é o filho do juiz da causa" (COSTA; ARAÚJO, 2018, p. 470).

8.5 Do assistente de acusação

Vimos anteriormente que determinados crimes serão processados e julgados mediante ação penal pública, na qual caberá ao Ministério Público atuar como parte, como órgão legitimado a acu-

---

[17] "A multa por abandono do plenário do júri por defensor público, com base no art. 265 do CPP, deve ser suportada pela Defensoria Pública, sem prejuízo de eventual ação regressiva" (STJ, Informativo nº 658, publicação em 8-11-2019).
[18] Art. 265, §§ 1º e 2º, do CPP.

sar. Logo, embora a vítima tenha seu direito material violado, não ocupará o polo processual como autora (salvo ação penal privada subsidiária da pública).

Contudo, ainda que o órgão ministerial seja o titular da ação, poderá, por intermédio de um profissional devidamente habilitado, o ofendido (pessoa física ou jurídica), seu representante legal ou, na falta destes, o cônjuge, o ascendente, o descendente ou irmão da vítima intervirem como assistentes do Ministério Público.[19]

Assim, por exemplo, se praticado um crime de latrocínio tentado em desfavor da ofendida Mévia, poderá esta ser admitida no processo por meio de seu advogado como assistente de acusação. Por outro lado, caso tenha o delito sido consumado, evidentemente, caberá ao seu cônjuge, ascendente, descendente ou irmão intervirem igualmente no feito.

O assistente será admitido enquanto não transitar em julgado a sentença, após oitiva prévia do Ministério Público, afinal, "caberá ao membro do parquet avaliar se estão preenchidos os requisitos de ordem formal para admissão do assistente, como, por exemplo, se está legitimado para tanto, se seu advogado acha-se munido do instrumento de procuração etc." (CUNHA; PINTO, 2017, p. 729). No entanto, caso a ação se dê no âmbito do Tribunal do Júri, "o assistente somente será admitido se tiver requerido sua habilitação até 5 (cinco) dias antes da data da sessão na qual pretenda atuar".[20]

---

[19] Sobre o tema: "É verdade que o instituto da assistência à acusação está ligado à 'visão democrática do Estado e do processo e com a capacidade dele ser um instrumento hábil a viabilizar o controle, em caráter complementar àquele exercido pelo Poder Judiciário, da atividade acusatória do Ministério Público. Contudo, para o deferimento da habilitação mostra-se imprescindível o preenchimento dos requisitos legais correspondentes. Assim, para que alguém – pessoa física ou jurídica – possa ingressar no feito como assistente de acusação deve demonstrar, nos termos do disposto no art. 268 do Diploma Processual Penal, ser titular do bem jurídico lesado ou posto em perigo pela conduta típica" (STJ, RMS 55.901/SP, Rel. Min. Nefi Cordeiro, Rel. p/ Acórdão Min. Reynaldo Soares Da Fonseca, 3ª Seção, julgado em 14-11-2018, DJe 19-12-2018).

[20] Art. 430 do CPP.

Autorizada a entrada, o assistente receberá a causa no estado em que se achar, podendo abandoná-la quando melhor entender.

Da decisão que admitir ou negar o assistente **não caberá recurso.**

Jurisprudência

Embora não haja a previsão de recurso, entende a jurisprudência pela possibilidade de impetração de mandado de segurança quando a decisão não admitir o assistente

"2. Nos termos do enunciado n° 267 da Súmula do STF, não se revela cabível a impetração de mandado de segurança como sucedâneo de recurso previsto no Código de Processo Penal, se não demonstrada a flagrante ilegalidade a direito líquido e certo, ou nas hipóteses de abuso de poder ou decisão teratológica. Todavia, doutrina e jurisprudência deste Sodalício, nas hipóteses em que o ato do juiz é insuscetível de recurso – como no caso em debate, ex vi do art. 273 do CPP – 'do despacho que admitir, ou não, o assistente, não caberá recurso, devendo, entretanto, constar dos autos o pedido e a decisão' – admitem a impetração do *writ of mandamus*. Cf.: in Código de Processo Penal Comentado, 17ª Edição, Ed. Forense, Rio de Janeiro, 2018" (STJ, AgRg no RMS 44.402/MG, Rel. Min. Joel Ilan Paciornik, 5ª T., julgado em 7-8-2018, *DJe* 15-8-2018).

Outrossim, **não** será admitido, como assistente, o corréu.

Também **não** há que se falar na figura do assistente quando a ação penal for privada, já que o ofendido é o próprio legitimado para propositura da ação.

Ainda, "a Ordem dos Advogados do Brasil **não** tem legitimidade para atuar como assistente de defesa de advogado réu em ação penal", nos termos do Informativo n° 675 do Superior

Tribunal de Justiça,[21] já que a figura do assistente, em processo penal, se dá apenas do lado da acusação, não havendo previsão para existência de assistente de defesa.[22]

Atribui-se expressamente ao assistente alguns poderes: **(a)** propor meios de prova, os quais o juiz, após ouvido o Ministério Público, decidirá sobre sua realização; **(b)** formular perguntas às testemunhas (e ao réu); **(c)** participar dos debates orais; **(d)** arrazoar os recursos interpostos pelo Ministério Público ou por ele próprio, nos casos de apelação contra a impronúncia do acusado, de recurso em sentido estrito contra a extinção da punibilidade ou nos demais, supletivamente, se da sentença não for interposta apelação pelo Ministério Público, dentro do prazo legal.[23]

Jurisprudência

Súmula nº 208 do STF: "O assistente do Ministério Público não pode recorrer, extraordinariamente, de decisão concessiva de *habeas corpus*."

Súmula nº 210 do STF: "O assistente do Ministério Público pode recorrer, inclusive extraordinariamente, na ação penal, nos casos dos arts. 584, § 1º, e 598 do Cód. de Proc. Penal."

Por se tratar de figura facultativa, o processo terá prosseguimento normal, independentemente de nova intimação caso o assistente deixar de comparecer a qualquer dos atos da instrução ou do julgamento sem motivo de força maior devidamente comprovado. Por conseguinte, se Mévia, assistente de acusação, mesmo após intimada, não comparece até a audiência designada e não apresente o motivo de sua ausência, o processo continuará naturalmente, sem qualquer prejuízo.

---

[21] STJ, 5ª T., RMS 63.393-MG, Rel. Min. Reynaldo Soares da Fonseca, julgado em 23-6-2020 (Info 675).
[22] STJ, 6ª T., REsp 1815460/RJ, Rel. Min. Nefi Cordeiro, julgado em 23-6-2020.
[23] Nesse sentido: STF, HC 102085, Rel. Min. Cármen Lúcia, Tribunal Pleno, julgado em 10-6-2010, *DJe* 27-8-2010.

Sobre o tema:

	Assistente de acusação
Quem pode ser?	O ofendido ou seu representante legal, ou, na falta destes, o cônjuge, o ascendente, o descendente ou irmão da vítima (art. 268, CPP), desde que estejam assistidos por advogado.
Quando poderá ser admitido?	Enquanto não passar em julgado a sentença (art. 269, CPP), salvo ações do Tribunal do Júri.
Quais são seus poderes?	Propor meios de prova, requerer perguntas às testemunhas, participar do debate oral e arrazoar os recursos interpostos pelo Ministério Público, ou por ele próprio, nos casos dos arts. 584, § 1°, e 598 (art. 271, CPP).

8.6 Dos funcionários da justiça

Funcionários da justiça são todos aqueles que, em regra, mediante concurso público, tornam-se servidores, a fim de auxiliar o magistrado no andamento processual (ex.: oficial de justiça, escrivão etc.).

De acordo com a previsão do art. 274 do Código de Processo Penal, "as prescrições sobre suspeição dos juízes estendem-se aos serventuários e funcionários da justiça, no que lhes for aplicável". Desse modo, as causas descritas pelo Código Processual, as quais gerem a suspeição ou, analogicamente, o impedimento do magistrado, também serão estendidas aos servidores no que for cabível, pois, embora não profiram manifestações de cunho decisório, os funcionários da justiça possuem amplo acesso ao processo, podendo, por exemplo, adiantar ou retardar determinado ato conforme lhes for conveniente, o que violaria a imparcialidade da demanda.

8.7 Dos peritos

Trata-se dos profissionais que, por meio de **análise técnica**, apoiarão a autoridade judiciária na elucidação de questões que exijam conhecimento específico, elaborando, para tanto, o **laudo pericial**. Então, não decidirão a demanda, mas apenas produzirão provas que contribuirão para que o juiz delibere sobre o feito.

Exemplifiquemos: caso a polícia militar apreenda substâncias análogas à maconha na residência do infrator, estas serão submetidas à análise pericial, por meio da qual a pessoa habilitada verificará se, realmente, cuidam-se de elementos ilícitos. Ou, após acidente de trânsito, o qual ocasiona a morte de um dos motoristas, caberá ao perito dirigir-se ao local do fato e verificar a cena do crime: ver os veículos, observar sinais de frenagem etc., a fim de repassar ao magistrado como se deram as circunstâncias do delito.

O **perito oficial** é aquele que, por meio de concurso público, encontra-se investido da atividade de perícia, competindo-lhe analisar o caso de modo objetivo e imparcial. Contudo, existem comarcas que não possuem em seu quadro profissionais oficialmente providos, o que gera necessidade de o magistrado recorrer a um especialista local, ou seja, **um perito não oficial** que, embora não seja servidor de carreira, estará sujeito à disciplina judiciária.

O perito será nomeado pela autoridade competente, não cabendo às partes intervir em sua escolha. Em contrapartida, poderão escolher seus próprios assistentes técnicos, os quais auxiliarão exclusivamente à parte sem qualquer vinculação com o juízo.

Ademais, salvo escusa motivada (ex.: causa de suspeição ou impedimento), o perito nomeado é obrigado a aceitar a responsabilidade que lhe for atribuída, assim como atender às intimações e chamados, comparecer no dia e local designados e elaborar o laudo pericial no prazo estabelecido, sob pena de incorrer em multa estipulada pela autoridade, consoante o art. 277 do Código de Processo Penal. Caso o profissional técnico, sem justificativa plausível, não compareça às suas obrigações, poderá a autoridade ordenar sua condução.

Todavia, ao nomear um perito, **não** poderá a autoridade escolher qualquer profissional, devendo observar as restrições trazidas pelo art. 279 do Código de Processo Penal. Por isso, não poderão ser nomeados:

■ Quem estiver sujeito à pena restritiva de direito, consistente em (I) proibição do exercício de cargo, função ou atividade pública,

bem como de mandato eletivo ou **(II)** proibição do exercício de profissão, atividade ou ofício que dependam de habilitação especial, de licença ou autorização do poder público.
- Quem tiver prestado depoimento no processo em testilha ou opinado anteriormente sobre o objeto da perícia.
- Os analfabetos.
- Os menores de 21 anos.
- Além disso, por óbvio, não serão nomeados aqueles considerados suspeitos ou impedidos.

8.8 Dos intérpretes

Os **intérpretes** são os profissionais capacitados a realizar eventuais traduções no bojo do processo, como um documento redigido em língua estrangeira ou depoimento prestado por um mudo na linguagem de sinais etc.

Para todos os efeitos, os intérpretes são equiparados aos peritos.

9

Prisão, medidas cautelares e liberdade provisória

9.1 Disposições gerais

Enquanto Estado Democrático de Direito, a República Federativa do Brasil, por meio de seu ordenamento jurídico, prima pela **liberdade do indivíduo**, de modo que tal direito constitucional apenas será suprimido quando comprovada a imprescindibilidade da medida.

Dessa forma, qualquer restrição à locomoção do agente é excepcionalidade, podendo somente ser aplicadas eventuais medidas cautelares constritivas quando observadas, conjuntamente:

a) a **necessidade** para aplicação da lei penal para investigação ou instrução criminal e nos casos expressamente previstos, para evitar a prática de infrações penais; e

b) a **adequação** da medida à gravidade do crime, às circunstâncias do fato e às condições pessoais do indiciado ou acusado.

Assim, a liberdade do agente será restringida tão somente se for esta a última opção possível, não sendo viável a estipulação de qualquer outra medida menos gravosa (ex.: se a autoridade judiciária constata que o uso de tornozeleira eletrônica é suficiente para garantir o bom comportamento do indivíduo, não há necessidade de decretação de sua prisão. Inclusive, a nova redação do CPP prevê que a decisão que optar pelo não cabimento da substituição por medida cautelar menos onerosa deverá ser fundamentada nos elementos presentes do caso concreto, de forma individualizada.

Igualmente, a segregação deve guardar proporcionalidade às peculiaridades do fato criminoso, de maneira que a constrição seja, de fato, a providência cabível ao caso concreto (ex.: se o infrator comete crime de furto simples, cuja pena é de reclusão de uma quatro anos, não se afigura adequado que o magistrado decrete a sua prisão preventiva, se tal fato é isolado na vida do suspeito, ante o não preenchimento dos requisitos legais).

9.1.1 Quem aplica as medidas cautelares?

Em face da natureza restritiva, razão pela qual possuem importância exacerbada – afinal, trata-se de privação ao direito à liberdade –, deverão as medidas cautelares ser decretadas por meio de **decisão judicial**.

Antes da edição do Pacote Anticrime, se já ajuizada a ação penal, poderia o magistrado determiná-las de ofício ou a requerimento das partes. Por outro lado, no curso da investigação criminal (ex.: inquérito policial), eventual medida apenas poderia ser decretada após a representação da autoridade policial ou mediante requerimento do Ministério Público.

Atualmente, a Lei nº 13.964/2019, a qual chancelou o sistema acusatório como o adotado no Brasil, dispôs que as medidas cautelares decretadas **após** o ajuizamento da ação penal apenas serão impostas mediante o requerimento das partes, não possibilitando mais ao juiz a decretação de ofício – diferentemente do texto anterior.

Observe o quadro ilustrativo acerca da possibilidade de estipulação, de ofício, de qualquer medida cautelar após o ajuizamento da ação penal antes e depois da aprovação da Lei Anticrime:

Momento processual	É necessário requerimento ou representação?
Antes da Lei Anticrime **Depois** da Lei Anticrime *Antes* da ação penal	*Sim*, requerimento do Ministério Público ou representação da autoridade policial. *Sim*, requerimento do Ministério Público ou representação da autoridade policial.
Antes da Lei Anticrime **Depois** da Lei Anticrime *Durante* a ação penal	*Não*, poderia ser decretada de ofício e mediante requerimento das partes. *Sim*, poderá ser decretada mediante requerimento das partes.

Quando tais medidas forem diversas da prisão, poderão ser aplicadas isolada ou cumulativamente, cabendo à autoridade judiciária estipulá-las do modo que entender factível, a fim de assegurar o bom prosseguimento do feito.

De acordo com o Código Processual, com o fito de preservar o contraditório, após receber o pedido de medida cautelar, mediante requerimento da parte (geralmente, o Ministério Público) ou representação da autoridade policial em fase pré-processual, deverá o juiz, ressalvados os casos de urgência ou de perigo de ineficácia (os quais serão fundamentados), intimar a parte contrária para manifestação em até cinco dias, bem como enviar para ela cópia do vertente requerimento e das peças necessárias, permanecendo os autos em juízo. Todavia, cuida-se o dispositivo que carece de eficácia, afinal, ao tomar conhecimento, poderia, por exemplo, o suspeito evadir-se do distrito da culpa.

Se o agente descumprir a ordem judicial quedando-se de desempenhar qualquer das obrigações fixadas pela autoridade (ex.: investigado deixa de comparecer mensalmente em juízo), poderá o juiz, de ofício ou mediante requerimento do Ministério Público, de seu assistente ou do querelante, cumular ou substituir a medida por outra mais gravosa, bem como, se necessário for, decretar a prisão preventiva do agente.[1]

Outrossim, também é facultado à autoridade judiciária, a qualquer momento, revogar, de ofício ou mediante requerimento das partes, as medidas cautelares fixadas ou substituí-las por outras menos onerosas, se verificar a inexistência de motivos idôneos a justificar sua subsistência. Igualmente, poderá tornar a decretá-las em caso de superveniência das razões que as fundamentem.

9.2 Prisão

Em processo penal, a **prisão** consiste **na privação integral da liberdade do agente**, podendo ser vislumbrada de duas maneiras:

a) a **prisão-pena**, a qual pressupõe a condenação do acusado à pena privativa de liberdade, após o trânsito em julgado da decisão, tratando-se, pois, do cumprimento, da execução de sanção já imposta pelo magistrado em fase de conhecimento; e

b) a **prisão provisória ou cautelar**, que poderá ser decretada antes da condenação definitiva, não para punir o acusado (até porque vige o princípio da presunção de inocência), mas para, em regra,[2] garantir a ordem pública ou a ordem econômica, por conveniência da instrução criminal ou para assegurar a aplicação da lei penal.[3] Em momento oportuno estudaremos minuciosamente estes requisitos.

[1.] Nesse sentido: "Não há constrangimento ilegal quando a prisão preventiva está devidamente justificada, notadamente pelo descumprimento de medidas anteriormente impostas, nos termos do parágrafo único do art. 312 do Código de Processo Penal." (STJ, HC 515.272/MS, Rel. Min. Jorge Mussi, 5ª T., julgado em 20-8-2019, *DJe* 4-9-2019).

[2.] Também é possível a decretação de prisão temporária "quando imprescindível para as investigações do inquérito policial ou quando o indiciado não tiver residência fixa ou não fornecer elementos necessários ao esclarecimento de sua identidade, sempre que houver fundadas razões, de acordo com qualquer prova admitida na legislação penal, de autoria ou participação do indiciado", nos crimes listados na Lei nº 7.960/1989.

[3.] Requisitos da prisão preventiva descritos no art. 312 do Código de Processo Penal.

9.2.1 Prisão-pena

Aduz a Constituição Federal que ninguém será considerado culpado até o trânsito em julgado da sentença. Todavia, após a decisão condenatória passar em julgado, torna-se necessária a execução da reprimenda fixada, que poderá se dar mediante pena privativa de liberdade, oportunidade em que a liberdade do indivíduo será suprimida, para que cumpra a sanção imposta.

Importante!

Em 2016, por meio do ARE 964.246 RG/SP, o Supremo Tribunal Federal proferiu entendimento, concluindo pela possibilidade de se executar provisoriamente o acórdão penal condenatório proferido em grau recursal, mesmo que sujeito a recurso especial ou extraordinário, isto é, sem que tenha havido o trânsito em julgado.

Por conseguinte, passou a ser possível o início do cumprimento da pena quando a condenação imposta em primeira instância for confirmada no âmbito recursal, não havendo, neste caso, violação ao princípio constitucional da presunção de inocência.

Vejamos a decisão: "Em regime de repercussão geral, fica reafirmada a jurisprudência do Supremo Tribunal Federal no sentido de que a execução provisória de acórdão penal condenatório proferido em grau recursal, ainda que sujeito a recurso especial ou extraordinário, não compromete o princípio constitucional da presunção de inocência afirmado pelo art. 5°, inciso LVII, da Constituição Federal".[4]

Porém, em 7-11-2019, o entendimento foi alterado no âmbito das ACs n° 43, 44 e 54.

Cuidado! Atualmente, o cumprimento da pena definitiva apenas será possível quando esgotadas todas as vias recursais cabíveis. Ou seja, ainda que a condenação for confirmada em segunda instância, eventual pendência de análise de recurso extraordinário ou especial, por exemplo, impede que se dê início à execução provisória da pena, por violar o princípio da presunção

---

4. STF, ARE 964246 RG, Rel. Min. Teori Zavascki, julgado em 10-11-2016, Processo Eletrônico Repercussão Geral – Mérito DJe 25-11-2016.

de inocência. Ressalvam-se, entretanto, as hipóteses ensejadoras de prisão cautelar quando presentes os requisitos do art. 312 do CPP.

Consoante o Informativo nº 962 da Suprema Corte, caso o Tribunal de origem, após manter a condenação do réu em segunda instância, não tenha examinado a necessidade de decretação da prisão preventiva (art. 312 do CPP) face à antiga tese do STF no sentido de ser possível a execução provisória da pena, deverá fazer tal análise antes de simplesmente decretar a liberdade do agente, com fulcro na decisão proferida no âmbito das ACs nº 43, 44 e 54.

Por fim, é imperioso registrar o conteúdo da **Súmula Vinculante nº 56**, que ressalta que "a falta de estabelecimento penal adequado não autoriza a manutenção do condenado em regime prisional mais gravoso, devendo-se observar, nessa hipótese, os parâmetros fixados no RE 641.320/RS". Dessa forma, o presente entendimento "é inaplicável ao preso provisório (prisão preventiva) porque esse enunciado trata da situação do preso que cumpre pena (preso definitivo ou em execução provisória da condenação)".[5]

9.2.2 Prisão cautelar

Se, durante a marcha processual, o deferimento de medidas cautelares deve ser a última opção a ser considerada pelo magistrado, então a prisão é a **última medida cautelar a ser determinada pela autoridade**. O ato de capturar alguém, cerceando por completo sua liberdade, enquanto não passar em julgado a sentença condenatória, será efetivado apenas e tão somente quando não se mostrar adequada a sua substituição por outra providência menos onerosa. Afinal, cuida-se da exceção da exceção.[6]

[5.] STJ, Informativo nº 642, publicação em 15-3-2019.
[6.] Nesse sentido: "1. Por força do princípio constitucional da presunção de inocência, as prisões de natureza cautelar – assim entendidas as que antecedem o trânsito em julgado da decisão condenatória – são medidas de índole excepcional, as quais somente podem ser decretadas (ou mantidas) caso venham acompanhadas de efetiva

Cumpre destacar que, nos termos do Código de Processo Penal, "não será admitida a decretação da prisão preventiva com a finalidade de antecipação de cumprimento de pena ou como decorrência imediata de investigação criminal ou da apresentação ou recebimento de denúncia".[7] Em contrapartida, "em determinadas situações, como forma de garantir a eficácia, da justiça e como manifestação de autodefesa do Estado, é restringida a liberdade do indivíduo, em nome do interesse coletivo, antes mesmo da certeza de que foi o agente o autor do delito" (CUNHA; PINTO, 2017, p. 736).

Obviamente, pessoas presas em caráter provisório serão separadas daquelas que já estiverem definitivamente condenadas (cumprindo a prisão pena), até porque os primeiros não são considerados culpados até o trânsito em julgado de sentença penal condenatória.

Poderão as prisões cautelares ser efetuadas em **qualquer dia e horário**, desde que respeitadas as restrições relativas à inviolabilidade do domicílio.[8] Logo, de acordo com o previsto na Carta Constitucional, em caso de flagrante delito poderá a autoridade efetivar a prisão do agente em qualquer período. Contudo, se a decretação da prisão emanar de decisão judicial e o agente estiver abrigado em seu domicílio, a ordem apenas poderá ser cumprida durante o dia.

Se o infrator estiver em domicílio de terceiro, o morador será intimado a entregar o suspeito. Caso a ordem não seja obedecida pelo residente, de modo imediato, o executor convocará duas testemunhas e, sendo dia, entrará à força na casa, inclusive, podendo arrombar as portas, se necessário. No entanto, quando noite, o executor guardará todas as saídas, a fim de tornar o imóvel incomunicável e, logo que amanheça, procederá de modo a efetuar a prisão do agente.

[7.] fundamentação" (STJ, HC 198.401/CE, Rel. Min. Og Fernandes, 6ª T., julgado em 16-6-2011, DJe 24-8-2011).
Art. 313, § 2°, do CPP – Incluído pela Lei Anticrime.
[8.] Art. 5°, XI, CF: "A casa é asilo inviolável do indivíduo, ninguém nela podendo penetrar sem consentimento do morador, salvo em caso de flagrante delito ou desastre, ou para prestar socorro, ou, durante o dia, por determinação judicial."

Por óbvio, o morador que se recusar a entregar o infrator escuso em seu domicílio não quedar-se-á impune, mas será levado à presença da autoridade competente para que se proceda contra ele como for de direito. Nesses casos, poderá vir a responder pela prática de crimes como favorecimento pessoal, desobediência etc.

9.2.2.1 Mandado de prisão

Quando a autoridade judicial decidir pela adequação e necessidade da decretação da segregação cautelar do infrator, ordenará a expedição do competente **mandado de prisão**, o qual será lavrado pelo escrivão, assinado pelo magistrado, e dirigido a quem tiver qualidade para dar-lhe execução (ex.: oficial de justiça).

O mandado de prisão será passado em duplicata, e conterá:

- a designação da pessoa que tiver de ser presa (nome, alcunha ou sinais característicos);
- a infração penal que motiva a prisão; e
- o valor da fiança arbitrada, quando afiançável a infração.

A autoridade policial poderá expedir quantos mandados entender necessários para cumprimento da diligência, devendo todos eles reproduzirem, de forma fidedigna, o teor do mandado original.

A prisão efetuada em virtude de mandado considerar-se-á realizada quando o executor, fazendo-se conhecer do suspeito, apresentar-lhe a referida documentação, intimando-lhe a acompanhá-lo. Caso haja resistência à prisão, poderão ser usados os meios necessários para defesa ou para vencer a objeção, salientando-se que eventuais ocorrências serão registradas e lavradas em auto, o qual será subscrito também por duas testemunhas.

De acordo com a nova redação do Código de Processo Penal, caso o mandado verse acerca de prisão por prática de infração inafiançável, a falta de sua exibição não obstará a prisão do agente. Nesses casos, o preso será **imediatamente** apresentado ao juiz que expediu o referido mandado, para fins de realização de audiência de custódia.

Recebido o mandado, é direito do preso obter um dos exemplares passados, contendo declaração do dia, hora e lugar da diligência. Em seguida, o agente passará recibo no outro exemplar. Caso recuse, não saiba ou não possa escrever, o fato será mencionado em declaração, assinada por duas testemunhas.

Tamanha a importância do mandado, que ninguém poderá ser recolhido à prisão, sem que a referida documentação seja apresentada ao diretor ou carcereiro, a quem também será entregue cópia assinada pelo executor ou apresentada a guia expedida pela autoridade competente, devendo ser passado recibo da entrega do preso,[9] com declaração de dia e hora.

Por outro lado, é possível que o suspeito, a quem foi expedido mandado de prisão em seu desfavor, esteja fora da jurisdição do juiz competente. Nesse caso, o magistrado processante deverá deprecar a prisão do agente, constando na carta precatória, o inteiro teor do mandado. Se, todavia, houver urgência na efetivação da medida (ex.: risco de fuga a outro país), a prisão poderá ser requisitada por qualquer meio de comunicação, constando o seu motivo e o valor da fiança, quando arbitrada.

Recebida a requisição, a autoridade deprecada tomará as providências necessárias, para averiguar a autenticidade da comunicação.

Após o cumprimento do mandado de prisão, o juiz deprecante providenciará a remoção do preso, em até de 30 dias, contados da efetivação da medida.

Destaca-se que caso o suspeito não seja encontrado na comarca processante, o juiz competente providenciará o registro do mandado de prisão, em banco de dados mantido pelo Conselho Nacional de Justiça (CNJ). Em vista disso, qualquer agente policial, em qualquer lugar no território nacional, poderá efetuar a prisão do agente, ainda que fora da competência territorial do juiz que expediu o mandado. Nesses casos, a prisão será imediatamente comuni-

---

[9.] Art. 288, parágrafo único: "O recibo poderá ser passado no próprio exemplar do mandado, se este for o documento exibido."

cada ao juiz do local de cumprimento da medida, a quem competirá informar o juízo que a decretou, devendo ser assegurado, ao preso, todos os direitos que lhe garantidos.

9.2.2.2 Emprego de força

Em regra, não será permitido o emprego de força, exceto se imprescindível, quando o indivíduo apresentar resistência ou tentar empreender fuga.

Jurisprudência

De acordo com a jurisprudência pacífica dos Tribunais Superiores, **o uso de algemas é causa de constrangimento ao infrator**, razão pela qual apenas poderá ser utilizada em casos de extrema imprescindibilidade, sob risco de responsabilização do Estado.

Sobre o tema:

Súmula Vinculante n° 11: "Só é lícito o uso de algemas em casos de resistência e de fundado receio de fuga ou de perigo à integridade física própria ou alheia, por parte do preso ou de terceiros, justificada a excepcionalidade por escrito, sob pena de responsabilidade disciplinar, civil e penal do agente ou da autoridade e de nulidade da prisão ou do ato processual a que se refere, sem prejuízo da responsabilidade civil do Estado."

A Lei n° 13.434/2017, em respeito à dignidade da pessoa humana, dispôs ser proibido o uso de algemas em mulheres grávidas durante os procedimentos médico-hospitalares preparatórios para a realização do parto ou durante o trabalho de parto, assim como em mulheres durante o período de puerpério imediato, afinal, afigura-se conduta terminantemente violadora de direitos fundamentais manter uma gestante algemada durante seu parto ou em atos que o antecedem.

9.2.2.3 Perseguição

A perseguição restará configurada em duas hipóteses: **(a)** tendo o executor avistado o acusado, for perseguindo-o, sem interrupção, mesmo que o tenha perdido de vista; ou **(b)** sabendo, por indícios ou informações fidedignas, que o criminoso tenha passado, há pouco tempo, em tal ou qual direção, pelo lugar em que o procure, for ao seu alcance.

É possível que, durante o encalço, o infrator logre êxito em passar ao território de outro município. Aqui, em meio a perseguição, é permitido que o executor efetue a prisão no lugar onde alcançar o suspeito, porém, apresentando-o imediatamente à autoridade do local onde foi capturado. E, após lavrado o auto de flagrante, será providenciada a sua remoção à comarca processante.

Desta forma, se Tício é preso em flagrante em Cuiabá-MT, e empreende fuga até o município de Várzea Grande-MT, em caso de perseguição, poderão os agentes policiais lotados no município cuiabano capturarem o infrator na cidade vizinha, sem qualquer prejuízo. Entretanto, deverão apresentar o preso à autoridade várzea-grandense, para posterior remoção à capital.

Se, após a captura, a autoridade local tiver motivos fundados para desconfiar acerca da legitimidade do executor ou da legalidade da prisão, poderá pôr em custódia o suspeito, até que fique esclarecida a dúvida.

9.2.2.4 Presos "especiais"

Alguns infratores serão recolhidos em prisão especial caso seja decretada sua prisão cautelar, de maneira que, em razão de características pessoais, ficarão segregados em cela separada dos demais encarcerados, bem como não serão transportados em companhia dos presos comuns.

São eles: **(a)** os ministros de Estado; **(b)** os governadores ou interventores de Estados ou Territórios; **(c)** o prefeito do Distrito Federal e seus respectivos secretários; **(d)** os prefeitos municipais; **(e)** os vereadores; **(f)** os chefes de Polícia; **(g)** os membros do Parlamento Nacional, do Conselho de Economia Nacional e das Assembleias Legislativas dos Estados; **(h)** os cidadãos inscritos no

"Livro de Mérito"; **(i)** os oficiais das Forças Armadas e os militares dos Estados, do Distrito Federal e dos Territórios; **(j)** os magistrados; **(k)** os diplomados por qualquer das faculdades superiores da República; **(l)** os ministros de confissão religiosa; **(m)** os ministros do Tribunal de Contas; **(n)** os cidadãos que já tiverem exercido efetivamente a função de jurado, salvo quando excluídos da lista por motivo de incapacidade para o exercício daquela função; e **(o)** os delegados de polícia e os guardas civis dos Estados e Territórios, ativos e inativos.

Embora a referida lista esteja prevista no art. 295 do Código de Processo Penal, trata-se de rol meramente **exemplificativo**, existindo outras hipóteses de presos especiais na legislação extravagante, como promotores de justiça, professores de 1° e 2° graus etc.

Desta feita, "o legislador brasileiro resolve conferir a certos indivíduos o direito à prisão especial pelo menos até o trânsito em julgado de sentença penal condenatória. (...) A prisão especial não pode ser considerada modalidade de prisão cautelar. Cuida-se, na verdade, de especial forma de cumprimento da prisão cautelar" (LIMA, 2015, p. 874).

Além disso, destaca-se que os casos de prisão especial apenas serão aplicados aos agentes presos de maneira provisória, isto é, caso o acusado venha a ser condenado futuramente passará a cumprir a pena imposta no mesmo local que os demais.

A lei prevê que a cela especial não será necessariamente individual, podendo consistir em alojamento coletivo, desde que "atendidos os requisitos de salubridade do ambiente, pela concorrência dos fatores de aeração, insolação e condicionamento térmico adequados à existência humana".[10]

Jurisprudência

"A reforma introduzida no CPP pela Lei 10.258/2001 visou a eliminar privilégios injustificáveis em uma democracia e estabeleceu de maneira clara que a prisão

---

[10.] Art. 295, § 3°, do CPP.

especial, prevista neste código ou em outras leis, consiste exclusivamente no recolhimento do preso em local distinto da prisão comum (art. 295, § 1º). À falta de estabelecimento específico para o preso especial, este será recolhido em cela distinta do mesmo estabelecimento (art. 295, § 2º)" (STF, HC 116.233 AgR, Rel. Min. Rosa Weber, j. 25-6-2013, 1ª T., *DJe* 26-8-2013).

No entanto, em que pese o benefício de recolhimento em local distinto, os demais direitos e deveres do preso especial serão iguais aos do preso comum.

Já o militar preso em flagrante delito será recolhido a quartel da instituição a qual pertencer, onde permanecerá à disposição das autoridades competentes. Aqui, de fato, soaria completamente irracional manter um militar preso no mesmo local que os demais encarcerados, haja vista a possibilidade de ocorrência de represálias em virtude da função que ocupa como agente de segurança pública.

Diversamente, os policiais militares e membros das Forças Armadas que não sejam oficiais (inferiores) e os soldados que recebem soldo (praças), quando possível, serão recolhidos em estabelecimentos militares nos termos dos regulamentos específicos.

9.2.2.5 Modalidades

São três as possíveis modalidades de prisão cautelar: **(a)** prisão em flagrante; **(b)** prisão preventiva; ou **(c)** prisão temporária.

Nesse sentido: "ninguém poderá ser preso senão em flagrante delito ou por ordem escrita e fundamentada da autoridade judiciária competente, em decorrência de prisão cautelar ou em virtude de condenação criminal transitada em julgado".[11]

9.2.2.5.1 Prisão em flagrante

O que é flagrante? Segundo o dicionário Michaelis, flagrante significa o feito "testemunhado no momento da ocorrên-

---

11. Art. 283 do CPP.

cia".[12] Contudo, para o ordenamento jurídico brasileiro, a possibilidade de prender alguém em flagrante abrange não só o agente surpreendido no ato ilícito, mas também outras hipóteses.

9.2.2.5.1.1 Espécies de flagrante

Segundo dispõe o art. 302 do Código de Processo Penal, considera-se em flagrante delito quem:

a) está cometendo a infração penal ou acaba de cometê-la;
b) é perseguido, logo após, pela autoridade, pelo ofendido ou por qualquer pessoa em situação que faça presumir ser o autor da infração; ou
c) é encontrado, logo depois, com instrumentos, armas, objetos ou papéis que façam pressupor ser ele o autor da infração.

A primeira hipótese versa acerca do **flagrante próprio ou real**. Assemelha-se ao conceito encontrado nos dicionários brasileiros, no qual o suspeito é flagrado no exato momento da prática do crime ou quando acabou de cometê-lo. Assim, se Mévio entra em um estabelecimento comercial, aborda o gerente da loja, rouba mercadorias, mas é surpreendido por policiais militares que estavam por perto antes mesmo de sair do local, está-se diante de um exemplo de flagrante próprio ou real. Do mesmo modo, se o infrator fosse flagrado iniciando os atos executórios, também restaria caracterizada a espécie em testilha.

Nas infrações permanentes, cujo momento consumativo se prolonga enquanto durar a ação delituosa (ex.: sequestro), entende-se que o infrator encontrar-se-á em flagrante delito enquanto não cessar a permanência (ex.: enquanto o suspeito privar alguém de sua liberdade, mediante sequestro ou cárcere privado, poderá ser preso em flagrante delito, posto que a consumação da infração se estende no tempo, até cessar a ação).

[12.] Disponível em: http://michaelis.uol.com.br/. Acesso em: 12 set. 2019.

Já a segunda espécie traz o denominado **flagrante impróprio**, o qual exige a necessidade de constatação de dois requisitos cumulativos essenciais: (a) a existência de perseguição logo após o crime; e (b) que as circunstâncias façam presumir que o suspeito é, de fato, o autor do delito. Aqui, a doutrina não delibera acerca da necessidade de um lapso temporal preestabelecido. Ao contrário, se a perseguição ao indivíduo iniciou-se consecutivamente após a prática criminosa e seguiu sem paralisações ainda que não haja o acompanhamento visual do infrator em tempo integral estaria verificada a hipótese em estudo (ex.: acusado foge para uma mata fechada, mas a polícia realiza o cerco).

Guilherme de Souza Nucci (2015, p. 699) explica que

> evitando-se conferir larga extensão à situação imprópria de flagrante, para que não se autorize a perseguição de pessoas simplesmente suspeitas, mas contra as quais não há certeza alguma de autoria, utilizou a lei a expressão logo após, querendo demonstrar que a perseguição deve iniciar-se em ato contínuo à execução do delito, sem intervalos longos, demonstrativos da falta de pistas (...) No mais, cabe ao bom senso de cada magistrado, ao tomar conhecimento da prisão em flagrante impróprio, no caso concreto, avaliar se, realmente, seguiu-se o contido na expressão "logo após".

Por fim, a terceira e última espécie aborda o **flagrante presumido**, ou seja, o flagrante ocorre não porque o agente é surpreendido delinquindo, mas porque, logo depois da prática criminosa, é encontrado com instrumentos (ex.: cordas), armas (ex.: faca), objetos (*res furtiva*) ou papéis os quais façam presumir ser ele o autor da infração.

Destarte, se em posse de Tício é apreendida uma bicicleta que fora furtada há pouco tempo em local próximo dali, caracterizado está o flagrante. Da mesma maneira, se a faca utilizada para matar Mévio é encontrada no quarto de Caio, é possível pressupor ser o último o sujeito ativo do delito, ante as circunstâncias fáticas apresentadas.

9.2.2.5.1.2 Espécies doutrinárias

Além das espécies previstas expressamente no Código Processual, a doutrina elenca outras hipóteses de flagrante.

Haverá o **flagrante preparado**, quando o executor, com o intuito de surpreender o infrator, simula uma situação criminosa, a fim de atrair a sua 'presa' até o cenário delitivo, para daí prendê-lo, como por exemplo, um "policial disfarçado, com inúmeros outros igualmente camuflados, exibe relógio de alto valor na via pública, aguardando alguém para assaltá-lo. Apontada a arma para a pessoa atuando como isca, os demais policiais prendem o agente. Inexiste crime, pois impossível sua consumação" (NUCCI, 2015, p. 701).

Trata-se de hipótese *não* permitida no ordenamento jurídico brasileiro, porquanto não há vontade livre e/ou espontânea do agente em praticar o delito. Entende-se, então, que há crime impossível, por ineficácia absoluta dos meios.

Segundo a jurisprudência do Superior Tribunal de Justiça, "no flagrante preparado, a polícia provoca o agente a praticar o delito e, ao mesmo tempo, impede a sua consumação, cuidando-se, assim, de crime impossível".[13] Já o Supremo Tribunal Federal, através da Súmula nº 145, pacificou a questão, entendendo que "não há crime, quando a preparação do flagrante pela polícia torna impossível a sua consumação".

Ainda, estará configurado o **flagrante esperado**, quando os executores, em posse de informações preliminares acerca do cometimento de determinado delito, dirigem-se até o local dos fatos, e aguardam a consumação do crime, para que possam prender os infratores em flagrante. Veja que não há vício de vontade por parte dos agentes criminosos, que infringiriam a lei de toda forma, não havendo, assim, ilegalidade na prisão.

Logo, "não caracteriza flagrante preparado, e sim flagrante esperado, o fato de a Polícia, tendo conhecimento prévio de que o

---

[13.] STJ, AgRg no AREsp 1301191/SP, Rel. Min. Ribeiro Dantas, 5ª T., julgado em 19-3-2019, DJe 25-3-2019.

delito estava prestes a ser cometido, surpreende o agente na prática da ação delitiva".[14]

De outro modo, o **flagrante prorrogado ou diferido** também é lícito, e ocorrerá quando os executores, buscando o momento mais conveniente para efetuar a prisão, 'atrasam' o momento do flagrante, para angariar mais provas ou informações sobre o fato. Tal espécie doutrinária é válida nos termos da Lei nº 12.850/2013 (Lei de Organizações Criminosas) e da Lei nº 11.343/2006 (Lei de Drogas). Em outras palavras, neste caso, "se atrasa o momento da prisão, mantendo acompanhamento sobre os criminosos, para que se consigam melhores provas contra os envolvidos em organizações criminosas ou tráfico de drogas" (REIS; GONÇALVES, 2014, p. 372).

Finalmente, **o flagrante forjado ou fabricado** é terminantemente proibido. Refere-se à espécie em que, artificiosamente, alguém produz provas de um delito que não ocorreu, para incriminar um terceiro. É o caso de policiais militares que, com o objetivo de prender um desafeto da guarnição local, implantam certa quantidade de drogas na residência do suposto infrator, para que este seja flagrado. Portanto, "a conduta do agente é criada pela polícia, tratando-se de fato atípico".[15]

Jurisprudência
Monitoramento de câmeras de vídeo

Por tempos, discutiu-se se a presença de sistema de monitoramento por câmeras de vídeo, em estabelecimentos comerciais, seria circunstância apta a gerar a atipicidade do fato, por caracterizar hipótese de crime impossível, haja vista que dificilmente o infrator conseguiria consumar o delito, por estar sendo constantemente vigiado.

Todavia, o Superior Tribunal de Justiça pacificou a questão, através da **Súmula nº 567,** cujo teor colaciona-se: "Sistema de vigilância realizado por monitoramento eletrônico ou por existência de segurança no interior de

---

[14.] STF, HC 78.250, Rel. Min. Maurício Corrêa, 2ª T., j. 15-12-1998, *DJ* 26-2-1999.
[15.] STJ, RHC 68.330/SP, Rel. Min. Ribeiro Dantas, 5ª T., julgado em 6-8-2019, *DJe* 13-8-2019.

estabelecimento comercial, por si só, não torna impossível a configuração do crime de furto."

No mesmo sentido: "A vigilância por meio de circuito interno de vídeo ou realizada por seguranças em estabelecimentos comerciais não torna impossível a consumação do furto. Embora tais elementos dificultem a empreitada criminosa, inegável a existência de margem para que o agente ludibrie a segurança e conclua o seu intento."[16]

9.2.2.5.1.3 Quem Poderá Realizar a Prisão em Flagrante?

Qualquer pessoa. Se o infrator é visto cometendo um crime, poderá qualquer indivíduo que ali esteja, privar sua liberdade, ainda que instantaneamente, a fim de repreender a prática delitiva.

Afinal, no flagrante não se exige autorização judicial.

Porém, o flagrante será obrigatório quando o executor tiver, por força de lei, o encargo de fazê-lo, sob pena de responsabilidade. Dessa feita, se um policial militar em atividade surpreende um cidadão furtando um transeunte, é sua atribuição e dever realizar a prisão em flagrante.

Contudo, o flagrante será facultativo se o executor não tiver obrigação de executá-lo, como os cidadãos comuns. Mas, se o fizerem, não incorrerão em qualquer ilegalidade.

Conforme prevê o art. 301 do Código de Processo Penal, "qualquer do povo **poderá** e as autoridades policiais e seus agentes **deverão** prender quem quer que seja encontrado em flagrante delito" (grifo nosso).[17]

9.2.2.5.1.4 Procedimento

Após flagranteado, o suspeito será apresentado à autoridade competente (normalmente, Delegado de Polícia), a quem ca-

---

[16] STJ, AgRg no REsp 1221022/SP, Rel. Min. Sebastião Reis Júnior, 6ª T., julgado em 3-9-2013, *DJe* 18-9-2013.
[17] Art. 301 do CPP.

berá, primeiramente, ouvir o executor/condutor do flagrante (na maioria das vezes, um agente policial), entregando-lhe cópia do termo e recibo de entrega do preso.[18]

Lembre-se de que o flagrante prescinde de mandado judicial, posto que se trata de ato administrativo, o qual será comunicado, em momento posterior, ao magistrado competente, a fim de que este exerça o devido controle judicial.

Ato contínuo, procederá à oitiva das vítimas e das testemunhas, bem como o interrogatório do suposto infrator para que narre sua versão dos fatos. Serão colhidas as assinaturas de cada um dos "entrevistados", lavrando-se, no final, **o auto de prisão em flagrante delito**, o qual também deverá conter informações sobre eventual existência de filhos do suspeito, suas idades e se possuem alguma deficiência, além do nome e contato de responsável pelos seus cuidados.

Em regra, o auto será lavrado pelo escrivão de polícia. No entanto, na falta ou impedimento deste, caberá à autoridade designar alguém para fazê-lo – ou seja, um escrivão *ad hoc* –, depois de prestado o compromisso legal. Tal prática ocorre, principalmente, em comarcas menores.

Dispõe o Código Processual ser prescindível a presença de testemunhas da infração para lavratura do auto. Nesses casos, com o condutor do flagrante, assinarão ao menos duas pessoas que tenham testemunhado a apresentação do suspeito à autoridade.

O fato de estar apenas o policial militar e o infrator no momento do flagrante em certos crimes, como os de tráfico de drogas, não impede a confecção do auto, mas exige, com o fito de evitar constrangimentos ilegais, a assinatura de duas pessoas que atestem a apresentação do preso – as denominadas testemunhas instrumentais.

Igualmente, caso o conduzido se negue a assinar, não souber ou não puder fazê-lo, o auto de prisão em flagrante também será assinado por duas testemunhas que tenham ouvido a leitura

---

[18.] Art. 308 do CPP: "Não havendo autoridade no lugar em que se tiver efetuado a prisão, o preso será logo apresentado à do lugar mais próximo."

do teor do referido documento na presença do suspeito – testemunhas de leitura.

A partir das provas ali colhidas, caso a autoridade verifique a existência de fundadas suspeitas contra o conduzido, ordenará seu recolhimento à **prisão**, salvo no caso de prestar fiança, prosseguindo nos atos do inquérito ou processo, se for competente para tanto. Se não o for, deverá remeter o procedimento a quem o seja.

Será obrigatoriamente entregue ao autuado, mediante recibo, a **nota de culpa**, documento este assinado pela autoridade, na qual constarão as informações referentes à segregação, como seu motivo, o nome do condutor e os das testemunhas.

A prisão de qualquer pessoa e o local em que se encontra deverão ser **imediatamente** comunicadas à autoridade judiciária competente, ao Ministério Público e à família ou à pessoa indicada pelo suspeito.

Jurisprudência

"A documentação do flagrante prescinde da presença do defensor técnico do conduzido, sendo suficiente a lembrança, pela autoridade policial, dos direitos constitucionais do preso de ser assistido, comunicando-se com a família e com profissional da advocacia, e de permanecer calado" (STF, HC 102.732, Rel. Min. Marco Aurélio, j. 4-3-2010, DJe 7-5-2010).

O auto de prisão será encaminhado ao juiz competente em até 24 horas após sua prisão, tal como ao advogado designado pelo preso. Se o autuado informar não possuir defensor constituído, será remetida cópia integral do feito à Defensoria Pública, instituição a quem compete a assistência jurídica integral e gratuita aos necessitados.

9.2.2.5.1.4.1 Audiência de custódia

A Convenção Americana de Direitos Humanos, também conhecida como Pacto de San José da Costa Rica, foi subscrita com o propósito de consolidar um regime de liberdade pessoal e de justiça social fundado no respeito dos direitos essenciais do homem, nos países americanos, dentre eles o Brasil, signatário do tratado. Para tanto, previu em seu art. 7°, item 5, que

> toda pessoa detida ou retida deve ser conduzida, **sem demora**, à presença de um juiz ou outra **autoridade autorizada pela lei** a exercer funções judiciais e **tem direito a ser julgada dentro de um prazo razoável ou a ser posta em liberdade**, sem prejuízo de que prossiga o processo. Sua liberdade pode ser condicionada a garantias que assegurem o seu comparecimento em juízo.

Trata-se da **audiência de custódia**, na qual o conduzido seria submetido à presença de um juiz, sem demora, após sua prisão – qualquer espécie –, a fim de que a autoridade judiciária verifique se o flagrante é legal, bem como seria o caso de lhe conceder a liberdade provisória ou não.

Entretanto, embora já vigente em diversos municípios brasileiros (principalmente os com maior estrutura), a matéria não possuía regulamentação legal, ou seja, não havia lei federal cujo conteúdo versasse acerca do procedimento a ser adotado no âmbito das audiências de custódia.

Por muito tempo, o procedimento encontrou-se disciplinado na Resolução n° 213/2015 do Conselho Nacional de Justiça, o qual dispunha acerca da necessidade de apresentação do preso à autoridade judicial em até 24 horas, contados da comunicação do flagrante ao juiz ou da efetivação da prisão quando esta for realizada mediante mandado.

Entende o STJ que "a não realização de audiência de custódia no prazo de 24 horas não acarreta a automática nulidade do processo criminal. Com o decreto da prisão preventiva, a alegação de nulidade fica superada".[19]

---

[19]. STJ, RHC 101.091/MG, Rel. Min. Reynaldo Soares Da Fonseca, 5ª T., julgado em 11-12-2018, DJe 19-12-2018.

Dessa forma, embora a audiência de custódia afigurasse como um marco processual importantíssimo, em nosso país, sua implantação ainda não era obrigatória, mormente em razão da ausência de regulamentação legal e face à precariedade de recursos nas comarcas menores.

Todavia, a realidade mudou com a aprovação do Pacote Anticrime, em 24-12-2019, que regulamentou, expressamente, a audiência de custódia no corpo do Código de Processo Penal.

Agora, após o magistrado (juiz de garantias) receber o auto de prisão em flagrante no prazo máximo de até 24 horas após a prisão, deverá ser promovida a **audiência de custódia** com a presença do acusado, seu advogado constituído ou membro da Defensoria Pública e o membro do Ministério Público.

Caso a autoridade competente não cumpra o prazo legal de 24 horas, sem qualquer motivação plausível, responderá administrativa, civil e penalmente pela omissão.

Em audiência de custódia, o juiz analisará as circunstâncias fáticas e decidirá, de maneira fundamentada:[20] (1) pelo **relaxamento da prisão** do suspeito, caso seja ela ilegal; (2) pela **conversão do flagrante em prisão preventiva**, se entender presentes os requisitos autorizadores desta, aliado à ineficiência da aplicação de medidas cautelares diversas; ou (3) **conceder a liberdade provisória** ao suposto infrator com a imposição, ou não, de qualquer outra medida cautelar que entender adequada.

Na primeira hipótese, a prisão será relaxada pelo magistrado quando verificada a presença de **vícios**, os quais tornem a segregação ilegal.[21] Exemplificam, de diversas maneiras, Alexandre Cebrian e Victor Gonçalves: "a) falta de formalidade essencial na lavratura do auto (...) b) inexistência de hipótese de flagrante (...) c) atipicida-

---

[20]. Art. 93, IX, CF: "Todos os julgamentos dos órgãos do Poder Judiciário serão públicos, e fundamentadas todas as decisões, sob pena de nulidade (...)."

[21]. Nesse sentido: "A inexistência de elementos que indiquem a ocorrência de qualquer das hipóteses do art. 302 do CPP impõe o relaxamento da prisão em flagrante" (STF, RHC 86.535, Rel. Min. Cezar Peluso, j. 15-12-2009, 2ª T., *DJe* 12-2-2010).

de do fato narrado pelas pessoas ouvidas no auto de prisão (...) d) excesso de prazo da prisão, ou seja, delegado que por alguma razão demora a enviar a cópia do auto de prisão ao juiz competente" (REIS; GONÇALVES, 2014, p. 384). Ademais, a não realização da audiência de custódia sem motivação idônea, depois do transcurso de 24 horas, enseja a ilegalidade da segregação, a qual deverá ser relaxada pelo juiz sem prejuízo da imediata decretação de prisão preventiva.

Se constatado que o flagrante é perfeito, isto é, não contém ilegalidades, passa-se à verificação acerca da necessidade e adequação da medida constritiva após analisadas as peculiaridades do fato.

Destarte, se o juiz entender que se encontram caracterizados **os requisitos autorizadores para decretação da prisão preventiva** – a qual será matéria do próximo tópico –, converterá o flagrante, caso não se revele suficiente a imposição de medidas cautelares menos onerosas.

Porém, ausentes os pressupostos que autorizam a conversão do flagrante em prisão preventiva, a autoridade **concederá liberdade provisória** ao conduzido, impondo, se for o caso, medidas cautelares diversas (ex.: fiança, comparecimento periódico em juízo etc.).

Cumpre ressaltar que a nova legislação assevera que ao agente reincidente, ao integrante de organização criminosa armada ou milícia, ou ao conduzido que portar arma de fogo de uso restrito será denegada a liberdade provisória – trata-se de presunção absoluta –, dispositivo este, aparentemente inconstitucional, o qual deverá ser objeto de futuras discussões no âmbito dos tribunais superiores.

Outrossim, se o juiz verificar que o conduzido praticou o fato, amparado por **causa excludente de ilicitude** (estado de necessidade, legítima defesa, estrito cumprimento de dever legal ou exercício regular de direito), poderá, fundamentadamente, conceder ao suspeito a liberdade provisória mediante termo de comparecimento obrigatório a todos os atos processuais, sob pena de revogação do benefício.

Por fim, para o Superior Tribunal de Justiça, embora a regra seja de que a audiência de custódia se realize na comarca do local da prisão, o fato de o investigado ser conduzido para local diverso, para fins de realização do referido ato processual, não anula o procedimento ou o torna inválido.[22]

Importante!

Conforme já mencionado em outros capítulos, após a sanção da Lei nº 13.964/2019, restaram ajuizadas quatro ações diretas de inconstitucionalidade, quais sejam ADIs nº 6298, 6299, 6300 e 6305, em face da mencionada legislação.

Em 19-1-2020, o Ministro Luiz Fux suspendeu, liminarmente, a eficácia do art. 310, § 4º, do Código de Processo Penal, que dispõe acerca da ilegalidade da prisão quando o conduzido não for apresentado à autoridade judicial para realização da audiência de custódia no prazo de 24 horas.

Em sua decisão, o ministro aduz que "a ilegalidade da prisão como consequência jurídica para a não realização da audiência de custódia no prazo de 24 horas fere a razoabilidade, uma vez que desconsidera as dificuldades práticas locais de várias regiões do país, bem como dificuldades logísticas decorrentes de operações policiais de considerável porte".

Em vista disso, a disposição do supramencionado dispositivo encontra-se suspenso por tempo indeterminado, até que haja a prolatação de nova decisão.

Atenção!

Divergência entre as Turmas do Superior Tribunal de Justiça

É possível converter, de ofício, a prisão em flagrante em preventiva?

Para a **Quinta Turma**, *não*: "A partir das inovações trazidas pelo Pacote Anticrime, tornou-se inadmissível a conversão, de ofício, da prisão em flagrante em preventiva" (STJ, HC 590.039-GO, Rel. Min. Ribeiro Dantas, 5ª T., por unanimidade, julgado em 20-10-2020, *DJe* 29-10-2020).

---

[22] STJ, CC 182.728/PR, Rel. Min. Laurita Vaz, 3ª Seção, julgado em 13-10-2021.

Todavia, "o posterior requerimento da autoridade policial pela segregação cautelar ou manifestação do Ministério Público favorável à prisão preventiva suprem o vício da inobservância da formalidade de prévio requerimento" (STJ, AgRg no RHC 136.708/MS, Rel. Min. Felix Fischer, 5ª T., por unanimidade, julgado em 11-3-2021).

Para a **Sexta Turma**, *sim*: "Mesmo após as inovações trazidas pelo Pacote Anticrime (Lei n° 13.964/2019), não há ilegalidade na conversão da prisão em flagrante em preventiva, de ofício, pelo magistrado" (STJ, HC 605.305/MG, Rel. Min. Nefi Cordeiro, Rel. Acd. Min. Antonio Saldanha Palheiro, 6ª T., por maioria, julgado em 6-10-2020, *DJe* 27-10-2020).

Jurisprudência

O membro ministerial que acompanha os atos do inquérito policial poderá ajuizar a ação penal sem que haja qualquer impedimento

"O fato de o promotor de justiça que ofereceu a denúncia contra os pacientes ter acompanhado a lavratura do auto de prisão em flagrante e demais atos processuais não induz a qualquer ilegalidade ou nulidade do inquérito e da consequente ação penal promovida, o que, aliás, é perfeitamente justificável em razão do disposto no art. 129, VII, da CR" (STF, HC 89.746, Rel. Min. Cármen Lúcia, j. 12-12-2006, 1ª T., *DJ* 9-2-2007).

Em suma, vejamos o resumo:

Numa análise geral, tem-se o seguinte: 1º) captura do infrator; 2º) condução à autoridade policial; 3º) comunicação ao juiz, Ministério Público e família do preso; 4º) lavratura do auto de prisão em flagrante; 5º) análise judicial. Assim, imagine o cometimento de uma infração penal por uma pessoa qualquer (...) Num primeiro momento, policiais militares são acionados e capturam o infrator; em seguida, ele é colocado na viatura policial e conduzido à autoridade policial, na delegacia de polícia; depois, o delegado realiza as comunicações de praxe (ao juiz, Ministério Público e familiar do preso); na sequência, lavra o auto de prisão, consoante o procedimento (...), cuja natureza é administrativa; e, por fim, o auto de prisão em flagrante (APF) é enviado ao juiz, que analisará a sua legalidade, numa atividade de natureza judicial (COSTA; ARAÚJO, 2018, p. 694-695).

Por todo o exposto, observe o quadro:

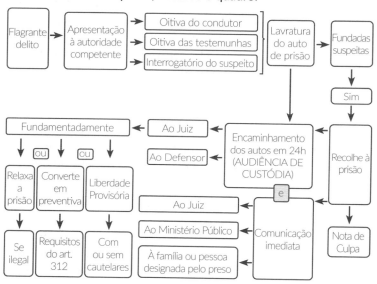

9.2.2.5.2 Prisão preventiva

Trata-se da espécie de prisão cautelar propriamente dita, a qual poderá ser decretada pelo juiz em qualquer fase da investigação policial ou do processo penal, após requerimento do Ministério Público, do querelante ou do assistente, ou por representação da autoridade policial, enquanto não transitar em julgado a demanda.

Jurisprudência

■ **Presunção de inocência x prisão preventiva**
"Não há ofensa ao princípio da presunção de inocência quando a prisão preventiva é decretada com fundamento em indícios concretos de autoria

e materialidade delitiva extraídos dos autos da ação penal, como no caso em apreço."[23]

■ **Princípio da homogeneidade**

De acordo com o princípio da homogeneidade, não seria coerente manter a prisão preventiva do réu em regime mais gravoso do qual lhe será supostamente estipulado caso venha a ser condenado.

Entretanto, é pacificado na jurisprudência que "a prisão do paciente não ofende os princípios da proporcionalidade ou da homogeneidade, pois o fato de ser primário não lhe garante a aplicação da pena mínima cominada aos delitos a ele imputados. Além disso, a garantia à ordem pública não pode ser abalada diante de mera suposição referente ao regime prisional a ser eventualmente aplicado".[24]

Não obstante possa ser decretada a qualquer momento, não poderá a prisão preventiva prolongar-se perpetuamente, posto que é medida de natureza precária, na qual não há certeza de que o acusado é, de fato, culpado – ao contrário, presume-se sua inocência.

Logo, não será admitida a decretação da prisão preventiva com a finalidade de antecipação de cumprimento de pena ou como decorrência imediata de investigação criminal ou da apresentação ou recebimento de denúncia sem que haja a efetiva demonstração da imprescindibilidade da medida.

De forma similar, é elementar a observância da razoável duração do processo, sob pena de configuração de excesso de prazo, o que caracterizaria constrangimento ilegal ao indivíduo. Contudo, de acordo com o entendimento do STJ, "a configuração de excesso de prazo na instrução não decorre de soma aritmética de prazos legais; a questão deve ser aferida segundo critérios de razoabilidade, tendo em vista as peculiaridades do caso".[25]

[23.] STJ, HC 487.591/PR, Rel. Min. Laurita Vaz, 6ª T., julgado em 20-8-2019, DJe 2-9-2019.
[24.] STJ, HC 511.436/SP, Rel. Min. Reynaldo Soares Da Fonseca, 5ª T., julgado em 25-6-2019, DJe 5-8-2019.
[25.] STJ, Informativo nº 477, período: 13 a 17-6-2011.

9.2.2.5.2.1 Prazo

O Código de Processo Penal não prevê um prazo determinado para duração da prisão preventiva. No entanto, se trata de constrição à liberdade do indivíduo, devendo a medida ser observada em consonância aos direitos fundamentais assegurados no ordenamento, sob pena de configuração de **excesso de prazo**, conforme já estudamos alhures.

Logo, pelo exposto:

> recebendo um requerimento ou representação para a decretação de uma prisão preventiva, deverá o juiz: **(1)** verificar se há prova de existência de um delito (materialidade); **(2)** analisar se há indícios de autoria (sinais de quem seja o autor); **(3)** verificar se não há algum impedimento à decretação; **(4)** consultar se está configurada alguma hipótese do art. 312, CPP; **(5)** atestar se está preenchida alguma hipótese do art. 313, CPP; **(6)** em caso positivo, decreta-se; do contrário, indefere-se (COSTA; ARAÚJO, 2018, p. 726).

Salienta-se que sempre que o juiz constatar a existência de alteração dos elementos fáticos no correr da investigação ou do processo, os quais autorizam a concessão da liberdade provisória ao acusado, deverá revogar a prisão, podendo, nesse caso, fixar outras medidas cautelares menos gravosas.

Do mesmo modo, poderá novamente decretar a preventiva se sobrevierem razões que a justifiquem. Porém, uma vez decretada a prisão, o órgão prolator da decisão revisará a necessidade da manutenção da custódia a cada 90 dias, devendo fazê-lo de forma fundamentada e de ofício, sob pena de tornar a prisão ilegal.

Porém, o Supremo Tribunal Federal, no bojo das Ações Diretas de Inconstitucionalidade (ADIs) n° 6.581 e 6.582, firmou entendimento de que **a ausência da reavaliação da prisão preventiva no prazo de 90 dias não implica a revogação automática da custódia**. No caso, o juízo competente sempre deverá ser acionado a rever a legalidade e a atualidade dos fundamentos da medida.

A previsão foi incluída no art. 316 do CPP pelo Pacote Anticrime. O dispositivo possibilitou a saída da prisão do narcotraficante André Oliveira Macedo, o André do Rap, em outubro de 2020. Na época, o ministro Marco Aurélio Mello, hoje aposentado, concedeu *habeas corpus*, com base na regra dos 90 (noventa) dias. O criminoso segue foragido, apesar de ter a sua liberdade cassada.

O Ministro Edson Fachin, relator do caso, e a Corte Suprema, por sua maioria, julgaram parcialmente procedentes os pedidos formulados nas mencionadas ações. Logo, no entendimento do STF, caso não seja reavaliada após o prazo legal de 90 dias, não cabe a revogação automática da prisão preventiva.

Importante!

A **obrigação de revisar**, a cada 90 dias, a necessidade de se manter a custódia cautelar (art. 316, parágrafo único, do CPP) é imposta *apenas* **ao juiz ou tribunal que decretar a prisão preventiva**. Com efeito, a Lei nova atribui ao **"órgão emissor da decisão"** – em referência expressa à decisão que decreta a prisão preventiva – o dever de reavaliá-la (STJ, HC nº 589.544/SC, Rel. Min. Laurita Vaz, 6ª T., por unanimidade, julgado em 8-9-2020, *DJe* 22-9-2020).

9.2.2.5.2.2 Pressupostos/requisitos

Nos termos do art. 312 do Código de Processo Penal, o magistrado poderá decidir pela prisão preventiva do agente quando houver prova da existência do crime e indícios suficientes da autoria, **e de perigo gerado pelo estado de liberdade do imputado**, devendo fundamentá-la em uma das hipóteses previstas, a citar:

a) a garantia da ordem pública;

b) a garantia da ordem econômica;

c) a conveniência da instrução criminal; ou

d) a segurança da aplicação da Lei Penal, permanecendo, ainda, subordinado às condições descritas no art. 313 do Código de Processo Penal.

Em vista disso, no tocante à prisão preventiva, é imprescindível a presença do *fumus comissi delicti*, consistente na prova da materialidade delitiva e de razoáveis indícios de autoria e de perigo gerado pelo estado de liberdade do imputado. Portanto, não há como se decretar uma prisão por tráfico de drogas se não houver, minimamente, um laudo de constatação preliminar do entorpecente ou se o suspeito não é apontado, por nenhuma prova inicial, como sujeito ativo da infração ou, ainda, se embora confesso não apresente o investigado qualquer periculosidade à sociedade.

Ademais, o Código Processual resguarda o agente que comete crime em estado de necessidade, legítima defesa, estrito cumprimento do dever legal ou exercício regular de direito, de modo que, se o juiz verificar, por meio das provas constantes dos autos, que o suposto infrator agiu amparado por uma das causas excludentes de ilicitude, não decretará a prisão preventiva, em consonância ao art. 314 do CPP.

Além disso, também é substancial a observância do *periculum libertatis*, que significa o potencial perigo à sociedade de deixar o sujeito em liberdade. Tal pressuposto deve ser fundamentado em uma das hipóteses anteriormente narradas. Vejamos, pormenorizadamente, cada uma delas.

I – Garantia da ordem pública: o conceito de ordem pública abrange uma gama de significados, o que, por vezes, permite que o julgador incorra em erros. Em geral, tal conceito é utilizado visando assegurar à coletividade propriamente dita, ante a gravidade concreta do delito praticado, posto que o cometimento de determinados crimes, a depender de suas peculiaridades, gera intranquilidade e medo aos cidadãos.

Em outras palavras, "entende-se cabível a custódia cautelar quando se mostra necessário afastar imediatamente o acusado do convívio social em razão da sua grande periculosidade demonstrada pelo cometimento de delito de extrema gravidade ou por ser pessoa voltada à prática reiterada de infrações penais" (REIS; GONÇALVES, 2014, p. 389-390).

Destarte, com o fito de resguardar a denominada "paz social", decreta-se a prisão preventiva com fundamento na garantia da ordem pública.

Jurisprudência

■ **A gravidade abstrata do crime não é fundamentação idônea a ensejar a decretação da preventiva:** "A jurisprudência desta Corte é no sentido de que não bastam a gravidade do crime e a afirmação abstrata de que o réu oferece perigo à sociedade para justificar a imposição da prisão cautelar ou a conjectura de que, em tese, a ordem pública poderia ser abalada com a soltura do acusado (...) O fundamento utilizado para a conversão da prisão em flagrante em preventiva é genérico, possível de ser adotado em qualquer situação" (STF, HC 143.065, Rel. Min. Ricardo Lewandowski, 2ª T., julgado em 6-6-2017, DJe 1-2-2018).

■ **É possível fundamentar a decisão com base no *modus operandi* utilizado pelo agente:** "A prisão cautelar mostra-se suficientemente motivada para a preservação da ordem pública, tendo em vista a periculosidade do paciente, verificada pelo *modus operandi* mediante o qual foi praticado o delito (....) As condições subjetivas favoráveis do paciente não obstam a segregação cautelar, desde que presentes nos autos elementos concretos a recomendar sua manutenção" (STF, RHC 120.133, Rel. Min. Ricardo Lewandowski, 2ª T., julgado em 18-2-2014, DJe 10-3-2014).

■ **É lícita a decretação da prisão preventiva baseada na reiteração criminosa do agente contumaz:** "Prisão preventiva do agravante justificada na garantia da ordem pública, face ao risco concreto de reiteração delitiva, já que ele é contumaz na prática de crimes, bem como em sua periculosidade, evidenciada pela gravidade em concreto das condutas" (STF, HC 140.215 AgR, Rel. Min. Dias Toffoli, 2ª T., julgado em 31-3-2017, DJe 27-4-2017).

■ **É possível a utilização de inquéritos policiais e ações penais em curso para respaldar a prisão preventiva:** "A periculosidade do agente pode ser aferida por intermédio de diversos elementos concretos, tal como o registro de inquéritos policiais e ações penais em andamento que, embora não possam ser fonte desfavorável da constatação de maus antecedentes, podem servir de respaldo da necessidade da imposição de custódia preventiva" (STF, HC 126.501, rel. p/ o ac. Min. Edson Fachin, j. 14-6-2016, 1ª T., DJe 4-10-2016).

■ **Eventuais predicados pessoais positivos não são suficientes para impedir a decretação da segregação cautelar do infrator:** "O fato de o réu ser primário, ter bons antecedentes, residência fixa e ocupação lícita, por si só, não impede a decretação ou a preservação da sua prisão preventiva, se presentes, como no caso, os seus requisitos" (STF, HC 96.019, Rel. Min. Joaquim Barbosa, j. 16-12-2008, 2ª T., DJe 27-3-2009).

II – Garantia da ordem econômica: A ordem econômica deverá ser guardada e utilizada como fundamento pelo julgador para "possibilitar a prisão do agente caso haja risco de reiteração delituosa em relação a infrações penais que perturbem o livre exercício de qualquer atividade econômica, com abuso do poder econômico, objetivando a dominação dos mercados, a eliminação da concorrência e o aumento arbitrário dos lucros (CF, art. 173, § 4°)" (LIMA, 2015, p. 942).

A título exemplificativo, o Superior Tribunal de Justiça entendeu pela adequação da prisão preventiva ante a necessidade de se garantir a ordem econômica, no âmbito do HC nº 430.445/SP, haja vista

> a periculosidade do paciente e a gravidade dos delitos, consubstanciadas nos fortes indícios de que integraria organização criminosa altamente articulada e especializada na consecução de fraudes contra instituições financeiras por meio do uso de documentos previamente falsificados e de cheques obtidos de terceiros de boa-fé.[26]

Então, é possível a decretação da preventiva com base na garantia da ordem econômica quando praticados alguns delitos previstos na legislação extravagante, tais como: crimes contra a economia popular (Lei nº 1.521/1951), crimes contra o sistema financeiro nacional (Lei nº 7.492/1986) etc.

[26.] STJ, HC 430.445/SP, Rel. Min. Joel Ilan Paciornik, 5ª T., julgado em 11-12-2018, DJe 19-12-2018.

III - Conveniência da instrução criminal: a prisão preventiva também poderá ser decretada por conveniência da instrução criminal, isto é, quando o magistrado entender que o infrator, em liberdade, ameaça o bom andamento do feito.

Por conseguinte, se houver informação, por exemplo, de que o acusado está coagindo testemunhas a mudarem seus depoimentos, é facultado ao juiz decidir sobre a segregação com fulcro neste requisito.

Nesse sentido, "a prisão preventiva também se justifica por conveniência da instrução criminal em razão do fundado receio de que possa constranger pessoas relevantes para a apuração dos fatos".[27] De igual forma: "É legal o decreto de prisão preventiva que, a título de conveniência da instrução criminal, se baseia em que um dos réus tenta subornar e coagir corréus, bem como intimidar testemunhas".[28]

IV - Para assegurar a aplicação da lei penal: O último requisito será proclamado pela autoridade judiciária quando o agente, de algum modo, demonstre que sua liberdade interfira, prejudicialmente, na aplicação da lei penal, haja vista a possibilidade de, caso condenado, não se apresentar para o cumprimento da pena. Assim, contra o infrator foragido é viável a decretação da prisão cautelar, já que o suspeito evidencia, por meio de suas atitudes, não possuir a intenção de cooperar com a justiça.

Sobre o tema, eis um caso prático analisado pelo Supremo Tribunal Federal: "Prisão preventiva que se revela imprescindível também para assegurar a aplicação da lei penal, ante o registro de que o paciente permaneceu fora do âmbito da Justiça por quase cinco anos".[29] No mesmo viés: "o fato de o paciente turbar o andamento processual, ocultando-se para não ser citado, além de reprovável,

---

[27.] STF, HC 171.714 AgR, Rel. Min. Alexandre de Moraes, 1ª T., julgado em 24-6-2019, *DJe* 1°-8-2019.
[28.] STF, HC 84.148, Rel. Min. Cezar Peluso, j. 2-6-2009, 2ª T., *DJe* 26-6-2009.
[29.] STF, HC 161.174, Rel. Min. Marco Aurélio, Rel. p/ Acórdão: Min. Alexandre de Moraes, 1ª T., julgado em 14-5-2019, *DJe* 1°-8-2019.

justifica a decretação da prisão preventiva para garantir a aplicação da lei penal".[30] Por outro lado, também já entendeu a Corte Suprema pela "impossibilidade de decretação da prisão preventiva com base apenas em presunção de fuga".[31]

Esmiuçados os possíveis pressupostos para a decretação da prisão preventiva – os quais devem estar associados à prova da existência do crime e de indícios suficientes de autoria –, o Código de Processo Penal também dispõe ser possível a fixação da segregação cautelar **caso haja o descumprimento de outras medidas cautelares**. Dessa maneira, se em um primeiro momento o magistrado entende necessária e adequada a estipulação de obrigações menos onerosas que a prisão, mas o agente, posteriormente, as desobedece, afigura-se plausível a decretação de sua prisão preventiva.

Jurisprudência
Prisão cautelar e pressão popular

A prisão preventiva será idônea quando fundamentada nos requisitos descritos na lei processual. No entanto, "a gravidade da ação criminosa, o clamor social e a revolta de populares contra o acusado não são motivos idôneos para a prisão cautelar. Ninguém pode ser preso para sua própria proteção" (STF, HC 100.863, Rel. Min. Joaquim Barbosa, 2ª T., j. 4-12-2009, DJe 5-2-2010).

Averiguou-se, pois, que a prisão preventiva será decretada quando presentes, cumulativamente, o *fumus comissi delicti* e o *periculum in libertatis*.

Em todos os casos, a decisão que decretar a segregação cautelar deve ser motivada e fundamentada **em receio de perigo concreto**, bem como na **existência de fatos novos ou contemporâneos**, os quais justifiquem o porquê da aplicação da medida constritiva.

---

[30] STF, HC 115.907, Rel. Min. Rosa Weber, j. 3-9-2013, 1ª T., DJe 18-10-2013.
[31] STF, HC 127.754, Rel. Min. Teori Zavascki, 2ª T., j. 29-9-2015, DJe 13-10-2015.

> **Jurisprudência**
>
> **Contemporaneidade**
>
> "Pacífico é o entendimento de que a urgência intrínseca às cautelares, notadamente à prisão processual, exige a contemporaneidade dos fatos justificadores dos riscos que se pretende com a prisão evitar. A falta de contemporaneidade do delito imputado ao paciente e a não ocorrência de fatos novos a justificarem a necessidade de segregação tornam a prisão preventiva ilegal, por não atenderem ao requisito essencial da cautelaridade" (STJ, HC n° 493.463/PR, Rel. Min. Nefi Cordeiro, 6ª T., julgado em 11-6-2019, DJe 25-6-2019).
>
> "Sobre a contemporaneidade da medida extrema, a Suprema Corte entende que diz respeito aos motivos ensejadores da prisão preventiva e não ao momento da prática supostamente criminosa em si, ou seja, é desimportante que o fato ilícito tenha sido praticado há lapso temporal longínquo, sendo necessária, no entanto, a efetiva demonstração de que, mesmo com o transcurso de tal período, continuam presentes os requisitos (i) do risco à ordem pública ou (ii) ordem econômica, (iii) da conveniência da instrução ou, ainda, (iv) da necessidade de assegurar a aplicação da lei penal (AgR no HC n° 190.028, Ministra Rosa Weber, Primeira Turma. DJe 11/02/2021" (*Habeas Corpus* n° 661.801/SP, STJ, 6ª T., unânime, Rel. Min. Sebastião Reis Júnior, julgado em 22-6-2021, DJ 25-6-2021).

Ocorre que, embora constatada a existência dos pressupostos e requisitos previstos no art. 312 do Código de Processo Penal, é necessário, ainda, verificar se se trata de hipótese de cabimento elencada no art. 313 (da mesma legislação), o qual prevê a possibilidade de estipulação da preventiva apenas e tão somente:

- Se a infração imputada é crime doloso punido com pena privativa de liberdade máxima superior a quatro anos; ou
- Se tiver o acusado sido condenado por outro crime doloso em sentença transitada em julgado; ou
- Se o crime praticado envolver violência doméstica e familiar contra a mulher, criança, adolescente, idoso, enfermo ou pessoa com deficiência, para garantir a execução das medidas protetivas de urgência; ou

- Quando houver dúvida sobre a identidade civil da pessoa ou se esta não fornecer elementos suficientes para esclarecê-la.

Imagine que Tício da Silva, primário, é preso em flagrante delito em razão da prática de crime de dano qualificado, cuja pena cominada em abstrato é de detenção de seis meses a três anos. Na Delegacia, o infrator confessa o crime. Todavia, da análise do caso, não obstante estejam presentes os requisitos do art. 312 do CPP, vislumbra-se que a quantidade de pena máxima estipulada para o delito não excede quatro anos. Além disso, o suspeito não ostenta condenação transitada em julgado por crime doloso. Do mesmo modo, o crime sequer envolve violência doméstica, tampouco eventual inexecução de medidas protetivas de urgência. Por fim, trata-se de agente identificado. Ou seja, embora vislumbrados os pressupostos do art. 312, não há previsão de cabimento no art. 313 do mesmo Código.

Ante o exposto, "nos termos do art. 312 deste Código, será admitida a decretação da prisão preventiva":[32]

"I – nos crimes dolosos punidos com pena privativa de liberdade máxima superior a 4 (quatro) anos;"

Não é possível que o acusado, enquanto processado, seja submetido a regime mais gravoso do qual lhe será estipulado caso condenado, de sorte que não é pertinente que a pessoa que responda pela prática de crime punido com pena privativa de liberdade máxima inferior a quatro anos seja presa preventivamente, haja vista que "não será efetivamente encarcerada a título de prisão-pena".

Outrossim, os agentes praticantes de crimes culposos também **não** serão levados ao cárcere, mormente porque sua conduta não é dotada de consciência e voluntariedade.

Sobre o tema, inclusive, o Superior Tribunal de Justiça, analisando um caso em que o réu foi provisoriamente condenado à pena de nove anos de reclusão em regime inicialmente fechado, em razão da prática de três homicídios culposos, bem como de uma lesão corporal culposa, entendeu pela flagrante ilegalidade do de-

---

[32]. Art. 313 do CPP.

creto de prisão preventiva, pois "não está configurado o requisito objetivo previsto no art. 313, inciso I, do Código de Processo Penal para a segregação processual, que exige o cometimento de crime na modalidade dolosa".[33]

Também não é cabível a decretação da prisão preventiva, *a priori*, em razão da prática de contravenção penal, porquanto o dispositivo em testilha menciona apenas o cometimento de crimes.

Importante!

A previsão do art. 313, inciso I, do Código de Processo Penal não é absoluta, haja vista a possibilidade de o acusado incorrer em outra hipótese do mesmo dispositivo, como, por exemplo, praticar uma contravenção penal de vias de fato, porém, em descumprimento à execução de medidas protetivas de urgência anteriormente impostas – hipótese descrita no inciso III do mesmo dispositivo.

"II – se tiver sido condenado por outro crime doloso, em sentença transitada em julgado, ressalvado o disposto no [inciso I, do art. 64, do Código Penal];"

Será possível a decretação da prisão preventiva do réu reincidente em crime doloso. De acordo com o Código Penal, em seu art. 64, *caput*, verifica-se a reincidência quando o agente comete novo crime depois de transitar em julgado a sentença que, no País ou no estrangeiro, o tenha condenado por crime anterior.

Portanto, o ordenamento jurídico visa proteger a sociedade dos agentes contumazes na prática delitiva, isto é, aqueles que utilizam, de fato, o crime como meio de vida. A reincidência do acusado evidencia que a primeira infração cometida pelo indivíduo não se tratou de fato isolado em sua história. Ao contrário, ele continua a transgredir as regras básicas da comunidade, motivo pelo qual é plausível sua segregação.

---

33. STJ, RHC 105.791/PE, Rel. Min. Ribeiro Dantas, 5ª T., julgado em 13-8-2019, *DJe* 19-8-2019.

Contudo, o Código de Processo Penal ressalva a hipótese descrita no inciso I do art. 64 do Código Penal, pois o agente não será preso preventivamente se entre a data do cumprimento ou extinção da primeira pena e a data do cometimento da segunda infração tiver decorrido período de tempo superior a cinco anos, computado o período de prova da suspensão ou do livramento condicional, se não ocorrer revogação.

"III - se o crime envolver violência doméstica e familiar contra a mulher, criança, adolescente, idoso, enfermo ou pessoa com deficiência, para garantir a execução das medidas protetivas de urgência."

A Lei Maria da Penha foi criada com o fito de trazer mecanismos para coibir a violência doméstica e familiar contra a mulher, como a possibilidade de fixação de medidas protetivas de urgência pelas autoridades competentes em favor das ofendidas.

Quando o agressor tem contra si estipuladas medidas protetivas de urgência, porém, as descumpre, ao mesmo tempo em que comete infração penal é possibilitada a decretação da sua prisão preventiva pelo magistrado. Exemplifiquemos: Tício é proibido de aproximar-se de Mévia em razão do deferimento de medidas protetivas em favor desta última. Tício, não satisfeito, procura Mévia e desfere-lhe um soco na face, descumprindo as medidas protetivas estipuladas, bem como praticando crime de lesão corporal. Aqui, embora a pena máxima em abstrato do referido delito não exceda os quatro anos de reclusão, trata-se de transgressão à execução das medidas protetivas de urgência seguida do cometimento de crime.

Observe ser imprescindível que haja a **concessão *prévia* de medidas em favor da vítima**. Não é suficiente que o infrator cometa o crime no âmbito doméstico e familiar. É substancial que tenha descumprido a ordem judicial, normalmente consistente em afastamento do lar, proibição de aproximação ou contato com a ofendida, proibição de frequentação de determinados lugares etc.

Além da mulher, existem outras pessoas em situação de vulnerabilidade, a saber: crianças, adolescentes, idosos, enfermos ou pessoa com deficiência – para as quais também podem ter fixadas medidas protetivas em seu favor, independentemente do sexo. Dessa feita, o objetivo da hipótese do inciso III do art. 313 do Código de Processo Penal é também proteger essas classes hipossuficientes contra aqueles que desobedecem a decisão judicial e infringem a norma penal.

"§ 1º – (...) quando houver dúvida sobre a identidade[34] civil da pessoa ou quando esta não fornecer elementos suficientes para esclarecê-la, devendo o preso ser colocado imediatamente em liberdade após a identificação, salvo se outra hipótese recomendar a manutenção da medida."

Enfim, é possível a decretação da prisão preventiva em caso de dúvidas acerca da identificação do sujeito infrator ou se o suspeito não oferece à autoridade elementos suficientes que evidenciem sua identidade, independentemente do delito praticado. Cessadas as eventuais incertezas acerca da identidade do sujeito, deverá o agente ser posto em liberdade, exceto se por outro motivo recomendar-se sua prisão.

Por óbvio, a segregação, face a hipótese em testilha (e de todas as outras descritas no art. 313 do CPP), só poderá ser estipulada pelo magistrado quando verificados os demais elementos autorizadores da prisão preventiva, como a prova da existência do crime e os indícios de autoria, de modo que a mera dificuldade na identificação, por si só, não é o bastante para a decretação da medida constritiva.

O quadro a seguir sintetiza os requisitos e pressupostos autorizadores da prisão preventiva, bem como suas hipóteses de cabimento:

[34.] Nesse sentido: STJ, RHC 69.763/SP, Rel. Min. Nefi Cordeiro, 6ª T., julgado em 19-5-2016, DJe 1º-6-2016.

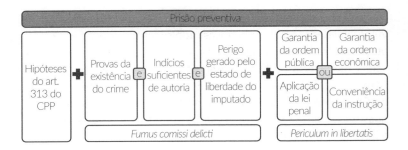

Da decisão que indeferir requerimento de prisão preventiva, revogá-la ou conceder liberdade provisória ao infrator, caberá a interposição de **recurso em sentido estrito**.

Por fim, lembre-se: **todas as decisões judiciais serão necessariamente fundamentadas**, de modo que não se considerará justificada qualquer decisão judicial – interlocutória, sentença ou acórdão – que: (a) limitar-se à indicação, à reprodução ou à paráfrase de ato normativo sem explicar sua relação com a causa ou a questão decidida; (b) empregar conceitos jurídicos indeterminados sem explicar o motivo concreto de sua incidência no caso; (c) invocar motivos que se prestariam a justificar qualquer outra decisão; (d) não enfrentar todos os argumentos deduzidos no processo capazes de, em tese, infirmar a conclusão adotada pelo julgador; (e) limitar-se a invocar precedente ou enunciado de súmula sem identificar seus fundamentos determinantes nem demonstrar que o caso sob julgamento se ajusta àqueles fundamentos; ou (f) deixar de seguir enunciado de súmula, jurisprudência ou precedente invocado pela parte sem demonstrar a existência de distinção no caso em julgamento ou a superação do entendimento.

9.2.2.5.3 Prisão temporária

Cuida-se de espécie de prisão cautelar, cuja previsão legal encontra-se na **Lei nº 7.960/1989**. Porém, além dos requisitos descritos no texto de lei, **a prisão temporária é instituto que sofreu adequações importantes pela jurisprudência do Supremo Tribunal Federal, nas Ações Diretas de Inconstitucionalidade nº 3360 e nº**

4109, ao fazer interpretação conforme, passando a exigir novos elementos para a decretação de referida espécie de prisão cautelar – alterações essas que não podem passar despercebidas.

Requisitos. De acordo com a supramencionada legislação e com as decisões judiciais proferidas pelo Supremo Tribunal Federal, caberá prisão temporária **(a)** quando imprescindível para as investigações do inquérito policial, constatada a partir de elementos concretos, e não meras conjecturas, vedada a sua utilização como prisão para averiguações, em violação ao direito à não autoincriminação; ou **(b)** quando o indiciado não tiver residência fixa ou não fornecer elementos necessários ao esclarecimento de sua identidade – requisitos análogos ao *periculum libertatis* da prisão preventiva.

Aliado a uma das possibilidades acima listadas, deverá, para fins de decretação da prisão temporária, haver fundadas razões, de acordo com qualquer prova admitida na legislação penal, de autoria ou participação do indiciado – *fumus comissi delicti* – em uma das seguintes práticas delitivas, tentadas ou consumadas: homicídio doloso; sequestro ou cárcere privado; roubo; extorsão; extorsão mediante sequestro; estupro; epidemia com resultado de morte; envenenamento de água potável ou substância alimentícia ou medicinal qualificado pela morte; associação criminosa; genocídio; tráfico de drogas; crimes contra o sistema financeiro; ou crimes previstos na Lei de Terrorismo. De acordo com o entendimento jurisprudencial (ADI n° 3360), trata-se de rol taxativo, "vedada a analogia ou a interpretação extensiva do rol previsto no dispositivo".

No entanto, a Lei dos Crimes Hediondos também prevê a possibilidade de decretação da prisão temporária em relação aos delitos listados nesta legislação. Portanto, além das infrações descritas na Lei n° 7.960/1989, também estão abarcadas as infrações a seguir nominadas: (a) lesão corporal dolosa de natureza gravíssima; (b) lesão corporal seguida de morte, quando praticadas contra autoridade ou agente descrito nos arts. 142 e 144 da Constituição Federal, integrantes do sistema prisional e da Força Nacional de Segurança Pública, no exercício da função ou em decorrência dela, ou contra seu cônjuge, companheiro ou parente consanguíneo até terceiro grau, em razão dessa condição; (c) estupro de vulnerável; (d) falsificação, corrupção, adulteração ou alteração de produto destinado a fins terapêuticos ou medicinais; (e) favorecimento da prostituição ou de outra forma de exploração sexual de criança ou adolescente ou de vulnerável; (f) tortura; e (g) posse ou porte ilegal de arma de fogo de uso restrito.

Neste sentido, leciona Renato Brasileiro de Lima que

> doutrina e jurisprudência consideram o rol de delitos que autorizam a decretação da prisão temporária é taxativo, caracterizando o fumus comissi delicti. Assim, a prisão temporária só pode ser decretada em relação aos crimes enumerados no inciso III do art. 1º da Lei 7.960/89. Ocorre que, após a vigência da Lei 7.960/89, entrou em vigor a lei dos crimes hediondos, que, em seu art. 2º, § 3º (...) passou a dispor que a prisão temporária, nos crimes previstos neste artigo, terá o prazo de 30 dias, prorrogável por igual período em caso de extrema e comprovada necessidade. Portanto, a partir da Lei 7.960/89, a prisão temporária passou a ser cabível não só em relação aos crimes previstos no inciso III do art. 1º da Lei 7.960/89, como também em relação aos crimes previstos no caput do art. 2º da Lei 8.072/90, quais sejam, os crimes hediondos e equiparados (LIMA, 2015, p. 982).

Ainda, a prisão temporária deve ser fundamentada em fatos novos ou contemporâneos, os quais embasem a medida. Logo, se o agente cometeu crime hediondo, 10 anos atrás, deve-se observar se, atualmente, ainda permanecem presentes os requisitos autorizadores de sua segregação, haja vista que o que fundamenta sua prisão é a contemporaneidade dos referidos requisitos, e não do fato delituoso em si.

As decisões do STF também estabeleceram, em sede de controle concentrado de constitucionalidade, que a prisão temporária apenas será decretada quando for medida adequada à gravidade concreta do crime, às circunstâncias do fato e às condições pessoais do indiciado. Percebe-se, portanto, que é insuficiente a motivação pautada na gravidade abstrata do delito, devendo a fundamentação judicial se embasar nos elementos concretos do fato delituoso.

Por fim, a prisão temporária apenas será decretada se a imposição de cautelares diversas da prisão não for medida suficiente.

Os presos temporários permanecerão, obrigatoriamente, separados dos demais detentos.

Diante disso, ao julgar parcialmente procedentes as ADIs supramencionadas, para dar interpretação conforme à Constituição Federal ao art. 1° da Lei 7.960/1989, o Supremo Tribunal Federal fixou o entendimento de que, para decretação da prisão temporária, são exigidos cumulativamente os seguintes requisitos:

	De acordo com as ADIs n° 3360 e n° 4160
	Quando imprescindível para as investigações do inquérito policial (art. 1°, I, Lei n° 7.960/1989) (*periculum libertatis*), constatada a partir de elementos concretos, e não meras conjecturas, vedada a sua utilização como prisão para averiguações, em violação ao direito à não autoincriminação, ou quando fundada no mero fato de o representado não possuir residência fixa (inciso II)
Prisão temporária	Quando houver fundadas razões, de acordo com qualquer prova admitida na legislação penal, de autoria ou participação do indiciado nos crimes previstos no art. 1°, III, Lei n° 7.960/1989 (*fumus comissi delicti*), vedada a analogia ou a interpretação extensiva do rol previsto no dispositivo
	Quando for justificada em fatos novos ou contemporâneos que fundamentem a medida (art. 312, § 2°, CPP)
	Quando a medida for adequada à gravidade concreta do crime, às circunstâncias do fato e às condições pessoais do indiciado (art. 282, II, CPP)
	Quando não for suficiente a imposição de medidas cautelares diversas, previstas nos arts. 319 e 320 do CPP (art. 282, § 6°, CPP)

9.2.2.5.3.1 Momento processual

A prisão temporária apenas será decretada em sede de investigação pré-processual (ex.: inquérito policial), isto é, não é possível sua determinação após o ajuizamento da ação penal. Será fixada pelo Juiz de Direito após representação da autoridade policial ou de requerimento do Ministério Público, **não sendo cabível a deliberação de ofício**. Quando a representação sobrevier da autoridade policial, o magistrado, antes de decidir, procederá à oitiva do Ministério Público.

9.2.2.5.3.2 Procedimento

Após a apresentação de requerimento/representação, o juiz decidirá sobre a matéria no prazo de **24 horas**. Caso decrete a prisão temporária do investigado, fundamentará sua decisão expedindo o competente mandado de prisão em duas vias, uma das quais será entregue ao indiciado e servirá como nota de culpa. A segregação cautelar somente será executada após a expedição de mandado judicial.

Em seguida, poderá a autoridade judiciária, de ofício, determinar que o suspeito lhe seja apresentado, solicitar informações e esclarecimentos da autoridade policial, além de submeter o suposto infrator a exame de corpo de delito.

Caberá à autoridade policial, após efetuada a prisão do suspeito, informar-lhe acerca de seus direitos, os quais estão dispostos na Constituição Federal.

Insta destacar a previsão em lei para que haja, em todas as comarcas e seções judiciárias, plantão permanente de 24 horas do Poder Judiciário e do Ministério Público para fins de apreciação dos pedidos de prisão temporária.

9.2.2.5.3.3 Prazo

O prazo de duração da prisão temporária é **determinado**, qual seja, **cinco dias**, prorrogáveis por igual período, **desde que haja pedido expresso** nesse sentido. Após o transcurso do referido lapso, o preso deverá ser posto imediatamente em liberdade, salvo se a segregação tiver sido convertida em prisão preventiva.

Em caso de prática de crime hediondo, o prazo de decretação poderá ser maior. A Lei nº 8.072/1990 possibilita a estipulação da prisão temporária **em até 30 dias**, prazo esse também prorrogável pelo mesmo tempo em caso de extrema e comprovada necessidade.

Os referidos prazos possuem **natureza material**.

9.2.2.5.4 Prisão domiciliar

Da leitura do Código de Processo Penal depreende-se que a prisão domiciliar é o recolhimento do indiciado ou acusado em sua residência, só podendo dela ausentar-se com autorização judicial. Em outras palavras, o agente encontra-se preso, entretanto, em razão de possuir determinadas prerrogativas de caráter pessoal, lhe é possível a concessão do "benefício" de não permanecer segregado em cárcere junto aos demais presos, e sim, em seu domicílio, de lá não podendo sair (afinal, está preso!).

Trata-se, então, de "uma particular e excepcional situação para o cumprimento da prisão preventiva, recolhendo-se o indiciado ou o acusado em seu próprio domicílio. A entrada e saída de casa deve se dar mediante autorização judicial prévia" (NUCCI, 2015, p. 746).

Poderá ser fixada a prisão domiciliar após comprovação idônea de um dos requisitos estabelecidos em lei,[35] a citar: quando for o(a) agente (a) maior de 80 anos; ou (b) extremamente debilitado(a) por motivo de doença grave;[36] ou (c) imprescindível aos cuidados

---

[35] Ver: STF, HC 98.675, Rel. Min. Eros Grau, j. 9-6-2009, 2ª T., DJe 21-8-2009.

[36] Nesse sentido: "a Turma, entre outras questões, entendeu que, excepcionalmente, pode-se conceder ao preso provisório o benefício da prisão domiciliar, quando demonstrado que o seu estado de saúde é grave e que o estabelecimento prisional em que se encontra não presta a devida assistência médica. Entendeu ainda que a própria constrição em seu domicílio juntamente com a debilidade de sua saúde e necessidade de tratamento médico intensivo fazem as vezes da cautela exigida pela decisão que decretou a prisão diante do caso concreto" (STJ, Informativo nº 0478, de 20 a 24-6-2011).

especiais de pessoa menor de seis anos de idade ou com deficiência; ou (d) gestante; ou (e) mulher com filho de até 12 anos de idade incompletos; ou (f) homem, caso seja o único responsável pelos cuidados do filho de até 12 anos de idade incompletos.[37]

Importante!

No âmbito do HC n° 143.641/SP, de relatoria do Ministro Ricardo Lewandowski, em 20-2-2018, **o STF concedeu a prisão domiciliar para todas as mulheres gestantes, puérperas ou mães de crianças e deficientes**, por entender que as garantias constitucionais se direcionam não apenas à encarcerada, mas igualmente aos seus filhos, que sofrem injustamente as consequências da prisão de suas mães.

No entanto, **a regra estipulada não é absoluta**.

Excepcionam-se as infratoras praticantes de crimes cometidos: (1) mediante violência ou grave ameaça; (2) contra seus descendentes; ou (3) em situações excepcionais, as quais devem ser devidamente motivadas pelas autoridades.

Eis o teor do acórdão: "Ordem concedida para determinar a substituição da prisão preventiva pela domiciliar – sem prejuízo da aplicação concomitante das medidas alternativas previstas no art. 319 do CPP – de **todas as mulheres presas, gestantes, puérperas ou mães de crianças e deficientes**, nos termos do art. 2° do ECA e da Convenção sobre Direitos das Pessoas com Deficiências (Decreto Legislativo 186/2008 e Lei 13.146/2015), relacionadas neste processo pelo DEPEN e outras autoridades estaduais, enquanto perdurar tal condição, **excetuados os casos de crimes praticados por elas mediante violência ou grave ameaça contra seus descendentes ou, ainda, em situações excepcionalíssimas, as quais deverão ser devidamente fundamentadas pelos juízes** que denegarem o benefício" (STF, HC 143641, Relator(a): Min. Ricardo Lewandowski, 2ª T., julgado em 20-2-2018, *DJe* 9-10-2018).

[37.] Sobre o tema: "Embora todo pai seja indispensável à criação de seus filhos, o benefício previsto no art. 318, inciso IV, do CPP, não possuiu aplicação automática, sendo necessário que o homem comprove ser o único responsável pelos cuidados do filho de até 12 (doze) anos de idade incompletos, o que não restou evidenciado, conforme consignou o acórdão recorrido" (STJ, HC 492.141/SP, Rel. Min. Laurita Vaz, 6ª T., julgado em 11-4-2019, *DJe* 30-4-2019).

Após o julgamento do HC nº 143.641/SP, restou publicada a Lei nº 13.769, em 19-12-2018, a qual ratificou o teor do supramencionado acórdão, ao possibilitar (legalmente) a substituição por prisão domiciliar à mulher gestante ou à mãe ou responsável por crianças ou pessoas com deficiência, desde que não tenha cometido crime com violência ou grave ameaça a pessoa, ou não tenha cometido o delito contra seu filho ou dependente, podendo-se, aqui, também estipular, sem qualquer prejuízo, medidas cautelares diversas.

No que diz respeito à concessão de prisão domiciliar para tratamento de saúde, o STF entende que "não havendo comprovação de que o paciente vem apresentando problemas de saúde que não possam ser tratados, de modo satisfatório, na unidade prisional em que se encontra segregado cautelarmente, impossível é o deferimento de prisão domiciliar".[38] Desse modo, caso o estabelecimento prisional forneça os recursos necessários para tratar o encarcerado doente, não há que se falar em concessão da prisão domiciliar.

Finalmente, destaca-se o julgamento do recurso repetitivo nº 1710674/MG, pelo STJ, em 22-8-2018, cuja tese aponta para a impossibilidade de concessão imediata de prisão domiciliar motivada pela possível inexistência de estabelecimento penal adequado ao regime inicialmente imposto para a execução da pena definitiva.

Jurisprudência

"A inexistência de estabelecimento penal adequado ao regime prisional determinado para o cumprimento da pena não autoriza a concessão imediata do benefício da prisão domiciliar, porquanto, nos termos da Súmula Vinculante nº 56, é imprescindível que a adoção de tal medida seja precedida das providências estabelecidas no julgamento do RE 641.320/RS, quais sejam: (i) saída antecipada de outro sentenciado no regime com falta de vagas, abrindo-

---

38. STF, HC 110.563, Rel. Min. Ricardo Lewandowski, j. 28-2-2012, 2ª T., *DJe* 5-6-2012.

se, assim, vagas para os reeducandos que acabaram de progredir; (ii) a liberdade eletronicamente monitorada ao sentenciado que sai antecipadamente ou é posto em prisão domiciliar por falta de vagas; e (iii) cumprimento de penas restritivas de direitos e/ou estudo aos sentenciados em regime aberto" (STJ, REsp 1.710.674/MG, Rel. Min. Reynaldo Soares da Fonseca, 3ª Seção, por maioria, julgado em 22-8-2018, DJe 3-9-2018, Tema 993).

"O benefício da prisão domiciliar possui normas de conduta a serem cumpridas, entre elas o recolhimento domiciliar até às 19h. Dessa forma, as atividades profissionais e pessoais devem se adequar aos horários e obrigações preestabelecidos. Ocorre, todavia, que o cumprimento de prisão domiciliar não impede a liberdade de culto, quando compatível com as condições impostas ao reeducando, atendendo à finalidade ressocializadora da pena. Ademais, considerada a possibilidade de controle do horário e de delimitação da área percorrida por meio do monitoramento eletrônico, o comparecimento a culto religioso não representa risco ao cumprimento da pena. Assim, não havendo notícia do descumprimento das condições impostas pelo juízo da execução, admite-se ao executado, em prisão domiciliar, ausentar-se de sua residência para frequentar culto religioso no período noturno" (STJ, Informativo nº 657, publicação em 25-10-2019).

Importante!

A prisão domiciliar, em regra, é deferida aos presos **provisórios**. Mas também é possível que após a condenação com trânsito em julgado o acusado cumpra a execução da pena definitiva, em casa.[39]

Nesses casos,

> a execução da pena em regime de prisão domiciliar, sempre sob a imediata e direta fiscalização do magistrado competen-

---

[39] "É possível a concessão de prisão domiciliar, ainda que se trate de execução provisória da pena, para condenada com filho menor de 12 anos ou responsável por pessoa com deficiência" (STJ, Informativo 647, publicação em 24-5-2019).

te, constitui medida excepcional que só se justifica – especialmente quando se tratar de pessoa condenada em caráter definitivo – em situações extraordinárias, apuráveis em cada caso ocorrente.[40]

9.3 Outras medidas cautelares

Quando necessária a estipulação de cautelares, o magistrado primará, sempre que possível, pela fixação de medidas constritivas menos onerosas ao infrator, de modo que a prisão será a última opção, por cercear, completamente, a liberdade do indivíduo.[41]

Logo, o Código elenca a possibilidade de determinação de medidas cautelares diversas da prisão, as quais restringem, de certo modo, a liberdade do infrator, mas não a suprime integralmente, como ocorre na prisão.

Jurisprudência

Aplicação de medidas cautelares menos onerosas: necessidade de fundamentação

"É necessária a devida fundamentação – concreta e individualizada – para a imposição de qualquer das medidas alternativas à prisão previstas no art. 319 do CPP. Isso porque essas medidas cautelares, ainda que mais benéficas, representam um constrangimento à liberdade individual. Assim, é necessária a devida fundamentação em respeito ao art. 93, IX, da CF e ao disposto no art. 282 do CPP, segundo o qual as referidas medidas deverão ser aplicadas observando-se a 'necessidade para aplicação da lei penal, para a investigação ou a instrução criminal e, nos casos expressamente previstos, para evitar a prática de infrações penais', bem como a 'adequação da medida à gravidade

---

[40] STF, RHC 94.358, Rel. Min. Celso de Mello, j. 29-4-2008, 2ª T., *DJe* 19-3-2014.
[41] Nesse sentido: "Considerando que a prisão é a última *ratio* das medidas cautelares (§ 6º do art. 282 do CPP – incluído pela Lei 12.403/2011), deve o juízo competente observar aplicabilidade, ao caso concreto, das medidas cautelares diversas elencadas no art. 319 do CPP, com a alteração da Lei 12.403/2011" (STF, HC 106.446, rel. p/ o ac. Min. Dias Toffoli, j. 20-9-2011, 1ª T., *DJe* 11-11-2011).

do crime, circunstâncias do fato e condições pessoais do indiciado ou acusado.'"[42]

De acordo com o rol exemplificativo[43] do art. 319 do Código de Processo Penal, poderão ser fixadas, separadas ou cumulativamente, as seguintes medidas cautelares:

- Comparecimento periódico em juízo, no prazo e nas condições fixadas pelo juiz;
- Proibição de acesso ou frequência a determinados lugares;
- Proibição de manter contato com pessoa determinada;
- Proibição de ausentar-se da Comarca;
- Recolhimento domiciliar no período noturno e nos dias de folga, quando o investigado ou acusado tenha residência e trabalho fixos;
- Suspensão do exercício de função pública ou de atividade de natureza econômica ou financeira;
- Internação provisória do acusado, se os peritos concluírem ser inimputável ou semi-imputável e houver risco de reiteração;
- Fiança; e
- Monitoração eletrônica.

Esmiucemos as hipóteses:

a) É comum que o magistrado exija que o acusado **apresente-se periodicamente** (ex.: uma vez ao mês) em juízo, para informar e justificar atividades, até como forma de "exercer algum controle sobre o réu, no que tange, sobretudo, a seu paradeiro, inibindo, com isso, seu desaparecimento e a consequente

---

[42] STJ, Informativo nº 521, período: 26-6-2013.
[43] O doutrinador Rogério Sanches Cunha entende que o rol do art. 319 do CPP é taxativo. Entretanto, de acordo com recente entendimento do STJ: "Ao ser relacionada, pelo legislador, uma série de medidas acautelatórias ou assecuratórias no processo penal, não fica afastada a possibilidade de adotar-se solução cautelar não prevista em lei, mas adequada e proporcional à tutela do direito material sob risco de perecimento, quando se verificar que nenhuma medida típica se mostrar adequada para assegurar, no caso concreto, a efetividade do processo principal" (STJ, RHC 73.327/SP, Rel. Min. Rogério Schietti Cruz, 6ª T., julgado em 19-4-2018, DJe 2-5-2018).

decretação da revelia que se estabeleceria no processo-crime ao qual responde" (CUNHA; PINTO, 2017, p. 872).

b) Também poderá **proibir o agente de acessar ou frequentar certos lugares**, mormente quando por circunstâncias relacionadas ao fato deva permanecer distante desses locais, para evitar o risco de novas infrações.

c) Do mesmo modo, é possível ordenar ao suspeito a **proibição de manter contato com pessoa determinada**, se por fatores referentes ao fato criminoso deva dela permanecer distante, como ocorre nos frequentes episódios de crimes que envolvem violência doméstica e familiar contra a mulher.[44]

d) Ainda, se a permanência do agente na comarca processante for conveniente ou necessária para a investigação criminal ou instrução processual, genuíno que o juiz **proíba-lhe de ausentar-se da cidade**. Todavia, caso a ordem judicial consista em proibição de ausentar-se do país, o juiz comunicará a decisão às autoridades encarregadas de fiscalizar as saídas do território nacional. Ato contínuo, intimará o agente para que entregue seu passaporte em 24 horas.

e) Igualmente, mostra-se adequada a estipulação de **recolhimento domiciliar do agente** no período noturno e nos dias de folga, caso este tenha residência e trabalho fixos. Note que aqui não se trata de prisão domiciliar, a qual é decretada quando presentes os pressupostos e requisitos da preventiva, conjugados com as hipóteses previstas no art. 318 do Código de Processo Penal.

f) Seguidamente, poderá ser determinada a **suspensão do exercício de função pública ou de atividade de natureza econômica ou financeira** se houver justo receio de sua utilização para a prática de infrações penais, como o pregoeiro que frauda procedimentos licitatórios com o intuito de obter, para si, vantagem indevida.

[44.] Ver: STJ, HC 414.776/SC, Rel. Min. Antônio Saldanha Palheiro, 6ª T., julgado em 4-6-2019, *DJe* 18-6-2019.

g) De forma similar, caso os peritos concluam ser o acusado inimputável ou semi-imputável, é facultado ao magistrado decretar a **internação provisória** do suspeito em casos de crimes praticados com violência ou grave ameaça, quando houver risco de reiteração criminosa. Observe que se trata de três requisitos cumulativos que precisam estar necessariamente presentes.

h) Corriqueiramente, as autoridades também optam por estipular **fiança**, quando a infração cometida a admite. Ou seja, fixa-se um valor, que será dado em caução pelo suspeito, para assegurar seu comparecimento a atos processuais, evitar a obstrução do andamento do feito ou em caso de resistência injustificada à ordem judicial. No próximo tópico estudaremos, de modo detalhado, a presente matéria.

i) Por fim, mas não menos importante, está a possibilidade de fixação de **monitoração eletrônica** mediante aplicação de tornozeleira. Por conseguinte, é possível que as autoridades rastreiem e acompanhem os passos do infrator de forma, inclusive, a observar o cumprimento de outras medidas cautelares cumulativamente fixadas, como se está frequentando lugares proibidos, se está ausentando-se da comarca, se está recolhendo-se nos momentos apropriados etc. Portanto, a tecnologia no processo é utilizada com o fulcro de permitir que o investigado continue a exercer suas tarefas cotidianas sem lhe privar do convívio familiar, além de evitar a superlotação carcerária desnecessária.

Sobre o tema, a tese prevista no Informativo n° 597 do STJ dispõe que "a manutenção de monitoramento por meio de tornozeleira eletrônica sem fundamentação concreta evidencia constrangimento ilegal ao apenado".[45]

[45.] HC 351.273/CE, Rel. Min. Nefi Cordeiro, por unanimidade, julgado em 2-2-2017, *DJe* 9-2-2017.

Lembre-se: as medidas cautelares poderão ser aplicadas isoladas ou cumulativamente, porém, em observância ao binômio necessidade e adequação, sendo admissível "a interposição de recurso ordinário para impugnar acórdão de Tribunal de Segundo Grau concessivo de ordem de *habeas corpus* na hipótese em que se pretenda questionar eventual excesso de medidas cautelares fixadas por ocasião de deferimento de liberdade provisória".[46]

9.4 Liberdade provisória

Ausentes os requisitos autorizadores da prisão preventiva (arts. 312 e 313 do CPP), torna-se imperioso que a autoridade judiciária conceda ao agente a liberdade provisória para que aguarde o desenrolar das investigações ou da instrução processual em liberdade, sem prejuízo de ocasional estipulação de outras medidas cautelares, dentre elas, a fiança, objeto de estudo do nosso próximo tópico.

Dessa feita,

> aquele que foi preso em flagrante, embora formalmente perfeito o auto respectivo (CPP, arts. 304 a 306) e não obstante tecnicamente caracterizada a situação de flagrância (CPP, art. 302), tem, mesmo assim, direito subjetivo à obtenção da liberdade provisória, desde que não se registre, quanto a ele, qualquer das hipóteses autorizadoras da prisão preventiva.[47]

Jurisprudência

Inconstitucionalidade do art. 44 da Lei de Drogas

Prevê a redação original do art. 44 da Lei de Drogas (Lei n° 11.343/2006) que "os crimes previstos nos arts. 33, *caput* e § 1°, e 34 a 37 desta Lei são inafiançáveis e insuscetíveis de sursis, graça, indulto, anistia e liberdade

---

[46]. STJ, Informativo n° 579, período: 17-3 a 1°-4-2016.
[47]. STF, HC 94.157, Rel. Min. Celso de Mello, j. 10-6-2008, 2ª T., *DJe* 28-3-2011.

provisória, vedada a conversão de suas penas em restritivas de direitos". Mas, em tese de repercussão geral, o STF entendeu pela **inconstitucionalidade** da expressão "e liberdade provisória" (STF, RE 1.038.925 RG, Rel. Min. Gilmar Mendes, j. 18-8-2017, DJe 19-9-2017, Tema 959).
No mesmo sentido: "*Habeas corpus*. 2. Paciente preso em flagrante por infração ao art. 33, *caput*, c/c 40, III, da Lei n° 11.343/2006. 3. Liberdade provisória. Vedação expressa (Lei n° 11.343/2006, art. 44). 4. Constrição cautelar mantida somente com base na proibição legal. **5. Necessidade de análise dos requisitos do art. 312 do CPP. Fundamentação inidônea.** 6. Ordem concedida, parcialmente, nos termos da liminar anteriormente deferida" (STF, HC 104.339, Rel. Min. Gilmar Mendes, j. 10-5-2012, DJe 6-12-2012). (Grifos nossos.)

9.5 Fiança

Se verificado que o agente não preenche os requisitos necessários para decretação da prisão preventiva, lhe será concedida a liberdade provisória, que poderá estar condicionada ao cumprimento de medidas cautelares diversas da prisão, dentre as quais, a estipulação de **fiança**, que consiste em caução prestada pelo infrator com o fito de assegurar o cumprimento das obrigações surgidas ao longo da demanda, como por exemplo **o pagamento das custas, da indenização do dano, da prestação pecuniária e da multa, se o réu for condenado.**[48]

Então, quando possível – alguns crimes são inafiançáveis –, a fim de quedar-se solto, o sujeito suporta o valor estipulado pela autoridade competente, a título de fiança, o qual será utilizado, posteriormente, para cobertura de eventuais despesas.

9.5.1 Quem arbitra a fiança?

Em regra, será requerida ao **juiz**, que decidirá em 48 horas. Contudo, poderá a **autoridade policial** conceder fiança nos casos de

---
[48] Art. 336 do CPP.

prisão em flagrante, quando a infração praticada preveja pena privativa de liberdade máxima não superior a quatro anos.

Se a autoridade policial retardar ou recusar a concessão da fiança, o suposto infrator (ou um terceiro) poderá, mediante simples petição, solicitar ao juiz competente que delibere sobre a questão, o que também será feito em até 48 horas.

Importante salientar que a existência de eventuais **causas de aumento ou diminuição de pena** serão consideradas no momento do cálculo. Assim, utiliza-se a pena máxima cominada em abstrato, diminuída do *quantum* mínimo da minorante ou acrescida da fração máxima estipulada para a majorante.

Exemplifiquemos:

> Na hipótese do crime tentado, o art. 14, parágrafo único, do Código Penal, autoriza a redução da pena de um a dois terços. Cumpre ao delegado de polícia, assim, considerar a pena máxima cominada ao delito e, sobre ela, fazer incidir a redução mínima prevista para a tentativa, isto é, um terço. Suponha-se um crime de infanticídio (art. 123 do Código Penal), cuja pena máxima é de seis anos, o que, *a priori*, inibiria a autoridade policial de arbitrar a fiança. Perpetrado, porém, na sua forma tentada, deve o delegado calcular a redução mínima, de um terço, obtendo, com isso, exatamente os quatro anos que o autorizam a arbitrar a fiança. Conclui-se, pois, por uma conta simples, que qualquer infração penal, que se restrinja à tentativa e que tenha pena máxima superior a seis anos, veda o Delegado de Polícia o arbitramento da fiança, a ser pleiteada, por consequência, perante a autoridade judiciária (CUNHA; PINTO, 2017, p. 884).

Do mesmo modo, o Delegado de Polícia **não** arbitrará fiança quando diante de **concurso material de crimes** a soma das penas máximas em abstrato aplicadas às infrações praticadas exceder os quatro anos de reclusão.

Nesse sentido, o Superior Tribunal de Justiça editou a Súmula nº 81, cujo teor aponta: "Não se concede fiança quando, em concurso material, a soma das penas mínimas cominadas for superior a dois anos de reclusão."

Caberá **recurso em sentido estrito** da decisão judicial que conceder, negar, arbitrar, cassar ou julgar inidônea a fiança.

Em resumo:

Concedida a medida, será lavrado **termo de fiança** pelo escrivão, que será assinado pela autoridade e por quem prestar a fiança, havendo livro especial nas repartições competentes com termos de abertura e de encerramento, numerado e rubricado em todas as suas folhas pela autoridade. Em seguida, é extraída certidão da referida documentação a fim de proceder a juntada aos autos principais.

Após prestada a fiança, será concedida vista ao Ministério Público, a fim de requerer o que julgar conveniente. Observe que não se colhe a manifestação ministerial antes da decisão, pois a referida providência delonga a apreciação do pedido, em detrimento do direito à liberdade do indivíduo, que se encontra constrita.

9.5.2 Crimes inafiançáveis

A legislação brasileira arbitra pela impossibilidade de se conceder fiança, em relação à prática de determinados crimes, face às suas peculiaridades.

A Constituição Federal, em seu art. 5º, incisos XLII, XLIII e XLIV, e o Código de Processo Penal, em seu art. 323, descrevem como inafiançáveis: o racismo; os crimes cometidos por grupos armados, civis ou militares, contra a ordem constitucional e o Estado Democrático; a tortura; o tráfico ilícito de entorpecentes; o terrorismo; e os crimes hediondos.[49] De modo idêntico, aos infratores que, no mesmo processo, já tiverem quebrado fiança anteriormente conferida, ou seja, aos que praticarem quaisquer das hipóteses previstas no art. 341 do Código Processual – quais sejam: (a) regularmente intimado para ato do processo, deixar de comparecer, sem motivo justo; (b) deliberadamente praticar ato de obstrução ao andamento do processo; (c) descumprir medida cautelar imposta cumulativamente com a

---

[49.] Art. 1º da Lei nº 8.072/1990: "São considerados hediondos os seguintes crimes, todos tipificados no Decreto-Lei nº 2.848, de 7 de dezembro de 1940 – Código Penal, consumados ou tentados: I – homicídio (art. 121), quando praticado em atividade típica de grupo de extermínio, ainda que cometido por um só agente, e homicídio qualificado (art. 121, § 2º, incisos I, II, III, IV, V, VI e VII); I-A – lesão corporal dolosa de natureza gravíssima (art. 129, § 2º) e lesão corporal seguida de morte (art. 129, § 3º), quando praticadas contra autoridade ou agente descrito nos arts. 142 e 144 da Constituição Federal, integrantes do sistema prisional e da Força Nacional de Segurança Pública no exercício da função ou em decorrência dela, ou contra seu cônjuge, companheiro ou parente consanguíneo até terceiro grau, em razão dessa condição; II – roubo: a) circunstanciado pela restrição de liberdade da vítima (art. 157, § 2º, inciso V); b) circunstanciado pelo emprego de arma de fogo (art. 157, § 2º-A, inciso I) ou pelo emprego de arma de fogo de uso proibido ou restrito (art. 157, § 2º-B); c) qualificado pelo resultado lesão corporal grave ou morte (art. 157, § 3º); III – extorsão qualificada pela restrição da liberdade da vítima, ocorrência de lesão corporal ou morte (art. 158, § 3º); IV – extorsão mediante sequestro e na forma qualificada (art. 159, *caput*, e §§ Iº, 2º e 3º); V – estupro (art. 213, *caput* e §§ 1º e 2º); VI – estupro de vulnerável (art. 217-A, *caput* e §§ 1º, 2º, 3º e 4º); VII – epidemia com resultado morte (art. 267, § 1º); VII-B – falsificação, corrupção, adulteração ou alteração de produto destinado a fins terapêuticos ou medicinais (art. 273, *caput* e § 1º, § 1º-A e § 1º-B, com a redação dada pela Lei no 9.677, de 2 de julho de 1998); VIII – favorecimento da prostituição ou de outra forma de exploração sexual de criança ou adolescente ou de vulnerável (art. 218-B, *caput*, e §§ 1º e 2º); IX - furto qualificado pelo emprego de explosivo ou de artefato análogo que cause perigo comum (art. 155, § 4º-A). Parágrafo único. Consideram-se também hediondos, tentados ou consumados: I – o crime de genocídio, previsto nos arts. 1º, 2º e 3º da Lei nº 2.889, de 1º de outubro de 1956; II – o crime de posse ou porte ilegal de arma de fogo de uso proibido, previsto no art. 16 da Lei nº 10.826, de 22 de dezembro de 2003; III – o crime de comércio ilegal de armas de fogo, previsto no art. 17 da Lei nº 10.826, de 22 de dezembro de 2003; IV – o crime de tráfico internacional de arma de fogo, acessório ou munição, previsto no art. 18 da Lei nº 10.826, de 22 de dezembro de 2003; V – o crime de organização criminosa, quando direcionado à prática de crime hediondo ou equiparado."

fiança; (d) resistir injustificadamente a ordem judicial; ou (e) praticar nova infração penal dolosa – não será concedida fiança novamente.

Ademais, não há que se falar em concessão de fiança em caso de prisão civil ou militar, bem como se presentes os requisitos autorizadores da prisão preventiva.

Em suma:

NÃO será concedida fiança	Crime de **racismo**
	Crimes cometidos por **grupos armados**, civis ou militares, **contra a ordem constitucional e o Estado Democrático**
	Crime de **tortura**
	Crime de **tráfico** ilícito de entorpecentes
	Crime de **terrorismo**
	Crimes **hediondos**
	Quebra de fiança – art. 341 do CPP
	Prisão **militar**
	Prisão **civil**
	Presentes os requisitos da **prisão preventiva**

Importante!

O magistrado *não* se encontra proibido de conceder a liberdade provisória ao agente que, eventualmente, cometer algum crime inafiançável. O que o ordenamento veda é a estipulação de fiança. Estando ausentes os pressupostos autorizadores da prisão preventiva, por exemplo, o juiz concederá a liberdade ao infrator, independentemente da fixação da fiança, podendo sujeitá-lo ao cumprimento de outras medidas cautelares.

Sobre o tema, colaciona-se a explanação realizada pelo Ministro Cézar Peluso, em decisão monocrática proferida no âmbito do Supremo Tribunal Federal:

> os institutos da fiança – que é vedada na hipótese de crimes hediondos – e da liberdade provisória não se confundem. A liberdade provisória, como gênero, pode apresentar-se sob a modalidade

vinculada à fiança (liberdade provisória com fiança) ou de forma independente (liberdade provisória sem fiança). (...) As duas espécies de liberdade provisória têm previsão no art. 5º, LXVI, da CR. É o que parece suficiente para demonstrar que o instituto da fiança se não confunde com o da liberdade provisória.[50]

Dessa maneira, não se pode afirmar que um suposto traficante de drogas permanecerá obrigatoriamente preso enquanto não transitar em julgado a sentença penal condenatória, pois se não preencher os requisitos necessários para tanto estar-se-á diante de evidente constrangimento ilegal, haja vista que sua segregação se dará apenas em razão da gravidade abstrata do crime praticado.

9.5.3 Valor da fiança

O pagamento será realizado em depósito de dinheiro, pedras, objetos ou metais preciosos,[51] títulos da dívida pública,[52] federal, estadual ou municipal, ou em hipoteca inscrita em primeiro lugar, e será recolhido à repartição arrecadadora federal ou estadual, ou entregue ao depositário público. Se o depósito não puder ser efetuado prontamente, incumbirá ao escrivão ou à pessoa abonada receber o valor, dando-lhe o destino correto, posteriormente, em até três dias. A quantia será estipulada pela autoridade (policial ou judiciária) que concede a fiança, observados, em regra, os seguintes limites:

Pena	Valor
Prática de infração cuja pena privativa de liberdade, no grau máximo, **não for superior a quatro anos**	1 a 100 salários mínimos
Prática de infração cujo máximo da pena privativa de liberdade cominada **for superior a quatro anos**	10 a 200 salários mínimos

---

50. STF, HC 99.043 MC, Rel. Min. Cezar Peluso, dec. monocrática, j. 28-5-2009, DJe 4-6-2009.
51. Art. 330, § 1º, do CPP: "A avaliação de imóvel, ou de pedras, objetos ou metais preciosos será feita imediatamente por perito nomeado pela autoridade."
52. Art. 330, § 2º, do CPP: "Quando a fiança consistir em caução de títulos da dívida pública, o valor será determinado pela sua cotação em Bolsa, e, sendo nominativos, exigir-se-á prova de que se acham livres de ônus."

Os valores atribuídos pelo Código **não são absolutos**, podendo variar conforme a situação econômica do preso, afinal, não poderá o agente ser privado de sua liberdade tão somente porque não possui a quantia em dinheiro para se quedar solto. O STJ, em caso prático, já decidiu:

> o não pagamento da fiança arbitrada, por si só, não justifica a preservação da custódia cautelar. Trata-se de réu hipossuficiente, que ainda encontra-se preso, embora passados mais de quatro meses da prolação do acórdão, por não lograr arcar com o quantum fixado a título de fiança, o que evidencia o constrangimento ilegal.[53]

Destarte, a depender das condições financeiras do infrator, poderá a autoridade:

a) **dispensar** a fiança, quando comprovada a extrema miserabilidade do suspeito, aplicando, se for o caso, outras medidas cautelares;

b) **reduzi-la** em até **2/3** (dois terços), adaptando-lhe o valor à real situação do agente; ou

c) **aumentá-la** em até **mil** vezes, se constatar que a quantia máxima fixada no Código é, de certa forma, irrelevante ao acusado.

Em conformidade com o entendimento do STF, o valor fixado a título de fiança deverá "guardar correspondência com a capacidade econômica do preso, que será atestada pela autoridade competente, de modo que não seja arbitrada em valores irrisórios, tornando inócua sua função, tampouco em quantias excessivamente elevadas, que se traduzam, na prática, em manutenção da prisão".[54]

Além da situação econômica do preso, serão consideradas pela autoridade, para determinação do montante da fiança: (a) a

---

[53] STJ, RHC 91.326/SC, Rel. Min. Maria Thereza de Assis Moura, 6ª T., julgado em 13-3-2018, DJe 26-3-2018.
[54] STF, HC114.731, voto do Rel. Min. Teori Zavascki, j. 1º-4-2014, 2ª T., DJe 15-4-2014.

natureza da infração; (b) as condições pessoais de fortuna e vida pregressa do acusado; (c) as circunstâncias indicativas de sua periculosidade; e (d) a importância provável das custas do processo, até o final do julgamento.

A fiança será concedida até o **trânsito em julgado da sentença**, sendo que, em caso de prescrição após a prolatação de decisão condenatória, o valor arbitrado será mantido para pagamentos das despesas.

Caso o afiançado cumpra as obrigações estipuladas, não quebrando ou dando ensejo à perda da fiança, o saldo do valor, após as respectivas deduções, será entregue a quem houver lhe apresentado.

Se a medida tiver sido prestada por meio de hipoteca, a execução será promovida no juízo cível, pelo órgão do Ministério Público.

E, se a fiança consistir em pedras, objetos ou metais preciosos, a autoridade judiciária determinará a venda por leiloeiro ou corretor.

9.5.4 Obrigações do afiançado

Após concedida a fiança, cumulada ou não com outras medidas cautelares, o afiançado comparecerá perante a autoridade em todos os atos que intimado for, não poderá mudar de residência sem prévia permissão, ou ausentar-se por mais de oito dias de seu domicílio sem comunicar o local onde está. Caso descumpra as obrigações impostas, pratique ato de obstrução ao processo, não cumpra outra medida eventualmente fixada, resista às ordens judiciais injustificadamente ou pratique nova infração dolosa, a fiança será havida como **quebrada**.

9.5.5 Restituição da fiança

O valor prestado em fiança será **restituído integralmente**, sem descontos, ao afiançado, nas hipóteses descritas no art. 337 do Código de Processo Penal, a saber: (a) quando a fiança for declarada sem efeito; (b) com o trânsito em julgado de sentença absolutória; ou (c) com a declaração de extinção da punibilidade do réu, ressalvado aqui, o reconhecimento da prescrição após a sentença condenatória (parágrafo único do art. 336 do CPP).

9.5.6 Cassação da fiança

Em contrapartida, a quantia dada em fiança será **cassada**, ou seja, invalidada, em qualquer fase processual, na hipótese de se reconhecer que esta não é a medida cabível ao caso concreto. Em vista disso, se houver, por exemplo, alteração fática apta a ensejar a decretação da prisão preventiva do acusado, é possível que a autoridade competente anule a fiança estipulada, de modo a determinar a segregação cautelar do indivíduo sem que haja qualquer irregularidade na decisão.

Também será cassada a fiança quando reconhecida a existência de delito inafiançável, no caso de inovação na classificação do delito. Suponha que o órgão ministerial ofereça denúncia em desfavor de determinado agente por crime de lesão corporal, tendo o magistrado concedido a liberdade provisória sob fiança. Posteriormente, após a instrução processual, o juiz opta por pronunciar o réu, por entender se tratar de tentativa de homicídio qualificado – crime considerado hediondo. Assim, competirá à autoridade judiciária cassar a fiança concedida, posto que a nova capitulação torna o crime inafiançável.

Nestas hipóteses, **a quantia será devolvida a quem a prestou.**

9.5.7 Reforço da fiança

O reforço da fiança consiste na **complementação** do valor já prestado pelo indivíduo. Será exigido:

a) quando a autoridade tomar, por engano, fiança insuficiente;

b) se houver depreciação material ou perecimento dos bens hipotecados ou caucionados, ou depreciação dos metais ou pedras preciosas; ou

c) quando for inovada a classificação do delito.

Não sendo reforçada, a fiança torna-se sem efeito. Via de consequência, o agente será recolhido à prisão e o valor anteriormente prestado lhe será restituído.

9.5.8 Quebra da fiança

A fiança será **quebrada** nas hipóteses previstas no art. 341 do Código de Processo Penal, quais sejam:

a) quando regularmente intimado para ato do processo, deixar o agente de comparecer, sem motivo justo;

b) se o acusado, deliberadamente, praticar ato de obstrução ao andamento do processo;

c) se o infrator descumprir medida cautelar imposta cumulativamente com a fiança;[55]

d) quando o agente resistir injustificadamente a ordem judicial; ou

e) se o afiançado praticar nova infração penal dolosa.

Quando injustificado, **o quebramento importará na perda de metade do valor prestado**, incumbindo ao juiz decidir sobre a imposição de outras medidas cautelares ou, se for o caso, a decretação da prisão preventiva. Além disso, não será possível que a autoridade conceda novamente, ao agente, a fiança, em razão do mesmo fato criminoso.

Da decisão judicial que conceder, negar, arbitrar, cassar ou julgar inidônea a fiança, caberá **recurso em sentido estrito**. Se vier a ser reformada por órgão de instância superior, a decisão em que se declarou quebrada a fiança, esta subsistirá em todos os seus efeitos.

---

[55] Nesse sentido: "Esta Suprema Corte possui jurisprudência no sentido de permitir a decretação de nova prisão preventiva contra o réu que deixa de cumprir os compromissos firmados perante o juízo" (STF, HC 100.372, Rel. Min. Ellen Gracie, j. 14-9-2010, 2ª T., *DJe* 1º-10-2010).

> **Jurisprudência**
>
> "(...) O descumprimento das condições estabelecidas para a concessão da liberdade provisória, destacadamente o quebramento da fiança, constitui-se fundamentação concreta e idônea à decretação da prisão preventiva. (Precedentes)" (STJ, HC 392.218/SC, Rel. Min. *Félix Fischer*, 5ª T., julgado em 18-5-2017, *DJe* 31-5-2017).

9.5.9 Perda total da fiança

Finalmente, o valor será **perdido integralmente** se, após condenado, o acusado não se apresentar para o início do cumprimento da pena definitiva, sendo que a quantia prestada será destinada a Fundo Penitenciário após a realização das deduções cabíveis.

Frisa-se que se o condenado não quebrou a fiança em momento anterior, bem como se apresentou normalmente para o início do cumprimento da pena, a quantia oferecida como fiança lhe será restituída – abatidos, no entanto, eventuais encargos.

10

Dos processos em espécie

10.1 Disposições gerais

Quando o agente infringe a lei e comete um fato considerado crime, surge ao Estado o direito (e dever) de punir o indivíduo em razão da prática delitiva.

Assim, após constatado, por meio de investigações preliminares, que o suspeito é o autor da infração criminosa em questão, caberá o ajuizamento de ação penal para fins de processamento e julgamento do acusado.

A ação penal será proposta por intermédio de seu titular,[1] e seguirá o procedimento adequado – a depender do delito praticado pelo agente –, que estará previsto no ordenamento jurídico, seja no próprio Código de Processo Penal ou na legislação extravagante.

Logo, estarão legalmente descritos todos os atos processuais que serão necessários para que, ao final, o magistrado possa melhor prolatar sua decisão, observando-se, sempre, as garantias constitucionais.

O procedimento utilizado será comum ou especial.

Em regra, o processo será regido pelas normas da primeira espécie, considerada padrão.[2] Porém, a depender do delito pra-

---

[1.] Ver capítulo referente à ação penal.
[2.] Art. 394, § 2º, CPP: "Aplica-se a todos os processos o procedimento comum, salvo disposições em contrário deste Código ou de lei especial."

ticado, será adotado o procedimento especial, o qual conterá peculiaridades próprias, que diferem do usual, como por exemplo no julgamento de crimes dolosos contra a vida.

10.2 Procedimento comum

O Código de Processo Penal divide o procedimento **comum** em três subespécies:

a) **ordinário**, se tiver por objeto crime cuja sanção máxima cominada for igual ou superior a quatro anos de pena privativa de liberdade;

b) **sumário**, quando tiver por objeto crime cuja sanção máxima cominada seja superior a dois e inferior a quatro anos de pena privativa de liberdade;

c) **sumaríssimo**, para as infrações penais de menor potencial ofensivo, em conformidade com a Lei nº 9.099/1995. Aqui incluem-se as contravenções penais e os crimes os quais a lei comine pena máxima não superior a dois anos, cumulada ou não com multa.

Portanto, para a estipulação do procedimento, necessária se faz a observância do delito investigado, bem como sua pena máxima cominada em abstrato, contabilizando, ainda, eventuais qualificadoras, privilégios e causas de diminuição (em sua quantidade mínima) e aumento (em sua quantidade máxima) de pena, porventura existentes.

Por exemplo,

> o crime de associação criminosa armada segue o rito ordinário, porque o parágrafo único do art. 288 do Código Penal determina que a pena (reclusão, de 1 a 3 anos) seja aumentada em até metade se os integrantes atuarem armados ou se houver o envolvimento de criança ou adolescente. A pena máxima, portanto, é de 4 anos e 6 meses, seguindo, por isso, o rito ordinário. Por outro lado, o crime de tentativa de furto simples tem pena máxima inferior a 4 anos, exatamente em

razão do redutor de 1/3 a 2/3 que deve ser aplicado em decorrência da tentativa sobre sua maior pena (4 anos) (REIS; GONÇALVES, 2014, p. 430).

No que se refere ao **concurso de crimes**, será considerada a **soma das penas máximas cominadas em abstrato** aos delitos. Isto é, se cometidas duas infrações em concurso material que possuam, cada uma, pena máxima de três anos de reclusão, é cediço que tais ilícitos não ensejariam, individualmente, a adoção do rito ordinário. Mas, *in casu*, será esse o procedimento utilizado, até mesmo para viabilizar mais possibilidades defensivas ao acusado.

Por ser a espécie "**carro-chefe**" do processo penal, as disposições do procedimento ordinário serão aplicadas, em caráter subsidiário, aos procedimentos especiais, sumário ou sumaríssimo.

Além disso, os processos que visam à apuração de prática de crime considerado hediondo terão prioridade de tramitação em todas as instâncias.

Feitas as considerações iniciais, esmiuçaremos, a seguir, o procedimento ordinário, o qual se afigura o mais completo, sendo que os demais ritos são, de certo modo, semelhantes, divergindo apenas em alguns aspectos pontuais, os quais serão explanados em momento oportuno.

10.2.1 Procedimento ordinário

Concluído o inquérito policial (ou qualquer outra investigação preliminar) e verificada a existência de lastro probatório suficiente para imputar ao agente uma conduta típica, caberá ao titular da ação penal oferecer a **denúncia** ou **queixa-crime**, a depender da espécie de ação cabível à espécie, inaugurando assim, um novo processo.

10.2.1.1 Recebimento ou rejeição da denúncia ou queixa-crime

Após a propositura da ação, o magistrado fará o juízo de admissibilidade da peça vestibular, analisando se os requisitos necessários para a instauração do feito encontram-se preenchidos, oportunidade em que receberá ou rejeitará a inicial.

A denúncia ou queixa será **rejeitada** quando:[3]

- for manifestamente inepta;
- faltar pressuposto processual;
- faltar condição para o exercício da ação penal; ou
- faltar justa causa para o exercício da ação penal.

Da decisão que rejeitar a peça acusatória, caberá a interposição de **recurso em sentido estrito**.

10.2.1.2 Citação

Recebida a denúncia ou queixa-crime, o magistrado ordenará a **citação** do acusado, para **responder à acusação**, por escrito, no prazo de **10 dias**.

A **citação** consiste no chamado do réu (ou querelado), ao processo. Ou seja, após o oferecimento e recebimento da denúncia (ou queixa-crime), a autoridade judiciária convocará o infrator, para que se apresente em juízo, e responda à acusação que lhe é imputada, para que exponha a sua versão dos fatos.

Trata-se, então, do "ato oficial, pelo qual, no início da ação penal, é dada a ciência ao acusado de que contra ele se movimenta uma ação, chamando-o a vir em juízo ver-se processar e fazer a sua defesa" (ESPÍNDOLA FILHO, 2000b, p. 610).

Jurisprudência

A falta de citação do réu gera a nulidade da ação penal, ainda que tenha constituído advogado

"Ainda que o réu tenha constituído advogado antes do oferecimento da denúncia – na data da prisão em flagrante – e o patrono tenha atuado,

---

[3] As possíveis hipóteses de rejeição liminar da denúncia ou queixa foram estudadas no capítulo atinente à ação penal, razão pela qual remetemos o leitor a este tópico, para mais detalhes.

por determinação do Juiz, durante toda a instrução criminal, *é nula a ação penal que tenha condenado o réu sem a sua presença, o qual não foi citado nem compareceu pessoalmente a qualquer ato do processo*, inexistindo prova inequívoca de que tomou conhecimento da denúncia (...) Nesse contexto, é exigência fundamental ao exercício do contraditório o conhecimento, pelo acusado, de todos os termos da acusação, para que possa participar ativamente da produção de provas e influenciar o convencimento do juiz. A citação, ato essencial e mais importante do processo, deve ser induvidosa, e sua falta somente poderá ser sanada nos termos do art. 570 do CPP, quando o interessado comparecer espontaneamente aos autos, demonstrando, de maneira inequívoca, que tomou ciência da denúncia que lhe foi formulada."[4]

Importante!

A formação do processo apenas estará completa quando realizada a citação do acusado, pois, somente através da citação válida é que se estabelece a tríade necessária – Juiz, acusação e defesa – para a garantia do devido processo legal.

A citação poderá ser efetuada de duas maneiras distintas:
- **pessoal** (real); ou
- **ficta** (presumida).

Na primeira hipótese, o acusado é citado **pessoalmente**:
a) por **mandado**; ou
b) através de **cartas**.

Já na segunda opção, o réu não é encontrado, razão pela qual é citado:
a) por **edital**; ou
b) por **hora certa**.

[4.] STJ, Informativo nº 580, período: 2 a 13-4-2016.

Como não é procedida na própria pessoa do réu, a citação é **presumida**, de modo que se pressupõe que o agente virá a conhecer a imputação.

Em regra, a citação será pessoal e far-se-á por **mandado**, quando o agente presente estiver no território processante. Dentre outras informações, o mandado conterá: **(a)** o nome do juiz; **(b)** o nome do querelante nas ações iniciadas por queixa; **(c)** o nome do réu, ou, se for desconhecido, os seus sinais característicos; **(d)** a residência do réu, se for conhecida; **(e)** o fim para que é feita a citação; **(f)** o juízo e o lugar, o dia e a hora em que o réu deverá comparecer; e **(g)** a subscrição do escrivão e a rubrica do juiz.

A citação será realizada pelo **oficial de justiça**, que procederá a leitura do mandado ao acusado, entregando-lhe a contrafé, na qual se mencionarão o dia e a hora da citação. Posteriormente, o oficial certificará a entrega da contrafé, bem como sua aceitação ou recusa pelo citando.

Jurisprudência

É possível a utilização de *WhatsApp* para a citação de acusado, desde que sejam adotadas medidas suficientes para atestar a autenticidade do número telefônico, bem como a identidade do indivíduo destinatário do ato processual

"Registre-se não ser adequado fechar-se os olhos para a realidade. Excluir peremptória e abstratamente a possibilidade de utilização do WhatsApp para fins da prática de atos de comunicação processuais penais, como a citação e a intimação, não se revelaria uma postura comedida. Não se trata de autorizar a confecção de normas processuais por tribunais, mas sim o reconhecimento, em abstrato, de situações que, com os devidos cuidados, afastariam, ao menos, a princípio, possíveis prejuízos ensejadores de futuras anulações. Isso porque a tecnologia em questão permite a troca de arquivos de texto e de imagens, o que possibilita ao oficial de justiça, com quase igual precisão da verificação pessoal, aferir a autenticidade do número telefônico, bem como da identidade do destinatário para o qual as mensagens são enviadas.

Além disso, não há falar em nulidade de ato processual sem demonstração de prejuízo ou, em outros termos, princípio *pas nullité sans grief*. Com efeito, é possível imaginar-se a utilização do WhatsApp para fins de citação na esfera penal, com base no princípio *pas nullité sans grief*. De todo modo, para tanto, imperiosa a adoção de todos os cuidados possíveis para se comprovar a autenticidade não apenas do número telefônico com que o oficial de justiça realiza a conversa, mas também a identidade do destinatário das mensagens" (STJ, HC 641.877/DF, Rel. Min. Ribeiro Dantas, 5ª T., por unanimidade, julgado em 9-3-2021).

Entretanto, caso o infrator não esteja no território sujeito à jurisdição do juiz que houver ordenado a citação, será expedida **carta precatória**, para que o magistrado deprecado proceda o ato processual, posto que o juízo processante só poderá intervir em áreas de sua competência. A precatória indicará: (a) o juiz deprecado e o juiz deprecante; (b) a sede da jurisdição de um e de outro; (c) o fim para que **é** feita a citação, com todas as especificações; e (d) o juízo do lugar, o dia e a hora em que o réu deverá comparecer.

Expedida a carta precatória pelo deprecante, o juiz deprecado a receberá, lançando o 'cumpra-se', a fim de que seja efetivada a citação do acusado, via mandado. Após procedida a citação, será a precatória devolvida ao juiz de origem.

Caso o juízo deprecado não localize o réu no território sujeito a sua jurisdição, remeterá o feito diretamente ao local em que possivelmente se encontra o acusado, sem que haja a necessidade de se encaminhar os autos ao juízo deprecante, para apenas depois, repassar ao terceiro juízo. A tal facilidade dá-se o nome de carta precatória itinerante.

Por conseguinte,

> expedida a precatória pelo juízo de Santos (juízo deprecante), para o juízo de Campinas (juízo deprecado), nesta última comarca detecta-se que o réu se encontra em Ribeirão Preto. O juízo de Campinas, animado pela praticidade, deve remeter a precatória diretamente a Ribeirão Preto, sem necessi-

dade de devolução ao colega de Santos (CUNHA; PINTO, 2017, p. 923-924).

Por outro lado, caso o acusado se encontre no estrangeiro e em lugar sabido, será citado mediante **carta rogatória**, suspendendo-se o curso do prazo de prescrição até o seu cumprimento, para evitar a impunibilidade dos agentes que empreenderem fuga do país. Contudo, caso esteja no exterior, mas em local incerto, sua citação será realizada por edital (citação presumida).

Por fim, o Código Processual faz observações especiais acerca da citação de determinadas pessoas, a saber:

a) O **militar** não será citado pessoalmente pelo oficial de justiça, e sim, por intermédio do chefe do seu respectivo serviço, a quem caberá lhe repassar a citação;

b) O **funcionário público** será citado pessoalmente, todavia o chefe de sua repartição será notificado sobre a existência do processo;

c) O **preso** será obrigatoriamente citado pessoalmente, sendo impossível sua citação ficta, haja vista ter o Estado o dever de localizar quem está sob sua custódia. A Súmula n° 351 do Supremo Tribunal Federal discorre que: "É nula a citação por edital de réu preso na mesma unidade da federação em que o juiz exerce a sua jurisdição."

Excepcionalmente, a citação será presumida, de forma que somente se dará por edital ou por hora certa, quando esgotadas todas as possibilidades de busca, e, ainda assim, não for localizado o acusado.

A citação **por edital** será procedida apenas se, após a realização de todas as possíveis tentativas de localização, não for encontrado o réu.

Nesse sentido, "não se é negligente a conduta do parquet que requer a citação do paciente em endereço constante de banco de dados estatal, como o INFOSEG, além daquele que constava dos autos. Esgotadas as vias disponíveis para a localização do réu, não há falar em nulidade na citação por edital".[5]

O **edital de citação** conterá:

- O nome do juiz que a determinar;
- O nome do réu, ou, se não for conhecido, os seus sinais característicos, bem como sua residência e profissão, se constarem do processo;
- A sua finalidade;
- O juízo e o dia, a hora e o lugar em que o réu deverá comparecer; e
- O seu prazo, sendo que será afixado à porta do edifício onde funcionar o juízo – o que será certificado pelo oficial – e publicado pela imprensa, onde houver – provado através de exemplar do jornal ou certidão do escrivão, da qual conste a página do jornal com a data da publicação.

No entanto, convém destacar o entendimento sumulado do Supremo Tribunal Federal, o qual aduz que "não é nula a citação por edital que indica o dispositivo da lei penal, embora não transcreva a denúncia ou queixa, ou não resuma os fatos em que se baseia".[6] Dessa maneira, para fins de citação editalícia, a falta de transcrição da peça acusatória **não** é causa ensejadora de nulidade da ação, bas- tando a simples indicação do dispositivo de lei.

Após **15 dias** da publicação do edital, o acusado será considerado presumidamente citado, isto é, a publicação do edital, por si só, **não** gera automaticamente a citação ficta do réu, que só ocorrerá após o decurso do supracitado prazo.

Para fins de apresentação da resposta à acusação, o prazo correrá para a defesa a partir do comparecimento pessoal do acusado ou do defensor constituído.

[5.] STJ, RHC 61.248/GO, Rel. Min. Joel Ilan Paciornik, 5ª T., julgado em 19-6-2018, DJe 29-6-2018.
[6.] Súmula nº 366 do STF.

Porém, não obstante se pressuponha que o acusado foi citado, não é habitual que os agentes leiam, diariamente, a publicação de editais. Desse modo, é deveras comum que os réus citados via edital não compareçam aos autos, oferecendo resposta à acusação. E, o não comparecimento do acusado, bem como a não constituição de advogado por parte deste, gera consequências significativas ao andamento do feito.

De acordo com Renato Brasileiro de Lima:

> o objetivo do dispositivo é evidente: visa assegurar uma atuação efetiva e concreta do contraditório e da ampla defesa. De fato, sobretudo em casos de nomeação de defensor público ou advogado dativo, a citação por edital do acusado, com ulterior decretação da revelia, tal qual ocorria anteriormente, inviabilizava por demais o exercício da ampla defesa, na medida em que impossibilitava que o acusado apresentasse ao juiz sua versão a respeito do fato da imputação, cerceando também o direito de acompanhar, ao lado de seu defensor, os atos da instrução processual (LIMA, 2015, p. 1253).

Por isso, deverá o juiz:
- **suspender** o processo e o curso do prazo prescricional;
- determinar a **produção antecipada** das provas consideradas urgentes; e
- decretar a **prisão preventiva** do infrator, se preenchidos os requisitos autorizadores.

Logo, quando o acusado não comparece, nem constitui advogado, ficará o processo suspenso, aguardando sua manifestação, não sendo possível o prosseguimento do feito, à revelia do réu – salvo, se for constituído advogado. De modo similar, também permanece suspenso o prazo prescricional, com o fito de não beneficiar os que se eximem da responsabilidade, e foragem do distrito da culpa.

Nesse sentido, o Superior Tribunal de Justiça já pacificou que "citado o réu por edital, nos termos do art. 366 do CPP, o processo deve permanecer suspenso enquanto perdurar a não localização do réu ou até que sobrevenha o transcurso do prazo prescricional".[7]

Importante!

Cálculo da suspensão da prescrição

Para fins de averiguação do tempo de suspensão do processo, caso o infrator não se manifeste, será considerada a pena máxima cominada em abstrato ao delito praticado.[8] Assim, em análise conjunta ao disposto no art. 109 do Código Penal, encontrar-se-á o período de suspensão. Findo o prazo de suspensão, volta-se a contar o prazo prescricional, de onde parou. Mas, se em meio à suspensão, o infrator for localizado, o processo retoma seu curso.

Exemplifiquemos: Mévio foi denunciado pela prática do crime de furto qualificado, cuja pena é de reclusão de dois a oito anos. Em 1-1-2010, o magistrado recebe a denúncia e ordena a citação do acusado. Entretanto, o oficial de justiça não o localiza, o que gera a necessidade de proceder a citação via edital. Considerando eventual morosidade na prestação jurisdicional, imagine que o juiz determine a suspensão do processo, em 1-1-2011, em virtude do não comparecimento do réu aos autos. Desse modo, o prazo prescricional permanecerá suspenso por 12 (doze) anos (art. 109, inciso III, do CP), voltando a correr – caso Mévio não apareça neste ínterim – apenas em 1-1-2023. A partir dessa data, a prescrição torna a correr, a partir de onde foi suspensa. Como do recebimento da denúncia até a decisão de suspensão passou o período de um ano, faltam, pois, 11 anos para ocorrência da prescrição, que apenas se efetivará no dia 1-1-2034.

Jurisprudência

Em caso de inatividade processual decorrente de citação por edital, ressalvados os crimes previstos na Constituição Federal (CF) como

---

[7] STJ, Informativo n° 693 – RHC 135.970/RS, Rel. Min. Sebastião Reis Junior, 6ª T., por unanimidade, julgado em 20-4-2021.

[8] Súmula n° 415 do STJ: "O período de suspensão do prazo prescricional é regulado pelo máximo da pena cominada."

imprescritíveis, é constitucional limitar o período de suspensão do prazo prescricional ao tempo de prescrição da pena máxima em abstrato cominada ao crime, a despeito de o processo permanecer suspenso. "É compatível com a Constituição a interpretação conjunta do art. 366 do Código de Processo Penal, com o art. 109, 'caput', do Código Penal, limitando o prazo de suspensão da prescrição ao tempo de prescrição do máximo da pena em abstrato prevista para o delito. De um lado, a própria lógica da prescrição é que as pretensões sejam exercidas em prazo previamente delimitado no tempo. Ela visa trazer segurança jurídica. Caso essa limitação não exista, o que se tem, ao fim, é a imprescritibilidade. De outro, o legislador ordinário não está autorizado a criar outras hipóteses de imprescritibilidade penal. Além disso, regular o prazo de suspensão da prescrição com o tempo de prescrição da pena máxima em abstrato cominada ao delito mostra-se condizente com o princípio da proporcionalidade e com a própria noção de individualização da pena. Finda a suspensão do prazo prescricional pelo decurso do tempo estabelecido no art. 109 do CP, será retomado o curso da prescrição, permanecendo suspenso o processo penal" (STF, RE 600.851/DF, Rel. Min. Edson Fachin, julgamento virtual em 4-12-2020).

Importante!

A revelia do réu, diferentemente do que ocorre no processo civil, não gera a presunção de veracidade dos fatos narrados pela acusação, que deverá fazer provas do alegado.

Outrossim, o fato de o citando não comparecer ou constituir advogado, **não** obsta a produção de provas consideradas urgentes, podendo a autoridade judicial determiná-las, sem que haja qualquer irregularidade. Contudo, o Superior Tribunal de Justiça, em entendimento sumulado, ressalva que "a decisão que determina a produção antecipada de provas com base no art. 366 do CPP deve ser concretamente fundamentada, não a justificando unicamente o mero decurso do tempo".[9]

[9.] Súmula nº 455 do STJ.

Finalmente, não sendo localizado o réu, também surge a possibilidade de **decretação de sua prisão preventiva**, haja vista que a sua não apresentação em juízo, constitui motivação idônea a estabelecer a segregação cautelar, com fulcro na necessidade de assegurar a garantia da ordem pública, a conveniência da instrução criminal e a aplicação da lei penal.

Jurisprudência

A fundamentação pautada na evasão do réu do distrito da culpa revela-se idônea para ensejar a decretação da prisão preventiva

"1. Consoante reiterada jurisprudência deste Tribunal Superior, toda custódia imposta antes do trânsito em julgado de sentença penal condenatória exige concreta fundamentação, nos termos dispostos no art. 312 do Estatuto Processual Repressivo. 2. Não tendo sido o paciente encontrado para ser citado pessoalmente, deu causa à suspensão da ação penal, nos termos do art. 366 do Código de Processo Penal, e ainda à decretação da sua prisão preventiva, a fim de assegurar a aplicação da lei penal. 3. Passados mais de cinco anos da decretação da custódia cautelar, o paciente ainda não foi localizado. 4. A evasão do réu do distrito da culpa está comprovadamente demonstrada, revelando-se, assim, fundamentação suficiente a embasar a manutenção da custódia preventiva para garantir a aplicação da lei penal. Precedentes desta Corte Superior. 5. Ademais, o decreto prisional se encontra devidamente fundamentado, como garantia da ordem pública, tomando por conta a periculosidade do agente e a possibilidade de reiteração delitiva, visto que possui outras condenações, o que indica que se trata de pessoa perigosa e com personalidade desvirtuada. 6. Ordem denegada" (HC 337.550/SP, Rel. Min. Sebastião Reis Júnior, 6ª T., julgado em 12-3-2019, *DJe* 19-3-2019).

Observe o quadro:

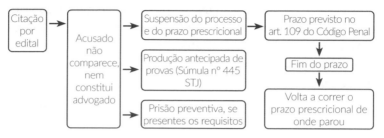

Não ensejarão a paralisação do processo, que seguirá, normalmente, sem a presença do acusado:
- caso haja a constituição de advogado pelo citando; ou
- quando citado ou intimado pessoalmente para qualquer ato, o réu deixa de comparecer sem motivo justificado; ou
- em razão de mudança de residência, o agente não comunica o novo endereço ao juízo.

A citação **por hora certa** será realizada quando o oficial de justiça verificar que o réu se oculta, propositalmente, para não ser citado. Destarte, após tentar, por duas vezes, realizar a citação pessoal, o oficial procederá à intimação de qualquer pessoa da família ou, em sua falta, de qualquer vizinho, no sentido de que, no dia útil imediato, voltará a fim de efetuar a citação do acusado, na hora que designar.

No dia e hora apontados, o oficial, independentemente de novo despacho, comparecerá ao domicílio ou à residência do citando, para concretizar a diligência. Caso o citando não esteja presente, o oficial de justiça procurará informar-se das razões da ausência, mas dará por feita a citação – ficta. O oficial deixará contrafé com qualquer pessoa da família ou vizinho, conforme o caso, declarando-lhe o nome.

Completada a citação com hora certa, se o acusado não se apresentar em juízo, ser-lhe-á nomeado defensor dativo, ou seja, aqui, diferentemente da citação por edital, não há suspensão do processo e do prazo prescricional, pois se presume que o acusado, valendo-se de má-fé, esconde-se para não comparecer aos autos, e, por isso, não merece ser beneficiado com a suspensão.

10.2.1.3 Intimação

Após a citação do acusado, todas as demais comunicações pertinentes aos atos processuais que eventualmente ocorrerão em meio à demanda, serão consideradas **intimações**, abrangendo aqui, também, a chamada de testemunhas e demais pessoas, observados, todavia, no que for cabível, os dispositivos referentes à citação.

Observe:

```
Dar            →  Acusado      →  Chamado do réu ao processo  →  Citação
conhecimento                   →  Demais ciências
acerca de um
ato processual →  Outras       →  Intimação  ←┘
                  pessoas
```

As intimações serão realizadas da seguinte maneira:

a) Pessoal, ao Ministério Público e ao defensor nomeado.

Jurisprudência

Intimação do Ministério Público e da Defensoria Pública. Necessidade de remessa dos autos às referidas instituições, para início da contagem dos prazos

"O termo inicial da contagem do prazo para impugnar decisão judicial é, para o Ministério Público, a data da entrega dos autos na repartição administrativa do órgão, sendo irrelevante que a intimação pessoal tenha se dado em audiência, em cartório ou por mandado."

"A data da entrega dos autos na repartição administrativa da Defensoria Pública é o termo inicial da contagem do prazo para impugnação de decisão judicial pela instituição, independentemente de intimação do ato em audiência" (STJ, Informativo nº 611, publicação: 11-10-2017).

---

b) Por publicação no órgão incumbido da publicidade dos atos judiciais da comarca, ao defensor constituído, ao advogado do querelante e ao assistente.[10]

[10.] Art. 370, § 2º, CPP: "Caso não haja órgão de publicação dos atos judiciais na comarca, a intimação far-se-á diretamente pelo escrivão, por mandado, ou via postal com comprovante de recebimento, ou por qualquer outro meio idôneo."

Se por qualquer motivo, a instrução criminal for adiada, o magistrado designará, desde logo, na presença das partes e testemunhas, dia e hora para seu prosseguimento, saindo, pois, todos de lá intimados.

10.2.1.4 Resposta à acusação

Após regularmente citado, deverá o acusado, em 10 dias, apresentar a sua resposta à acusação, momento em que oferecerá sua defesa, podendo, sob pena de preclusão:

- arguir preliminares;
- alegar tudo o que interesse à sua defesa;
- oferecer documentos e justificações;
- especificar as provas pretendidas; e
- arrolar testemunhas, qualificando-as e requerendo sua intimação.[11]

Eventual interposição de exceção será processada em autos apartados, conforme estudamos em capítulo próprio.

Se o acusado não apresentar a resposta dentro do prazo legal, ainda que citado pessoalmente, ou se o réu, citado, não constituir defensor, o magistrado nomeará advogado para oferecê-la, concedendo-lhe vista dos autos por 10 dias, haja vista ser a defesa técnica prerrogativa indispensável – diferentemente da autodefesa.

10.2.1.5 Absolvição sumária

Realizada a citação e a apresentação da resposta à acusação, a autoridade judiciária, analisando a peça acusatória, bem como a defesa trazida pelo acusado, verificará se há a configuração de umas das causas de absolvição sumária, isto é, se a partir das provas até aqui apresentadas, é possível constatar, indene de

---

[11] Nesse sentido: "A jurisprudência desta Corte é firme no sentido de que o rol de testemunhas deve ser apresentado pela defesa na resposta à acusação, sob pena de preclusão, nos termos do art. 396-A do Código de Processo Penal" (STJ, AgRg no AREsp 1471476/SP, Rel. Min. Ribeiro Dantas, 5ª T., julgado em 10-9-2019, DJe 16-9-2019).

dúvidas, que o feito já está pronto para ser sentenciado em favor do réu. Em verdade, "pretendeu o legislador estabelecer uma espécie de julgamento antecipado do processo, no contexto criminal" (NUCCI, 2015, p. 862).

São hipóteses hábeis a ensejar a absolvição sumária do agente:

■ a existência manifesta de causa excludente da ilicitude do fato;
■ a existência manifesta de causa excludente da culpabilidade do agente, salvo inimputabilidade;
■ que o fato narrado evidentemente não constitui crime; ou
■ a extinção da punibilidade do agente.

Então, caso a autoridade judicial entenda pela existência de **causa excludente da antijuridicidade**, visto se tratar de evidente hipótese de estado de necessidade, legítima defesa, estrito cumprimento do dever legal ou exercício regular de direito, absolverá, desde já, o réu.

Do mesmo modo, se constatar, patentemente, que a conduta supostamente criminosa está envolta por manifesta **causa excludente da culpabilidade do agente**, procederá a absolvição sumária do acusado. Ressalta-se que, embora se trate de causa excludente de culpabilidade, a inimputabilidade não será considerada neste momento processual, pois é possível que o agente seja absolvido, por outros motivos, o que lhe é mais favorável. Dessa forma, "preferiu o legislador que a instrução judicial prossiga até o seu final porque as provas perante ele colhidas podem levá-lo à conclusão de que o réu é inocente, de forma a absolvê-lo sem a aplicação de medida de segurança" (REIS; GONÇALVES, 2014, p. 444).

Ainda, é possível que **o fato narrado seja evidentemente atípico**, de modo que a conduta praticada pelo agente não seja considerada crime. A atipicidade da ação poderá ser formal (ausência de subsunção do fato à norma) ou material (inexistência de lesão ao bem jurídico), sendo que a manifesta existência de ambas são capazes de justificar a absolvição sumária do acusado.

Por fim, (a) a morte do agente; (b) a anistia, graça ou indulto; (c) a retroatividade de lei que não mais considera o fato como criminoso; (d) a prescrição, decadência ou perempção; (e) a renúncia do direito de queixa ou pelo perdão aceito, nos crimes de ação privada; (f) a retratação do agente, nos casos em que a lei a admite; e (g) o perdão judicial, nos casos previstos em lei, quando verificados, são considerados **causas de extinção da punibilidade** do agente, e serão reconhecidos, sumariamente, pelo magistrado, até por economia processual, dando motivação à absolvição do acusado. Ora, não há por que reconhecer a prescrição só em sentença, se, nessa fase, o processo já se encontra prescrito. Ou então, não há por que dar continuidade ao feito, se o réu já faleceu.

Contra a decisão que absolver sumariamente o acusado, caberá a interposição de **recurso de apelação criminal** – normalmente protocolado pelo Ministério Público, órgão legitimado a acusar.

No entanto, se verificada a ausência de quaisquer causas motivadoras da absolvição sumária, o processo seguirá o seu rumo, devendo o juiz designar dia e hora para a **audiência de instrução e julgamento**, ordenando a intimação do acusado, de seu defensor, do Ministério Público, e, se for o caso, do querelante e do assistente.

10.2.1.6 Audiência de instrução e julgamento

O Código Processual prevê que a audiência de instrução e julgamento, em regra, é **una**, e será realizada no prazo máximo de **60 dias**, contados da decisão que entende pela não absolvição sumária do réu.

O agente que se encontrar preso será requisitado para comparecer ao interrogatório, devendo o Poder Público providenciar sua apresentação. A presença do réu, em audiência, é dispensável, não sendo o mesmo obrigado a se apresentar, até porque a autodefesa é direito disponível. Todavia, caso queira estar presente, para expor a sua versão dos fatos, deverá o Estado dispor de mecanismos para providenciar a sua ida ao ato processual.

Importante!

Princípio da identidade do juiz

Assevera a legislação que o juiz que preside a instrução deverá proferir a sentença, evidenciando a observância do princípio da identidade do juiz. A audiência de instrução é o ato processual por meio do qual será colhida a prova oral. Ali será procedida a oitiva da vítima, de testemunhas e do acusado, de modo que esta via probatória é de salutar importância para a tomada de decisão do magistrado. Assim, o juiz que participa da instrução consegue olhar, sentir, e melhor analisar os fatos, pois teve contato presencial com os envolvidos.

Porém, o STJ entende que "deve ser admitida a mitigação do aludido princípio nos casos de convocação, licença, promoção, aposentadoria ou afastamento por qualquer motivo que impeça o juiz que presidiu a instrução a sentenciar o feito, por aplicação analógica, devidamente autorizada pelo art. 3º do CPP, da regra contida no art. 132 do CPC" (STJ, Informativo nº 483, período: 12 a 23-9-2011).

No mesmo sentido: "O princípio da identidade física do juiz não se reveste de caráter absoluto, possuindo exceções em casos de motivos legais que impeçam o magistrado que presidiu a instrução de sentenciar o feito, hipótese em que o processo-crime será validamente julgado pelo sucessor. *In casu*, a magistrada que presidiu a instrução processual foi promovida para outra Comarca (capital do Estado), o que a impossibilitou de sentenciar o feito, não se configurando a violação do dispositivo legal retrocitado" (STJ, AgRg no AREsp 1.521.704/SP, Rel. Min. Ribeiro Dantas, 5ª T., julgado em 17-9-2019, DJe 23-9-2019).

A audiência de instrução e julgamento destina-se à colheita de provas, podendo a autoridade judicial indeferir aquelas consideradas irrelevantes, impertinentes ou protelatórias.

Nesta ocasião, serão procedidos, respectivamente:

■ À tomada de declarações do ofendido, sempre que possível;

- À inquirição das testemunhas, limitadas até o número de oito,[12] arroladas pela acusação;
- À inquirição das testemunhas, limitadas até o número de oito,[13] arroladas pela defesa;
- Esclarecimentos dos peritos, desde que haja prévio requerimento das partes, e dos assistentes técnicos;
- Às acareações;
- Ao reconhecimento de pessoas e coisas; e, enfim,
- Ao interrogatório do réu.

Para mais detalhes sobre os meios de prova em processo penal, remetemos o leitor ao capítulo atinente às 'Provas'.

É preferível que o registro dos depoimentos colhidos na audiência seja feito por recursos de gravação magnética, estenotipia, digital ou técnica similar, inclusive audiovisual, já que esses meios asseguram a maior fidelidade das informações, em detrimento de sua simples transcrição.

Novidade!

A Lei n° 14.245/2021, também conhecida como **Lei Mariana Ferrer**, trouxe importante avanço em nossa legislação, pois introduziu o art. 400-A ao Código de Processo Penal, objetivando zelar pela integridade física e psicológica da vítima, quando da realização da audiência de instrução.

Referida norma processual surgiu depois da divulgação de imagens de uma audiência de instrução, que versava sobre crime contra a dignidade sexual, na qual a vítima Mariana Ferrer teve sua intimidade exposta de forma reprovável pela defesa. Infere-se da redação que "na audiência de instrução e julgamento, e, em especial, nas que apurem crimes contra a dignidade sexual, todas as partes e demais sujeitos processuais presentes no ato deverão zelar pela integridade física e psicológica da vítima, sob pena de responsabilização civil, penal e administrativa, cabendo ao juiz garantir

---

[12.] Art. 401, § 1°, CPP: "Nesse número não se compreendem as que não prestem compromisso e as referidas."
[13.] Art. 401, § 1°, CPP: "Nesse número não se compreendem as que não prestem compromisso e as referidas."

o cumprimento do disposto neste artigo, vedadas: I – a manifestação sobre circunstâncias ou elementos alheios aos fatos objeto de apuração nos autos; II – a utilização de linguagem, de informações ou de material que ofendam a dignidade da vítima ou de testemunhas."

A lei impõe, portanto, deveres para as partes e sujeitos processuais, que poderão inclusive ser responsabilizados civil, penal e administrativamente, se violarem referido dispositivo.

É facultado à parte, caso entenda pertinente, desistir da oitiva de qualquer das testemunhas arroladas, salvo se o magistrado entender imprescindível a inquirição, visto que, em processo penal, vige o princípio da verdade real.

Observe que **o interrogatório do réu será o último ato a ser praticado**, a fim de lhe assegurar a ampla defesa, mesmo porque soa ilógico que o acusado seja inquirido primeiramente, e, depois, produzidas todas as outras provas, sem dar qualquer chance ao agente de se defender do alegado pela vítima, testemunhas etc.

Jurisprudência

O interrogatório será o último ato da instrução processual, ainda que a legislação extravagante disponha o contrário

"Tráfico de entorpecentes. Momento do interrogatório. Último ato da instrução. Novo entendimento firmado pelo Excelso no bojo do HC 127.900/AM. Modulação dos efeitos. Publicação da ata de julgamento. Acusado interrogado no início da instrução. Os procedimentos regidos por leis especiais devem observar, a partir da publicação da ata de julgamento do HC 127.900/AM do STF (11.03.2016), a regra disposta no art. 400 do CPP, cujo conteúdo determina ser o interrogatório o último ato da instrução criminal" (STJ, Informativo n° 609, publicação em 13-9-2017).

Ao final da audiência, após a produção das provas, o Ministério Público, querelante, assistente e acusado, nessa mesma ordem, poderão requerer diligências ao juízo, desde que a sua necessidade seja proveniente do conteúdo probatório produzido no ato processual.

Caso seja a realização da diligência deferida pela autoridade judicial, a audiência será concluída sem as alegações finais, as quais serão apresentadas, no prazo **sucessivo** de **cinco dias**, pelo Ministério Público e defesa, por **escrito**. Posteriormente, em **10 dias**, o juiz proferirá a **sentença**.

Jurisprudência

Diante da omissão de apresentação de alegações finais pelo advogado, o juiz tem poderes para oportunizar que a parte substitua o causídico ou, na inércia desta, nomear um *ad hoc* para que ofereça as alegações finais

"Não há dúvida da importância da ampla defesa como elemento central de um processo penal garantista. Todavia, é imprescindível afirmar que tal princípio não tem o condão de legitimar qualquer atuação por parte da defesa. A forma legal para impugnar eventuais discordâncias com as decisões tomadas pelo juiz na condução da ação penal não pode ser a negativa de oferecimento de alegações finais. Admitir, por hipótese, a validade de tal conduta implicaria, em última instância, conferir o poder de definir a legalidade da atuação do magistrado não aos Tribunais, mas ao próprio advogado. Ademais, não se deve admitir a violação da duração razoável do processo, direito fundamental que não pode ficar dependente de um juízo de oportunidade, conveniência e legalidade das partes de quando e como devem oferecer alegações finais. A recalcitrância da negativa de oferecer alegações finais obriga o magistrado a adotar a providência de nomeação de um defensor *ad hoc ou até mesmo a destituição do causídico. Dessa forma, não há que se falar em ilegalidade ou abuso de poder, mas, sim, em adoção de medidas legítimas para resguardar a duração razoável do processo e o poder do juiz para conduzi-lo*" (STJ, Informativo nº 715, publicação: 3-11-2021).

Por outro lado, caso não haja requerimentos, ou sendo estes indeferidos, a acusação oferecerá suas **alegações finais orais** por **20 minutos**, prorrogáveis por mais 10. Após, a defesa fará o mesmo, dentro de igual lapso temporal. Vige, na audiência de instrução e julgamento, o princípio da oralidade, de maneira que a apresentação de alegações orais é a regra, até para dar celeridade à demanda. Ato contínuo, o magistrado sentenciará o feito.[14]

Por fim, será lavrado termo de audiência, onde constará um breve resumo dos fatos relevantes nela ocorridos e a assinatura dos presentes. Necessário acentuar a importância da ata, pois aqui incluir-se-ão a ocorrência de "incidentes como, por exemplo, a não admissão, pelo juiz, de alguma pergunta à testemunha (...), ou o indeferimento de algum esclarecimento pleiteado pelo interessado no interrogatório do réu (...). Caso contrário, não se poderá invocar, mais adiante, tais situações, posto que não documentadas" (CUNHA; PINTO, 2017, p. 1091-1092).

Destaca-se que:

- quando houver mais de um acusado, o tempo previsto para a defesa de cada um será individual;
- se houver assistente do Ministério Público, após a manifestação deste, serão concedidos àquele 10 minutos, prorrogando-se por igual período a manifestação defensiva;
- considerada a complexidade do caso ou o número de réus, o juiz poderá conceder ao Ministério Público e à defesa, o prazo de cinco dias, também sucessivos, para a apresentação de memoriais escritos. Ao final, a autoridade terá o prazo de 10 dias para proferir a sentença.

[14.] "Inicialmente, cumpre salientar que a alteração realizada no CPP pela Lei nº 11.719/2008, ao inserir os §§ 1º e 2º ao art. 405, permitiu o registro dos depoimentos do investigado, do indiciado, do ofendido e das testemunhas apenas por meio audiovisual, sem necessidade de transcrição. Essa previsão legal do único registro audiovisual da prova, no art. 405, § 2º, do Código de Processo Penal, deve também ser compreendida como autorização para esse registro de toda a audiência – debates orais e sentença. Trata-se de medida de segurança (no mais completo registro de voz e imagem da prova oral) e de celeridade no assentamento dos atos da audiência. Exigir que se faça a degravação ou separada sentença escrita é negar valor ao registro da voz e imagem do próprio juiz, é sobrelevar sua assinatura em folha impressa sobre o que ele diz e registra. Não há sentido lógico, nem em segurança, e é desserviço à celeridade" (STJ, Informativo nº 641, publicação: 1-3-2019).

Vejamos, em suma, os atos a serem produzidos na audiência instrutória:

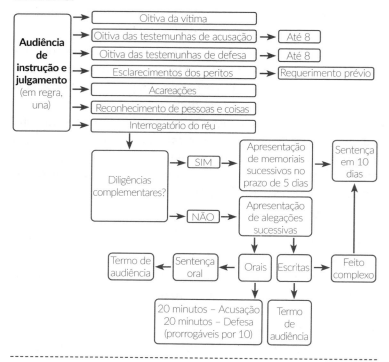

Novidade!

Justiça digital

Em 2020, viveu-se a crise global ocasionada pela pandemia COVID-19, que atingiu e alterou substancialmente o cotidiano de milhões de pessoas ao redor do planeta. O distanciamento social vivenciado escancarou a necessidade de se enxergar o direito com outros olhos, utilizando-se de meios alternativos e recursos tecnológicos, para que o Poder Judiciário Brasileiro não estacionasse, e inúmeros jurisdicionados viessem a sofrer prejuízos irreparáveis.

Por isso, o tema justiça digital é atualíssimo, e merece destaque.

Dentre as inovações, tem-se a **Resolução nº 337/2020 do CNJ**, cujo teor determinou que todos os tribunais brasileiros, salvo o STF, adotassem um sistema de videoconferência para suas audiências e atos oficiais, garantindo segurança, privacidade e confidencialidade das informações compartilhadas. Já a **Resolução nº 372/2021 do CNJ** criou o denominado '**Balcão Virtual**', ferramenta que possibilitou o imediato contato entre o público externo com o setor de atendimento de cada unidade judiciária, de forma similar à do presencial. Através da disponibilização, em seus respectivos sítios eletrônicos, os Tribunais fornecem ferramentas de videoconferência, que possibilitam o acesso à justiça.

Neste ínterim, faz-se menção à denominada **Lei Geral de Proteção de Dados Pessoais (LGPD)**, que regulamenta o tratamento de dados pessoais nos meios digitais, com o objetivo de proteger os direitos fundamentais de liberdade, privacidade e o livre desenvolvimento da personalidade da pessoa natural. Em consonância à referida legislação, o Conselho Nacional de Justiça determinou, através da **Resolução nº 363/2021**, que fossem adotadas medidas e ações iniciais para adequação dos Tribunais às disposições contidas na LGPD, a citar: (a) criação de Comitê Gestor de Proteção de Dados Pessoais (CGPD); (b) designação de encarregado pelo tratamento de dados pessoais; (c) formação de Grupo de Trabalho Técnico de caráter multidisciplinar composto por servidores da área de tecnologia, segurança da informação e jurídica; (d) disponibilização de informação adequada sobre o tratamento de dados pessoais; (e) organização de programas de conscientização sobre a LGPD; (f) implementação de medidas de segurança, técnicas e administrativas aptas a proteger os dados pessoais de acessos não autorizados e de situações acidentais ou ilícitas de destruição, perda, alteração, comunicação ou qualquer forma de tratamento inadequado ou ilícito; (g) informação ao CGPD sobre os projetos de automação e inteligência artificial; (h) dentre outras medidas.

10.2.1.7 Sentença

A **sentença** é decisão que externa o julgamento de mérito proferido pelo julgador, podendo ela ser **condenatória** ou **absolutória**. Dessa maneira, a partir dos elementos de prova colhidos, caberá ao magistrado analisá-los, de modo a deliberar se considera o acusado culpado ou inocente das imputações contra ele realizadas.

Alguns autores citam, ainda, a sentença **terminativa de mérito**, a qual faz coisa julgada material, mas sem absolver ou condenar o acusado, como por exemplo, quando reconhece a prescrição da pretensão punitiva.

Importante!

Se a decisão análoga à sentença for proferida por órgão colegiado (ex.: Tribunal de Justiça), onde se conjuga a vontade de mais de um julgador, estar-se-á diante de um **acórdão**. Se o juiz profere decisão não terminativa, mas que visa a resolução de determinado pleito, teremos uma **decisão interlocutória**. Contudo, se a manifestação visa apenas dar andamento ao processo, sem deter qualquer cunho decisório, expede-se um **despacho**.

São elementos da sentença, devendo nela constar:

- **o relatório**, contendo os nomes das partes ou, quando não for possível, as indicações necessárias para identificá-las, bem como a exposição sucinta do processo e as alegações da acusação e da defesa;
- **a fundamentação**, que significa a indicação dos motivos de fato e de direito em que se fundar a decisão, assim como os artigos de lei aplicados, sob pena de decretação de nulidade absoluta, com fulcro no art. 93, inciso IX, da Constituição;
- **o dispositivo**, ou, em outras palavras, o desfecho do *decisum*, onde constará a conclusão do magistrado: se condena (e por quais crimes) ou absolve (e por qual dos motivos do art. 386 do CPP) o réu; e,
- a data e a assinatura do juiz.

Portanto,

> como ato que encerra e consubstancia o juízo de primeiro grau, deve resumir todo o processo. Daí as exigências da lei processual, discriminando os requisitos formais da sentença, todos in-

declináveis e imperativos, porquanto imprimem juridicidade ao ato decisório e constituem modo de ser essencial à consecução de seu escopo e função (MARQUES, 1997c, p. 28-29).

Jurisprudência
Limites à fundamentação *per relationem*

"É nulo o acórdão que se limita a ratificar a sentença e a adotar o parecer ministerial, sem sequer transcrevê-los, deixando de afastar as teses defensivas ou de apresentar fundamento próprio. Isso porque, nessa hipótese, está caracterizada a nulidade absoluta do acórdão por falta de fundamentação. **De fato, a jurisprudência tem admitido a chamada fundamentação *per relationem*, mas desde que o julgado faça referência concreta às peças que pretende encampar, transcrevendo delas partes que julgar interessantes para legitimar o raciocínio lógico que embasa a conclusão a que se quer chegar.** Precedentes citados: HC 220.562-SP, Sexta Turma, *DJe* 25/2/2013; e HC 189.229-SP, Quinta Turma, *DJe* 17/12/2012. HC 214.049-SP, Rel. originário Min. Nefi Cordeiro, Rel. para acórdão Min. Maria Thereza de Assis Moura, julgado em 5/2/2015, *DJe* 10/3/2015" (STJ, STJ, Informativo n° 557, Período: 5 a 18-3-2015). (Grifos nossos.)

Outrossim, muito se fala acerca dos **desvios cognitivos** que influem o magistrado, no momento de prolatação da sentença. Se busca tomar a decisão racional, pautada nos elementos probatórios juntados aos autos. Porém,

> estudos empíricos realizados principalmente no campo da neurociência, neolinguística, análise econômico comportamental do direito, economia comportamental, passaram a demonstrar que essas decisões, na verdade, não são adotadas com base na tão propalada racionalidade, ou pelo menos, não em sua maior parte. Essas decisões, sejam elas quais forem, não são isentas. Muito pelo contrário, são recheadas de emoções, crenças, sentimentos e conhecimento que nos acompanham desde o primeiro dia de nossas vidas até seu findar (TABAK; AGUIAR; NARDI, 2017, p. 177-196).

Em verdade, o magistrado é indivíduo, como qualquer outro, e possui suas crenças preliminares, seus problemas cotidianos e valores e ideais religiosos, filosóficos e sociológicos preestabelecidos. Busca-se a racionalidade, mas o risco de incorrer em desvios cognitivos é real. Vejamos alguns deles:

- **Viés da confirmação:** busca-se por informações que confirmem um pensamento já preestabelecido pela autoridade judicial. Não há crivo reflexivo. Almeja-se angariar informações para ratificar a ideia preliminar.
- **Viés de aversão à perda:** viés comportamental que sobreleva às perdas, em detrimento dos ganhos tomados pela medida, envergando o indivíduo na tomada de decisão.
- **Viés do *status quo*:** predisposição à resistência de mudanças, mantendo-se, em geral, as decisões tomadas, ainda que obsoletas.
- **Viés do enquadramento:** predisposição a alterar a decisão, enquadrando-se na resposta mais plausível, que gera maior satisfação.
- **Viés do otimismo excessivo:** viés comportamental que altera a realidade dos fatos, frente à confiança positiva exacerbada.
- **Viés da preferência extremada pelo presente:** busca-se medidas pensadas no presente, em detrimento dos efeitos que podem gerar no futuro.

10.2.1.7.1 Sentença absolutória

O juiz **absolverá** o réu, quando, em regra, julgar improcedente a denúncia oferecida pelo Ministério Público, devendo, para tanto, mencionar a razão na parte dispositiva, com fundamento em um dos seguintes argumentos:

- Estar provada a **inexistência do fato**. É o caso de um réu processado por homicídio doloso, mas que, meses depois, se encontra a suposta vítima viva. Se restar demonstrado que, em verdade, o fato em testilha nunca ocorreu, não há que se falar em condenação.

- **Não haver prova da existência do fato.** Aqui, os autos não estão instruídos com provas suficientes acerca da materialidade delitiva. Por muito tempo, por exemplo, os Tribunais Superiores entenderam que a ausência de laudo definitivo de constatação de entorpecente impedia a condenação do réu, pois tal meio de prova era primordial para atestar a existência do crime de tráfico de drogas. Todavia, atualmente, o Superior Tribunal de Justiça, "excepcionalmente, admite o laudo de constatação provisório como prova, caso revestido de certeza equivalente, quando produzido por perito oficial nos mesmos moldes do definitivo".[15]
- **Não constituir o fato infração penal**, ser o fato atípico. Por conseguinte, não é possível que um agente seja condenado por uma conduta não descrita na lei penal como delito, afinal, não há crime sem lei anterior que o defina (ex.: condenação por adultério, dano culposo etc.). Igualmente, quando a lesão ao bem jurídico tutelado for mínima, estará configurada a atipicidade material da conduta, razão pela qual também não haverá crime.
- Estar provado que **o réu não concorreu para a infração penal**. Se o acusado consegue comprovar que não participou do crime, não estando presente no momento da infração (ex.: comprova que estava em viagem ao exterior), há de se proceder a sua absolvição.
- **Não existir prova de ter o réu concorrido para a infração penal**, ou seja, o juiz não consegue averiguar, indene de dúvidas, que o agente é, de fato, autor ou partícipe do crime em testilha.
- Existirem **circunstâncias que excluam o crime ou isentem o réu de pena** (arts. 20, 21, 22, 23, 26 e § 1° do art. 28, todos do CP), ou **se houver fundada dúvida sobre sua existência**. Se o acusado incorrer em erro de tipo (causa excludente de tipicidade), erro de proibição, coação irresistível, obediência hierárquica, embriaguez completa proveniente de caso fortuito ou força maior, for inimputável (causas excludentes de culpabilidade), bem como se o crime foi cometido por estado de necessidade,

---

15. STJ, AgRg no REsp 1794970/MG, Rel. Min. Antônio Saldanha Palheiro, 6ª T., julgado em 20-8-2019, DJe 3-9-2019.

legítima defesa, estrito cumprimento de dever legal ou exercício regular de direito (causas excludentes de licitude), não há que se falar em condenação, haja vista que se encontra ausente um dos elementos para constituição do crime.

- **Não existir prova suficiente para a condenação**, aplicando-se, assim, o princípio do *in dubio pro reo*, tornando-se imperiosa a absolvição do acusado, caso as provas colacionadas aos autos não sejam suficientes para embasar o édito condenatório, porquanto "é garantido ao acusado, no processo penal, o benefício da dúvida, consubstanciado no brocardo *in dubio pro reo*".[16]

O agente também poderá ser absolvido em razão de sua inimputabilidade, pois, não obstante o fato seja típico e antijurídico, **não é culpável**. Aqui, teremos a prolatação da denominada **sentença absolutória imprópria**, oportunidade em que o juiz fixará, se cabível, medida de segurança.

Proferida sentença absolutória, a autoridade ordenará que o réu seja colocado imediatamente em liberdade, caso esteja preso, até porque, torna-se contraditória a manutenção da preventiva, quando o acusado acaba de ser considerado inocente das imputações que foram feitas em seu desfavor. Igualmente, cessarão outras medidas cautelares eventualmente aplicadas.

10.2.1.7.2 Sentença condenatória

Diferentemente, o magistrado **condenará** o réu, quando entender que os autos estão instruídos com provas suficientes, que convergem para a certeza de sua autoria delitiva.

Consoante Espíndola Filho, a condenação "será o resultado da apuração, no processo, de que ficou provada a existência da infração penal, na sua materialidade, para ela tendo ele, responsável, concorrido como autor ou coautor, sem haver causas excludentes

---

[16] STJ, APn 747/DF, Rel. Min. Luis Felipe Salomão, Corte Especial, julgado em 18-4-2018, DJe 26-6-2018.

da criminalidade, nem da punibilidade, ou extintivas desta última" (ESPÍNDOLA FILHO, 2000a, p. 172).

Nos crimes de ação penal pública, embora não seja razoável à luz de um sistema acusatório, é possível que a autoridade judiciária condene o acusado, ainda que o membro do Ministério Público tenha requerido a sua absolvição. De modo similar, poderá o juiz reconhecer agravantes, embora nenhuma tenha sido capitulada pela acusação, bastando que os fatos que ensejam sua aplicação sejam de conhecimento da defesa (ex.: reincidência).

Ao deliberar pela condenação, a autoridade judicial:

- Mencionará as circunstâncias agravantes ou atenuantes definidas no Código Penal, e cuja existência reconhecer;
- Discorrerá sobre as circunstâncias apuradas e tudo o mais que deva ser levado em conta na imposição da reprimenda;
- Aplicará as penas de acordo com tais conclusões;
- Fixará valor mínimo para reparação dos danos causados pela infração, considerando os prejuízos sofridos pelo ofendido[17]; e
- Decidirá sobre a manutenção ou, se for o caso, a imposição de prisão preventiva ou de outra medida cautelar.

Assim, se o juiz entende pela procedência do pedido condenatório, deverá, além de relatar o processo, e indicar a fundamentação que o levou a concluir pela condenação, realizar a dosimetria de pena do acusado, a partir do critério trifásico elaborado por Nelson Hungria, motivando, para tanto, cada exasperação ou diminuição de pena. No entanto, "não se admite condenação baseada exclusivamente em declarações informais prestadas a policiais no momento da prisão em flagrante".[18]

Ademais, caso o ofendido tenha sofrido danos provenientes da prática delitiva, caberá ao magistrado fixar um *quantum* indeni-

---

[17.] "A reconciliação entre a vítima e o agressor, no âmbito da violência doméstica e familiar contra a mulher, não é fundamento suficiente para afastar a necessidade de fixação do valor mínimo para reparação dos danos causados pela infração penal" (STJ, Informativo n° 657, publicação em 25-10-2019).

[18.] STF, RHC 170.843 AgR/SP, Rel. Min. Gilmar Mendes, julgamento em 4-5-2021.

zatório, além de decidir pela manutenção, revogação ou decretação da prisão preventiva do sentenciado.

Segundo o Código de Processo Penal, o tempo de prisão provisória, de prisão administrativa ou de internação, no Brasil ou no estrangeiro, apenas será computado para fins de determinação do regime inicial de pena privativa de liberdade. Dessa feita, o juiz de conhecimento, ao condenar o acusado, só considerará o tempo de segregação cautelar quando este foi hábil à mudança de regime inicial de cumprimento de pena. Caso contrário, caberá ao Juízo de Execuções proceder a detração penal.

Nesse sentido:

> a aplicação do comando previsto no § 2º do art. 387 do Código de Processo Penal se refere, simplesmente, ao cômputo da prisão provisória para efeito de fixar o regime inicial, o que demanda análise objetiva sobre a eventual redução da pena para patamar mais brando, dentre as balizas previstas no § 2º do art. 33 do Código Penal. No caso, verifica-se que, mesmo aplicada a regra da detração, o tempo de prisão provisória não reduziria a pena para patamar inferior a 4 anos, sendo o regime mais gravoso fixado com base em fundamentação concreta, razão pela qual a efetiva detração de eventual pena cumprida de forma provisória seria irrelevante.[19]

Sobre a prisão preventiva após a prolatação do édito condenatório, é de se ressaltar o atual entendimento jurisprudencial, no sentido de que, caso o acusado tenha enfrentado todo o processo preso, aparentaria incoerente revogar a medida cautelar, após a sua condenação, verbis: "Tendo o paciente permanecido preso durante toda a instrução processual, não deve ser permitido recorrer em liberdade, especialmente porque, inalteradas as circunstâncias que justificaram a custódia, não se mostra adequada a soltura dele depois da condenação em Juízo de primeiro grau."[20]

---

[19] STJ, HC 512.421/SP, Rel. Min. Reynaldo Soares da Fonseca, 5ª T., julgado em 25-6-2019, DJe 13-8-2019.
[20] STJ, HC 524.830/RJ, Rel. Min. Joel Ilan Paciornik, 5ª T., julgado em 17-9-2019, DJe 24-9-2019.

Em contrapartida, se o réu respondeu pela ação penal em liberdade, não há razão para se decretar a sua prisão preventiva imediatamente – salvo em razão da superveniência de motivo ensejador da decretação – até porque, o feito ainda não transitou em julgado, sendo passível de recurso.

Convém destacar o entendimento jurisprudencial no sentido de que "a ausência de degravação completa da sentença penal condenatória não prejudica o contraditório ou a segurança do registro nos autos".[21]

10.2.1.7.3 Emendatio libelli x mutatio libelli

É certo que o Ministério Público (ou o querelante) imputará ao acusado (ou querelado) determinada prática delitiva. Entretanto, o magistrado, ao sentenciar o feito, após a análise das provas angariadas, poderá entender que a conduta do réu encontra-se enquadrada em capitulação distinta à da denúncia oferecida (ou queixa-crime). A esse instituto dá-se o nome de **emendatio libelli,** onde o juiz, **sem modificar a descrição *fática* contida na peça acusatória,** atribui definição jurídica diversa, ainda que tenha de aplicar ao réu pena mais grave.

Exemplifiquemos: suponha que o Ministério Público ofereça denúncia, em desfavor de Tício, em razão da prática de crime de furto simples (art. 155, *caput*, do CP). No entanto, ao longo da peça inicial, é possível vislumbrar que o delito ocorreu às 23 horas. Por isso, embora não tenha o órgão acusatório imputado a Tício a infração descrita no art. 155, § 1º, do Código Penal, é completamente possível que o magistrado aplique a causa de aumento referente ao repouso noturno, não obstante o Promotor de Justiça não tenha capitulado na exordial, posto que era de conhecimento do infrator, desde o início da ação, que a infração, de fato, ocorreu no período noturno.

Observe que, na *emendatio libelli*, o magistrado pode reformar a capitulação sem proceder a oitiva de qualquer uma das

---

[21] STJ, Informativo nº 641, publicação em 1º-3-2019.

partes, haja vista que o acusado se defende dos fatos narrados na denúncia.

Logo, se a narração fática descreve o crime recapitulado pelo magistrado, não há que se falar em prejuízo à defesa, já que o réu sabia, através da denúncia/queixa-crime, dos fatos pelos quais estaria sendo processado e, ao final, julgado. Trata-se de mero juízo de interpretação, a partir de fatos já dispostos no feito.

A similaridade entre fatos contidos na denúncia e os fatos pelos quais o réu é condenado na sentença decorre do denominado princípio da correlação ou da congruência, de forma que a imputação realizada ao acusado será pautada na narração fática contida na peça acusatória.

Embora a readequação seja realizada na prolatação da sentença condenatória, o Superior Tribunal de Justiça entende que

> o juiz pode, mesmo antes da sentença, proceder à correta adequação típica dos fatos narrados na denúncia para viabilizar, desde logo, o reconhecimento de direitos do réu caracterizados como temas de ordem pública decorrentes da reclassificação do crime (ex. prescrição, sursis etc.). Com efeito, é válida a concessão de direito processual ou material urgente, em tema de ordem pública, mesmo quando o fundamento para isso seja decorrência de readequação típica dos fatos acusatórios, em qualquer fase do processo de conhecimento.[22]

Se a nova capitulação da infração originar a competência de outro juízo, serão a ele encaminhados os autos. É o caso, por exemplo, de um delito inicialmente capitulado como lesão corporal leve, mas posteriormente entendido como tentativa de homicídio doloso.

Ainda, se em consequência da definição jurídica diversa, houver possibilidade de proposta de suspensão condicional do processo, o juiz procederá de acordo com o disposto na lei. Portanto, conquanto seja o delito de menor potencial ofensivo, não há neces-

---

[22.] STJ, Informativo nº 553, período: 11-2-2015.

sidade de se remeter os autos ao Juizado Especial Criminal, cabendo ao próprio magistrado encaminhar o feito ao membro ministerial, para que formule a referida proposição.

A Súmula nº 696 do Supremo Tribunal Federal é clara ao asseverar que "reunidos os pressupostos legais permissivos da suspensão condicional do processo, mas se recusando o promotor de justiça a propô-la, o juiz, dissentindo, remeterá a questão ao Procurador-Geral, aplicando-se por analogia o art. 28 do Código de Processo Penal".

Por outro lado, se após o encerramento da instrução probatória, o juiz entender pela necessidade de nova capitulação jurídica do fato, **em consequência de provas ou circunstâncias da infração penal, as quais não estejam contidas na denúncia (ou queixa-crime)**, estar-se-á diante da hipótese de *mutatio libelli*.

Perceba que, neste caso, a superveniência de novos elementos fáticos gera mudanças processuais, que podem ocasionar violação à defesa do réu. Em vista disso, não poderá o juiz simplesmente alterar a definição jurídica, sem oportunizar às partes se manifestarem, ainda que a mudança seja benéfica ao denunciado.

Ao contrário, o Ministério Público **aditará** a denúncia ou queixa, no prazo de **cinco dias**, reduzindo-a a termo, se feita oralmente, sendo que, em seguida, será procedida a oitiva do defensor do acusado, a partir do aditamento realizado. Após a admissão do aditamento, a autoridade judicial, a requerimento de qualquer das partes, designará dia e hora para continuação da audiência, com inquirição de testemunhas – desta vez, limitadas a três para cada parte –, novo interrogatório do acusado e realização de debates, para fins de posterior julgamento, que será adstrito aos termos do aditamento.

Ressalta-se que, se, em qualquer fase processual, o membro do Ministério Público entender se tratar de hipótese de aditamento da denúncia, poderá procedê-lo de ofício, afinal, é o titular da ação penal.

Imagine que o órgão ministerial denuncie o acusado pela prática de homicídio culposo, em razão de um acidente de trânsito. Após a realização de instrução e julgamento, é juntado laudo pericial dando conta da embriaguez voluntária do réu. Aqui, é possível que o magistrado, diante dos novos fatos e circunstâncias trazidos aos autos, entenda que a prática criminosa em questão possa ser capitulada como homicídio doloso, oportunidade que remeterá o feito ao titular da ação penal, para fins de aditamento, podendo o Ministério Público, agora, requerer a pronúncia do agente, para submetê-lo ao crivo do Tribunal do Júri.

Em caso similar, o Superior Tribunal de Justiça já proferiu entendimento de que

> a prova a ser produzida pela defesa, no decorrer da instrução criminal, para comprovar a ausência do elemento subjetivo do injusto culposo ou doloso, é diversa. Assim, não descrevendo a denúncia sequer implicitamente o tipo culposo, a desclassificação da conduta dolosa para a culposa, ainda que represente aparente benefício à defesa, em razão de imposição de pena mais branda, deve observar a regra inserta no art. 384, caput, do CPP.[23]

Rogério Sanches Cunha (CUNHA; PINTO, 2017, p. 1002) ensina que

> detectando o juiz a possibilidade de aplicação do dispositivo em exame, vê-se na obrigação de provocar a atuação do Ministério Público (...) se acusado por roubo, surge durante a instrução probatória a inexistência de qualquer violência, ao Magistrado não é dado absolver o réu pela prática do art. 157 do Código Penal, mas antes, facultar ao parquet o aditamento da denúncia, para que dela conste o furto.

Porém, também é possível que:

- O Promotor de Justiça *a quo* **não** concorde com a realização do aditamento, por entender que as provas angariadas e os fatos narrados enquadram-se na capitulação formulada na denúncia. Nesse caso:

---

[23] STJ, Informativo nº 0557, período: 5 a 18-3-2015.

☐ A *antiga* redação do Código de Processo Penal aduz que incumbiria ao juiz fazer remessa dos autos ao Procurador-Geral do Ministério Público, podendo este concordar ou não com a denúncia. Se entendesse pela manutenção da inicial, estaria o magistrado obrigado a compactuar com a decisão. Mas, caso o Chefe do Ministério Público decidisse pela necessidade da mudança, realizaria o aditamento ou designaria outro membro ministerial para oferecê-lo.

☐ A *atual* redação do Código de Processo Penal assevera que serão os autos remetidos à denominada instância de revisão ministerial, que terá atribuição para, na forma da lei de organização de cada órgão ministerial, proceder da forma que entender pertinente. No entanto, até o fechamento desta edição, a eficácia do dispositivo encontra-se suspensa por decisão liminar proferida pelo Ministro Luiz Fux, no bojo da ADI n° 6.299/DF.

■ Após aditada a denúncia, entenda o magistrado que a nova capitulação não deva ser recebida, ocasião em que determinará o prosseguimento do processo, a partir da definição jurídica originária.

Importante!

Caso seja procedido o aditamento da peça inicial pelo Ministério Público, a decisão do magistrado **ficará adstrita aos seus termos**, sendo vedada a prolatação de decisão surpresa, ferindo direitos constitucionais assegurados ao réu. Entretanto, não confunda: o magistrado não está impedido de dar capitulação diversa na sentença, pois, neste último caso, lhe é facultado proceder a *emendatio libelli*.

A Súmula n° 453 do Supremo Tribunal Federal esclarece que "não se aplicam à segunda instância o art. 384 e parágrafo único do Código de Processo Penal, que possibilitam dar nova definição jurídica ao fato delituoso, em virtude de circunstância elementar não contida, explícita ou implicitamente, na denúncia ou queixa". Em outras palavras, diferentemente da *emendatio libelli*, **não é possível a aplica-**

ção do instituto da *mutatio libelli* em sede recursal, proibindo-se o juízo *ad quem* de intimar o órgão acusatório para aditar a denúncia, em razão da modificação dos fatos descritos na peça acusatória.

Enfim, de modo similar à *emendatio libelli*, se da capitulação derivada do aditamento originar a competência de outro juízo, serão a ele encaminhados os autos, do mesmo modo que, se em consequência da nova definição, houver possibilidade de proposta de suspensão condicional do processo, o juiz remeterá os autos ao Ministério Público para que a oferte.

Para melhor compreensão do tema, veja a seguir, a tabela explicativa:

Emendatio libelli	Mutatio libelli
Mudança de capitulação	Mudança de capitulação
Os fatos estão, desde o início da ação penal, narrados na denúncia	Surgem novas provas ou novos fatos ao longo do processo
Aplicada pelo juiz, de ofício, sem prévia manifestação das partes	O Ministério Público deverá aditar a denúncia ou queixa, no prazo de 5 dias
Cabível em segunda instância	Incabível em segunda instância

10.2.1.7.4 Publicação da sentença

Estudamos que, em regra, a sentença será proferida de forma oral. Contudo, é possível que seja ela escrita, oportunidade em que poderá ser datilografada – impressa –, devendo o magistrado rubricar todas as folhas.

Após a prolatação da sentença, torna-se imperiosa a sua publicação. Destarte, o juiz proferirá a decisão e encaminhará ao escrivão, a fim de que este torne-a pública, lavrando nos autos o respectivo termo, e registrando-a em livro especialmente destinado a esse fim.

Publicada a sentença, dentro de três dias, o escrivão, sob pena de suspensão de cinco dias, dará conhecimento da decisão proferida ao Ministério Público. Também serão intimados, pessoalmente ou através do defensor, o querelante e o assistente de acusação. Caso nenhum destes for encontrado, a intimação será feita via edital, por 10 dias.

Em geral, a intimação do réu para fins de conhecimento da sentença será pessoal, sendo também possível que se dê por intermédio de seu defensor constituído, **salvo** se estiver preso, ocasião em que o ato será **necessariamente** procedido de forma pessoal. No entanto, a intimação será realizada ao defensor constituído caso o acusado não for encontrado e, assim, o certificar o oficial de justiça.

Excepcionalmente, será o agente intimado mediante edital. São hipóteses:

a) se o acusado e o defensor constituído não forem encontrados; ou

b) se o réu, não tendo constituído defensor, não for encontrado.

O tempo do edital será:

a) de 90 dias, caso a pena imposta for privativa de liberdade e igual ou superior a um ano; ou

b) de 60 dias, nos demais casos.

Portanto, vejamos:

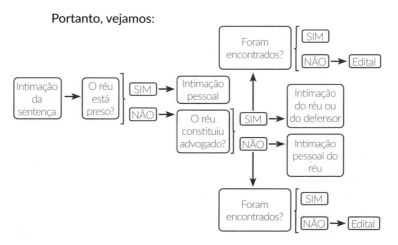

Contra a sentença proferida, as partes poderão interpor **embargos de declaração**, no prazo máximo de dois dias, para que o magistrado sentenciante sane eventuais obscuridades, ambiguidades, contradições ou omissões. Note que os embargos serão conhecidos apenas quando presentes algumas das motivações supramencionadas, não servindo para reanálise probatória acerca da autoria ou materialidade delitiva. Serão julgados pela própria autoridade judiciária, e não encaminhados à segunda instância.

No mesmo viés, no prazo de cinco dias a parte irresignada poderá interpor recurso de **apelação criminal** contra sentenças definitivas, seja de condenação ou de absolvição, proferidas por juiz singular, com o intuito de reformar a decisão monocrática no que tange à autoria, materialidade, dosimetria de pena, benefícios processuais etc.

Sobre recursos, mais detalhes em capítulo próprio.

10.2.2 Procedimento sumário

O procedimento **sumário** será adotado quando tiver por objeto crime cuja sanção máxima cominada seja **superior a dois e inferior a quatro anos de pena privativa de liberdade**. Lembrando que, se o delito praticado prever pena superior a quatro anos, utiliza-se o procedimento ordinário – visto anteriormente. Se possuir pena máxima não superior a dois anos, aplica-se o sumaríssimo.

Precisamos ter em mente que o procedimento sumário é similar ao ordinário, o qual é padrão para todos os outros, inclusive, os especiais. Dessa maneira, sem mais delongas, listaremos os pontos que divergem entre os procedimentos citados de forma que o que não estiver descrito assemelha-se ao já estudado no tópico anterior.

Prazo da audiência. No procedimento ordinário, o magistrado designará a audiência de instrução para que ocorra em até 60 dias. Todavia, no procedimento sumário, esse ato processual deverá ser designado em até **30 dias**.

Testemunhas na audiência. Na audiência instrutória, de igual forma, proceder-se-á, nesta ordem, à tomada de declarações do ofendido, à inquirição das testemunhas arroladas pela acusação e pela defesa, aos esclarecimentos dos peritos, às acareações, ao reconhecimento de pessoas e coisas e ao interrogatório do acusado. Ao final, realizam-se os debates. Entretanto, na instrução do procedimento sumário, somente poderão ser inquiridas **até cinco testemunhas arroladas pela acusação, bem como cinco pela defesa** – no ordinário, são oito testemunhas para cada parte.

Alegações finais e sentença orais. As alegações finais serão orais, concedendo-se a palavra, respectivamente, à acusação e à defesa pelo prazo de 20 minutos, prorrogáveis por mais 10, proferindo o juiz, a seguir, sentença. Então, da leitura do Código Processual verifica-se a ausência de previsão legal em se proceder à apresentação de memoriais escritos, além de não haver prazo para posterior prolatação da sentença, que será feita na própria audiência.

10.2.3 Procedimento sumaríssimo

O procedimento **sumaríssimo** encontra previsão legal na **Lei nº 9.099/1995**, a qual dispõe sobre os **Juizados Especiais Cíveis e Criminais** e dá outras providências.

São princípios regentes do procedimento sumaríssimo: (a) **a economia processual**, visando ao melhor resultado, com o dispêndio de menos recursos possíveis; (b) **a celeridade**, haja vista ser um procedimento a ser dirimido em pouco tempo; (c) **a oralidade**, sendo que os atos processuais praticados serão preferencialmente assim realizados, em detrimento da forma escrita; (d) **a informalidade**, no sentido de que, embora haja uma forma procedimental a ser seguida, eventuais discrepâncias não anulam o feito, quando atingida sua finalidade; e (e) **a simplicidade**, não possuindo elementos complexos e de difícil resolução, ao contrário, tudo será realizado da forma mais facilitada possível.[24]

---

[24]. Art. 62: "O processo perante o Juizado Especial orientar-se-á pelos critérios da oralidade, simplicidade, informalidade, economia processual e celeridade, objetivando, sempre que possível, a reparação dos danos sofridos pela vítima e a aplicação de pena não privativa de liberdade."

Em suma, o procedimento sumaríssimo favorece "mecanismos desburocratizados e consensuais, como a transação e a conciliação, e objetivando ser célere, aplicando-se, primordialmente, a oralidade dos atos processuais" (COSTA; ARAÚJO, 2018, p. 875).

Será utilizado o procedimento em comento para julgamento de infrações penais de menor potencial ofensivo, que são **as contravenções penais e os crimes aos quais a lei comine pena máxima não superior a dois anos**, cumulada ou não com multa.

O Juizado Especial Criminal é provido por juízes togados ou togados e leigos, tem competência para a conciliação, julgamento e execução das infrações penais de menor potencial ofensivo, respeitadas as regras de conexão e continência.

Aqui influem no cálculo da pena os seguintes aspectos: **(a)** o concurso de crimes, de modo que quando praticada mais de uma infração a soma das penas máximas em abstrato não poderá ser superior a dois anos, mesmo que separadamente sejam inferiores a esse lapso; e **(b)** as causas de diminuição (quantidade mínima) e aumento (quantidade máxima) de pena.

Ainda, a Lei n° 9.099/1995 prevê que outras circunstâncias podem ensejar o deslocamento de competência do Juizado Especial para o Juízo Comum, não obstante o crime cometido seja de menor potencial ofensivo. São elas:

Jurisprudência

Art. 66 e parágrafo único: "A citação será pessoal e far-se-á no próprio Juizado, sempre que possível, ou por mandado. Não encontrado o acusado para ser citado, o Juiz encaminhará as peças existentes ao Juízo comum para adoção do procedimento previsto em lei."

Art. 77, § 2°: "Se a complexidade ou circunstâncias do caso não permitirem a formulação da denúncia, o Ministério Público poderá requerer ao Juiz o encaminhamento das peças existentes, na forma do parágrafo único do art. 66 desta Lei."

Conclui-se, pois, **não ser possível a citação via edital no âmbito dos Juizados Especiais**, sendo que sua necessidade obriga o encaminhamento dos autos ao Juízo Comum, assim como em caso de complexidade ou circunstâncias do feito.

Outrossim, caso a infração de menor potencial ofensivo seja conexa a um delito que enseje o julgamento pelo Juízo Comum – sumário ou ordinário –, deverá a demanda ser igualmente remetida. Porém, em relação às contravenções penais e aos crimes aos quais a lei comine pena máxima não superior a dois anos, serão devidamente respeitados os elementos despenalizadores descritos na Lei nº 9.099/1995, como a composição dos danos civis, a transação penal e a suspensão condicional do processo.

Jurisprudência

Os Juizados Especiais Criminais são dotados de competência relativa para julgamento das infrações penais de menor potencial ofensivo, razão pela qual se permite que essas infrações sejam julgadas por outro juízo com *vis atractiva* para o crime de maior gravidade, pela conexão ou continência, observados, quanto àqueles, os institutos despenalizadores, quando cabíveis

"A especialização dos Juizados Especiais Criminais tem como objetivo tornar o procedimento célere e informal, bem como a possibilidade de se obter a transação penal e a composição dos danos, não sendo definida a competência jurisdicional em razão do direito material tutelado.

Há no § 2º do art. 77 (2) e no parágrafo único do art. 66 (3) da Lei 9.099/1995 outras duas causas modificativas da competência dos Juizados Especiais para o Juízo comum, a saber, a complexidade ou circunstâncias da causa que dificultem a formulação oral da peça acusatória e o réu não ser encontrado para a citação pessoal. Fosse absoluta a competência do Juizado Especial Criminal em razão da matéria, aquelas previsões legais, não impugnadas por esta ação direta, ofenderiam o princípio do juiz natural, pois permitiriam o julgamento por órgão materialmente incompetente.

Nesse sentido, os institutos despenalizadores dos juizados constituem garantias individuais do acusado e devem ser asseguradas, independente do juízo em que tramitarem as infrações penais. Assim, se praticada infração penal de menor potencial ofensivo em concurso com outra infração penal comum e deslocada a competência para a Justiça comum ou Tribunal do Júri, não há óbice, senão determinação constitucional, à aplicação dos institutos despenalizadores da transação penal e da composição civil dos danos quanto à infração de menor potencial ofensivo, em respeito ao devido processo legal. Ademais, não se deve somar à pena máxima da infração de menor potencial ofensivo com a da infração conexa (de maior gravidade) para excluir a incidência da fase consensual e ser invocada como fator impeditivo da transação penal ou composição civil dos danos" (STF, ADI 5264/DF, Rel. Min. Cármen Lúcia, julgamento virtual finalizado em 4-12-2020).

Se Tício pratica os crimes de roubo (art. 157, caput, do CP – quatro a dez anos de reclusão) e resistência (art. 329 do CP) – dois meses a dois anos de reclusão), os quais são conexos entre si, vislumbra-se que não haverá a atração da competência do Juizado Especial Criminal, posto que a soma das penas máximas ultrapassa o limite estabelecido.

Imperioso salientar que o art. 41 da Lei Maria da Penha (Lei nº 11.340/2006) preconiza que **não se aplica a Lei nº 9.099/1995, bem como seus institutos despenalizadores, em caso de crimes praticados com violência doméstica e familiar contra a mulher**, independentemente da pena prevista. Sobre o tema, eis o teor da Súmula nº 536 do Superior Tribunal de Justiça: "A suspensão condicional do processo e a transação penal não se aplicam na hipótese de delitos sujeitos ao rito da Lei Maria da Penha."

Rito.[25] Após o cometimento de contravenção penal ou de crime o qual a lei comine pena máxima não superior a dois anos, a

---

[25] "O rito dos Juizados Especiais é talhado para ampliar o acesso à justiça (art. 5º, XXXV, da CRFB) mediante redução das formalidades e aceleração da marcha processual, não sendo outra a exegese do art. 98, I, da Carta Magna, que determina sejam adotados nos aludidos Juizados os procedimentos oral e sumaríssimo" (STF, ARE 648.629, Rel. Min. Luiz Fux, Tribunal Pleno, julgado em 24-4-2013, Repercussão Geral – Mérito DJe 8-4-2014).

autoridade policial que tomar conhecimento da ocorrência lavrará **termo circunstanciado**, também conhecido como um "boletim de ocorrência mais elaborado". Dessa feita, não haverá, em regra, a instauração de um inquérito policial, bastando a lavratura do TCO.

Posteriormente a autoridade policial remeterá o termo circunstanciado, imediatamente, ao Juizado Especial, contendo todas as informações e diligências necessárias para melhor elucidação dos fatos. Se o autor do fato for encaminhado ao Juizado ou assumir o compromisso de lá comparecer, não se imporá prisão em flagrante nem se exigirá fiança.

Ato contínuo, realizar-se-á **audiência preliminar conciliatória**, com a presença do membro do Ministério Público, assim como do infrator, da vítima e, se possível, do responsável civil, acompanhados por seus respectivos advogados.

Nesse ato processual:

a) O magistrado esclarecerá sobre a possibilidade da **composição dos danos** e da aceitação da proposta de aplicação imediata de pena não privativa de liberdade. Se aceita, será homologada pelo Juiz e terá eficácia de título a ser executado no juízo civil competente.

b) O Ministério Público poderá apresentar proposta de **transação penal** caso não houver acordo de composição dos danos. Acolhida a proposta, o Juiz aplicará pena restritiva de direitos ou multa, que não importará em reincidência, sendo registrada apenas para impedir a concessão do mesmo benefício no prazo de cinco anos.

c) Poderá ser apresentado o **termo de representação** pelo ofendido nas infrações que lhe exige. Se a infração for ensejadora de ação penal de iniciativa privada ou de ação penal pública condicionada à representação, o acordo homologado acarreta a renúncia ao direito de queixa ou representação. Mas, caso a ação penal seja pública incondicionada, o Ministério Público poderá oferecer a aplicação imediata de pena restritiva de direitos ou multas, a ser especificada na proposta.

d) Se não houver acordo ou aplicação de pena, o Ministério Público oferecerá ao Juiz, de imediato, denúncia oral com base no termo circunstanciado, se não houver necessidade de realizar diligências imprescindíveis – quando a infração for de natureza pública incondicionada. Caso a infração seja processada mediante ação penal privada, poderá ser oferecida queixa oral. Em ambas as hipóteses deverão estar preenchidos os requisitos descritos no art. 41 do Código de Processo Penal, os quais já estudamos no capítulo referente à ação penal. As peças acusatórias serão reduzidas a termo.

e) Oferecida a denúncia (ou queixa), será entregue cópia ao acusado (ou querelado), que sairá da audiência citado e imediatamente cientificado da designação de dia e hora para a audiência de instrução e julgamento. Aqui, também tomarão ciência o Ministério Público, o ofendido, o responsável civil e seus advogados. Observa-se, pois, que a citação será pessoal e far-se-á, em regra, no próprio Juizado. Excepcionalmente, poderá ser realizada por mandado, mas nunca por edital.[26]

Pois bem. Finda a fase preliminar, na qual haverá a primeira tentativa de conciliação, bem como o oferecimento da denúncia e a citação do acusado, designa-se a **audiência de instrução e julgamento**, ocasião em que serão novamente propostas a composição dos danos e a transação penal, de modo que eventual aceitação se dará nos mesmos moldes que os previstos para a fase preliminar. Nenhum ato será adiado, determinando o Juiz, quando imprescindível, a condução coercitiva de quem deva comparecer.

Não sendo aceitas as propostas conciliatórias, o defensor **responderá à acusação** oralmente. Em seguida, após análise da peça acusatória, assim como das palavras da defesa, caberá ao Juiz **receber ou não a denúncia (ou queixa) oferecida**.

[26.] Enunciado n° 110 da FONAJE: "No Juizado Especial Criminal é cabível a citação com hora certa."

Da decisão que rejeitar a peça acusatória caberá **recurso de apelação**, interposto em até **10 dias**, a ser julgado pela **Turma Recursal** – e não pelo Tribunal de Justiça –, composta de três Juízes em exercício no primeiro grau de jurisdição, reunidos na sede do Juizado.

Por outro lado, se recebida a peça vestibular, serão ouvidas, nesta ordem, a vítima, as testemunhas de acusação, as testemunhas de defesa e, por fim, proceder-se-á ao interrogatório do réu. Depois disso iniciam-se os **debates orais** – sem previsão de apresentação de memoriais escritos –, culminando na prolação da **sentença oral**, que dispensará o relatório.

Ao final, será lavrado termo, assinado pelos presentes, o qual conterá breve resumo dos fatos relevantes ocorridos em audiência e a sentença proferida.

Eventuais erros materiais poderão ser corrigidos de ofício pela autoridade.

Da sentença (absolutória ou condenatória) poderá ser interposto **recurso de apelação criminal** – desta vez, pela via escrita – no prazo máximo de **10 dias**. Posteriormente, a parte contrária será intimada para apresentação de contrarrazões, dentro do mesmo prazo. O julgamento do recurso será de competência da **Turma Recursal**.

Além disso, cabem **embargos de declaração** quando a decisão proferida estiver eivada de obscuridade, contradição ou omissão. Serão opostos por escrito ou oralmente, no prazo de **cinco dias**, contados da ciência da decisão. Os embargos de declaração interrompem o prazo para a interposição de recurso.

10.3 Procedimentos especiais

São procedimentos próprios previstos tanto no Código de Processo Penal quanto na legislação extravagante, os quais possuem certas peculiaridades quando comparados ao procedimento comum. Ressalta-se, contudo, que o procedimento ordinário será aplicado, se necessário, em caráter subsidiário.

10.3.1 Procedimento do Tribunal do Júri

O Tribunal do Júri é um órgão especial do Poder Judiciário, colegiado e heterogêneo, reconhecido e previsto na Carta Constitucional de 1988, sendo competente para o **julgamento dos crimes dolosos contra a vida**, tentados ou consumados, quais sejam:

- homicídio;
- induzimento, instigação ou auxílio a suicídio;
- infanticídio; e
- aborto.

Das infrações listadas, apenas o homicídio prevê modalidade culposa, de modo que, quando praticado, será processado e julgado pelo Juízo comum.

Diferentemente de todos os outros procedimentos, o Tribunal do Júri será composto por populares, cidadãos comuns, os quais serão competentes para decidir, por maioria dos votos, acerca da materialidade e autoria de determinado crime, incumbindo ao Juiz Togado – presidente da sessão – analisar tão somente a dosimetria da pena, como veremos adiante.

10.3.1.1 Princípios do Tribunal do Júri

a) **Plenitude da defesa.** Os jurados decidirão de acordo com sua livre convicção, **não** havendo necessidade de fundamentação a partir da escolha que fizerem. Desta forma, ao responderem, no momento da quesitação, se consideram o réu inocente ou culpado, por exemplo, não precisarão justificar as razões que os levaram a tal conclusão. Por esse motivo, será assegurada ao acusado, muito mais do que a ampla defesa, a plenitude da defesa, de maneira que possa produzir todas as provas necessárias, até porque a decisão do Júri poderá ter qualquer feição: religiosa, econômica, moral, política etc.

Walfredo Cunha Campos (2018, p. 8) explica que

> esse princípio demonstra a intenção do legislador constitucional de privilegiar o Júri como garantia individual (de ser julgado o

cidadão por esse tribunal), uma vez que se preocupa, excepcionalmente, com a qualidade do trabalho do defensor do acusado, a ponto de erigir em princípio a boa qualidade da defesa dos autores do crime que serão julgados pelo Tribunal Popular.

Jurisprudência
Mitigação do princípio da plenitude da defesa: legítima defesa da honra[27]

O STF, no bojo da Arguição de Descumprimento de Preceito Fundamental nº 779, firmou a tese de que a alegação de **legítima defesa da honra**, pela defesa, é **inconstitucional**, por contrariar os princípios da dignidade da pessoa humana e da proteção à igualdade de gênero.

A legítima defesa da honra é tese normalmente levantada por acusados de feminicídio, que atentam contra a vida de uma mulher, sob o pálio de que seu comportamento homicida é justificável para 'lavar' sua respeitabilidade – como é o caso de maridos que assassinam suas esposas, após descobrir uma traição, por exemplo. Agora, tal assertiva não mais pode ser utilizada em Plenário, face à decisão proferida na ADPF nº 779.

---

b) **Sigilo das votações**. O voto dos jurados é **sigiloso**, de sorte que ninguém poderá ter acesso à decisão individual por eles tomada. Nem mesmo os próprios jurados podem comentar o feito uns com os outros, como forma de resguardo à segurança dos cidadãos.

Jurisprudência
A leitura dos votos será feita até alcançada a maioria dos votos, sob pena de violação ao sigilo das votações

"3. O veredicto do júri obedecia ao disposto no art. 487 do Código de Processo Penal, que dispunha: 'Após a votação de cada quesito, o presidente,

---

[27.] STF, ADPF 779 MC-Ref, Rel. Dias Toffoli, Tribunal Pleno, julgado em 15-3-2021, *DJe* 20-5-2021.

verificados os votos e as cédulas não utilizadas, mandará que o escrivão escreva o resultado em termo especial e que sejam declarados o número de votos afirmativos e o de negativos.' 4. A Lei n° 11.689/2008 alterou a regra, passando a dispor, *verbis*: 'Art. 488. Após a resposta, verificados os votos e as cédulas não utilizadas, o presidente determinará que o escrivão registre no termo a votação de cada quesito, bem como o resultado do julgamento' (...) 8. É que o processo penal pátrio, no que tange à análise das nulidades, adota o Sistema da Instrumentalidade das Formas, em que o ato é válido se atingiu seu objetivo, ainda que realizado sem obediência à forma legal. (...) 13. O art. 487 do CPP foi revogado pela Lei n° 11.689/2008, aprimorando assim o sistema de votação do júri, já que não se faz mais necessário constar quantos votos foram dados na forma afirmativa ou negativa, respeitando-se, portanto, o sigilo das votações e, consectariamente, a soberania dos veredictos."[28]

É o caso, por exemplo, de uma decisão unânime. Caso todos os jurados votem pela condenação do acusado, por óbvio, a defesa saberá o posicionamento de todos eles, individualmente, violando o sigilo da votação.

------

c) **Soberania dos vereditos.** O veredito dos jurados acerca da autoria e materialidade do delito é incontestável, não podendo ser reformado pelo Tribunal. **A vontade dos jurados é soberana.** Se, em sede de apelação criminal, em segunda instância, os julgadores convencerem-se de que a decisão proferida é manifestamente contrária à prova dos autos, **o feito será remetido ao Juízo de origem, a fim de que o réu seja novamente julgado pelo Tribunal do Júri.** Todavia, a decisão nunca será reformada, para condenar ou absolver o agente.

Entretanto, quando o Corpo de Jurados acolhe uma das teses explanadas em plenário, não há que se falar em anulação do júri anterior, pois seu veredicto é soberano, salvo se a decisão for, de fato, manifestamente contrária à prova dos autos. Inclusive, nesse sentido: "a soberania dos veredictos do tribunal do júri, prevista no art. 5°, XXXVIII, *c*, da CF, resta afrontada quando o acórdão da ape-

------

[28]. STF, HC 104.308, Rel. Min. Luiz Fux, j. 31-05-2011, 1ª T., *DJe* 29-6-2011.

lação acolhe a tese de contrariedade à prova dos autos (art. 593, III, d, do CPP) e prestigia uma das versões verossímeis do fato, em detrimento daquela escolhida pelo Conselho de Sentença".[29]

d) **Competência para julgar os crimes dolosos contra a vida.** Será submetido ao crivo do Júri Popular quem, dolosamente, concorrer para prática dos crimes de homicídio; induzimento, instigação ou auxílio a suicídio; infanticídio; e aborto – tanto na modalidade tentada quanto na consumada.

Sobre o tema, extrai-se da Súmula n° 603 do Supremo Tribunal Federal que "a competência para o processo e julgamento de latrocínio é do juiz singular e não do tribunal do júri", posto que, embora possível alcançar o resultado morte, trata-se de crime patrimonial.

Jurisprudência

Competência do Tribunal do Júri

"Criação, por lei estadual, de varas especializadas em delitos praticados por organizações criminosas. (...) A competência constitucional do tribunal do júri (art. 5°, XXXVIII) não pode ser afastada por lei estadual nem usurpada por vara criminal especializada, sendo vedada, ainda, a alteração da forma de sua composição, que deve ser definida em lei nacional" (STF, ADI 4.414, Rel. Min. Luiz Fux, j. 31-5-2012, Dje 17-6-2013).

Súmula Vinculante n° 45: "A competência constitucional do tribunal do júri prevalece sobre o foro por prerrogativa de função estabelecido exclusivamente pela Constituição estadual" – já estudada no capítulo referente à jurisdição e competência.

Ademais, o Supremo Tribunal Federal já decidiu ser "nula, por incompetência absoluta, a tramitação de ação penal perante o tribunal do júri quando a ação delitiva, na forma como descrita na

---

[29] STF, RHC 122.497, Rel. Min. Luiz Fux, j. 2-9-2014, 1ª T., DJe 23-9-2014.

denúncia, revela a suposta prática dos crimes de homicídio culposo e omissão de socorro circunstanciado pela morte".[30]

e) **Plenitude da tutela da vida.** Além dos quatro princípios expressamente descritos na Constituição da República Federativa do Brasil de 1988, os quais pontuamos anteriormente, infere-se que a ordem constitucional centraliza a 'vida', como o direito fundamental de maior importância, estando os demais direitos previstos tão somente em função da existência humana.

A doutrina destaca que o Tribunal do Júri, na ordem jurídica brasileira, possui fundamento constitucional e observa que sua previsão na própria Constituição é voltada especialmente para **plena tutela da vida.** Nesse sentido, Caio Marcio Loureiro, percursor deste entendimento, explica que

> [n]ão se trata de neologismo, mas não seria despropositada a afirmação de que a vigente Constituição da República Federativa do Brasil é vidacêntrica, haja vista disciplinar em seu conteúdo a vida e os direitos em função da própria vida. (...) Com raízes no direito à vida, pois, todos os demais direitos insculpidos no texto constitucional são nutridos pelos fundamentos deste direito, quer sob o aspecto de justificação de existência de direitos, quer sob o enfoque da necessidade de tutela destes direitos, ou seja, todos os direitos fundamentais justificam-se se, e somente se, encarados como instrumentos para proteção efetiva do direito fundamental à vida. (...) As bases jusfilosóficas alinhavadas até aqui impulsionam uma conclusão: o ideário do povo revelado no valor atribuído à vida provocou a inclusão do direito à vida na ordem constitucional como direito fundamental e, por ser substrato da ideologia de defesa da vida em harmonia com os axiomas do povo, o mesmo povo que o erigiu à hierarquia constitucional também estabeleceu na Constituição da República Federativa do Brasil a instituição Tribunal do Júri como di-

---

[30] STF, HC 116.276, rel. p/o ac. Min. Edson Fachin, j. 16-2-2016, 1ª T., *DJe* 8-6-2016.

reito fundamental com referibilidade à plena tutela da vida. A razão motivadora da previsão constitucional da instituição Tribunal do Júri, pois, traduz-se na defesa do direito à vida, não sendo mera regra processual de competência. Até porque referida instituição encontra-se prevista no título destinado aos direitos e garantias fundamentais, os quais direcionam-se ao povo que, por isso mesmo, escolheu julgar seu par pelo atentado ao principal direito da pessoa humana: a vida. Destarte a plenitude da tutela da vida não apenas existe e encontra assento na Constituição da República Federativa do Brasil em vigor, mas tem status de princípio constitucional fundamental e, por assim ser, deve orientar e informar a instituição do Júri, como fazem os princípios da plenitude da defesa; do sigilo das votações; da soberania dos veredictos e da competência para o julgamento dos crimes dolosos contra a vida (LOUREIRO, 2017, p. 29, 31 e 35).

Nota-se com isso, que assiste razão ao doutrinador em tela quanto à inclusão da plenitude da tutela da vida dentre os princípios (ainda que implícito) do Júri. Dessa forma,

sustentar a inclusão do princípio da plenitude da tutela da vida como um dos princípios do Tribunal do Júri significa que a **proteção da vida deve ser plena**, que todos os meios admitidos em direito material e processual para tutela da vida devem ser observados, como forma não apenas de direcionar o exercício da função jurisdicional, mas também de vedar abusos desvirtuadores do sistema constitucional e infraconstitucional relativos ao Tribunal do Júri que venham ser utilizados de maneira a prejudicar a defesa da vida e privilegiar o réu (LOUREIRO, 2017, p. 42).

10.3.1.2 *Fases*

O procedimento do Júri é **bifásico**: a primeira fase é denominada **sumário da culpa**, enquanto na segunda teremos o **julgamento em Plenário**.

Destaca-se que "o procedimento do tribunal do júri possui regras próprias, de modo que a aplicação das normas gerais sujeita-se à constatação de inexistirem dispositivos específicos regulando o assunto".[31]

10.3.1.2.1 Sumário da culpa

A fase do **sumário da culpa** é similar ao procedimento ordinário, e deverá ser concluída no prazo máximo de **90 dias**.

Segundo José Frederico Marques, "a formação da culpa é um procedimento preliminar da instância penal que examina a admissibilidade da acusação. Desde que o crime fique provado e que se conheça o provável autor da infração penal, prossegue a relação processual para que se instaure a fase procedimental em que vai realizar-se o *judicium causae*" (MARQUES, 1997ª, p. 348).

Praticado um crime doloso contra a vida, será instaurado o inquérito policial (ou qualquer outra modalidade investigativa) com o intuito de apurar elementos para lastrear o oferecimento da denúncia ou queixa – todos os crimes são de ação pública incondicionada, salvo quando a ação for privada subsidiária da pública.

Na peça inicial, a acusação arrolará até oito testemunhas.

Posteriormente, o juiz, ao receber a denúncia ou queixa, ordenará a citação do acusado para responder à acusação, por escrito, no prazo de dez dias.

Na resposta, identicamente ao procedimento comum ordinário, o citado poderá arguir preliminares e alegar tudo que interesse à sua defesa, além de oferecer documentos e justificações, especificar as provas pretendidas e apontar até oito testemunhas, qualificando-as e requerendo sua intimação quando necessário. Eventuais exceções serão processadas em apartado.

Apresentada a defesa, o juiz ouvirá o Ministério Público (ou o querelante) sobre documentos e preliminares ocasionalmente suscitados em até cinco dias, designando, em seguida, a audiência

---

[31]. STF, HC 107.457, Rel. Min. Cármen Lúcia, j. 2-10-2012, 2ª T., *DJe* 22-10-2012.

de instrução. Caso não apresentada a resposta, a autoridade judicial nomeará defensor para oferecê-la em até 10 dias.

Importante!

No procedimento especial do Tribunal do Júri, na fase do sumário da culpa, **não é possível que se proceda à absolvição sumária do acusado logo após a apresentação da resposta à acusação, como no procedimento comum ordinário**. A absolvição sumária apenas será cabível depois da realização da instrução processual e da apresentação das alegações finais, desde que fundamentada em uma das hipóteses legais, conforme estudaremos adiante.

Nesse ponto, eis o entendimento jurisprudencial do Superior Tribunal de Justiça: "A orientação desta Corte Superior é firme no sentido de que, nos processos de competência do Tribunal do Júri, a possibilidade de absolvição sumária deve ser analisada após as alegações finais, nos termos do art. 415 do Código de Processo Penal."[32]

No mesmo rumo:

> Ao contrário do que ocorre no procedimento comum ordinário, no rito do Tribunal do Júri o magistrado singular não deve decidir sobre a possibilidade de absolvição sumária do réu após o oferecimento da resposta à acusação, uma vez que há momento processual específico para tal fim, após a conclusão da fase instrutória. Inteligência do art. 415 do Código de Processo Penal.[33]

Na audiência de instrução, ao juiz é possibilitado o indeferimento de provas consideradas irrelevantes, impertinentes ou protelatórias. Aqui proceder-se-á, nesta ordem:

- À tomada de declarações do ofendido, se possível;
- À inquirição das testemunhas arroladas pela acusação;

---

[32] STJ, HC 232.061/PR, Rel. Min. Ribeiro Dantas, 5ª T., julgado em 14-3-2017, *DJe* 22-3-2017.
[33] STJ, HC 357.522/PB, Rel. Min. Jorge Mussi, 5ª T., julgado em 23-8-2016, *DJe* 31-8-2016.

- À inquirição das testemunhas arroladas pela defesa;
- Os esclarecimentos dos peritos, se previamente requerido pelas partes;
- Às acareações;
- Ao reconhecimento de pessoas e coisas; e, por fim,
- Ao interrogatório do acusado.

A audiência é una, de modo que nenhum ato processual será adiado, salvo se a prova faltante for indispensável, momento em que o julgador determinará a condução coercitiva de quem deva comparecer.

Posteriormente, serão realizados os debates orais, concedendo-se a palavra, respectivamente, à acusação e à defesa, pelo prazo de 20 minutos, prorrogáveis por mais 10. Havendo mais de um réu, o tempo previsto para a acusação e a defesa será individual.

Encerrados os debates, o magistrado proferirá sua decisão ou o fará, por escrito, em até 10 dias, sempre fundamentadamente, podendo, a partir do arcabouço probatório colacionado aos autos:

a) **pronunciar** o acusado, submetendo-o ao crivo do Tribunal do Júri;

b) **impronunciar** o agente, se ausentes as provas de autoria e materialidade;

c) **absolver sumariamente** o réu, proferindo decisão definitiva de mérito; ou

d) **desclassificar** o crime, por entender não ser ele objeto de sua atribuição, remetendo o feito ao juízo competente.

Jurisprudência

Na primeira fase do Tribunal do Júri, ao juiz togado cabe apreciar a existência de dolo eventual ou culpa consciente do condutor do veículo que, após a ingestão de bebida alcoólica, ocasiona acidente de trânsito com resultado morte

"O legislador criou um procedimento bifásico para o julgamento dos crimes dolosos contra a vida, em que a primeira fase se encerra com uma avaliação técnica, empreendida por um juiz togado, o qual se socorre da dogmática penal e da prova dos autos, e mediante devida fundamentação, portanto, não se pode desprezar esse 'filtro de proteção para o acusado' e submetê-lo ao julgamento popular sem que se façam presentes as condições necessárias e suficientes para tanto. Note-se que a primeira etapa do procedimento bifásico do Tribunal do Júri tem o objetivo principal de avaliar a suficiência ou não de razões (justa causa) para levar o acusado ao seu juízo natural. O juízo da acusação (*iudicium accusationis*) funciona como um filtro pelo qual somente passam as acusações fundadas, viáveis, plausíveis e idôneas a serem objeto de decisão pelo juízo da causa (*iudicium causae*). Desse modo, não é consentâneo, aos objetivos a que representa na dinâmica do procedimento bifásico do Tribunal do Júri, a decisão de pronúncia relegar a juízes leigos, com a cômoda invocação da questionável regra do *in dubio pro societate*, a tarefa de decidir sobre a ocorrência de um estado anímico cuja verificação demanda complexo e técnico exame de conceitos jurídico-penais" (STJ, Informativo n° 623, publicação: 4-5-2018).

10.3.1.2.1.1 Pronúncia

A **pronúncia** é uma **decisão mista não terminativa** que visa submeter o acusado ao julgamento perante o Júri Popular quando o magistrado estiver convencido da materialidade do fato e da existência de indícios suficientes de autoria ou de participação do agente.

Assim, **não** é necessária a indubitabilidade da imputação, bastando a suficiência de provas para a pronúncia, cabendo, posteriormente, aos jurados decidirem pela condenação ou não do réu. Vige, pois, o **princípio** *in dubio pro societate*.

Jurisprudência

Aplicação do princípio *in dubio pro societate* na decisão de pronúncia

"Na primeira fase do procedimento do tribunal do júri prevalece o princípio *in dubio pro societate*, devendo o magistrado, na decisão de pronúncia, apenas verificar a materialidade e a existência de indícios suficientes de autoria ou participação (art. 413 do CPP). Assim, a verificação do dolo eventual ou da culpa consciente deve ser realizada apenas pelo Conselho de Sentença. (...)" (STJ, Informativo n° 503, período: 27-8 a 6-9-2012).

Sobre o tema, vejamos decisão do Superior Tribunal de Justiça, em 2019: "(...) 1. A decisão de pronúncia encerra a primeira etapa do procedimento dos crimes da competência do Tribunal do Júri e constitui juízo positivo de admissibilidade da acusação, a dispensar, nesse momento processual, prova incontroversa da autoria do delito em toda sua complexidade normativa" (STJ, REsp 1.790.039/RS, Rel. Min. Rogério Schietti Cruz, 6ª T., julgado em 18-6-2019, DJe 2-8-2019).

Logo, não se trata a pronúncia de decisão de mérito, tendo em vista que a palavra final é do corpo de jurados, sendo vedado ao magistrado tecer juízo condenatório (ou absolutório), sob pena de excesso de linguagem.[34]

A fundamentação da pronúncia estará restrita à indicação da materialidade do fato e da existência de indícios suficientes de autoria ou de participação, bem como da declaração do dispositivo legal em que julgar incurso o acusado, especificando as qualificadoras[35] e as causas de aumento de pena – não se inserem aqui as agravantes ou atenuantes.

Portanto, "a sentença de pronúncia há de mostrar-se fundamentada sob o ângulo da materialidade do crime e de indícios de autoria, valendo notar a diferença entre conclusão sobre a culpa e submissão do envolvido ao tribunal do júri".[36] De modo similar, "é ilegal a decisão de pronúncia que emite desnecessário juízo de valor sobre provas que serão submetidas à livre apreciação do tribunal do júri".[37]

---

[34] "A jurisprudência deste STF é firme no sentido de que o defeito de fundamentação na sentença de pronúncia gera nulidade absoluta, passível de anulação, sob pena de afronta ao princípio da soberania dos veredictos" (STF, HC103.037, Rel. Min. Cármen Lúcia, j. 22-3-2011, 1ª T., DJe 31-5-2011).

[35] Nesse sentido: "As qualificadoras do crime de homicídio só podem ser afastadas pela sentença de pronúncia quando totalmente divorciadas do conjunto fático probatório dos autos, sob pena de usurpar-se a competência do juiz natural, qual seja, o tribunal do júri" (STF, HC 97.230, Rel. Min. Ricardo Lewandowski, j. 17-11-2009, 1ª T., DJe 18-12-2009).

[36] STF, HC 99.182, Rel. Min. Marco Aurélio, j. 11-10-2011, 1ª T., DJe 14-11-2011.

[37] STF, HC 94.591, Rel. Min. Cezar Peluso, j. 2-2-2010, 2ª T., DJe 26-3-2010.

Jurisprudência

Não se admite a pronúncia de acusado fundada exclusivamente em elementos informativos obtidos na fase inquisitorial

■ "Importa registrar que a prova produzida extrajudicialmente é elemento cognitivo destituído do devido processo legal, princípio garantidor das liberdades públicas e limitador do arbítrio estatal. Assentir com entendimento contrário implicaria considerar suficiente a existência de prova inquisitorial para submeter o réu ao Tribunal do Júri sem que se precisasse, em última análise, de nenhum elemento de prova a ser produzido judicialmente. Ou seja, significaria inverter a ordem de relevância das fases da persecução penal, conferindo maior juridicidade a um procedimento administrativo realizado sem as garantias do devido processo legal em detrimento do processo penal, o qual é regido por princípios democráticos e por garantias fundamentais. Assim, não se pode admitir, em um Estado Democrático de Direito, a pronúncia sem qualquer lastro probatório colhido sob o contraditório judicial, fundada exclusivamente em elementos informativos obtidos na fase inquisitorial, mormente quando essa prova está isolada nos autos" (REsp 1591768/RS, 6ª T., Rel. Min. Rogério Schietti Cruz, *DJe* 18-6-2018) (STJ, Informativo nº 638, publicação: 19-12-2018).

■ "O testemunho por ouvir dizer (*hearsay rule*), produzido somente na fase inquisitorial, não serve como fundamento exclusivo da decisão de pronúncia, que submete o réu a julgamento pelo Tribunal do Júri" (STJ, Informativo nº 603, publicação: 7-6-2017).

■ "É ilegal a sentença de pronúncia fundamentada exclusivamente em elementos colhidos no inquérito policial" (STJ, Informativo nº 686, publicação: 1-3-2021).

■ "Não é cabível a pronúncia fundada exclusivamente em testemunhos indiretos de 'ouvir dizer'" (STJ, Informativo nº 709, publicação: 20-9-2021).

Outrossim, a autoridade judiciária decidirá pela manutenção, revogação ou substituição da prisão ou de medida constritiva eventualmente decretada. Em se tratando de acusado solto, deliberará sobre a necessidade ou não da decretação da segregação cautelar ou da imposição de quaisquer das medidas previstas.

Intimação da pronúncia. A intimação da decisão de pronúncia será feita:

a) Pessoalmente: ao réu, ao defensor nomeado e ao Ministério Público;

b) Por publicação no órgão incumbido da publicidade dos atos judiciais da comarca (imprensa): ao defensor constituído, ao querelante e ao assistente do Ministério Público; ou

c) Por edital: ao acusado solto que não for encontrado.

Sobre o tema, "não há nulidade, por falta de intimação dos advogados, quando o réu é intimado pessoalmente da sentença de pronúncia e, conforme restou comprovado, sua defesa revelou plena ciência do ato. A alegação de eventual nulidade deve ser arguida em momento oportuno, sob pena de preclusão. Necessária, também, a comprovação do prejuízo sofrido".[38]

Contra a decisão de pronúncia, caberá a interposição de recurso em sentido estrito, conforme previsão do art. 581, inciso IV, do Código de Processo Penal.

10.3.1.2.1.2 Impronúncia

Encerrada a instrução probatória, é possível que o magistrado entenda pela inexistência de provas de materialidade delitiva e/ou indícios suficientes de autoria para pronunciar o acusado.

Nesse caso, decidirá, fundamentadamente, pela impronúncia do denunciado, a qual consiste em decisão terminativa, que faz **coisa julgada formal**, mas não material, visto que, enquanto não ocorrer a extinção da punibilidade do réu, poderá ser formulada nova denúncia ou queixa, se houver superveniência de provas.

Destarte, "trata-se a impronúncia de decisão interlocutória mista terminativa: decisão interlocutória, porque não aprecia o mérito

---

[38] STF, RHC 99.685, Rel. Min. Ricardo Lewandowski, j. 18-5-2010, 1ª T., DJe 4-6-2010.

para dizer se o acusado é culpado ou inocente; mista porque põe fim a uma fase procedimental; e terminativa, porquanto acarreta a extinção do processo antes do final do procedimento" (LIMA, 2015, p. 1327).

Salienta-se que não basta a exposição de qualquer prova a justificar a propositura de uma nova ação penal em desfavor do agente. É "imperiosa a necessidade de novas provas substanciais que poderão embasar o oferecimento de nova denúncia nos moldes do art. 414, parágrafo único, do CPP".[39]

Da decisão que impronunciar o réu, caberá **recurso de apelação criminal** – normalmente interposto pela acusação.

10.3.1.2.1.3 Absolvição sumária

O Código de Processo Penal prevê hipóteses por meio das quais poderão ensejar a absolvição do acusado sem necessidade de submetê-lo ao Tribunal do Júri. Dessa maneira, o magistrado, fundamentadamente, absolverá sumariamente o réu quando:

a) provada a inexistência do fato;
b) provado não ser ele o autor ou partícipe do fato;
c) o fato não constituir infração penal; ou
d) demonstrada causa de isenção de pena ou de exclusão do crime.

Nesta última hipótese, é cediço que a inimputabilidade do agente é causa excludente de culpabilidade, não podendo o acusado ser condenado se não for penalmente imputável. Porém, havendo concomitância da inimputabilidade com qualquer outra hipótese motivadora de absolvição sumária, dar-se-á preferência a estas. É o caso de um infrator com desenvolvimento mental incompleto que pratica delito de homicídio em legítima defesa. Se reconhecida a absolvição com fundamento na inimputabilidade, é possível a aplicação de medida de segurança – sentença absolutória impró-

---

[39] STJ, HC 310.387/PR, Rel. Min. Nefi Cordeiro, 6ª T., julgado em 22-5-2018, DJe 6-6-2018.

pria. Já se a absolvição estiver pautada em outra hipótese excludente, o juiz não poderá impor qualquer penalidade.

Convém destacar que o juiz apenas absolverá sumariamente o réu se *não* houver outra tese defensiva. Nesse ponto, caso o acusado assuma ser o autor do delito em julgamento e a defesa suscite tão somente sua inimputabilidade, a autoridade judicial, desde já, promoverá sua absolvição, aplicando-lhe, dessa feita, medida de segurança. Mas, se averiguado que o agente apresenta outras teses exculpantes, o magistrado deverá pronunciá-lo, posto que será oportunizado ao acusado a submissão ao Tribunal do Júri, ocasião em que poderão os jurados decidirem se o réu é, de fato, o autor do crime – sentença absolutória própria.

Perceba que, na absolvição sumária, o julgador, diante da produção de provas incontestáveis e incontroversas quanto à ausência de tipicidade, antijuridicidade ou culpabilidade do crime, procederá, desde logo, a absolvição do acusado, **já que existe a certeza de que o agente não cometeu a infração ou que não pode ser punido.**

Por isso, profere-se uma sentença de mérito, a qual fará coisa julgada formal e material, sendo impossível a propositura de posterior ação penal em razão dos mesmos fatos, ainda que surjam provas evidentes contra o acusado – diferentemente da impronúncia, na qual não há a convicção de que o réu é inocente, mas sim que faltam provas para pronunciá-lo.

E, por ser sentença definitiva de absolvição proferida por juiz singular, da decisão que absolver sumariamente o sujeito caberá recurso de apelação criminal.

10.3.1.2.1.4 Desclassificação

Enfim, é possível que a autoridade judicial, ao analisar o conjunto probatório, entenda que a conduta ilícita praticada pelo acusado não se afigura crime doloso contra a vida. Dessa feita, procederá, motivadamente, a **desclassificação**, e remeterá o feito para a autoridade competente, para julgamento da nova capitulação.

Trata-se de decisão interlocutória de natureza não terminativa, pois a ação prosseguirá, entretanto, diante do juiz competente para tanto, ainda que a nova definição jurídica seja mais gravosa ao acusado (ex.: desclassificação de homicídio doloso para latrocínio).

Remetidos os autos do processo a outro juiz, à disposição deste ficará o acusado preso.

Contra a decisão que concluir pela incompetência do juízo, caberá a interposição de recurso em sentido estrito, conforme previsão do art. 581, inciso II, do Código de Processo Penal.

Em suma, eis o resumo da fase do sumário da culpa:

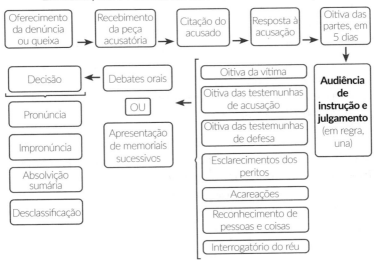

Transitada em julgado a decisão de pronúncia, serão os autos encaminhados ao presidente do Tribunal do Júri, juiz togado, para que possa dar início à segunda fase do procedimento: o julgamento em plenário.

10.3.1.2.2 Plenário

O processo será submetido ao crivo do Tribunal do Júri caso o acusado seja pronunciado pelo juiz, isto é, quando o magistrado verificar a existência de provas da existência de materialidade delitiva e indícios suficientes de autoria. Por conseguinte, proferirá decisão de pronúncia, a fim de que o corpo de jurados decida pela condenação ou absolvição do agente.

10.3.1.2.2.1 Desaforamento

Cuida-se de causa de modificação de competência, que ocorre quando o juiz determina o desaforamento do julgamento para outra comarca da mesma região, preferindo-se as mais próximas se:

a) o interesse da ordem pública o reclamar; ou

b) houver dúvida sobre a imparcialidade do júri[40] – normalmente em comarcas pequenas, quando o crime ganha proporção exagerada; ou

c) houver risco à segurança pessoal do acusado; ou

d) comprovado excesso de serviço após ouvidos o magistrado e a parte contrária, quando o julgamento não puder ser realizado no prazo de 06 (seis) meses, contado do trânsito em julgado da decisão de pronúncia.[41]

Em outras palavras, o desaforamento significa "a transferência do julgamento de um crime doloso contra a vida pelo Tribunal do Júri da comarca, no caso da Justiça Estadual, ou seção ou subseção judiciária, em se tratando de Justiça Federal, onde se consumou, para outra, com jurados dessa última, derrogando-se a regra geral de competência".[42]

---

[40] Neste sentido: "(...) 4. Para que se determine o desaforamento, não é necessário que se tenha certeza da parcialidade dos jurados, mas apenas que pairem dúvidas fundadas quanto à imparcialidade. 5. A opinião do Magistrado de Primeiro Grau acerca dos fatos e peculiaridades do caso desempenha papel fundamental na decisão sobre o desaforamento, uma vez que ele se encontra mais próximo dos fatos e, por isso, é capaz de melhor avaliar a necessidade da adoção da medida ora em discussão (...)" (STJ, HC 488.528/PB, Rel. Ministro Reynaldo Soares Da Fonseca, Quinta Turma, julgado em 06/08/2019, DJe 22/08/2019).

[41] Art. 428, § 2º, CPP: "Não havendo excesso de serviço ou existência de processos aguardando julgamento em quantidade que ultrapasse a possibilidade de apreciação pelo Tribunal do Júri, nas reuniões periódicas previstas para o exercício, o acusado poderá requerer ao Tribunal que determine a imediata realização do julgamento."

[42] CAMPOS, Walfredo Cunha. Tribunal do Júri: teoria e prática. 6. ed. São Paulo: Atlas, 2018, p. 469.

> **Jurisprudência**
>
> ■ "A execução provisória da decisão proferida pelo Tribunal do Júri – oriunda de julgamento desaforado nos termos do art. 427 do CPP – compete ao Juízo originário da causa e não ao sentenciante" (STJ, Informativo n° 605, publicação: 12-7-2017).
>
> ■ "De fato, o desaforamento deve garantir a necessária imparcialidade do conselho de sentença. Na hipótese, o paciente tem grande influência política na região do distrito da culpa e é acusado de ser integrante de organização criminosa atuante em várias comarcas do estado. Nesse contexto, o Min. Relator não enxergou ilegalidade no desaforamento requerido pelo juiz de primeiro grau, que resultou no deslocamento do feito para a capital do estado. Asseverou, ainda, com base na doutrina e jurisprudência, que no desaforamento é de enorme relevância a opinião do magistrado que preside a causa por estar mais próximo da comunidade da qual será formado o corpo de jurados e, por conseguinte, tem maior aptidão para reconhecer as hipóteses elencadas no art. 427 do CPP" (STJ, Informativo n° 492, período: 27-2 a 9-3-2012).
>
> ■ "É certo que o réu deve ser julgado no lugar em que supostamente cometeu o delito. Daí, mostra-se inconveniente o desaforamento de júri por simples alegação de dúvida quanto à imparcialidade dos jurados, gravidade dos crimes cometidos ou periculosidade dos réus" (STJ, Informativo n° 426, período: 8 a 12-3-2010).

O desaforamento é matéria de **competência originária do Tribunal respectivo**,[43] cabendo ao órgão colegiado decidir pelo deslocamento ou não da competência, após a pronúncia, fundamentando, para tanto, sua decisão em uma das hipóteses supracitadas, após prévio requerimento do Ministério Público, assistente, querelante, acusado ou mediante representação do juiz competente. Sendo relevantes os motivos alegados, o relator poderá determinar, motivadamente, a suspensão do julgamento pelo júri.

---

[43]. Art. 427, § 1°, CPP: "O pedido de desaforamento será distribuído imediatamente e terá preferência de julgamento na Câmara ou Turma competente."

Contudo, de acordo com o teor da Súmula nº 712 do Supremo Tribunal Federal, "é nula a decisão que determina o desaforamento de processo da competência do júri sem audiência da defesa". Ou seja, será realizada a oitiva das partes antes de qualquer decisão, sob pena de violação ao princípio do contraditório.

Por fim, destaca-se que o desaforamento "qualifica-se como medida de caráter excepcional, só devendo ser deferido quando houver prova inequívoca de que ocorre qualquer dos pressupostos taxativamente referidos no art. 424 do CPP".[44]

10.3.1.2.2.2 Preparação para o julgamento

Ao receber o processo, o juiz-presidente do Júri procederá à preparação para o julgamento em plenário. Para tanto, ordenará a intimação da acusação – Ministério Público ou querelante – e do defensor, para que apresentem, dentro do prazo de cinco dias, até **cinco testemunhas** que irão depor em juízo. Nessa oportunidade, as partes também poderão juntar documentos e requerer diligências.

Importante!

O assistente de acusação somente será admitido se tiver requerido sua habilitação até 05 (cinco) dias antes da data da sessão de julgamento na qual pretenda atuar.

Adotadas as providências devidas, o juiz-presidente:
- Ordenará que se realize o saneamento de qualquer nulidade;
- Esclarecerá fato que interesse ao julgamento da causa; e
- Fará relatório sucinto do processo, designando sua inclusão em pauta da reunião do Tribunal do Júri.

Ressalvado motivo relevante que autorize alteração na ordem, terão preferência os julgamentos:

---

[44]. STF, HC 91.617, Rel. Min. Celso de Mello, j. 16-10-2007, 2ª T., *DJe* 9-12-2011.

- De réus presos;
- Dentre os acusados presos, aqueles que estiverem há mais tempo na prisão; e
- Em igualdade de condições, os primeiramente pronunciados.

10.3.1.2.2.3 Os jurados

Poderá ser jurado qualquer cidadão maior de 18 anos, de notória idoneidade, independentemente de cor ou etnia, raça, credo, sexo, profissão, classe social ou econômica, origem ou grau de instrução.

O serviço do júri é obrigatório, sendo que a recusa injustificada do convocado acarretará multa no valor de um a 10 salários mínimos, a ser estipulada pelo juiz, conforme a condição econômica do jurado.

A escusa de consciência, direito fundamental consistente na recusa à obrigação – *in casu*, ser jurado –, fundada em convicção religiosa, filosófica ou política, importará no dever de prestar serviço alternativo, sob pena de suspensão dos direitos políticos enquanto não prestar o serviço imposto.

Algumas pessoas, dada a posição que ocupam, estão isentas do serviço do júri. São elas: o Presidente da República; os Ministros de Estado; os Governadores e seus respectivos Secretários; os membros do Congresso Nacional, das Assembleias Legislativas e das Câmaras Distrital e Municipais; os Prefeitos Municipais; os Magistrados; os membros do Ministério Público; os membros da Defensoria Pública; os servidores do Poder Judiciário, do Ministério Público e da Defensoria Pública; as autoridades e os servidores da polícia e da segurança pública; os militares em serviço ativo; os cidadãos maiores de 70 (setenta) anos que requeiram sua dispensa; e aqueles que o requererem, demonstrando justo impedimento.

Anualmente, serão alistadas pelo presidente do Tribunal do Júri:

- De 800 a 1.500 pessoas aptas a serem juradas nas comarcas de mais de um milhão de habitantes;

- De 300 a 700 pessoas aptas a serem juradas nas comarcas de mais de 100 mil habitantes; e
- De 80 a 400 pessoas aptas a serem juradas nas comarcas de menos de 100 mil habitantes.

Todavia, quando necessário, esses números poderão ser aumentados, organizando-se, ainda, uma lista de suplentes.

É facultado ao juiz-presidente requisitar às autoridades locais, associações de classe e de bairro, entidades associativas e culturais, instituições de ensino em geral, universidades, sindicatos, repartições públicas e outros núcleos comunitários a indicação de pessoas que reúnam as condições para exercer a função de jurado.

A lista geral será publicada até o dia 10 de outubro de cada ano, podendo ser alterada, de ofício ou mediante reclamação, até o dia 10 de novembro, data de sua publicação definitiva, sendo divulgada em editais afixados à porta do Tribunal do Júri.

Benefícios de atuar como jurado:

a) o exercício da função constitui serviço público relevante e estabelece a presunção de idoneidade moral do jurado;
b) é assegurada a preferência, em igualdade de condições, nas licitações públicas e no provimento, mediante concurso, de cargo ou função pública, bem como nos casos de promoção funcional ou remoção voluntária;
c) nenhum desconto será feito nos vencimentos ou salário do jurado sorteado que comparecer à sessão do júri.

Pois bem. O magistrado, ao organizar a pauta, determinará a intimação do Ministério Público, da Ordem dos Advogados do Brasil e da Defensoria Pública para acompanharem, em dia e hora designados, o sorteio dos jurados que atuarão no julgamento, a partir da lista geral de jurados.

O sorteio será realizado entre o 15º e o 10º dia útil antecedente à audiência em plenário e não será adiado pelo não comparecimento das partes. Nessa oportunidade, **o juiz sorteará o nome de 25 (vinte e cinco) jurados para a sessão de julgamento**. Os não sorteados estarão livres para ter seu nome novamente incluído em outras reuniões.

A intimação dos 25 jurados sorteados será realizada por correio ou qualquer outro meio hábil para que compareçam, obrigatoriamente, no dia e hora designados para o julgamento. Também serão afixados na porta do edifício do Tribunal do Júri a relação dos jurados convocados, o nome do acusado e dos procuradores das partes, além do dia, hora e local das sessões de instrução e julgamento.

10.3.1.2.2.4 A sessão de julgamento

A composição do Tribunal do Júri é formada por:

- Um juiz togado – presidente do Júri; e
- Os 25 jurados previamente sorteados.

No entanto, dos 25 sorteados, **apenas sete jurados participarão do Conselho de Sentença**, ou seja, atuarão efetivamente no julgamento, de forma que os demais serão dispensados pelo juiz-presidente.

O quórum mínimo para instalação da sessão de julgamento é de **15 jurados**, ainda que posteriormente excluídos por impedimento ou suspeição.

Então, cada sessão de julgamento inicia-se com a chamada, pelo escrivão, dos 25 jurados disponíveis, sendo necessária a presença de pelo menos 15 deles para que a sessão seja instalada.[45] Mas apenas sete serão sorteados para compor o Conselho de Sentença, a quem compete deliberar acerca da demanda.

Vejamos:

---

[45] Art. 464: "Não havendo o número referido no art. 463 deste Código, proceder-se-á ao sorteio de tantos suplentes quantos necessários, e designar-se-á nova data para a sessão do júri."

Porém, estão **impedidos** de servir como jurados, no mesmo Conselho de Sentença: a) marido e mulher;[46] b) ascendente e descendente; c) sogro e genro ou nora; d) irmãos e cunhados, durante o cunhadio; e) tio e sobrinho; f) padrasto, madrasta ou enteado; ou g) pessoas que mantenham união estável reconhecida como entidade familiar. Nesses casos, servirá o jurado que houver sido sorteado primeiramente.

De modo similar, *não* poderá atuar o jurado que:

a) tiver funcionado em julgamento anterior do mesmo processo, independentemente da causa determinante do julgamento posterior[47] (ex.: decisão do Tribunal do Júri, em recurso de apelação que anula a sessão por prova manifestamente contrária);

b) no caso do concurso de pessoas, houver integrado o Conselho de Sentença que julgou o outro acusado (ex.: atuação no julgamento do corréu);

c) tiver manifestado prévia disposição para condenar ou absolver o acusado (ex.: compartilhou inúmeras postagens nas redes sociais explicitando sua opinião sobre o réu).

Antes do sorteio dos membros do Conselho de Sentença, o juiz-presidente esclarecerá sobre os impedimentos, a suspeição e as incompatibilidades, além de advertir os jurados de que, uma vez sorteados, **não poderão comunicar-se entre si** e com outrem, nem manifestar sua opinião sobre o processo, sob pena de exclusão do

---

[46] Sobre o tema: "A norma especial contida no art. 448 do CPP veda expressamente a participação de marido e mulher no mesmo conselho de sentença. Realizado o sorteio dos jurados na forma e com a antecedência exigidas pela legislação, eventual arguição de suspeição ou impedimento deve ser feita em Plenário, sob pena de preclusão" (STF, HC 119.505, Rel. Min. Roberto Barroso, j. 19-8-2014, 1ª T., *DJe* 30-10-2014).

[47] Súmula nº 206 do STF: "É nulo o julgamento ulterior pelo júri com a participação de jurado que funcionou em julgamento anterior do mesmo processo."

Conselho e multa. Trata-se da **incomunicabilidade dos jurados**, não podendo existir, no Júri, qualquer diálogo entre os julgadores, haja vista que a decisão a ser tomada é pessoal, podendo a manifestação de um influir na opinião dos demais.

Por isso,

> cabe ao juiz-presidente, com muito tato e prudência, controlar o que o jurado expressa durante a sessão de julgamento. Não deve coibir os integrantes do Conselho de Sentença de buscar esclarecimentos, por meio de perguntas feitas a testemunhas, pedidos de exibição de documentos ou leituras de peças, bem como acesso aos autos ou indagações formuladas diretamente ao magistrado, a respeito de qualquer assunto ligado ao processo (...), mas necessita estar atento para que eles não manifestem, por intermédio de suas dúvidas, a opinião em formação quanto ao deslinde do processo (NUCCI, 2014, p. 724).

Jurisprudência
Deve ser declarado nulo o Júri em que membro do Conselho de Sentença afirma a existência de crime em plena fala da acusação

"Durante seção plenária de julgamento pelo tribunal do júri, houve, por parte de um dos membros do conselho de sentença, expressa manifestação ouvida por todos e repreendida pelo juiz, acerca do próprio mérito da acusação, pois afirmou que havia 'crime', durante a fala da acusação. Em tal hipótese, houve quebra da incomunicabilidade dos jurados, o que, por expressa disposição legal, era causa de dissolução do conselho de sentença e de imposição de multa ao jurado que cometeu a falta. Veja-se que, afirmar um jurado que há crime, em plena argumentação do Ministério Público, pode, sim, ter influenciado o ânimo dos demais e, pois, é de se reconhecer a nulidade, como adverte a doutrina: 'a quebra da incomunicabilidade não implica apenas exclusão do jurado do conselho de sentença, mas a dissolução do conselho de sentença, se for constatada durante o julgamento, ou a nulidade absoluta do julgamento, caso somente seja constatada depois de encerrada a sessão'" (STJ, Informativo n° 630, publicação: 31-8-2018).

Em contrapartida, o "pronunciamento dos jurados a respeito de matéria alheia ao processo não constitui nulidade".[48]

Já ao juiz-presidente do Tribunal do Júri, além de outras atribuições expressamente referidas, competirá, de acordo com o art. 497 do Código de Processo Penal:

a) regular a polícia das sessões e prender os desobedientes;

b) requisitar o auxílio da força pública, que ficará sob sua exclusiva autoridade;

c) dirigir os debates, intervindo em caso de abuso, excesso de linguagem ou mediante requerimento de uma das partes;

d) resolver as questões incidentes que não dependam de pronunciamento do júri;

e) nomear defensor ao acusado, quando considerá-lo indefeso, podendo, neste caso, dissolver o Conselho e designar novo dia para o julgamento, com a nomeação ou a constituição de novo defensor;

f) mandar retirar da sala o acusado que dificultar a realização do julgamento, o qual prosseguirá sem a sua presença;

g) suspender a sessão pelo tempo indispensável à realização das diligências requeridas ou entendidas necessárias, mantida a incomunicabilidade dos jurados;

h) interromper a sessão por tempo razoável, para proferir sentença e para repouso ou refeição dos jurados;

i) decidir, de ofício, ouvidos o Ministério Público e a defesa, ou a requerimento de qualquer desses, a arguição de extinção de punibilidade;

j) resolver as questões de direito suscitadas no curso do julgamento;

---

[48]. STF, RHC 119.815, Rel. Min. Rosa Weber, j. 25-2-2014, 1ª T., *DJe* 18-3-2014.

k) determinar, de ofício ou a requerimento das partes ou de qualquer jurado, as diligências destinadas a sanar nulidade ou a suprir falta que prejudique o esclarecimento da verdade; e

l) regulamentar, durante os debates, a intervenção de uma das partes quando a outra estiver com a palavra, podendo conceder até três minutos para cada aparte requerido, que serão acrescidos ao tempo desta última.

A presença de determinadas pessoas é imprescindível para a realização da sessão de julgamento, de sorte que sua ausência poderá acarretar o adiamento da audiência (ou não). Observe a tabela explicativa:

Ausências		
Quem?	**Se a ausência é motivada:**	**Se a ausência é imotivada:**
Ministério Público	O juiz-presidente adiará o julgamento para o primeiro dia desimpedido da mesma reunião.	O fato será imediatamente comunicado ao Procurador-Geral de Justiça, com a data designada para a nova sessão.
Advogado	O juiz-presidente adiará o julgamento.	Se o réu não constituir outro advogado, o fato será imediatamente comunicado ao presidente da seccional da Ordem dos Advogados do Brasil, com a data designada para a nova sessão.[49]
Acusado solto	Pedido previamente submetido à apreciação do juiz-presidente.	Não haverá adiamento.
Acusado preso	O julgamento será adiado para o primeiro dia desimpedido da mesma reunião, salvo se houver pedido de dispensa de comparecimento.	O julgamento será adiado para o primeiro dia desimpedido da mesma reunião, salvo se houver pedido de dispensa de comparecimento.

---

49. Art. 456 do CPP "(...) § 1º Não havendo escusa legítima, o julgamento será adiado somente uma vez, devendo o acusado ser julgado quando chamado novamente. § 2º Na hipótese do § 1º deste artigo, o juiz intimará a Defensoria Pública para o novo julgamento, que será adiado para o primeiro dia desimpedido, observado o prazo mínimo de 10 (dez) dias".

Ausências		
Assistente de acusação	Pedido previamente submetido à apreciação do juiz-presidente.	Não haverá adiamento.
Querelante	Pedido previamente submetido à apreciação do juiz-presidente.	Não haverá adiamento.

Constatada a presença das partes indispensáveis à sessão e a existência de quórum mínimo de jurados, o oficial de justiça fará o pregão, certificando a diligência nos autos.

Em seguida, **o juiz-presidente sorteará os sete jurados para a formação do Conselho de Sentença**, após verificar que se encontram na urna as cédulas relativas aos jurados presentes. A ausência do jurado convocado acarretará multa no valor de um a 10 salários mínimos, a ser estipulada pelo juiz, conforme estudamos.

Ao proceder ao sorteio, o juiz-presidente retirará as cédulas na urna, a qual contém o nome dos jurados presentes, de modo que defesa e Ministério Público, nesta ordem, poderão recusar os sorteados até três vezes, cada parte, independentemente de qualquer justificativa. São as recusas imotivadas ou peremptórias, sendo "garantido em relação a cada um dos réus, ainda que as recusas tenham sido realizadas por um só defensor (art. 469 do CPP)".[50]

Nesse sentido, "o legislador concedeu à defesa e ao Ministério Público o poder de declinar imotivadamente de um jurado, no pressuposto de que a escolha do juiz leigo que melhor se enquadre nas expectativas de êxito da parte constitui estratégia inerente à dinâmica do tribunal do júri".[51]

Em verdade, cuida-se de faculdade necessária às partes, pois se pode "acreditar que determinado jurado pode julgar de forma equivocada, permitindo emergir seus preconceitos e sua opinião pessoal a respeito dos fatos" (NUCCI, 2014, p. 725).

---

[50] STJ, Informativo n° 570, período: 1° a 14-10-2015.
[51] STF, RHC 126.884, Rel. Min. Dias Toffoli, j. 27-9-2016, 2ª T., DJe 11-10-2016.

O jurado recusado será excluído daquela sessão de julgamento, prosseguindo-se o sorteio para a composição do Conselho de Sentença.

As **recusas motivadas** são aquelas derivadas de incompatibilidades, suspeição ou impedimento do jurado e não computam no número das recusas peremptórias. Aqui, caberá ao jurado declarar-se impossibilitado de participar da sessão, fundamentando seus motivos, ou então, se dar mediante requerimento das partes ou reconhecida de ofício pelo juiz-presidente.

Jurisprudência

Imparcialidade dos jurados

"A rotineira veiculação de notícias sobre fatos criminosos por intermédio da imprensa, sobretudo com as facilidades atuais de propagação da notícia, não é capaz de, somente pela notoriedade assumida pelo caso, tornar o corpo de jurados tendencioso, mas decorre de situações concretas extremamente anormais. No caso, à míngua de motivos concretos a sustentar a quebra da parcialidade dos jurados, é de se reconhecer que o Tribunal de Justiça local atuou dentro dos limites estabelecidos na norma processual penal" (STF, HC 133.273 AgR, Rel. Min. Teori Zavascki, j. 18-11-2016, 2ª T., DJe 2-12-2016).

Ademais, "a firmeza do magistrado presidente na condução do julgamento não acarreta, necessariamente, a quebra da imparcialidade dos jurados" (STJ, HC 694.450/SC, Rel. Min. Reynaldo Soares da Fonseca, 5ª T., por unanimidade, julgado em 5-10-2021, DJe 8-10-2021).

Entretanto, se em razão do número de recusas, sejam elas motivadas ou não, não houver o quórum dos sete jurados necessários para a formação do Conselho de Sentença, o julgamento será adiado para o primeiro dia desimpedido, depois de sorteados os suplentes. A este fenômeno dá-se o nome de **estouro de urna**.

Após o sorteio, estando devidamente formado o Conselho, o juiz-presidente se levantará e fará aos jurados a seguinte exortação: "Em nome da lei, concito-vos a examinar esta causa com imparcialidade e a proferir a vossa decisão de acordo com a vossa consciência e os ditames da justiça." Em seguida, os jurados, nominalmente chamados pelo juiz togado, responderão: "Assim o prometo."

Os jurados receberão cópias da decisão de pronúncia ou de outras posteriores que julgaram admissível a acusação em desfavor do réu, e do relatório do processo.

Início da instrução probatória. No Tribunal do Júri, as provas serão produzidas na seguinte ordem:

- Primeiramente, se possível, procede-se à oitiva da vítima, oportunidade em que o juiz-presidente, o Ministério Público, o assistente, o querelante e o defensor do acusado, nesta ordem, perguntarão diretamente o que entenderem necessário ao ofendido.[52]
- Depois, ouvem-se as testemunhas de acusação e defesa, respectivamente. A oitiva das testemunhas de acusação será procedida na mesma sequência que a utilizada para colher o depoimento da vítima. Em relação às testemunhas de defesa, o defensor do acusado formulará as perguntas antes do Ministério Público e do assistente, mantidos, no mais, a ordem e os critérios anteriormente estabelecidos.
- Em seguida, poderão ser requeridos acareações, reconhecimento de pessoas e coisas, esclarecimento dos peritos e a leitura de peças que se refiram, exclusivamente, às provas colhidas por precatória e às provas cautelares.
- Ao final, interroga-se o acusado, a quem é vedado o uso de algemas durante o período em que permanecer no plenário do júri, salvo se absolutamente necessário à ordem dos trabalhos, à segurança das testemunhas ou à garantia da integridade física dos presentes. O Ministério Público, o assistente, o querelante

---

[52] A Lei n° 14.245/2021, também conhecida como Lei Mariana Ferrer, introduziu o art. 474-A ao Código de Processo Penal, objetivando a proteção da dignidade da vítima, quando da realização da instrução em Plenário. Infere-se da redação que: "durante a instrução em plenário, todas as partes e demais sujeitos processuais presentes no ato deverão respeitar a dignidade da vítima, sob pena de responsabilização civil, penal e administrativa, cabendo ao juiz presidente garantir o cumprimento do disposto neste artigo, vedadas: I – a manifestação sobre circunstâncias ou elementos alheios aos fatos objeto de apuração nos autos; II – a utilização de linguagem, de informações ou de material que ofendam a dignidade da vítima ou de testemunhas."

e o defensor, respectivamente, poderão formular, **diretamente**, perguntas ao acusado.

De acordo com entendimento jurisprudencial, "a condução do interrogatório do réu de forma firme durante o júri não importa, necessariamente, em quebra da imparcialidade do magistrado e em influência negativa nos jurados".[53]

Salienta-se que os jurados poderão formular perguntas ao ofendido e às testemunhas, por intermédio do juiz-presidente. Trata-se do **sistema presidencialista de colheita de provas**, de forma que não serão realizadas perguntas diretas, até para evitar a violação da incomunicabilidade.

O registro da prova oral colhida durante a instrução será realizado por meio de meios ou recursos de gravação magnética, eletrônica, estenotipia ou técnica similar, com o fito de obter mais fidelidade e celeridade da prova.

Após a tomada dos depoimentos e a colheita das demais provas requeridas, iniciam-se os **debates orais**.

Inicialmente, será concedida a palavra ao membro do Ministério Público (em regra, a acusação), que possuirá até **uma hora e meia** para, apenas e tão somente, nos limites da pronúncia ou das decisões posteriores que julgaram admissível a acusação, convencer os jurados do que entende cabível. Se for o caso, nesta ocasião, sustentará a existência de circunstância agravante. Em seguida, falará o assistente de acusação.[54]

Não é impossível que o órgão ministerial postule pela absolvição do acusado. Ao contrário, se não estiver convencido, a partir das provas produzidas, de que o réu é realmente culpado da infração em testilha, como fiscal da lei, requererá que se proceda à absolvição do pronunciado.

---

53. STJ, Informativo n° 625, publicação: 1-6-2018.
54. Art. 476, § 2°, CPP: "Tratando-se de ação penal de iniciativa privada, falará em primeiro lugar o querelante e, em seguida, o Ministério Público, salvo se este houver retomado a titularidade da ação (...)."

Após a acusação, terá a palavra a defesa, também por uma hora e meia. Havendo mais de um acusado, o tempo para a acusação e a defesa será acrescido de uma hora.[55] Ressalta-se que "a sustentação oral realizada em tempo reduzido no Tribunal do Júri não caracteriza, necessariamente, deficiência de defesa técnica".[56]

Posteriormente, depois de acusação e defesa terem sustentado suas posições oralmente aos jurados, em plenário, é possível que a acusação exerça a **réplica**, em **até uma hora**, com a consequente **tréplica**, executada pela defesa, também de **uma hora**, sendo admitida, aqui, a reinquirição de testemunha já ouvida em plenário.

Destaca-se que **a tréplica apenas ocorrerá quando exercida a réplica pelo órgão acusatório**.

Em todos os casos, havendo mais de um acusador (ex.: Ministério Público e assistente) ou mais de um defensor (dois advogados constituídos), esses combinarão, entre si, a distribuição do tempo legalmente disponibilizado. Não havendo acordo, o juiz-presidente dividirá o tempo da forma que entender conveniente.

Durante os debates, os jurados e as partes poderão, por intermédio do juiz togado, pedir ao orador que indique a folha dos autos na qual se encontra a peça por ele lida ou citada, facultando-se, ainda, aos jurados, solicitar-lhe, pelo mesmo meio, o esclarecimento de fato por ele alegado.

Importante acentuar que, durante os debates orais, não poderão acusação e defesa, sob pena de nulidade, na forma do art. 478 do Código de Processo Penal, fazer as seguintes referências: **(a)** à decisão de pronúncia, às decisões posteriores que julgaram admissível a acusação ou à determinação do uso de algemas, como argumento de autoridade que beneficiem ou prejudiquem o acusado; e **(b)** ao silêncio do acusado ou à ausência de interrogatório por

---

[55]. "O Juiz não pode modificar o tempo de duração dos debates, sem a existência de prévio acordo entre as partes" (STJ, HC 703.912, decisão de 23-11-2021 – Caso da Boate Kiss).
[56]. STJ, Informativo nº 627, publicação: 29-6-2018.

falta de requerimento, em seu prejuízo, já que é seu direito constitucional o de permanecer calado (art. 5º, inciso LXIII, CF).

Importante!

Também é terminantemente proibido que seja procedida à leitura de documento ou a exibição de objeto que não tiver sido juntado aos autos com **a antecedência mínima de três dias úteis**,[57] dando-se ciência à outra parte, sob pena de nulidade relativa do feito – sendo necessária a comprovação do prejuízo. Afinal, deve-se oportunizar à parte contrária exercer seu direito ao contraditório, bem como impedir que seja surpreendida.

Ademais, segundo jurisprudência pacífica do Superior Tribunal de Justiça, "o prazo de 3 dias úteis a que se refere o art. 479 do Código de Processo Penal deve ser respeitado não apenas para a juntada de documento ou objeto, mas também para a ciência da parte contrária a respeito de sua utilização no Tribunal do Júri".[58]

Encerrados os debates, o magistrado indagará aos jurados se estão prontos para julgar ou se necessitam de outros esclarecimentos, os quais serão prestados pelo presidente à vista dos autos.[59] O Conselho de Sentença terá acesso ao feito e aos instrumentos do crime caso solicitem ao juiz-presidente.

A partir daí, inicia-se **a fase da votação**, que se dará por meio de um questionário, dividido em **quesitos** formulados pelo juiz-presidente para que os jurados emitam seus votos sobre matéria de fato, e se o réu deve ou não ser absolvido.

[57.] Art. 479, parágrafo único, CPP: "Compreende-se na proibição deste artigo a leitura de jornais ou qualquer outro escrito, bem como a exibição de vídeos, gravações, fotografias, laudos, quadros, croqui ou qualquer outro meio assemelhado, cujo conteúdo versar sobre a matéria de fato submetida à apreciação e julgamento dos jurados."

[58.] STJ, Informativo nº 610, publicação: 27-9-2017.

[59.] Art. 481, CPP: "Se a verificação de qualquer fato, reconhecida como essencial para o julgamento da causa, não puder ser realizada imediatamente, o juiz-presidente dissolverá o Conselho, ordenando a realização das diligências entendidas necessárias."

> **Jurisprudência**
> **Elaboração dos quesitos**
>
> "A elaboração dos quesitos é uma das fases processuais mais sensíveis da instituição do júri. Isso porque, diante das variáveis que se materializam na trama dos crimes dolosos contra a vida – tentativas, qualificadoras, causas de aumento e de diminuição de pena, concursos de agentes e outras mais –, condensá-las em quesitos precisos é uma tarefa árdua e não raras vezes ingrata. Na concreta situação dos autos, logo se percebe que os quesitos retrataram as teses sustentadas pela acusação e pela defesa em plenário."[60]

Os **quesitos** serão redigidos em proposições afirmativas, simples e distintas, sendo que, em caso de pluralidade de crimes ou de réus, serão formulados individualmente, de modo que cada um deles possa ser respondido com suficiente clareza e necessária precisão, na seguinte ordem:

- Acerca da **materialidade** do fato (ex.: No dia 23 de dezembro de 2010, por volta das 10h, na Avenida Princesa Isabel, nesta capital, a vítima Fulana de Tal foi atingida pelos disparos de arma de fogo, sofrendo os ferimentos descritos no Exame de Necropsia de fl. que foram a causa eficiente de sua morte?);
- Sobre a **autoria** ou participação (ex.: O réu X é autor do fato criminoso?);
- Se o acusado deve ser **absolvido** (ex.: O jurado absolve o acusado?);[61]
- Sobre eventuais **causas de diminuição** de pena alegada pela defesa (ex.: O agente estava impelido por motivo de relevante valor social ou moral, ou sob o domínio de violenta emoção, logo em seguida a injusta provocação da vítima?);

---

[60] STF, HC 96.469, Rel. Min. Ayres Britto, j. 9-6-2009, 1ª T., DJe 14-8-2009.
[61] "A absolvição do réu, ante resposta a quesito genérico de absolvição previsto no art. 483, § 2º, do Código de Processo Penal, independe de elementos probatórios ou de teses veiculadas pela defesa, considerada a livre convicção dos jurados" (STF, HC 178.777/MG, Rel. Min. Marco Aurélio, julgamento em 29-9-2020).

■ Se existe circunstância **qualificadora** ou **causa de aumento de pena** reconhecidas na pronúncia ou em decisões posteriores que julgaram admissível a acusação (ex.: O homicídio praticado foi cometido mediante recurso que dificultou a defesa da vítima?).

■ **Observação**: Caso a defesa assevere pela desclassificação do crime imputado na pronúncia, para outro de competência do juiz singular (ex.: homicídio tentado para lesão corporal leve), será formulado quesito a respeito para ser respondido após o segundo ou terceiro quesito.

O juiz-presidente lerá os quesitos em plenário, explicando aos jurados o significado de cada um, e, em seguida, indagará às partes acerca de eventuais requerimentos ou reclamações, devendo qualquer deles, bem como a decisão, constar da ata de julgamento.

Ressai que "eventuais defeitos na elaboração dos quesitos devem ser apontados logo após sua leitura pelo magistrado, sob pena de preclusão, que só pode ser superada nos casos em que os quesitos causem perplexidade aos jurados".[62]

Ato contínuo, encaminhar-se-ão à sala especial o juiz togado, os jurados, o membro do Ministério Público, o assistente, o querelante, o defensor do acusado, o escrivão e o oficial de justiça, a fim de que seja realizada a votação. Veja: não há a presença do réu.

Os quesitos serão decididos por maioria dos votos, de maneira que seguem uma ordem lógica, pois, se os jurados, por exemplo, votam pela inexistência de materialidade e autoria do fato, não há que se falar em aspectos de dosimetria da pena. Em vista disso, a depender das respostas dadas a um quesito, o juiz, ao analisar os votos, poderá verificar que ficam prejudicados os demais questionamentos.

Jurisprudência

Súmula n° 162 do STF: "É absoluta a nulidade do julgamento pelo júri, quando os quesitos da defesa não precedem aos das circunstâncias agravantes."

---

[62] STF, HC 85.295, Rel. Min. Cezar Peluso, j. 2-2-2010, 2ª T., *DJe* 26-3-2010.

Súmula nº 156 do STF: "É absoluta a nulidade do julgamento, pelo júri, por falta de quesito obrigatório."

Na sala secreta, o magistrado, desde logo, advertirá as partes acerca da proibição de qualquer manifestação que possa perturbar a livre manifestação dos jurados, sendo que fará retirar da sala quem se portar de forma inadequada.

A votação de cada quesito será realizada mediante a distribuição de pequenas cédulas, feitas de papel opaco, facilmente dobráveis, contendo sete delas a palavra **sim**, e sete a palavra **não**. Para assegurar o sigilo do voto, o oficial de justiça recolherá, separadamente, em uma urna, os votos dos jurados e, em uma segunda, as cédulas que não foram por eles utilizadas.

A leitura dos votos será interrompida a partir do momento em que for atingida a sua maioria, sob pena de violação do sigilo da votação.

Finda a votação, serão contabilizados os votos e conferidas as cédulas não utilizadas. Quando a resposta a qualquer um dos quesitos estiver em contradição com outra já dada, caberá ao juiz-presidente explicar, novamente, ao Conselho de Sentença, em que consiste a contradição, submetendo novamente à votação os referidos quesitos.

Após isso, o magistrado togado determinará que o escrivão registre no termo a votação referente a cada quesito e o resultado do julgamento, o qual será assinado pelo juiz-presidente, pelos jurados e pelas partes.

Em seguida, a partir do que foi estritamente decidido pelo Conselho de Sentença, o magistrado proferirá a **sentença**.

Dessa feita, "conformando-se com o vencido, na votação, o juiz-presidente é quem aplica a pena (...), fazendo atuar, porém, obrigatoriamente, as circunstâncias modificativas legais (...) reconhecidas pelo júri" (ESPÍNDOLA FILHO, 2000c, p. 644).

Caso os jurados decidam pela condenação do acusado, o juiz, na sentença:

■ Fixará a pena-base a partir da análise das circunstâncias judiciais descritas no art. 59 do Código Penal;
■ Considerará as agravantes e atenuantes alegadas nos debates;
■ Estipulará as causas de aumento e de diminuição de pena em conformidade com o deliberado pelos jurados;
■ Observará as disposições que versam sobre a sentença condenatória, as quais estão previstas no art. 387 do Código Processual;
■ Ordenará o recolhimento do acusado ou irá recomendá-lo à prisão em que se encontra, quando presentes os requisitos autorizadores da prisão; e
■ Estabelecerá os efeitos genéricos e específicos da condenação.

Atualmente, o texto de lei aprovado pelo Pacote Anticrime assevera que, no âmbito do Tribunal do Júri, caso a condenação do acusado acabe estipulada em pena igual ou superior a 15 anos de reclusão, competirá ao magistrado togado determinar a execução provisória da pena, com expedição do mandado de prisão, se for o caso, sem prejuízo do conhecimento de recursos que vierem a ser interpostos, os quais, em regra, não terão efeito suspensivo.

Excepcionalmente, o juiz-presidente poderá deixar de autorizar a execução provisória da pena se houver questão substancial cuja resolução pelo tribunal possa, plausivelmente, levar à revisão da condenação. Do mesmo modo, o juízo *ad quem*, mediante pedido da parte feito incidentalmente na apelação ou por meio de simples petição instruída com cópias das peças processuais necessárias, poderá atribuir efeito suspensivo aos recursos eventualmente interpostos, quando entender que o apelo: a) não tem caráter meramente protelatório; e b) levanta questão que possa resultar em absolvição, anulação da sentença, novo julgamento ou redução da pena para patamar inferior a 15 anos de reclusão.

Tal dispositivo fomentou inúmeras discussões no campo doutrinário, mormente em razão de sua possível inconstitucionalidade.

Parte da doutrina defende que a execução provisória da pena no âmbito do Tribunal do Júri feriria os princípios da presunção de inocência e do duplo grau de jurisdição.

Por outro lado, alguns doutrinadores asseveram que, em verdade, a inconstitucionalidade estaria pautada na fixação de um quantum mínimo de pena – qual seja, 15 anos, sendo imperioso que todas as condenações ocorridas no âmbito do Júri sejam prontamente executadas, sob pena de violação à soberania dos veredictos. Esta última corrente de pensamento preceitua que

> o cumprimento imediato da pena não fere o princípio da presunção de inocência pois resguarda a proteção eficiente do direito à vida, da democracia, da cidadania e da segurança de todos. Aliás, se nem a vida é direito absoluto, não há justificativa apta para autorizar que o princípio da presunção de inocência o seja. Além disso, não há violação ao princípio do duplo grau de jurisdição, haja vista a restrição de análise por parte das instâncias recursais afeta às condenações oriundas do Júri. E não é só isso, já que este princípio, como aquele, também não é absoluto (NOVAIS, 2020).

Jurisprudência

Antes da aprovação do Projeto Anticrime, o STF (HC n° 118.770), em 7-3-2017, havia se manifestado no sentido de que a prisão de réu condenado por decisão do Tribunal do Júri, ainda que sujeita a recurso, não viola o princípio constitucional da presunção de inocência ou não culpabilidade.

"A Constituição Federal prevê a competência do Tribunal do Júri para o julgamento de crimes dolosos contra a vida (art. 5°, inciso XXXVIII, *d*). Prevê, ademais, a soberania dos veredictos (art. 5°, inciso XXXVIII, *c*), a significar que os tribunais não podem substituir a decisão proferida pelo júri popular. Diante disso, não viola o princípio da presunção de inocência ou da não culpabilidade a execução da condenação pelo Tribunal do Júri, independentemente do julgamento da apelação ou de qualquer outro recurso. Essa decisão está em consonância com a lógica do precedente firmado em repercussão geral no ARE 964.246-RG, Rel. Min. Teori Zavascki, já que, também no caso de decisão do Júri, o Tribunal não poderá reapreciar os fatos e provas, na medida em que a responsabilidade penal do réu já foi assentada soberanamente pelo Júri. Caso haja fortes indícios de nulidade ou de condenação manifestamente contrária à prova dos autos, hipóteses incomuns, o Tribunal poderá suspender a execução da decisão até o julgamento do recurso" (HC 118.770, Rel. Min. Marco Aurélio, Relator(a) p/ Acórdão: Min. Roberto Barroso, 1ª T., julgado em 7-3-2017, DJe 24-4-2017).

No entanto, se o Conselho de Sentença proceder à absolvição do réu, o magistrado, ao proferir a decisão de mérito:

a) colocará em liberdade o acusado, se por outro motivo não estiver preso;

b) revogará as medidas restritivas provisoriamente decretadas; e

c) estipulará, se for o caso, a medida de segurança cabível.

Ainda, se os jurados optarem pela desclassificação do crime imputado para outra infração de competência do juiz singular, o magistrado, juiz-presidente da sessão, desde já, proferirá sentença sem necessidade de remessa, incluindo-se, aqui, inclusive, os crimes conexos. Se o tipo penal, derivado da nova capitulação, for considerado como de menor potencial ofensivo, aplicar-se-ão as disposições e benefícios previstos na Lei nº 9.099/1995.

Observe que, se a desclassificação delitiva ocorrer na fase do sumário da culpa, deverá o juiz encaminhar os autos à autoridade competente. Contudo, se os jurados decidirem, em plenário, pela necessidade de se proceder nova capitulação, caberá ao próprio juiz-presidente sentenciar o feito, independentemente de remessa.

De todo modo, a sentença será lida em plenário.

Ata de julgamento

Ao final será lavrada a **ata da sessão de julgamento**, assinada pelo presidente e pelas partes, a qual mencionará todas as ocorrências, relatando, ainda, necessariamente, de acordo com o art. 495 do Código de Processo Penal:

a) a data e a hora da instalação dos trabalhos;

b) o magistrado que presidiu a sessão e os jurados presentes;

c) os jurados que deixaram de comparecer, com escusa ou sem ela, e as sanções aplicadas;

d) o ofício ou requerimento de isenção ou dispensa;
e) o sorteio dos jurados suplentes;
f) o adiamento da sessão, se houver ocorrido, com a indicação do motivo;
g) a abertura da sessão e a presença do Ministério Público, do querelante e do assistente, se houver, e a do defensor do acusado;
h) o pregão e a sanção imposta, no caso de não comparecimento;
i) as testemunhas dispensadas de depor;
j) o recolhimento das testemunhas a lugar de onde umas não pudessem ouvir o depoimento das outras;
k) a verificação das cédulas pelo juiz presidente;
l) a formação do Conselho de Sentença, com o registro dos nomes dos jurados sorteados e recusas;
m) o compromisso e o interrogatório, com simples referência ao termo;
n) os debates e as alegações das partes com os respectivos fundamentos;
o) os incidentes;
p) o julgamento da causa; e
q) a publicidade dos atos da instrução plenária, das diligências e da sentença.

Observação: A falta da ata sujeitará o responsável a sanções administrativa e penal.

Finalizados os trabalhos, após a publicação da decisão, a leitura em plenário e a assinatura da ata, o juiz-presidente encerrará a presente sessão de julgamento.

Contra a decisão proferida pelo Tribunal do Júri caberá, na forma do art. 593, inciso III, do Código de Processo Penal, a interposição de recurso de apelação para contestação dos seguintes pontos:

- Em caso de **nulidade posterior à pronúncia**;
- Se for a sentença proferida pelo juiz-presidente **contrária à lei expressa ou à decisão do Conselho de Sentença**, em violação ao princípio da soberania do júri. Nesta hipótese, o próprio tribunal *ad quem* fará as devidas retificações;
- Se houver **erro ou injustiça no tocante à aplicação da pena ou da medida de segurança**, sendo que, neste caso, compete ao tribunal reformar eventuais equívocos; e

■ Caso a decisão dos jurados **manifestamente contrária à prova dos autos.** Ressalva-se, todavia, que, se o tribunal de segunda instância se convencer de que a decisão dos jurados é, de fato, manifestamente contrária à prova dos autos, dará provimento ao recurso interposto, mas sem alterar a decisão soberana dos jurados. Ao contrário, o acusado será submetido a novo julgamento, por outro Conselho de Sentença. Além disso, embasado na presente fundamentação, não se admite a interposição de uma segunda apelação. Salienta-se que "essa vedação ao manejo de segunda apelação alcança ambas as partes, de modo que acaso uma delas tenha recorrido por tal motivo, não poderá também o antagonista interpor novo recurso" (REIS; GONÇALVES, 2014, p. 658).

Outrossim, da leitura da Súmula nº 713 do Supremo Tribunal Federal, infere-se que "o efeito devolutivo da apelação contra decisões do júri é adstrito aos fundamentos da sua interposição".

Jurisprudência

Tese de Repercussão Geral: impugnabilidade de absolvição a partir de quesito genérico (Tema 1087)

O Supremo Tribunal Federal reconheceu a existência de repercussão geral no ARE 1.225.185/MG, cujo teor discute a impugnabilidade de absolvição, no âmbito do Tribunal do Júri, a partir de quesito genérico por hipótese de decisão manifestamente contrária à prova dos autos. Logo, se discute: "a realização de novo júri, determinada por Tribunal de 2º grau em julgamento de recurso interposto contra absolvição assentada no quesito genérico, ante suposta contrariedade à prova dos autos, viola a soberania dos veredictos (art. 5º, XXXVIII, c, CF)?"[63]

Discute-se, portanto, no âmbito do Supremo Tribunal Federal acerca da compatibilidade da soberania dos veredictos e o juízo anulatório da superior instância em casos de decisões manifestamente contrária a prova dos autos, com a possibilidade de recurso do Ministério Público

---

[63.] STF, ARE 1.225.185 RG, Rel. Gilmar Mendes, Tribunal Pleno, julgado em 7-5-2020, publicado em 22-6-2020.

diante de decisões injustas, quando o acusado é absolvido por quesito genérico (PIEDADE; LOUREIRO; NOVAIS; FARIA, 2021b).

Embora reconhecida a repercussão geral da temática, o mérito ainda não foi solucionado pelo STF, até o fechamento desta edição.

Observe o quadro a seguir, referente à fase do plenário do júri:

Verificação do quórum de 15 jurados → Sorteio do Conselho de Sentença (7 jurados) → Recusas motivadas ou imotivadas → Juramento dos jurados → Início da instrução

Audiência de instrução e julgamento:
- Oitiva da vítima
- Oitiva das testemunhas de acusação
- Oitiva das testemunhas de defesa
- Acareações
- Reconhecimento de pessoas e coisas
- Esclarecimentos dos peritos
- Interrogatório do réu

1h30 acusação → Debates orais ← Réplica ← Tréplica
1h30 defesa

Tréplica → Eventuais diligências → Questionário → Votação em sala especial → Sentença:
- Condenatória
- Absolutória
- Desclassificatória
→ Apelação criminal

Ata

10.3.2 Do processo e julgamento dos crimes de responsabilidade dos funcionários públicos

Os crimes de responsabilidade dos funcionários públicos[64] serão processados e julgados por juízes de direito, seguindo o rito

---

[64]. Art. 327 do CP: "Considera-se funcionário público, para os efeitos penais, quem, embora transitoriamente ou sem remuneração, exerce cargo, emprego ou função pública."

descrito entres os arts. 513 e 518 do Código de Processo Penal, desde que afiançáveis. Para os crimes considerados inafiançáveis, seguir-se-á o procedimento ordinário. De igual modo, estão ressalvados os agentes detentores de foro por prerrogativa de função.

Desde já a peça acusatória será instruída com documentos ou justificação que façam presumir a existência do delito ou com declaração fundamentada da impossibilidade de apresentação de qualquer dessas provas. Em seguida, o juiz mandará autuar a denúncia/queixa e ordenará a notificação do acusado para responder por escrito, no prazo de 15 dias,[65] – observe: **trata-se de notificação, e não citação!**

Porém, de acordo com o entendimento pacífico do Superior Tribunal de Justiça, resultante no teor da Súmula n° 330, "é desnecessária a resposta preliminar de que trata o art. 514 do Código de Processo Penal – CPP na ação penal instruída por inquérito policial".

A resposta formulada pelo notificado também poderá ser instruída com os documentos e as justificações que entender pertinentes.

Com a peça acusatória e a resposta do agente em mãos, decidirá o magistrado:

a) pela rejeição da inicial, em despacho fundamentado, se convencido da inexistência do crime ou da improcedência da ação; ou

b) pelo recebimento da denúncia ou da queixa, quando entender plausível. Via de consequência, a autoridade judicial ordenará que o acusado seja citado e o processo prosseguirá nos moldes do procedimento comum.

10.3.3 Do processo e julgamento dos crimes contra a honra

Estão previstos entre os arts. 519 e 523 do Código de Processo Penal.

---

[65] Art. 514, parágrafo único, CPP: "Se não for conhecida a residência do acusado, ou este se achar fora da jurisdição do juiz, ser-lhe-á nomeado defensor, a quem caberá apresentar a resposta preliminar."

A **calúnia** consiste em imputar falsamente a alguém fato definido como crime, violando a honra objetiva da vítima, do mesmo modo que o delito de **difamação**, que significa a imputação de fato (não criminoso) ofensivo à reputação de outrem. Já a **injúria** refere-se à ofensa à dignidade ou ao decoro do indivíduo e diz respeito à honra subjetiva da vítima.

Antes de receber inicial acusatória, caberá ao magistrado oferecer às partes chance para se reconciliarem, fazendo-as comparecer em juízo e ouvindo-as em particular, sem a presença dos seus advogados, estimulando, assim, a autocomposição.

Se após ouvir as partes a autoridade judicial achar provável a reconciliação, promoverá entendimento entre elas na sua presença, oportunidade em que será assinado pelo querelante o termo da desistência, com o consequente arquivamento da queixa.

Quando oferecida a exceção da verdade[66] ou da notoriedade do fato imputado, o querelante poderá contestar a exceção dentro de dois dias, podendo ser inquiridas as testemunhas arroladas na queixa ou outras indicadas naquele prazo, em substituição às primeiras, ou para completar o máximo legal (art. 523 do CPP).

Caso não haja a reconciliação entre querelante e querelado, o feito segue os ritos descritos no procedimento comum.

Por fim, insta salientar o teor da Súmula nº 714 do Supremo Tribunal Federal, a qual assevera que "é concorrente a legitimidade do ofendido, mediante queixa, e do Ministério Público, condicionada à representação do ofendido, para a ação penal por crime contra a honra de servidor público em razão do exercício de suas funções".

10.3.4 Do processo dos crimes contra a propriedade imaterial

Os crimes contra a propriedade imaterial estão previstos no Código Penal. São eles: (1) violação de direito autoral; e (2) usurpação de nome ou pseudônimo alheio.

---

[66] Ver: art. 138, § 3º, do CP.

A ação penal será regida pelo procedimento comum, sendo que a diferenciação em relação a outras infrações refere-se à fase pré-processual, em consonância com a previsão entre os arts. 524 e 530-I do Código de Processo Penal.

a) **Se a ação for ajuizada mediante queixa.** Sem a prova de direito à ação, não será recebida a queixa ou ordenada qualquer diligência preliminarmente solicitada pelo ofendido. Contudo, poderá a parte requerer a busca e apreensão, ocasião em que dois peritos serão nomeados pelo juiz para realizar a diligência e subscrever o laudo pericial dentro de três dias.

O requerente impugnará o laudo quando entender contrário.

Após o encerramento das diligências os autos serão conclusos ao magistrado, para fins de homologação do laudo.

Entretanto, não será admitida queixa com fundamento em apreensão e em perícia depois de decorrido o prazo de 30 dias após a homologação do laudo.[67] Em vista disso, deverá o ofendido oferecer a queixa-crime dentro do prazo estipulado por lei.

Caso o crime for de ação pública e não tiver sido oferecida a queixa no prazo fixado, será dada vista ao Ministério Público.

b) **Se a ação for ajuizada mediante denúncia.** A ação penal pública prescinde da atuação da vítima, razão pela qual as diligências serão procedidas pela autoridade policial. Quando da apreensão será lavrado termo, assinado por duas ou mais testemunhas, com a descrição de todos os bens apreendidos e informações sobre suas origens, o qual integrará o inquérito policial ou o processo.

Em seguida realizar-se-á perícia por perito oficial (ou pessoa tecnicamente habilitada) sobre todos os bens apreendidos, bem como elaborado o laudo.

[67.] Art. 530, CPP: "Se ocorrer prisão em flagrante e o réu não for posto em liberdade, o prazo a que se refere o artigo anterior será de 8 (oito) dias."

Os titulares de direito de autor e os que lhe são conexos serão os fiéis depositários dos bens apreendidos, devendo colocá-los à disposição da autoridade judicial quando do ajuizamento da ação. Além disso, ressalvada a possibilidade de se preservar o corpo de delito, o magistrado poderá determinar, mediante requerimento do ofendido, a destruição dos objetos apreendidos quando não houver impugnação quanto à sua ilicitude ou se a ação penal não puder ser iniciada por falta de determinação de quem seja o autor do ilícito.

Posteriormente, o Ministério Público ajuizará a ação penal, que seguirá o rito comum.

Se ao final houver a prolatação de sentença penal condenatória, o juiz poderá determinar a destruição dos bens ilicitamente produzidos ou reproduzidos e o perdimento dos equipamentos apreendidos, desde que precipuamente destinados à produção e reprodução dos bens, em favor da Fazenda Nacional, que deverá destruí-los ou doá-los aos Estados, Municípios e Distrito Federal, a instituições públicas de ensino e pesquisa ou de assistência social, bem como incorporá-los, por economia ou interesse público, ao patrimônio da União, que não poderão retorná-los aos canais de comércio.

11

Nulidades

11.1 Disposições gerais

A Constituição da República assegura a garantia ao devido processo legal, razão pela qual deve ser obedecida a sequência de atos processuais previamente estipulada em lei, que foi idealizada pelo legislador, para que o magistrado sentenciante, ao final, melhor profira sua decisão.

Desse modo, é substancial que haja o respeito ao procedimento que está previsto no ordenamento jurídico, até porque sua função é justamente resguardar o acusado de possíveis abusos estatais, bem como auxiliar o magistrado na prolatação da sentença, de forma que eventuais desvios podem ensejar a nulidade da ação.

Assim, as **nulidades** processuais significam **o desacatamento à ordem legal**, **o descumprimento do que está descrito na lei**, de maneira que sua existência ensejará a não produção dos efeitos desejados ao processo em razão da verificação do vício.

Em outras palavras, de acordo com Renato Brasileiro de Lima, a corrente majoritária considera a nulidade como "espécie de sanção aplicada ao ato processual defeituoso, privando-o de seus efeitos regulares. Tendo em conta que a forma prevista em lei não foi observada, aplica-se a sanção de nulidade a este ato viciado, daí por que se fala em 'declaração de nulidade', no sentido de privar o ato de seus efeitos regulares" (LIMA, 2015, p. 1559). E exemplifica: "se o interrogatório do acusado em juízo foi realizado sem a presença do defensor, caberá à defesa impugnar eventual decreto condenatório por meio de apelação, sem prejuízo da utilização de *habeas corpus*, objetivando o reconhecimento da nulidade absoluta do referido ato processual" (LIMA, 2015, p. 1559).

11.2 Sistemas

A depender das regras adotadas pelo país, as nulidades poderão estar inseridas em três diferentes sistemas:

a) o legalista;
b) o da instrumentalidade das formas; ou
c) o misto/eclético.

O sistema legalista não admite o cometimento de equívocos ou irregularidades a partir do que está legalmente previsto, isto é, a partir do momento em que o processo deixa de seguir a forma preestabelecida, é presumida, de forma absoluta, a sua nulidade. Prega-se pelo exacerbado rigor formal.

Por outro lado, o sistema da instrumentalidade das formas é o adotado na legislação brasileira, segundo a doutrina majoritária, e consiste na convalidação de certas nulidades quando o ato processual, embora eivado de erros, tenha cumprido sua finalidade e não haja prejuízos às partes. Entende que a forma do ato é importante e está prevista para nortear o ordenamento, mas que poderá deixar de ser observada quando o processo atinge o fim desejado.

Ou seja, "o processo penal rege-se pelo princípio da instrumentalidade das formas, do qual se extrai que as formas, ritos e procedimentos não encerram fins em si mesmos, mas meios de se garantir um processo justo e equânime, que confira efetividade aos postulados constitucionais da ampla defesa, do contraditório e do devido processo legal".[1]

De acordo com Ada Pellegrini, Antônio Scarance e Antônio Magalhães Gomes Filho,

> nota-se uma evolução bastante sensível nos ordenamentos modernos; no lugar do denominado sistema de legalidade das formas, em que o legislador enumerava taxativamente os casos de nulidade, praticamente sem deixar espaço à discricionariedade do juiz na apreciação das consequências do vício, predomina hoje em dia o sistema da instrumentalidade das formas, em que se dá maior valor à finalidade pela qual a forma foi instituída e ao prejuízo causado pelo ato atípico (GRINOVER; FERNANDES; GOMES FILHO, 2004, p. 30-31).

Inclusive, prevê o art. 566 do Código de Processo Penal que "não será declarada a nulidade de ato processual que não houver influído na apuração da verdade substancial ou na decisão da causa".

Finalmente, o sistema misto/eclético nada mais é do que a diversificação dos dois sistemas anteriormente citados, havendo elementos pontuais de cada um deles.

Em suma, podemos afirmar que "o sistema das nulidades no processo penal brasileiro é norteado pelos princípios do prejuízo, da causalidade, do interesse e da convalidação, pelos quais, em síntese, os mecanismos processuais e formalidades do processo devem objetivar à solução do caso concreto, urgindo que os modelos legais sofram temperamentos".[2]

11.3 Princípios

São princípios regentes em matéria de nulidades:

[1.] STF, HC 111472, Relator(a): Min. Luiz Fux, 1ª T., julgado em 25-6-2013, DJe 14-8-2013.
[2.] STJ, AgRg no HC 285.221/SP, Rel. Min. Antônio Saldanha Palheiro, 6ª T., julgado em 10-5-2016, DJe 19-5-2016.

a) Do **prejuízo**: encontra-se em sintonia com o sistema da instrumentalidade das formas, haja visto que para se decretar a nulidade do ato é necessária a efetiva demonstração do prejuízo às partes. Consoante o art. 563 do Código de Processo Penal, nenhum ato será declarado nulo se da nulidade não resultar prejuízo para a acusação ou para a defesa.

Também é denominado *pas de nullité sans grief*.

Igualmente, entende o Superior Tribunal de Justiça que "o reconhecimento de nulidades no curso do processo penal reclama efetiva demonstração de prejuízo à parte, sem a qual prevalecerá o princípio da instrumentalidade das formas positivado pelo art. 563 do CPP (*pas de nullité sans grief*)".[3]

b) Da **causalidade**: uma vez declarada a nulidade de um ato, os subsequentes que dele diretamente dependam ou sejam sua consequência também serão nulos, cabendo ao juiz que pronunciar a nulidade declarar os atos aos quais a ela se estendem.

Sobre o tema, eis um caso prático decidido pelo Supremo Tribunal Federal: "A decretação de nulidade de um ato apenas acarreta a nulidade de outros que dele sejam dependentes. Assim, é nulo o interrogatório realizado por meio de sistema de videoconferência com base em legislação anterior à Lei 11.719/2008 e todos os demais atos subsequentes, à exceção do depoimento das testemunhas."[4]

c) Da **conservação**: deverá ser observada a individualidade dos atos processuais, de sorte que se um ato é considerado nulo a anulação dos demais não se dá de modo automático, devendo ser analisado o contexto processual com o fito de aproveitar os atos não contaminados.[5]

[3.] STJ, AgRg no AREsp 1271168/SP, Rel. Min. Ribeiro Dantas, 5ª T., julgado em 19-9-2019, DJe 24-9-2019.

[4.] STF, HC 99.609, Rel. Min. Ricardo Lewandowski, j. 9-2-2010, 1ª T., DJe 5-3-2010.

[5.] Exemplifiquemos: "audiência una para a oitiva de três testemunhas de acusação, de uma de defesa e do ofendido; se apenas duas testemunhas de acusação aparecerem e o juiz as ouvir, juntamente com o ofendido e a testemunha de defesa, deixando para ouvir a testemunha de acusação faltante em audiência na semana seguinte, haverá nulidade

Nulidades 453

d) Do **interesse**: para arguir a nulidade deverá a parte ter interesse na sua decretação.

Todavia, ninguém poderá suscitar a nulidade que tenha dado causa, ou para que tenha concorrido, de forma a beneficiar quem se vale da própria torpeza.

Logo, "a lei também não reconhece o interesse de quem tenha dado causa à irregularidade, aplicando-se nesse particular o preceito *nemo auditur propriam turpitudinem allegans*; dar causa, nessa hipótese, não exige dolo ou culpa da parte, mas apenas o fato objetivo" (GRINOVER; FERNANDES; GOMES FILHO, 2004, p. 37).

e) Da **convalidação**: o princípio da convalidação tem aplicabilidade nas consideradas nulidades relativas, e significa a possibilidade de ratificação, confirmação, legitimação do ato processual inicialmente viciado sempre quando sua validade não implicar prejuízos à parte contrária.

A título exemplificativo, acórdão proferido no âmbito do Superior Tribunal de Justiça aduz que "a não observância da regra da competência, no caso territorial em razão da matéria, atinente à especialização de varas, não importa automaticamente na nulidade do feito, posto que não é absoluta, mas relativa, sendo possível ao Juízo a convalidação dos atos praticados, inclusive os decisórios".[6]

São consideradas formas de convalidação:

- A **ratificação** propriamente dita, consistente na validação do ato inicialmente viciado;
- A **preclusão**, na qual a parte não suscita a nulidade no momento oportuno, perdendo o direito de fazê-la, o que, consequentemente, gera a confirmação tácita do ato praticado;

---

6. (relativa), por inversão da ordem de testemunhas; a nulidade referente à inversão das oitivas de testemunha não afeta a validade da oitiva do ofendido e daquelas de acusação da primeira audiência, tendo em vista que nulo foi ouvir uma testemunha da acusação após a oitiva da testemunha de defesa apenas" (COSTA; ARAÚJO; 2018, p. 1109 e 1110). STJ, AgRg no REsp 1758299/SC, Rel. Min. Sebastião Reis Júnior, 6ª T., julgado em 7-5-2019, DJe 20-5-2019.

- A **coisa julgada**, pois não há que se falar em anulação de atos quando já proferida a sentença definitiva (salvo revisão criminal, mas apenas em favor do réu);
- A **substituição**, que considera sanada a nulidade, quando o interessado comparece em juízo, em detrimento da falta ou da nulidade da citação, da intimação ou notificação; e
- O **suprimento**, em caso de omissões da denúncia ou da queixa, da representação, as quais poderão ser supridas a todo o tempo antes da prolatação da sentença final.

f) Da **boa-fé**: prevalecerá na relação processual a boa-fé objetiva, a lealdade entre as partes, sendo vedada a prática de condutas contraditórias para evitar o retardamento da ação. E, conforme já ressaltado, não poderá a parte arguir nulidade que ela própria tenha causado, violando, pois, a cooperação processual.

11.4 Espécies

São duas as espécies de nulidade: **absoluta** e **relativa**.

Como bem ressalta Rogério Sanches Cunha (CUNHA; PINTO, 2017, p. 1351).

> nem sempre será fácil, na prática, identificar se a atipicidade formal configura uma nulidade relativa ou absoluta. Conceituar-se singela irregularidade não importa em grande dificuldade, por encerrar, no mais das vezes, mera falha, sem maiores consequências (...) O problema se instala – repetimos – ao procurar definir, na análise da hipótese concreta, se determinado ato, praticado ao arrepio da forma legal, configura nulidade relativa ou absoluta, havendo, não é raro, entendimentos doutrinários e jurisprudenciais inconciliáveis entre si.

Além disso, insta salientar que eventuais irregularidades ocorridas no bojo do inquérito policial não são hábeis a ensejar a decretação da nulidade da ação penal, estando a referida tese pacificada no âmbito dos tribunais superiores.[7]

11.4.1 Nulidade absoluta

Trata-se de vícios definitivamente **insanáveis**, impassíveis de convalidação pelo magistrado, haja vista que versam sobre matérias de **interesse público**. Contudo, "a demonstração do prejuízo – que, em alguns casos, por ser evidente, pode decorrer de simples procedimento lógico do julgador – é reconhecida pela jurisprudência atual como essencial tanto para a nulidade relativa quanto para a absoluta, conforme retratado pelo STF por ocasião do julgamento do HC 122.229/SP" (2ª T., DJe 29-5-2014).[8] Via de consequência, é substancial a comprovação do prejuízo sofrido pela parte contrária, não obstante se trate de nulidade de natureza absoluta.

Por ser vício de interesse público, **a nulidade poderá ser reconhecida pelo juiz, de ofício**, assim como as partes, mediante requerimento, a qualquer tempo poderão suscitá-la. Dessa feita, "se a nulidade de ato processual, por ausência de formalidade indeclinável, é daquelas que possam prejudicar a apuração da verdade substancial e, com isso, influir para que a decisão fique falha ou errônea, não ocorre preclusão" (MARQUES, 1997b, p. 401).

Hipóteses:

a) Incompetência em razão da matéria, da pessoa ou funcional.

A competência em razão da matéria (*ratione materiae*) é estabelecida de acordo com a natureza do crime. Já a competência em razão da pessoa versa sobre os agentes com foro por prerrogativa de função, de modo que em decorrência do cargo público serão processados em foro específico (*ratione personae*). Por fim, a competência

---

[7.] Nesse sentido: "se consolidou no âmbito deste Sodalício o entendimento no sentido de que eventuais irregularidades verificadas no decorrer do inquérito policial não contaminam a ação penal" (STJ, HC 353.232/MG, Rel. Min. Jorge Mussi, 5ª T., julgado em 28-6-2016, DJe 1-8-2016).

[8.] STJ, Informativo nº 580, período: 2 a 13-4-2016.

funcional é definida entre os juízes competentes para decidir o feito a partir da fase processual em que se encontra a demanda.

A incompetência do juízo anula os atos decisórios proferidos,[9] devendo o processo, quando declarada a nulidade, ser remetido ao magistrado competente. Entretanto, de acordo com entendimento já pacificado pela jurisprudência, "mesmo nos casos de incompetência absoluta é possível a ratificação dos atos decisórios, razão pela qual as provas colhidas ou autorizadas por juízo aparentemente competente podem ser confirmadas *a posteriori*, consoante já decidiu o Supremo Tribunal Federal".[10]

b) Suborno do juiz.

O suborno consiste no recebimento de vantagem – pecuniária ou não –, pelo juiz, com o objetivo de que profira a decisão em determinado sentido. E, por corromper diretamente o magistrado e sua imparcialidade, sendo inclusive considerado fato criminoso, cuida-se de causa que gera a nulidade absoluta da ação penal.

c) Ilegitimidade *ad causam*.

Diz respeito às pessoas que serão os sujeitos da relação processual quem figurará nos polos ativo e passivo da lide, de sorte que a ilegitimidade *ad causam* é ensejadora de nulidade absoluta da causa.

d) Pela falta da denúncia ou queixa e a representação.

Não há que se falar em início do processo sem o ajuizamento da peça acusatória, motivo pelo qual é absolutamente nula a demanda cuja denúncia ou queixa-crime estejam ausentes. Ademais, em caso de crimes objetos de ação penal pública condicionada, o processo apenas terá prosseguimento quando verificada a presença de representação

---

[9]. Nesse sentido: "Meros atos de instrução da causa não são atos decisórios, não incidindo a norma do art. 567 do CPP. É possível o aproveitamento dos atos da instrução" (STF, AP 695 AgR, Rel. Min. Joaquim Barbosa, j. 13-2-2014, DJe 11-3-2014).

[10]. STJ, AgRg no RHC 109.684/BA, Rel. Min. Jorge Mussi, 5ª T., julgado em 30-5-2019, DJe 7-6-2019.

do ofendido, ou, em algumas hipóteses, de requisição do Ministro da Justiça – condições de procedibilidade.

Em contrapartida, eventuais omissões da denúncia ou da queixa e da representação poderão ser supridas a todo o tempo antes da sentença final.

e) O exame de corpo de delito nos crimes que deixam vestígios.

A realização de exame de corpo de delito nos denominados crimes não transeuntes é imprescindível. Sua ausência gera a nulidade absoluta do feito, salvo quando não for possível sua efetivação, por haverem desaparecido os vestígios, oportunidade em que a prova testemunhal poderá suprir-lhe a falta.

O art. 158 do Código de Processo Penal proclama a hipótese em questão, prevendo que quando a infração deixar vestígios será indispensável o exame de corpo de delito, direto ou indireto, não podendo supri-lo a confissão do acusado.

Portanto,

> havendo um homicídio, por exemplo, sem laudo necroscópico, nem outra forma válida de produzir a prova de existência da infração penal, deve ser decretada a nulidade do processo. Trata-se de nulidade absoluta. O inciso em comento, entretanto, ajustado ao disposto nos arts. 158 e 167 do Código de Processo Penal estabelece a possibilidade de se formar o corpo de delito de modo indireto, ou seja, por meio de testemunhas. De um modo ou de outro, não pode faltar corpo de delito (NUCCI, 2015, p. 1119).

f) Nomeação de defensor ao réu presente que não o tiver ou ao ausente.

Estudamos que a defesa técnica é indisponível, não podendo a parte renunciá-la – ao contrário da autodefesa. Em vista disso, será necessariamente nomeado defensor ao réu presente que não constituir advogado, e ao ausente, sob pena de nulidade absoluta da ação por cerceamento de defesa.

Porém, salienta-se o teor da Súmula nº 523 do Supremo Tribunal Federal, a qual dispõe que: "no processo penal, a falta da defesa constitui nulidade absoluta, mas sua deficiência só o anulará se houver prova de prejuízo para o réu".

Outrossim, "nos termos do art. 4º da Lei 8.906/1994, são nulos todos os atos privativos de advogado praticados por pessoa não inscrita na OAB".[11]

g) A intervenção do Ministério Público em todos os termos da ação por ele intentada e nos da intentada pela parte ofendida quando se tratar de crime de ação pública.

A atuação do órgão ministerial possui previsão constitucional, de sorte que sua intervenção em todos os atos do processo é necessária, sobretudo nos postulatórios e instrutórios, sendo que a lei assevera a necessidade de sua intervenção, como autor ou fiscal da lei (*custos legis*). Nesse passo, deve comparecer a todos os atos do processo e manifestar-se nas hipóteses legais, sob pena de nulidade.

No entanto, o Código de Processo Penal ressalva, em seu art. 572, que a necessidade de intervenção ministerial será arguida em tempo oportuno, além de dispor ser possível a convalidação do ato quando este tiver atingido o seu fim (ainda que praticado de maneira diversa) e a parte aceitado os seus efeitos – seria, pois, uma nulidade relativa.

h) Citação do réu, quando presente, para ver processar seu interrogatório e os prazos concedidos à acusação e à defesa.

Acarretam a declaração de nulidade absoluta:

■ a falta de citação do réu, por ser o ato processual o qual oportuniza ao acusado o exercício do contraditório. A nulidade, todavia, estará sanada se o citando se apresentar em juízo;[12]

---

[11]   STF, RHC 119.900, Rel. Min. Teori Zavascki, j. 5-5-2015, 2ª T., *DJe* 20-5-2015.
[12]   Sobre o tema: "Irregularidade na citação fica sanada pelo comparecimento espontâneo do réu e pela constituição de defesa técnica" (STF, HC 96.465, Rel. Min. Dias Toffoli, j. 14-12-2010, 1ª T., *DJe* 6-5-2011).

> **Jurisprudência**
>
> **Nulidade absoluta por falta de citação**
>
> "Ainda que o réu tenha constituído advogado antes do oferecimento da denúncia – na data da prisão em flagrante – e o patrono tenha atuado, por determinação do Juiz, durante toda a instrução criminal, é nula a ação penal que tenha condenado o réu sem sua presença, o qual não foi citado nem compareceu pessoalmente a qualquer ato do processo, inexistindo prova inequívoca de que tomou conhecimento da denúncia" (STJ, Informativo n° 580, período: 2 a 13-4-2016).

- a ausência do interrogatório do acusado, quando estiver presente, salvo se renunciar ao exercício de tal direito; e
- a inobservância dos prazos concedidos, a depender do ato processual.

i) A pronúncia.

Vimos que a pronúncia é a decisão que submete o acusado ao julgamento perante o Tribunal do Júri e será proferida quando o juiz estiver convencido da materialidade do fato e da existência de indícios suficientes de autoria ou participação do acusado. Consequentemente, a sua ausência justifica a nulidade absoluta do feito, já que a partir dessa decisão ficarão os jurados adstritos aos seus termos, tratando-se de ato indispensável.

Por outro lado, "as nulidades ocorridas após a sentença de pronúncia devem ser alegadas tão logo quando anunciado o julgamento e apregoadas as partes, nos termos do art. 571, V, do CPP, sob pena de preclusão".[13]

j) A intimação do réu e das testemunhas para a sessão de julgamento pelo Tribunal do Júri.

---

[13] STJ, HC 498.507/TO, Rel. Min. Reynaldo Soares da Fonseca, 5ª T., julgado em 11-6-2019, DJe 27-6-2019.

O acusado e as testemunhas deverão ser intimados a comparecer na sessão de julgamento pelo Tribunal do Júri. Porém, o não comparecimento do réu solto que tiver sido regularmente intimado não enseja o adiamento do ato – diferentemente do réu preso, salvo recusa.

k) O sorteio dos jurados do Conselho de Sentença em número legal e sua incomunicabilidade.

O desrespeito ao quórum mínimo de 15 jurados para abertura da sessão de julgamento do Tribunal do Júri, assim como a ausência de sete jurados aptos a compor o Conselho de Sentença, ocasiona a nulidade absoluta da ação. Aqui deverá o juiz-presidente proceder ao adiamento da sessão.

De forma similar também não será admitida a violação à incomunicabilidade entre os jurados, os quais serão advertidos pela autoridade competente sobre manifestações subjetivas acerca da causa julgada.

l) Os quesitos e as respectivas respostas.

Os quesitos serão redigidos em proposições afirmativas, simples e distintas, e serão votados após a distribuição de pequenas cédulas: sete delas contendo a palavra SIM, e sete a palavra NÃO.

A falta de quesitação justifica a nulidade absoluta do feito.

Nesse sentido, a Súmula n° 156 do Supremo Tribunal Federal assevera que "é absoluta a nulidade do julgamento, pelo júri, por falta de quesito obrigatório".

m) A acusação e a defesa, na sessão de julgamento.

A ausência do membro ministerial no julgamento do Tribunal do Júri enseja o adiamento da sessão para o primeiro dia desimpedido da mesma reunião, sendo que, se injustificada, será imediatamente comunicada a falta ao Procurador-Geral de Justiça.

Identicamente, a ausência do advogado, quando motivada, acarreta o natural adiamento do julgamento. No entanto, caso seja imotivada, o réu possui a faculdade de constituir outro defensor. Se não o fizer, o fato será imediatamente comunicado ao presidente da seccional da Ordem dos Advogados do Brasil, com a data designada para a nova sessão.

Ou seja, não há julgamento sem participação da acusação e da defesa, de forma que sua realização, nesses moldes, é causa de nulidade absoluta do ato, por afronta ao princípio do contraditório.

n) A sentença.

A falta da sentença é justificativa hábil a gerar a nulidade absoluta do processo. Perceba que não se trata de vícios eventualmente contidos na decisão (ex.: ausência de relatório), e sim a inexistência do ato processual em si.

o) O recurso de ofício nos casos em que a lei o tenha estabelecido.

Os recursos são dotados de voluntariedade, cabendo à parte interpor sua irresignação para ser apreciada em segunda instância. Porém, o ordenamento jurídico prevê que, em alguns casos, será realizado o reexame necessário, isto é, o próprio juiz, de ofício, submeterá a demanda à análise recursal.

São eles: (a) a sentença que conceder *habeas corpus*; (b) a sentença que conceder a reabilitação do condenado; e (c) as hipóteses descritas na legislação extravagante.

Destarte, constatando-se ser caso de reexame necessário, será o feito encaminhado ao juízo *ad quem*, sob pena de decretação de nulidade absoluta, salvo se uma das partes interpor recurso voluntário, ocasião em que serão sanados eventuais vícios.

p) A intimação, nas condições estabelecidas pela lei, para ciência de sentenças e despachos dos quais caiba recurso.

Se da decisão proferida couber a interposição de recurso as partes serão necessariamente intimadas do seu teor, a fim de que tomem as medidas que entender cabíveis, sob pena de cerceamento de defesa, o que enseja a nulidade da ação.

Ressai da Súmula nº 708 do Supremo Tribunal Federal que "é nulo o julgamento da apelação se, após a manifestação nos autos da renúncia do único defensor, o réu não foi previamente intimado para constituir outro".

No mesmo sentido, "forçoso reconhecer a nulidade de intimação efetuada, pois realizada em nome de advogado que já renunciara aos poderes que lhe tinham sido outorgados. Necessária a realização de novo julgamento, com a intimação no nome dos procuradores devidamente habilitados nos autos, reabrindo-se o prazo para eventuais recursos".[14]

E, ainda, "constitui prerrogativa da Defensoria Pública a intimação pessoal para todos os atos do processo, sob pena de nulidade".[15]

q) O quórum legal para o julgamento em tribunais.

Em consonância com o regimento interno de cada órgão colegiado, deverá ser atingido um quórum mínimo para instauração da sessão e julgamento do processo. A ação será nula se o ato for realizado sem o número de julgadores inicialmente previsto.

r) Omissão de formalidade que constitua elemento essencial do ato.

Enquadram-se, aqui, todas as demais hipóteses descritas ao longo do ordenamento, ensejadoras de decretação da nulidade, a depender da natureza do ato e seus desdobramentos.

A título exemplificativo, é pacífico o entendimento jurisprudencial no sentido de que "a obtenção de conversas mantidas por redes sociais, tais como o WhatsApp, sem a devida autorização judicial, revela-se ilegal" e acarreta a nulidade absoluta da ação penal.

[14.] STF, HC 117.446, Rel. Min. Rosa Weber, j. 11-3-2014, 1ª T., DJe 27-3-2014.
[15.] STJ, AgInt no REsp 1710994/MG, Rel. Min. Paulo De Tarso Sanseverino, 3ª T., julgado em 13-5-2019, DJe 17-5-2019.

> **Jurisprudência**
>
> **Súmulas do STF**
>
> **Súmula nº 707:** "Constitui nulidade a falta de intimação do denunciado para oferecer contrarrazões ao recurso interposto da rejeição da denúncia, não a suprimindo a nomeação de defensor dativo."
>
> **Súmula nº 431:** "É nulo o julgamento de recurso criminal, na segunda instância, sem prévia intimação, ou publicação da pauta, salvo em *habeas corpus*."
>
> **Súmula nº 366:** "Não é nula a citação por edital que indica o dispositivo da lei penal, embora não transcreva a denúncia ou queixa, ou não resuma os fatos em que se baseia."
>
> **Súmula nº 361:** "No processo penal, é nulo o exame realizado por um só perito, considerando-se impedido o que tiver funcionado anteriormente na diligência de apreensão."
>
> **Súmula nº 351:** "É nula a citação por edital de réu preso na mesma unidade da Federação em que o juiz exerce a sua jurisdição."
>
> **Súmula nº 160:** "É nula a decisão do tribunal que acolhe, contra o réu, nulidade não arguida no recurso da acusação, ressalvados os casos de recurso de ofício."

s) Decisão carente de fundamentação.

Todas as decisões serão fundamentadas, em atendimento à norma contida no art. 93, inciso IX, da Constituição da República, de modo que a ausência de motivação resultará na anulação da decisão.

E, de acordo com a inteligência do art. 315, § 2º, do Código de Processo Penal, não se considera fundamentada qualquer decisão judicial, seja ela interlocutória, sentença ou acórdão, que:

- Limitar-se à indicação, à reprodução ou à paráfrase de ato normativo, sem explicar sua relação com a causa ou a questão decidida;
- Empregar conceitos jurídicos indeterminados, sem explicar o motivo concreto de sua incidência no caso;

- Invocar motivos que se prestariam a justificar qualquer outra decisão;
- Não enfrentar todos os argumentos deduzidos no processo capazes de, em tese, infirmar a conclusão adotada pelo julgador;
- Limitar-se a invocar precedente ou enunciado de súmula, sem identificar seus fundamentos determinantes nem demonstrar que o caso sob julgamento se ajusta àqueles fundamentos; ou
- Deixar de seguir enunciado de súmula, jurisprudência ou precedente invocado pela parte, sem demonstrar a existência de distinção no caso em julgamento ou a superação do entendimento.

Importante!

As nulidades referentes: (a) aos prazos concedidos à acusação e à defesa; (b) à intervenção do Ministério Público da ação por ele intentada ou quando ajuizada pela parte ofendida, quando se tratar de crime de ação pública; (c) à intimação do réu e das testemunhas para a sessão de julgamento do Tribunal do Júri; e (d) à omissão de formalidade que constitua elemento essencial do ato, serão relativas, e considerar-se-ão sanadas, sendo os atos considerados retificados se, cumulativamente: (a) **não forem arguidas em tempo oportuno;** (b) o ato tiver atingido o seu fim, ainda que praticado de maneira diversa; e (c) tiver a parte, ainda que tacitamente, aceitado os seus efeitos.

11.4.2 Nulidade relativa

Já as **nulidades relativas** derivam de irregularidades sanáveis, podendo ser convalidadas pela autoridade judiciária se não arguidas no momento processual oportuno pela parte, visto que dizem respeito a matérias atinentes ao interesse particular, devendo, aqui, também ser efetivamente demonstrado o prejuízo às partes.

Não poderá o magistrado reconhecê-las de ofício, cabendo ao interessado suscitar a nulidade no momento adequado, sob pena de prorrogação do ato, que embora inicialmente viciado, passará a ser válido.

Hipóteses:

a) Incompetência em razão do local.

A competência em razão do local consiste em determinar qual é o foro territorial cabível para fins de ajuizamento de determinada ação penal. Em regra, o acusado será processado e julgado no lugar em que se consumar o delito, ou, em caso de crime tentado, no local em que for praticado o último ato de execução. Mas, não sendo arguida a questão no tempo cabível, o juízo inicialmente incompetente passa a ter atribuição para julgar a causa.

Além disso, o STF já decidiu pela "inexistência de nulidade do decreto prisional por incompetência do juízo, pois o tribunal de Justiça estadual ratificou expressamente os atos praticados pelo juízo processante em razão da competência territorial concorrente".[16]

b) Suspeição.

A exceção de suspeição será oposta pela parte interessada quando uma das hipóteses descritas no art. 254 do Código de Processo Penal incidir sobre o feito ou quando existir dúvidas subjetivas acerca da imparcialidade do magistrado, do Ministério Público, dos jurados ou dos serventuários da justiça.

Embora silente o Código Processual, aqui entendem-se também inseridas as causas de impedimento (art. 252, CPP) e incompatibilidade (art. 112, CPP), as quais estudamos no capítulo referente às questões e processos incidentes.

Cumpre destacar que muitos doutrinadores entendem se tratar a suspeição de hipótese ensejadora de nulidade absoluta. Todavia, de acordo com o entendimento do STF, "a presunção de parcialidade nas hipóteses de suspeição é relativa, pelo que cumpre ao interessado argui-la na primeira oportunidade, sob pena de preclusão".[17]

Outrossim, em decisão recente, o Superior Tribunal de Justiça esclareceu que "a ausência de afirmação da autoridade policial de sua

---

[16] STF, HC 96.775, Rel. p/ o ac. Min. Dias Toffoli, j. 20-4-2010, 1ª T., DJe 28-5-2010.
[17] STF, HC 107.780, Rel. Min. Cármen Lúcia, j. 13-9-2011, 1ª T., DJe 5-10-2011.

própria suspeição não eiva de nulidade o processo judicial por si só, sendo necessária a demonstração do prejuízo suportado pelo réu".[18]

c) Ilegitimidade *ad processum*.

Cuida-se de pressuposto processual de validade, onde é necessária a verificação da capacidade da parte para estar em juízo. Em contrapartida, a nulidade por ilegitimidade do representante da parte poderá ser a todo tempo sanada, mediante ratificação dos atos processuais.

d) Deficiência dos quesitos.

A ausência de quesitação enseja a decretação de nulidade absoluta. Porém, a deficiência dos quesitos ou das suas respostas, bem como a contradição entre estas, é causa de nulidade relativa, devendo as partes, no momento adequado – após a leitura dos quesitos –, suscitar a presença de vício, sob pena de preclusão, com a consequente convalidação do ato.

Jurisprudência

Súmulas do STF

Súmula nº 706: "É relativa a nulidade decorrente da inobservância da competência penal por prevenção."

Súmula nº 155: "É relativa a nulidade do processo criminal por falta de intimação da expedição de precatória para inquirição de testemunha."

Enfim, também é pacífico na jurisprudência do Superior Tribunal de Justiça que "a inobservância da regra de informação quanto ao direito ao silêncio gera apenas nulidade relativa, cuja declaração depende da comprovação do prejuízo".[19]

---

[18]. STJ, Informativo nº 704 – REsp 1.942.942/RO, Rel. Min. Ribeiro Dantas, 5ª T., julgado em 10-8-2021.
[19]. STJ, AgRg no HC 506.975/RJ, Rel. Min. Reynaldo Soares da Fonseca, 5ª T., julgado em 6-6-2019, DJe 27-6-2019.

12

Recursos

12.1 Disposições gerais

Embora considerado princípio implícito da Constituição Federal, o duplo grau de jurisdição possui previsão legal no Código de Processo Penal, e possibilita a reanálise das decisões prolatadas à parte que se sentir lesada. Portanto, quando entender que o *decisum* proferido não se encontra em consonância com as provas dos autos ou com o disposto no ordenamento jurídico, caberá ao interessado a interposição de recurso, em regra, ao juízo *ad quem*, com o fito de questionar a decisão tomada.

Nesse viés, prevê a lei que os legitimados para recorrer das decisões são: (a) o Ministério Público; (b) o querelante; e (c) o réu, seu procurador ou defensor. Entretanto, trata-se de rol exemplificativo (ex.: em determinados casos, poderá o assistente de acusação apresentar a pretensão recursal).

O recurso será interposto por petição ou termo nos autos, e será subscrito pelo recorrente[1] ou seu representante. Após o despacho do juiz será entregue ao escrivão, até o dia seguinte ao último do prazo, para certidão da data da entrega.

---

[1]. Art. 578, § 1º, CPP: "Não sabendo ou não podendo o réu assinar o nome, o termo será assinado por alguém, a seu rogo, na presença de duas testemunhas."

Ademais, depois da interposição do recurso, é necessária a observância do princípio do contraditório, de modo que seja possibilitado à parte contrária manifestar-se sobre a irresignação do seu "oponente".[2]

12.2 Princípios

São princípios que regem a matéria de recursos:

a) **Voluntariedade:** em regra, a parte deverá interpor o recurso, não podendo o Estado, por meio da figura do juiz, requerer o reexame da decisão, de ofício. A iniciativa necessariamente partirá do interessado.

Assim, por mais absurda que pareça ser a decisão proferida pelo magistrado, não se pode obrigar a parte vencida a protocolar um recurso. Cuida-se de faculdade processual, direito disponível, incumbindo ao interessado decidir por sua interposição ou não.[3]

Todavia, excetuam-se os denominados recursos de ofício, os quais são hipóteses previstas legalmente, que obrigam a remessa necessária, pelo juiz, ao tribunal. Dessa forma, a sentença que conceder *habeas corpus* ou a reabilitação do condenado será obrigatoriamente encaminhada para reexame em segundo grau, bem como outros casos descritos na legislação extravagante.

Jurisprudência

■ "Nos termos do art. 594, *caput*, do CPP, vigora no sistema processual brasileiro o princípio da voluntariedade, o qual faculta à defesa técnica

---

[2.] Sobre o tema, vejamos o teor da Súmula n° 431 do STF: "É nulo o julgamento de recurso criminal, na segunda instância, sem prévia intimação, ou publicação da pauta, salvo em *habeas corpus*."

[3.] Nesse sentido: "Também possui entendimento pacífico de que, se a defesa fora intimada da sentença de pronúncia e não manifestou a pretensão de recorrer, é aplicável a regra processual da voluntariedade dos recursos (art. 574, *caput*, do CPP)" (STJ, Informativo n° 0399, período: 15 a 19-6-2009).

a interposição de recurso contra decisão desfavorável ao réu" (STJ, RHC 100.213/SP, Rel. Min. Ribeiro Dantas, 5ª T., julgado em 4-6-2019, *DJe* 11-6-2019).

■ "A ausência de interposição do recurso de apelação não enseja o reconhecimento de nulidade. Deve-se observar que diante do caráter de voluntariedade do recurso, sua não interposição não implica ausência de defesa" (STJ, HC 422.054/SP, Rel. Min. Reynaldo Soares da Fonseca, 5ª T., julgado em 16-5-2019, *DJe* 27-5-2019).

b) **Interesse:** a parte que interpõe o recurso deve ter interesse no seu deferimento, sob pena de prejudicialidade da irresignação, haja vista não ter sentido, por exemplo, que a defesa recorra de uma sentença que absolve o acusado por ausência de materialidade delitiva. Ora, fora proferida a mais benéfica decisão possível ao réu.

Da leitura do parágrafo único do art. 577 do Código Processual, infere-se que "não se admitirá, entretanto, recurso da parte que não tiver interesse na reforma ou modificação da decisão".

c) **Taxatividade:** as espécies de recursos estão expressamente descritas na legislação, não sendo possível a interposição sem previsão legal, aquela atípica. Desse modo, o rol de recursos é **taxativo**.

d) **Unirrecorribilidade**: cada espécie de recurso prevista na legislação objetiva atacar decisões específicas. Não haverá, para um mesmo *decisum*, duas possibilidades distintas de recurso. Ao contrário, cada caso prático possui uma única previsão acerca de qual é a espécie recursal cabível para o enfrentamento da decisão objurgada.

Jurisprudência

■ "Interpostos dois recursos pela mesma parte contra a mesma decisão, não se conhece daquele apresentado em segundo lugar, por força dos princípios da unirrecorribilidade e da preclusão consumativa" (STJ, AgRg no AREsp 1.442.229/RJ, Rel. Min. Nefi Cordeiro, 6ª T., julgado em 6-8-2019, DJe 12-8-2019).

■ "Ao manejar o presente remédio constitucional concomitantemente com o recurso especial interposto e já admitido na origem, a defesa pretende a obtenção da mesma prestação jurisdicional em mais de uma via de impugnação, circunstância que caracteriza ofensa ao princípio da unirrecorribilidade das decisões judiciais. Precedentes" (STJ, AgRg no HC 502.210/PR, Rel. Min. Jorge Mussi, 5ª T., julgado em 7-5-2019, DJe 14-5-2019).

■ "Quando, contra a mesma decisão, há a interposição de dois agravos regimentais, deve ser conhecido apenas o primeiro deles, pelo princípio da unirrecorribilidade recursal" (STJ, AgRg no REsp 1.750.953/RS, Rel. Min. Sebastião Reis Júnior, 6ª T., julgado em 5-2-2019, DJe 22-2-2019).

----

e) **Fungibilidade**: ainda que para cada decisão haja a previsão de um recurso próprio, a parte não será prejudicada pela interposição de um recurso por outro, salvo se configurada a má-fé. Privilegia-se a instrumentalidade das formas. Não sendo o erro grosseiro, estando o recorrente de boa-fé e dentro do prazo legal, haverá o conhecimento da irresignação.

Caso o magistrado, desde já, reconheça a incoerência do recurso interposto pela parte, mandará processá-lo em consonância ao rito do recurso considerado correto.

f) **Non reformatio in pejus**: a interposição do recurso exclusivo por parte da defesa não poderá, de forma alguma, lhe trazer prejuízos. Não obstante o juízo **ad quem** vislumbre, de ofício, erros cometidos pelo magistrado de primeiro grau, os quais, se reconhecidos, seriam desvantajosos ao recorrente, não poderá alterar a decisão, pois não se procede à sua reforma para piorar a situação do acusado, salvo se o Ministério Público ou o querelante manejarem recurso próprio.

Por outro lado, o órgão superior possui liberdade para verificar a presença de eventuais irregularidades cometidas em desfavor do réu, isto é, constatar a existência de circunstâncias, de modo a beneficiá-lo, procedendo, dessa maneira, de ofício, ainda que a matéria modificada não tenha sido requerida no bojo do recurso. Então, "ainda que em recurso exclusivo da defesa, o efeito devolutivo da apelação autoriza o tribunal a rever os critérios de individualização definidos na sentença penal condenatória, para manter ou reduzir a pena, limitado tão somente pelo teor da acusação e pela prova produzida".[4]

Importante!

Estudamos ser cabível a interposição de recurso de apelação criminal contra a decisão proferida no âmbito do Tribunal do Júri que seja manifestamente contrária à prova dos autos, sendo que seu provimento ensejará a realização de novo julgamento. Contudo, cumpre salientar que, se o referido recurso for interposto exclusivamente pela defesa e, posteriormente, provido pelo órgão competente, não poderá o juiz-presidente do Tribunal do Júri, em caso de nova condenação pelo Conselho de Sentença, estipular pena mais gravosa do que a anterior. A esse fenômeno dá-se o nome de *reformatio in pejus* indireta, e nova sentença não é apta a gerar efeitos.[5]

Destarte,

> o direito ao duplo grau de jurisdição se sobrepõe ao princípio da soberania dos vereditos, prevista no art. 5º, XXXVIII, 'c', da Constituição Federal, pelo que importa em inegável reformatio in pejus indireta o agravamento da pena resultante do novo julgamento realizado em face de recurso exclusivo da defesa, ainda que em casos atípicos como o presente, no

---

[4.] STF, HC 101.917, Rel. Min. Cármen Lúcia, j. 31-8-2010, 1ª T., *DJe* 9-2-2011.
[5.] "A soberania relativa do veredicto do conselho de sentença não enseja o agravamento da pena com base em novo julgamento pelo tribunal do júri em consequência de recurso exclusivo da defesa" (STF, HC 165.376, Rel. Min. Cármen Lúcia, 2ª T., j. 11-12-2018, p. 26-6-2019); "Caracteriza manifesta ilegalidade, por violação ao princípio da 'non reformatio in pejus', a majoração da pena de multa por tribunal, na hipótese de recurso exclusivo da defesa" (STF, RHC 194952 AgR/SP, Rel. Min. Ricardo Lewandowski, julgamento em 13-4-2021).

qual somente o apelo interposto pela defesa teve seu mérito analisado pela Corte *a quo*.[6]

g) **Disponibilidade**: protocolado o recurso, poderá a parte desistir de sua interposição, por entender não mais ser necessário. É facultado ao recorrente renunciar ao seu direito, dispor da pretensão.

No entanto, o Ministério Público não poderá desistir de recurso que haja interposto, ou seja, a excepcionalidade do princípio da disponibilidade fica a cargo do órgão ministerial que, após recorrer, não poderá renunciar ao que fora requerido – princípio da indisponibilidade da ação penal pública.

Sobre o tema: "A limitação da irresignação nas razões de apelação, assim, traduz a hipótese de vedada desistência parcial do recurso interposto pelo Parquet, corolário da indisponibilidade da ação penal que informa o processo penal pátrio (art. 42 do CPP)."[7]

12.3 Pressupostos

Para que um recurso seja conhecido (e posteriormente julgado), deverá atender aos pressupostos de admissibilidade, sendo imperioso que estejam presentes os requisitos necessários para que seja recebido pela autoridade competente. Em vista disso, "o direito ao duplo grau de jurisdição não dispensa a necessidade de que sejam observados os requisitos impostos pela legislação para o cabimento de um recurso, qualquer que seja ele".[8]

O juízo de admissibilidade visa aferir se o recurso possui os elementos necessários para ser conhecido, se atende aos aspectos formais, objetivos e subjetivos, de modo que seu recebimento im-

---

[6.] STJ, HC 328.577/MG, Rel. Min. Nefi Cordeiro, 6ª T., julgado em 9-8-2016, DJe 23-8-2016.
[7.] STJ, HC 40.144/RS, Rel. Min. Felix Fischer, 5ª T., julgado em 20-9-2007, DJ 17-12-2007, p. 230.
[8.] STF, AP 470 EI-terceiros-AgR, Rel. Min. Joaquim Barbosa, j. 13-2-2014, DJe 18-3-2014.

portará, futuramente, no julgamento de mérito, oportunidade em que o julgador decidirá pelo provimento ou não da irresignação.[9] Vejamos os pressupostos recursais.

12.3.1 Objetivos

a) Adequação

De acordo com o princípio da unirrecorribilidade dos recursos, cada decisão prolatada possui apenas uma espécie recursal cabível, de sorte que para cada caso prático é possível a interposição de um único tipo de recurso, aquele adequado à situação fática. Deverá a autoridade judicial, pois, analisar se o recurso manejado encontra-se convergente com a decisão objurgada.

b) Tempestividade

Cada espécie recursal possui seu próprio prazo para interposição, assim como para apresentação de razões, devendo os lapsos temporais previstos em lei serem respeitados pelas partes, sob pena de não conhecimento do recurso.

A contagem do prazo é contínua, e se dará a partir do dia útil subsequente à intimação da decisão, excluindo-se o primeiro dia, e contando-se o último.

Jurisprudência

Contagem de prazos

Súmula n° 310 STF: "Quando a intimação tiver lugar na sexta-feira, ou a publicação com efeito de intimação for feita nesse dia, o prazo judicial terá início na segunda-feira imediata, salvo se não houver expediente, caso em

---

[9]. Sobre o tema: "Os pressupostos recursais – cabimento, adequação, tempestividade, inexistência de fato impeditivo ou extintivo e regularidade formal – devem ser aferidos à luz da norma vigente à época em que surge o interesse recursal, ou seja, ao tempo da publicação da decisão recorrida" (STJ, HC 333.621/SP, Rel. Min. Ribeiro Dantas, 5ª T., julgado em 6-8-2019, *DJe* 13-8-2019).

que começará no primeiro dia útil que se seguir."

Súmula nº 710 STF: "No processo penal, contam-se os prazos da data da intimação, e não da juntada aos autos do mandado ou da carta precatória ou de ordem."

Prazos do Ministério Público e Defensoria Pública

(STJ, Informativo nº 611, Publicação: 11 de outubro de 2017)

"O termo inicial da contagem do prazo para impugnar decisão judicial é, para o Ministério Público, a data da entrega dos autos na repartição administrativa do órgão, sendo irrelevante que a intimação pessoal tenha se dado em audiência, em cartório ou por mandado."

"A data da entrega dos autos na repartição administrativa da Defensoria Pública é o termo inicial da contagem do prazo para impugnação de decisão judicial pela instituição, independentemente de intimação do ato em audiência."

Porém, não serão prejudicados os recursos que, por erro, falta ou omissão dos funcionários do Poder Judiciário não tiverem seguimento ou não forem apresentados dentro do prazo.

Jurisprudência
Desídia cartorária

Súmula nº 320 STF: "A apelação despachada pelo juiz no prazo legal não fica prejudicada pela demora da juntada por culpa do cartório."

Súmula nº 428 STF: "Não fica prejudicada a apelação entregue em cartório no prazo legal, embora despachada tardiamente."

----

c) Forma

O recurso deve estar em conformidade com a forma prevista em lei, seguindo os ritos procedimentais cabíveis. Por exemplo, o recurso em sentido estrito prevê o exercício do juízo de retratação, motivo pelo qual é necessária a observância deste ato. Além disso, conforme estudamos anteriormente, será interposto por petição ou por termo nos autos, devidamente assinados pelo recorrente ou por seu representante.

É certo que vige no ordenamento jurídico a instrumentalidade das formas, cujo objetivo é valorizar a finalidade do ato, em detrimento do formalismo exacerbado, desde que não haja prejuízo à parte contrária, o que não significa, todavia, que os sujeitos possuem plena discricionariedade para atuar no processo.

d) Previsão legal

O recurso protocolado deve possuir previsão legal, não se admitindo a interposição de recursos atípicos, inominados. Inclusive, nesse mesmo sentido, vimos o princípio da taxatividade.

12.3.2 Subjetivos

a) Legitimidade

O Código de Processo Penal explana que o recurso poderá ser interposto pelo Ministério Público, pelo querelante, pelo réu, seu procurador ou seu defensor. Entretanto, trata-se de rol não taxativo, podendo outros interessados recorrer da decisão, desde que presentes os demais pressupostos processuais.

b) Interesse[10]

12.4 Efeitos

São possíveis efeitos dos recursos:

12.4.1 Efeito devolutivo

Significa que a interposição do recurso "devolverá" o teor da decisão proferida, transmitindo a matéria objurgada ao juízo competente, para reanálise. Eis um efeito próprio de todos os recursos.

[10.] Ver princípio do interesse, tópico nº 12.2, letra "b".

Consoante entendimento do Superior Tribunal de Justiça, "pelo efeito devolutivo dos recursos há devolução ao Tribunal Estadual da matéria deduzida em primeiro grau, bem como há prevalência da persuasão racional ou do livre convencimento motivado do magistrado, adstrito, por certo, às pretensões da parte reclamante".[11]

Quando a matéria a ser reavaliada for de atribuição de juízo *ad quem*, um órgão colegiado, dizemos que o recurso possui também o efeito reiterativo, como na apelação, recurso especial etc. Em contrapartida, se a reanálise da decisão for de competência da própria autoridade prolatora, tratar-se-á de efeito iterativo, como nos embargos de declaração. Por fim, há ainda o efeito misto, que conjuga a necessidade de dois reexames: o do órgão a quo e o do órgão superior, mesclando-se os efeitos iterativo e reiterativo, como no recurso em sentido estrito.

12.4.2 Efeito suspensivo

Consiste na suspensão da decisão proferida, a partir da interposição recursal, de forma que o *decisum* não produz seus efeitos enquanto o recurso não for julgado, até mesmo para assegurar a observância do princípio da não culpabilidade.

Por conseguinte, "o efeito suspensivo do recurso significa que, em certas hipóteses, sua interposição impede a produção imediata dos efeitos da decisão. O recurso suspende toda a eficácia desta (e não apenas a eficácia executiva da sentença condenatória). Aliás, (...) antes da interposição do recurso e pela simples possibilidade de sua interposição, a decisão ainda é ineficaz" (GRINOVER; FERNANDES; GOMES FILHO, 2005, p. 53).

12.4.3 Efeito regressivo

São os recursos que, após manejados pela parte interessada, permitem o reexame da decisão pelo órgão prolator da mesma,

---

[11] STJ, HC 507.890/MS, Rel. Ministro Ribeiro Dantas, Quinta Turma, julgado em 20-8-2019, *DJe* 23-8-2019.

podendo o julgador exercer juízo de retratação sobre o próprio *decisum*, confirmando-o ou modificando-o.

12.4.4 Efeito extensivo

Se o processo em testilha possuir pluralidade de acusados, da decisão do recurso interposto por um deles, desde que fundamentada em razões de ordem *não* pessoal, aproveitará os demais corréus.

Por exemplo: X e Y foram condenados pela prática de crime de roubo majorado. X interpõe recurso de apelação, postulando o reconhecimento da prescrição da pretensão punitiva do delito. Se o desembargador extinguir a punibilidade de X, estenderá o benefício a Y, desde que a decisão não esteja embasada em características pessoais (ex.: a idade do réu poderá diminuir o lapso prescricional pela metade).

12.5 Espécies

12.5.1 Recurso de apelação criminal

Em procedimento comum, a interposição de recurso de apelação visa combater:

a) as sentenças definitivas de condenação ou absolvição proferidas por juiz singular; e

b) as decisões definitivas, ou com força de definitivas, proferidas por juiz singular, quando não for cabível o recurso em sentido estrito.

Perceba que o recurso de apelação criminal objetiva a reapreciação das decisões de mérito ou àquelas definitivas (ou com força de), que não estejam previstas na lista do art. 581 do Código Processual – cujo rol é taxativo, e descreve as possibilidades para interposição de recurso em sentido estrito.

> **Jurisprudência**
>
> **A apelação criminal é o recurso adequado para impugnar a decisão que recusa a homologação do acordo de colaboração premiada**
>
> O Superior Tribunal de Justiça possui entendimento no sentido de que "[a] apelação criminal é o recurso adequado para impugnar a decisão que recusa a homologação do acordo de colaboração premiada, mas ante a existência de dúvida objetiva é cabível a aplicação do princípio da fungibilidade".
>
> Para o STJ, nesses casos, "o ato judicial: a) não ocasiona uma situação de inversão tumultuária do processo, a atrair o uso da correição parcial e b) tem força definitiva, uma vez que impede o negócio jurídico processual, com prejuízo às partes interessadas. Ademais, o cabimento do recurso em sentido estrito está taxativamente previsto no art. 581 do CPP e seus incisos não tratam de hipótese concreta que se assemelha àquela prevista no art. 4°, § 8°, da Lei n° 12.850/2013" (STJ, REsp 1.834.215/RS, Rel. Min. Rogerio Schietti Cruz, 6ª T., por unanimidade, julgado em 27-10-2020, DJe 12-11-2020).

Já no procedimento do Júri (especial), caberá apelação, quando:

a) **Ocorrer nulidade posterior à pronúncia.** Mas, quando relativas, se não suscitadas em momento oportuno, incorrerão em preclusão. Portanto, deverá a parte arguir a nulidade, a qual não sendo reconhecida pelo juízo de origem, poderá ser questionada e decretada pelo tribunal *ad quem*, o que ensejará a anulação do julgamento (ex.: ausência do quórum mínimo de 15 jurados para a instauração da sessão); ou

b) **For a sentença do juiz-presidente contrária à lei expressa ou à decisão dos jurados.** Desse modo, se, por exemplo, os jurados votarem pela absolvição do acusado, mas o magistrado togado, ao proferir a sentença, condená-lo, é possível que a defesa interponha recurso de apelação, ocasião em que o órgão superior fará a devida retificação; ou

c) **Houver erro ou injustiça no tocante à aplicação da pena ou da medida de segurança,** isto é, se o juiz-presidente equivocar-se quanto à etapa dosimétrica ou à imposição da sanção imposta ao inimputável ou semi-imputável, o juízo ad quem poderá, desde já, retificar a decisão de primeiro grau; ou

d) **For a decisão dos jurados manifestamente contrária à prova dos autos.** Aqui, conhecida a apelação, deverá o órgão julgador analisar o mérito do recurso. Se, de fato, convencer-se de que a decisão do Conselho de Sentença é patentemente oposta ao arcabouço probatório, o recurso será provido, e o réu será, novamente, submetido a julgamento pelo Tribunal do Júri. **Observe: o tribunal não absolve ou condena o acusado, em respeito à soberania dos veredictos, razão pela qual sujeitará o agente a novo julgamento.**

Outrossim, salienta-se que "não se pode falar em decisão manifestamente contrária à prova dos autos se os jurados, diante de duas teses que sobressaem do conjunto probatório, optam por uma delas, exercitando, assim, a sua soberania nos termos do art. 5º, XXXVIII, c, da CF".[12]

Destaca-se que não se admite, pelo mesmo fundamento, o manejo de segunda apelação, de maneira que, após a segunda condenação pelo Conselho de Sentença, não poderá a defesa, novamente, motivar o referido recurso na hipótese de decisão manifestamente contrária à prova dos autos. Por outro lado, nada impede que a pretensão recursal seja pautada em outro inciso.

Segundo a Súmula nº 713 do Supremo Tribunal Federal, "o efeito devolutivo da apelação contra decisões do júri é adstrito aos fundamentos da sua interposição", de sorte que as razões recursais

> estão imbricadas com a ocorrência de uma das hipóteses fáticas delineadas na mencionada norma processual penal.
>
> Portanto, a apelação contra sentença proferida pelo Tribunal do Júri tem natureza restrita, não sendo devolvido à superior instância o conhecimento integral da causa criminal, o que

---

[12] STJ, Informativo nº 483, período: 12 a 23-9-2011.

significa dizer que o conhecimento do Tribunal estadual fica circunscrito aos motivos invocados na interposição.[13]

Se da sentença prolatada no âmbito do Tribunal do Júri não for interposta apelação pelo Ministério Público dentro do prazo legal, poderá o ofendido ou seu cônjuge, ascendente, descendente ou irmão, ainda que não habilitados como assistentes, interpor o presente recurso. Nesse caso, não será a apelação dotada de efeito suspensivo, e o prazo para apresentação da irresignação será de 15 dias, o qual correrá a partir da data em que terminar o lapso temporal do Ministério Público.

Veja o que diz a Súmula nº 448 do Supremo Tribunal Federal: "O prazo para o assistente recorrer, supletivamente, começa a correr imediatamente após o transcurso do prazo do Ministério Público".

Feitas tais considerações, observe o quadro:

Apelação no Tribunal do Júri	
Hipótese	Consequência
Nulidade posterior à pronúncia	Anula-se o julgamento, realizando-se outro.
Sentença contrária à lei expressa ou à decisão dos jurados	O tribunal *ad quem* fará a devida retificação.
Erro ou injustiça no tocante à aplicação da pena ou da medida de segurança	O tribunal *ad quem* fará a devida retificação.
Decisão dos jurados manifestamente contrária à prova dos autos	Sujeita o réu a novo julgamento, não se admitindo, porém, pelo mesmo motivo, interposição de segunda apelação.

Em todos os casos, o **prazo** para interposição da apelação – que significa a manifestação da parte no sentido de que deseja em recorrer da decisão – é de **cinco dias**, competindo ao recorrente, posteriormente, apresentar suas razões, ou seja, a fundamentação do seu recurso, em **até oito dias**.

Ato contínuo, a parte recorrida será intimada para apresentar suas contrarrazões ao recurso, dentro dos mesmos oito dias,

[13.] STF, RE 638.757 AgR, Rel. Min. Luiz Fux, 1ª T., j. 9-4-2013, *DJe* 26-4-2013.

oportunidade em que refutará os questionamentos trazidos pelo seu opositor.

No entanto, o Supremo Tribunal Federal entende que "apresentado o termo de apelação dentro do prazo legal, a apresentação extemporânea das razões recursais constitui mera irregularidade, que não prejudica a apreciação do recurso".[14]

Se houver assistente de acusação, este apresentará suas razões recursais, no prazo de **três dias**, logo após o órgão ministerial.

Em sua manifestação, o réu poderá indicar a sua vontade em ver reformada a decisão proferida. Porém, não possui capacidade postulatória para apresentar as razões de recurso, a qual será redigida por profissional técnico habilitado.

A Súmula n° 705 do Supremo Tribunal Federal assevera que "a renúncia do réu ao direito de apelação, manifestada sem a assistência do defensor, não impede o conhecimento da apelação por este interposta".

Destaca-se que se a infração processada for uma contravenção penal, o prazo para apresentação das razões será de **três dias**, segundo o Código de Processo Penal. Mas, convém ressaltar que da leitura do art. 82, § 1°, da Lei n° 9.099/1995, a qual disciplina o processo e julgamento dos crimes de menor potencial ofensivo, extrai-se que a apelação criminal deverá ser apresentada no prazo de **10 dias**, contendo, aqui, tanto a interposição quanto as razões do recorrente.

Mas, se da sentença não for manejada apelação pelo órgão ministerial no prazo legal, o ofendido ou qualquer das pessoas enumeradas no art. 31 do Código de Processo Penal, ainda que não habilitados como assistente, poderão interpor recurso em até 15 dias, contados do fim do prazo do Ministério Público. Tal pretensão não gerará efeito suspensivo ao processo.

---

14. STF, HC 112.355, Rel. Min. Ricardo Lewandowski, j. 26-6-2012, 2ª T., *DJe* 14-9-2012.

Se houver assistente, este arrazoará, no prazo de três dias, após o Ministério Público.

Jurisprudência
Assistente de acusação: tempestividade de recurso e coisa julgada

"(...) a inércia do órgão ministerial faz nascer para o assistente da acusação o direito de atuar na ação penal, inclusive para interpor recursos excepcionais (Enunciado 210 da Súmula do STF). A manifestação do promotor de justiça pela absolvição do réu, inclusive, não altera nem anula o direito de o assistente de acusação requerer a condenação. O prazo para o assistente de acusação interpor recurso começa a correr do encerramento, in albis, do prazo ministerial (Enunciado 448 da Súmula do STF). No caso, o prazo do assistente de acusação se iniciou em 13.11.2012, e o recurso foi protocolado em 19.11.2012 (segunda-feira), de modo que foi respeitado o quinquídio legal. Assim, se o acórdão absolutório foi combatido tempestivamente pelo assistente de acusação, não houve formação de coisa julgada em favor do réu" (STF, HC 154.076 AgR/PA, Rel. Min. Edson Fachin, julgamento em 29-10-2019).

Se a ação penal for movida pela parte ofendida, o Ministério Público terá vista dos autos, no prazo de três dias.

Se houver pluralidade de partes (ex.: dois apelados), os prazos serão comuns.

Ademais, consoante o art. 600, § 4º, do CPP, **é facultado ao apelante optar por apresentar as razões recursais diretamente no órgão superior**, a quem competirá apreciar a demanda. Para tanto, manifestar-se-á, nesse sentido, na petição ou no termo de interposição da apelação, momento em que o juízo *a quo* remeterá o processo ao tribunal, que, posteriormente, abrirá vista às partes, observados os prazos legais, para apresentar, respectivamente, suas razões e contrarrazões.

De todo jeito, se o recurso buscar por reparos na sentença absolutória, a interposição da apelação, embora dotada de efeito suspensivo, não é óbice para que o réu preso seja posto imediatamente em liberdade. Ao contrário. É terminantemente contraditória a manutenção da segregação cautelar, quando o magistrado singular julga improcedente a denúncia, absolvendo o acusado da imputação que motiva sua prisão.

Em contrapartida, a apelação de sentença condenatória terá efeito suspensivo, e não produzirá efeitos enquanto não houver o julgamento do recurso em segunda instância. Se o infrator respondeu ao processo preso, necessário observar se os pressupostos autorizadores da prisão preventiva continuam presentes. Diferentemente, caso o réu esteja solto, a prolatação da sentença condenatória, por si só, não enseja a necessidade de se decretar a segregação cautelar do acusado.[15]

Poderá ser objeto de questionamento, via apelação, todo o julgado ou apenas parte dele. Na primeira hipótese, o alcance do recurso é pleno, enquanto, na segunda, é parcial. O recorrente não é obrigado a submeter a integralidade da decisão à apreciação do juízo *ad quem*, podendo contestar apenas os pontos que entender necessários.

Por isso, "dá-se a apelação plena ou integral quando o vencido recorre ao juízo de segundo grau para impugnar totalmente a sentença. Por seu turno, apelação parcial é aquela no qual se impugna parte da sentença. A admissibilidade desta dicotomia decorre do disposto no art. 599 do Código de Processo Penal" (MARQUES, 1997d, p. 219).

Caberá ao apelante promover extração do traslado dos autos, remetendo-a à instância superior, em 30 dias, contados da data da entrega das últimas razões de apelação, ou do vencimento do prazo para a apresentação das do apelado. As despesas correrão

---

[15] Sobre o tema: "Em hipóteses nas quais o acusado responde ao processo em liberdade, a Sexta Turma deste Superior Tribunal tem decidido que a decretação da prisão cautelar na sentença pressupõe a existência de fatos novos capazes de comprovar a imprescindibilidade do recolhimento ao cárcere" (STJ, RHC nº 60.565/SP, Rel. Min. Sebastião Reis Júnior, 6ª T., julgado em 6-8-2015, DJe 26-8-2015).

por conta do recorrente, salvo se este for o Ministério Público ou for réu pobre, sendo que os autos serão apresentados ao tribunal *ad quem* ou entregues ao Correio, sob registro. Destaca-se, contudo, que as referidas disposições tendem a perder sua eficácia, em razão da instalação do processo eletrônico no Poder Judiciário.

12.5.2 Recurso em sentido estrito

Trata-se de espécie recursal, cujo objetivo é combater as decisões taxativamente previstas no art. 581 do Código de Processo Penal. Destarte, o manejo de recurso em sentido estrito está adstrito às hipóteses expressas na legislação, de modo que o rol descrito no referido dispositivo é exaustivo.

Assim, "o art. 581, do Código de Processo Penal, apresenta rol taxativo, razão pela qual é vedada a interposição de recurso em sentido estrito quando a lei não a prevê para dada situação concreta".[16]

Vejamos, uma a uma, quais são essas decisões:[17]

a) que não receber a denúncia ou a queixa;

Oferecida a peça acusatória pelo titular da ação, o magistrado decidirá por seu recebimento, se entender que for o caso, ou por sua rejeição, quando a inicial for manifestamente inepta, faltar-lhe pressuposto processual, condição para o exercício da ação penal ou justa causa, nos termos do art. 395 do Código Processual.

Se a autoridade entender estar evidenciada uma das hipóteses de não recebimento da denúncia ou queixa, proferirá decisão terminativa, sendo facultada à parte prejudicada a interposição de recurso em sentido estrito, com a consequente intimação do denunciado para apresentação de contrarrazões.

---

[16] STJ, AgRg no AREsp 1.122.396/MG, Rel. Min. Nefi Cordeiro, 6ª T., julgado em 24-4-2018, *DJe* 11-5-2018.
[17] As hipóteses previstas, mas não listadas, foram revogadas.

> **Jurisprudência**
>
> **Súmulas do STF**
>
> **Súmula nº 707:** "Constitui nulidade a falta de intimação do denunciado para oferecer contrarrazões ao recurso interposto da rejeição da denúncia, não a suprindo a nomeação de defensor dativo."
>
> **Súmula nº 709:** "Salvo quando nula a decisão de primeiro grau, o acórdão que provê o recurso contra a rejeição da denúncia vale, desde logo, pelo recebimento dela."[18]

> **Importante!**
>
> Destaca-se, entretanto, que a Lei nº 9.099/1995 prevê que, se o crime capitulado for de menor potencial ofensivo, da decisão de rejeição da denúncia ou queixa, caberá apelação, que será julgada por turma recursal composta de três Juízes em exercício no primeiro grau de jurisdição, reunidos na sede do Juizado. Cuida-se de exceção prevista na legislação extravagante.

b) que concluir pela incompetência do juízo;

A incompetência, quando absoluta, poderá ser reconhecida de ofício pelo juiz, ou mediante requerimento da parte, ao contrário da relativa, que deverá ser suscitada por meio de exceção, não podendo o magistrado atuar sem provocação.

A previsão da alínea *b* do art. 581 do Código de Processo Penal tange à hipótese referente ao reconhecimento, de ofício, pelo juiz, acerca de sua incompetência, haja vista que a motivação relativa à decisão que julgar procedentes as exceções está prevista

---

[18] Sobre o tema: "A decisão de primeira instância rejeitou a denúncia por inépcia e pela ausência de justa causa para a ação penal. Assim, o provimento do recurso interposto contra essa decisão implica, desde logo, o recebimento da inicial acusatória, sem que, com isso, ocorra supressão de instância (...)" (STF, HC 124.711, Rel. Min. Teori Zavascki, 2ª T., j. 16-12-2014, *DJe* 11-2-2015).

na alínea seguinte, abarcando eventuais questionamentos da parte sobre a matéria.

Além disso, o dispositivo em comento fundamenta o recurso das decisões que desclassificam o crime inicialmente imputado, remetendo o feito para o juízo considerado competente. Nesse sentido, "segundo expressa disposição do inciso II do art. 581 do Código de Processo Penal, da decisão do juízo dos crimes dolosos contra a vida (Júri) que desclassifica a conduta e remete aos autos ao competente, cabe recurso em sentido estrito".[19]

c) que julgar procedentes as exceções, salvo a de suspeição;

Da decisão que julgar procedentes as exceções de litispendência, ilegitimidade da parte, coisa julgada ou incompetência do juízo (quando a parte suscitar via exceção), é cabível o manejo de recurso em sentido estrito. Observe que não se insere neste rol a exceção de suspeição, cuja decisão não comporta recurso.

Ademais, infere-se que a alínea apenas menciona a procedência da decisão, de maneira que o indeferimento do pleito não possibilita a interposição do recurso em testilha. Nesse caso, se flagrante for a ilegalidade, a parte deverá impetrar *habeas corpus*, ou aguardar a prolatação da sentença para questionar o tema em sede de apelação criminal.

Já decidiu o STJ, neste viés, que "contra a decisão do juízo monocrático que rejeita a exceção de incompetência, não cabe recurso em sentido estrito, podendo, então, o édito ser confrontado por meio de *habeas corpus*, se presentes os seus requisitos, ou suscitada a questão nos autos, em preliminar, conforme ocorreu *in casu*".[20]

d) que pronunciar o réu;

Contra a decisão que pronuncia o réu, submetendo-lhe ao crivo do Tribunal do Júri, é admissível a interposição de recurso em

---

[19]. STJ, HC 346.710/PR, Rel. Min. Antônio Saldanha Palheiro, Rel. p/ Acórdão Ministra Maria Thereza de Assis Moura, 6ª T., julgado em 24-5-2016, DJe 10-6-2016.
[20]. STJ, HC 162.176/PR, Rel. Min. Maria Thereza de Assis Moura, 6ª T., julgado em 26-4-2011, DJe 11-5-2011.

sentido estrito. Vimos que a pronúncia é uma decisão mista não terminativa, que encerra a fase do sumário da culpa, e será proferida quando o magistrado se convence da materialidade do fato e da existência de indícios suficientes de autoria ou de participação do acusado.

Assim, "a interposição de recurso em sentido estrito contra a sentença de pronúncia constitui prerrogativa inerente ao direito de defesa e ao legítimo exercício da garantia do duplo grau de jurisdição".[21]

e) que conceder, negar, arbitrar, cassar ou julgar inidônea a fiança, indeferir requerimento de prisão preventiva ou revogá-la, conceder liberdade provisória ou relaxar a prisão em flagrante;

É cediço que a imposição de medidas cautelares limita, de forma total ou parcial, a liberdade de locomoção do agente. Dessa forma, a decisão que, porventura, conceder, negar, arbitrar, cassar ou julgar inidônea a fiança, indeferir o requerimento de prisão preventiva ou revogá-la, conceder liberdade provisória ou relaxar a prisão em flagrante, será combatida através de recurso em sentido estrito.

Sobre o tema, decisão do Superior Tribunal de Justiça destaca ser "cabível recurso em sentido estrito contra decisão que revoga medida cautelar diversa da prisão".[22]

No que se refere à prisão, verifica-se que as hipóteses listadas preveem decisões benéficas ao réu, de modo que, em regra, caberá à parte afetada – acusação – interpor o recurso nessas ocasiões. Ao contrário, quando o infrator se sentir prejudicado por decisão que indefere a revogação da sua segregação, por exemplo, deverá peticionar em juízo, ou impetrar *habeas corpus*.

f) que julgar quebrada a fiança ou perdido o seu valor;

[21.] STJ, RHC 105.444/RJ, Rel. Min. Sebastião Reis Júnior, 6ª T., julgado em 24-9-2019, DJe 1º-10-2019.
[22.] STJ, Informativo nº 596, publicação: 1º-3-2017.

Narra o art. 341 do Código de Processo Penal que os motivos ensejadores de quebra da fiança são: quando regularmente intimado para ato do processo, deixar o agente de comparecer, sem motivo justo; quando o acusado, deliberadamente, praticar ato de obstrução ao andamento do processo; se o infrator descumprir medida cautelar imposta cumulativamente com a fiança; quando o agente resistir injustificadamente a ordem judicial; ou se o afiançado praticar nova infração penal dolosa.

A quebra da fiança importa na perda de metade do valor prestado. Consequentemente, a interposição de recurso em sentido estrito contra a decisão fundamentada nessa alínea suspenderá o referido efeito, até o julgamento.

Diferentemente, a quantia prestada em fiança será perdida, integralmente, quando o acusado não se apresentar para o início do cumprimento da pena definitiva, hipótese esta, que também poderá ser combatida através de recurso em sentido estrito.

g) que decretar a prescrição ou julgar, por outro modo, extinta a punibilidade;

As causas extintivas de punibilidade estão previstas no art. 107 do Código Penal, sendo elas:

- a morte do réu;
- a anistia, graça ou indulto;
- a retroatividade de lei que não mais considera o fato como criminoso;
- a prescrição, decadência ou perempção;
- a renúncia do direito de queixa ou pelo perdão aceito, nos crimes de ação privada;
- a retratação do agente, nos casos em que a lei a admite; e
- o perdão judicial, nos casos previstos em lei.

Referem-se às decisões que reconhecem a existência do crime, mas, em razão da ocorrência de um dos fatores listados, não há imposição de sanção, o que gerará a prolatação de um *decisum* terminativo.

Em caso prático, o Superior Tribunal de Justiça decidiu pela aplicação do princípio da fungibilidade ante a interposição de apelação, em detrimento do recurso em sentido estrito, colhe-se:

> na espécie, houve interposição de apelação da decisão que julgou extinta a punibilidade dos réus pela prescrição. O Tribunal a quo aplicou o princípio da fungibilidade e recebeu o recurso do assistente de acusação como recurso em sentido estrito, por não estar evidenciada sua má-fé na hipótese dos autos, porquanto o recurso foi interposto no prazo legal.[23]

h) que indeferir o pedido de reconhecimento da prescrição ou de outra causa extintiva da punibilidade;

Também será enfrentada mediante o manejo de recurso em sentido estrito, a decisão que indefere os pedidos que envolvam o reconhecimento das causas extintivas de punibilidade.

i) que conceder ou negar a ordem de *habeas corpus*;

Estudamos que a decisão que concede ordem de *habeas corpus* enseja o reexame necessário, de forma que a não interposição de recurso em sentido estrito pela parte interessada, não obstará a apresentação do recurso de ofício.

Por outro lado, quando denegado o *writ*, caberá ao paciente a interposição de recurso em sentido estrito, haja vista que a impetração de novo *habeas corpus* caracterizar-se-ia supressão de instância. Inclusive, "o Supremo Tribunal Federal passou a não mais admitir o manejo do *habeas corpus* originário em substituição ao recurso ordinário cabível, entendimento que foi adotado pelo Superior Tribunal de Justiça, ressalvados os casos de flagrante ilegalidade, quando a ordem poderá ser concedida de ofício".[24]

[23.] STJ, AgRg no HC 429.524/RJ, Rel. Min. Rogério Schietti Cruz, 6ª T., julgado em 25-9-2018, DJe 9-10-2018.
[24.] STJ, HC 509.982/SP, Rel. Min. Jorge Mussi, 5ª T., julgado em 18-6-2019, DJe 27-6-2019.

j) que anular o processo da instrução criminal, no todo ou em parte;

Cuida-se de hipótese, na qual se impugna, via recurso em sentido estrito, a decisão judicial que anulou, no todo ou em parte, o "processo da instrução criminal". Importante salientar que, referida circunstância não se limita a instrução processual, mas a todas as fases do processo judicial. Sendo assim, se o magistrado anular determinado ato ou fase do processo, caberá recurso em sentido estrito contra essa decisão. Exemplo: o julgador determina o desentranhamento de uma prova produzida de forma ilícita (art. 157 do CPP).

Em contrapartida, se o magistrado declara a nulidade, por ocasião da prolação da sentença, a parte deverá interpor recurso de apelação criminal, de acordo com o previsto no art. 593, § 4°, do Código de Processo Penal. Ademais, vale salientar que, se o julgador, eventualmente, indeferir o pedido de anulação, a parte prejudicada poderá valer-se de outros meios para impugnar a decisão, a exemplo da arguição de preliminar, em sede de futura apelação, ou então, do ajuizamento de ação autônoma, como o *habeas corpus* ou mandado de segurança, desde que preenchidos os requisitos legais.

k) que incluir jurado na lista geral ou desta o excluir;

A lista geral dos jurados será publicada pela imprensa até o dia 10 de outubro de cada ano, podendo ser alterada, de ofício ou mediante reclamação de qualquer do povo, ao juiz-presidente, até o dia 10 de novembro, data de sua publicação definitiva. Em caso de controvérsia referente à inclusão ou exclusão de jurado desta lista, o interessado apresentará recurso em sentido estrito.

Importante salientar que a referida hipótese possui prazo diferenciado de interposição, quando comparado aos demais casos previstos. Aqui, a apresentação do recurso em sentido estrito se dará em até 20 dias, contados da data da publicação definitiva da lista de jurados.

l) que denegar a apelação ou a julgar deserta;

Se, após a interposição de apelação criminal, o magistrado de origem não conhecer do recurso, em razão da falta dos seus pressupostos de admissibilidade (adequação, tempestividade, forma, cabimento, legitimidade e interesse), ao recorrente é facultado interpor recurso em sentido estrito, para 'destrancar' a apelação.

De forma similar, quando embora conhecida, o juiz decida pela deserção da apelação criminal, ou seja, verifique a ausência de preparo, não dando prosseguimento à pretensão recursal, também é admissível o manejo de recurso em sentido estrito.

m) que ordenar a suspensão do processo, em virtude de questão prejudicial;

As questões prejudiciais estão classificadas em (1) obrigatórias, quando o processo criminal será necessariamente suspenso, até o desenrolar do incidente; ou (2) facultativas, se ao magistrado é possibilitada a escolha de suspender o feito principal ou não.

Caso o juiz delibere pela suspensão do processo, por conta de questão prejudicial (ex.: a existência da infração depende da solução de controvérsia, que o juiz repute séria e fundada, sobre o estado civil das pessoas, nos termos do art. 92 do CPP), poderá a parte interessada apresentar recurso em sentido estrito, visando a alteração do *decisum*.

n) que decidir o incidente de falsidade;

O incidente de falsidade é suscitado quando existirem dúvidas sobre a autenticidade de documento constante dos autos, sendo que a autoridade judicial poderá, de ofício, proceder tal verificação.

Por conseguinte, da decisão que prover ou não o pedido referente ao reconhecimento de falsidade documental, é facultada a interposição do recurso em sentido estrito, não sendo possível a impetração de *habeas corpus*. Vejamos:

> não se vislumbra qualquer irregularidade no não conhecimento do *mandamus* originário, pois como bem consignado pela Corte Estadual, caberia ao recorrente interpor recurso em sentido estrito contra a decisão que indeferiu o incidente de

insanidade nos termos do art. 581, inciso XVIII, do Código de Processo Penal. Este Superior Tribunal de Justiça vem entendendo não ser cabível a impetração de *habeas corpus* em substituição aos recursos cabíveis.[25]

o) que recusar homologação de acordo de não persecução penal.

Conforme já estudamos, o acordo de não persecução penal é uma novidade trazida pela Lei Anticrime, consistente em uma proposta oferecida pelo Ministério Público, ao investigado, nos casos em que este tiver confessado a prática de infração penal sem violência ou grave ameaça e com pena mínima inferior a quatro anos, com o fito de ver sua punibilidade extinta, mediante o cumprimento de algumas condições.

Celebrado o acordo entre órgão ministerial e investigado, será realizada audiência na qual o juiz verificará a voluntariedade do negócio, por meio da oitiva do investigado, e, posteriormente, se for o caso, homologar o acordo de não persecução penal.

No entanto, caso o magistrado delibere pela não homologação do acordo, contra a referida decisão judicial, poderá ser oposto recurso em sentido estrito.

Jurisprudência

É cabível recurso em sentido estrito para impugnar decisão que indefere produção antecipada de prova, nas hipóteses do art. 366 do CPP

"Com efeito, dentre as hipóteses elencadas no art. 581 do CPP que autorizam a interposição de recurso em sentido estrito, não se encontra a possibilidade de reforma de decisão que indefere pedido de produção antecipada de provas. Entretanto, baseada no fato de que o art. 3º do Código de Processo Penal admite expressamente tanto a realização de interpretação extensiva quanto de aplicação analógica na seara processual

---

[25]. STJ, RHC 29.931/SP, Rel. Min. Jorge Mussi, 5ª T., julgado em 23-4-2013, *DJe* 8-5-2013.

penal, a jurisprudência tem entendido possível a utilização de interpretação extensiva para se admitir o manejo do recurso em sentido estrito contra decisões interlocutórias de 1° grau que, apesar de não constarem literalmente no rol taxativo do art. 581 do CPP, tratam de hipótese concreta que se assemelha àquelas previstas nos incisos do artigo."[26]

O **prazo** para interposição do recurso em sentido estrito será de **cinco dias**, cabendo à parte apresentar suas razões dentro de **dois dias**, contados da interposição ou do dia em que o escrivão, extraído o traslado, o fizer com vista ao recorrente. Em seguida, será aberta vista ao recorrido por igual prazo,[27] para apresentação de contrarrazões.

Ressalva-se, porém, que, em se tratando de decisão que inclui jurado na lista geral ou desta o exclui, o prazo de interposição será de **20 dias**, contados da data da publicação definitiva da lista de jurados.

Após a manifestação das partes, os autos serão encaminhados ao magistrado de origem, que, em **dois dias**, exercerá o **juízo de retratação**, ocasião em que deverá reformar ou sustentar a sua decisão. Trata-se do **efeito regressivo**. Em outras palavras, o próprio prolator do *decisum* reanalisará o seu teor, tendo a faculdade de reformá-lo, se entender que incorreu em erro, ou manter a decisão anteriormente proferida, remetendo o feito ao juízo *ad quem*.

Se a autoridade competente optar por reformar a decisão, a parte prejudicada, por simples petição, poderá recorrer da nova deliberação. A partir daí, já não é mais possível, ao juiz, modificar sua escolha. Logo, independentemente de novas razões, o recurso será encaminhado ao juízo superior, para julgamento.

O recurso será apresentado ao tribunal, em cinco dias, contados da publicação da resposta do juiz *a quo*, ou entregue ao

---

[26.] STJ, Informativo n° 640, Publicação: 15-2-2019.
[27.] Art. 588, parágrafo único, CPP: "Se o recorrido for o réu, será intimado do prazo na pessoa do defensor."

Correio dentro do mesmo prazo – sem eficácia para processos eletrônicos.

Subirão nos próprios autos os recursos, cujo objeto seja decisão que (a) concede a ordem de *habeas corpus*; (b) **não recebe a denúncia ou a queixa**; (c) que julga procedentes as exceções, salvo a de suspeição – sobe a exceção, e não a ação originária; (d) que pronunciar o réu;[28] (e) que julgar quebrada a fiança ou perdido o seu valor; (f) que decretar a prescrição ou julgar, por outro modo, extinta a punibilidade; ou (g) quando o recurso não prejudicar o andamento do processo.

Ademais, a interposição de recurso em sentido estrito gerará o efeito suspensivo no processo, quando sua fundamentação estiver pautada na perda da fiança ou na denegação da apelação ou se a julgar deserta, ou seja, a ação permanecerá parada, enquanto não decidida a questão. Já o recurso interposto contra a pronúncia suspenderá apenas o julgamento em Plenário.

Processado e julgado o recurso em sentido estrito pelo órgão superior, depois de publicada a sua decisão, os autos serão devolvidos à origem, dentro de cinco dias.

12.5.3 Embargos de declaração

Contra sentenças ou acórdãos proferidos, é possibilitada a oposição de embargos de declaração, quando a decisão incorrer em **ambiguidade, obscuridade, contradição** ou **omissão**.[29] O referido recurso visa combater erros pontuais cometidos pela autoridade competente, mas sem reexaminar o mérito da questão.

---

[28] Art. 583, parágrafo único, CPP: "O recurso da pronúncia subirá em traslado, quando, havendo dois ou mais réus, qualquer deles se conformar com a decisão ou todos não tiverem sido ainda intimados da pronúncia".

[29] Sobre o tema: "Nos termos do art. 619 do Código de Processo Penal, o recurso de embargos de declaração destina-se a suprir omissão, afastar ambiguidade, esclarecer obscuridade ou eliminar contradição existentes no julgado, não sendo cabível para rediscutir matéria já suficientemente decidida" (STJ, EDcl nos EDcl no HC 508.525/MT, Rel. Min. Antônio Saldanha Palheiro, 6ª T., julgado em 8-10-2019, *DJe* 18-10-2019).

Destarte, "a pretensão de rediscutir matéria devidamente abordada e decidida no acórdão embargado, consubstanciada na mera insatisfação com o resultado da demanda, é incabível na via dos embargos declaratórios".[30]

Explica Rogério Sanches que "ambiguidade é o que admite duas interpretações. Obscuridade ocorre quando não há clareza na redação. Contradição é a colidência entre duas afirmações, uma excluindo a outra e a omissão é a lacuna, quando se deixa de dizer algo que era indispensável" (CUNHA; PINTO, 2017, p. 982).

Importante!

Não obstante o objeto dos embargos de declaração não seja o mérito da questão, pode acontecer que a ambiguidade, a obscuridade, a contradição ou a omissão cometida pelo juiz acabem por influir diretamente na análise meritória, ainda que de maneira involuntária. Caso venha a ocorrer, diz-se que os embargos são dotados de **efeitos infringentes**.

Porém, não se trata da regra em processo penal, ao contrário, "apenas excepcionalmente, uma vez constatada a necessidade de mudança no resultado do julgamento em decorrência do próprio reconhecimento da existência de algum desses vícios, é que se descortina a possibilidade de emprestarem-se efeitos infringentes aos aclaratórios".[31]

Qualquer das partes poderá, em **dois dias**,[32] contados da publicação da decisão, opor embargos de declaração, que serão apreciados pelo próprio prolator do *decisum*. Veja: os autos não serão encaminhados ao juízo *ad quem*, competindo a reanálise da sentença/acórdão ao mesmo julgador.

---

[30] STJ, EDcl no AgRg no HC 469.956/RS, Rel. Min. Laurita Vaz, 6ª T., julgado em 8-10-2019, DJe 21-10-2019.
[31] STJ, EDcl no HC 454.346/PA, Rel. Min. Rogério Schietti Cruz, 6ª T., julgado em 25-6-2019, DJe 1º-7-2019.
[32] Cumpre destacar que, no âmbito do STF e STJ, o prazo para interposição será de cinco dias, consoante os regimentos internos dos tribunais.

Em caso de oposição de embargos contra decisão proferida por órgão colegiado, o requerimento será apresentado ao relator e julgado independentemente de revisão, na primeira sessão. Todavia, quando estiverem preenchidas as condições enumeradas em lei, o relator indeferirá, desde logo, o requerimento.

Finalmente, insta salientar que a oposição de embargos de declaração pela parte interrompe o prazo para interposição de outro recurso. Por isso, se no segundo dia, após a prolatação da sentença, forem opostos embargos de declaração, o prazo para interposição de apelação, por exemplo, reinicia-se, não contabilizando os dois dias que se passaram. No entanto, frisa-se que "os embargos de declaração intempestivos não interrompem o prazo para a interposição de outros recursos".[33]

12.5.4 Embargos infringentes

Quando a decisão de segunda instância **desfavorável ao réu não for unânime** (ex.: 2x1), admite-se a oposição de embargos infringentes e de nulidade. O referido recurso dá ao réu a oportunidade de recorrer da decisão proferida, posto que esta não é pacífica entre os julgadores, submetendo a pretensão a novo julgamento, dentro dos limites da matéria objeto da divergência.

Em vista disso, "no julgamento dos embargos infringentes, as matérias a serem examinadas devem limitar-se àquelas que foram apontadas no voto vencido, sob pena de incorrer em inovação da lide e violar o art. 609 do Código de Processo Penal – CPP".[34]

Observe que **a dúvida deve militar em favor do réu**. Não se admite a oposição de embargos infringentes contra decisão que favorece a defesa, razão pela qual a legitimidade do recurso é do acusado (por intermédio do defensor), ou, excepcionalmente, do Ministério Público, mas na condição de fiscal da lei – e não como órgão acusatório.

---

[33] STJ, AgInt nos EDcl no REsp 1790881/TO, Rel. Min. Felix Fischer, 5ª T., julgado em 30-5-2019, *DJe* 7-6-2019.
[34] STJ, AgRg no REsp 1738951/MG, Rel. Min. Joel Ilan Paciornik, 5ª T., julgado em 21-6-2018, *DJe* 29-6-2018.

O requerimento será apresentado ao relator da ação.

A decisão objurgada deve ser proferida no âmbito de julgamento de apelação criminal, recurso em sentido estrito ou agravo em execução,[35] podendo os embargos ser opostos dentro de 10 dias, a contar da publicação de acórdão.

12.5.5 Carta testemunhável

O recurso referente à carta testemunhável será manejado contra decisão

a) que não conhece o recurso em sentido estrito ou o agravo em execução; ou

b) que, embora admita o recurso, obste à sua expedição e seguimento para o juízo *ad quem*.

Lembre-se, contudo, de que contra decisão que denegar a apelação criminal, caberá a interposição de recurso em sentido estrito.

A carta testemunhável será interposta em até **48 horas** após a prolatação da decisão que denegar o recurso, e será endereçada ao escrivão ou ao secretário do tribunal, oportunidade em que a parte indicará as peças do processo que serão trasladadas. O servidor competente receberá a petição, e, no prazo máximo de cinco dias, fará obrigatoriamente a entrega da carta, devidamente conferida e concertada. **O presente recurso** não **possui efeito suspensivo**.

Caso o escrivão ou o secretário do tribunal não receba ou deixe de entregar o instrumento, receberá punição de suspensão por 30 dias, a ser imposta pelo juiz ou o presidente do tribunal, após representação do recorrente. Em seguida, a autoridade judicial mandará que seja extraído o instrumento, sob a mesma sanção, pelo substituto do servidor suspenso. Se a representação do testemunhante não for atendida pelo juízo de origem, poderá o interessado reclamar di-

---

[35.] Sobre o tema: "É cabível a oposição de embargos infringentes à decisão não unânime proferida em sede de agravo em execução – inteligência do art. 609 do Código de Processo Penal" (STJ, HC 509.869/SP, Rel. Min. Nefi Cordeiro, 6ª T., julgado em 6-8-2019, *DJe* 12-8-2019).

retamente ao presidente do tribunal *ad quem*, que avocará os autos, para julgamento do recurso e imposição da pena cabível.

Após a autuação da carta testemunhável, seguir-se-á o rito do recurso em sentido estrito.

Na hipótese de o órgão competente, para o julgamento da carta testemunhável, entender pelo seu provimento, com a consequente necessidade de conhecimento do recurso em sentido estrito ou do agravo em execução impugnados, poderá:

a) determinar a admissão do recurso, e, consequentemente, o processamento do mesmo, encaminhando os autos à primeira instância, para contrarrazões e juízo de retratação; ou

b) quando estiver a carta suficientemente instruída, decidir, desde logo, o mérito do recurso não admitido na origem, consoante o princípio da economia processual, e observado o rito procedimental do recurso denegado.

12.5.6 Agravo em execução

O agravo em execução será o recurso adequado para combater as decisões proferidas pelo **Juízo de Execução**, e não terá efeito suspensivo,[36] possuindo previsão no art. 197 da Lei de Execuções Penais (Lei nº 7.210/1984).

A título exemplificativo, interpõe-se agravo em execução contra decisão que verse sobre a unificação de penas, que concede, nega ou revoga livramento condicional, que deixa de revogar a medida de segurança, nos casos em que a lei admite a revogação, dentre outras.

Dessa maneira, "não cabe ao Juiz da Execução rever a pena e o regime aplicados no título judicial a cumprir. Contudo, é de sua competência realizar o somatório das condenações (unificação das penas), analisar a natureza dos crimes (hediondo ou a ele equipara-

---

[36.] Sobre o tema: "Prevalece o entendimento de que o art. 197 da Lei de Execuções Penais prevê apenas o efeito devolutivo dos recursos interpostos contra decisão do Juízo da Vara das Execuções e que não se presta o mandado de segurança a conferir efeito suspensivo não disposto em lei" (STJ, AgRg no HC 531.171/SP, Rel. Min. Rogério Schietti Cruz, 6ª T., julgado em 24-9-2019, DJe 1º-10-2019).

dos) e a circunstância pessoal do reeducando (primariedade ou reincidência) para fins de fruição de benefícios da LEP".[37]

Em geral, o rito do agravo em execução é idêntico ao procedimento do recurso em sentido estrito.

Jurisprudência

Súmula nº 700 STF: "É de cinco dias o prazo para interposição de agravo contra decisão do juiz da execução penal".

Súmula nº 699 STF: "O prazo para interposição de agravo, em processo penal, é de cinco dias, de acordo com a Lei 8.038/1990, não se aplicando o disposto a respeito nas alterações da Lei 8.950/1994 ao CPC."

12.5.7 Recurso especial

O recurso especial possui previsão no art. 105, inciso III, da Constituição Federal de 1988, e visa julgar as causas decididas, em única ou última instância, pelos Tribunais Regionais Federais ou pelos Tribunais dos Estados, do Distrito Federal e Territórios, quando a decisão recorrida.

- Contraria tratado ou lei federal, ou nega-lhes vigência;
- Julga válido ato de governo local contestado em face de lei federal; ou
- Der a lei federal interpretação divergente da que lhe haja atribuído outro tribunal.

A competência para análise recursal é do **Superior Tribunal de Justiça**, na forma estabelecida por leis especiais, pela lei processual civil e pelos respectivos regimentos internos.

Perceba que a matéria suscitada em recurso especial é de direito, não cabendo, por esta via, a rediscussão dos fatos. Sobre o tema, o teor da Súmula nº 7 do Superior Tribunal de Justiça ensina que "a pretensão de simples reexame de prova não enseja recurso especial".

---

[37] STJ, AgRg no AREsp 1237581/MS, Rel. Min. Rogério Schietti Cruz, 6ª T., julgado em 21-6-2018, DJe 1º-8-2018.

Outrossim, é indispensável que o objeto da impugnação tenha sido prequestionado nas instâncias ordinárias.

O prazo para interposição do presente recurso é de **15 dias**.

12.5.8 Recurso extraordinário

Competirá ao Supremo Tribunal Federal, na forma estabelecida por leis especiais, pela lei processual civil e pelo respectivo regimento interno, julgar, mediante recurso extraordinário, as causas decididas em única ou última instância, quando a decisão recorrida:

- Contrariar dispositivo desta Constituição;
- Declarar a inconstitucionalidade de tratado ou lei federal;
- Julgar válida lei ou ato de governo local contestado em face desta Constituição; ou
- Julgar válida lei local contestada em face de lei federal.

Assim como no recurso especial, o objeto do recurso extraordinário deve envolver matéria de direito, prequestionada em momento anterior.

Jurisprudência

Súmulas do STF

Súmula nº 279: "Para simples reexame de prova não cabe recurso extraordinário."

Súmula nº 282: "É inadmissível o recurso extraordinário, quando não ventilada, na decisão recorrida, a questão federal suscitada."

Súmula nº 284: "É inadmissível o recurso extraordinário, quando a deficiência na sua fundamentação não permitir a exata compreensão da controvérsia."

Súmula nº 356: "O ponto omisso da decisão, sobre o qual não foram opostos embargos declaratórios, não pode ser objeto de recurso extraordinário, por faltar o requisito do prequestionamento."

O prazo para interposição do presente recurso é de **15 dias**.

13

Ações autônomas de impugnação

As **ações autônomas de impugnação** possuem finalidade diversa ao processo de conhecimento, o qual visa, ao final, absolver ou condenar o infrator. Cuida-se de ações que instauram uma nova ordem jurídica, cada qual com seu próprio objetivo, mas todas com o propósito de beneficiar o réu. Perceba que *não se trata de recursos*. Em processo penal, estuda-se a possibilidade de ajuizamento de três delas:

- *habeas corpus*;
- revisão criminal;
- mandado de segurança.

13.1 *Habeas corpus*

É o remédio constitucional cujo escopo é tutelar quem sofre ou se acha ameaçado de sofrer violência ou coação em sua **liberdade de locomoção** por ilegalidade ou abuso de poder.

Duas são as espécies de *habeas corpus*:

a) O **preventivo**, quando o acusado está na iminência de sofrer violência ou coação ilegal na sua liberdade de ir e vir; e

b) O **repressivo**, na hipótese de o agente já estar sofrendo o constrangimento ilegal.

Qualquer pessoa – incluindo o Ministério Público – é legitimada para impetrar *habeas corpus* em seu favor ou de terceiro, independentemente de capacidade postulatória. Ou seja, não é imprescindível a constituição de um defensor, podendo o próprio agente ajuizar o *mandamus*. Inclusive, a autoridade judicial possui competência para expedir, de ofício, ordem de *habeas corpus* quando no curso de processo verificar a existência de constrangimento ilegal.

A presente ação é **gratuita**.

O subscritor da ação, isto é, quem postula a concessão da ordem, é denominado **impetrante**. Já o sujeito que sofre a ilegalidade é chamado de **paciente**. E a prolatora da suposta decisão violadora das garantias constitucionais do agente, limitando seu direito de locomoção, é a dita **autoridade coatora**.

Salienta-se que

> o art. 580 do CPP é norma processual penal garantidora de tratamento jurídico isonômico para os corréus que apresentam idêntica situação jurídica à do réu beneficiado em seu recurso. De acordo com a referida norma, no caso de concurso de agentes, da decisão do recurso interposto por um deles aproveitará os demais quando seus fundamentos não forem de caráter exclusivamente pessoal.[1]

Assevera o Código Processual que a coação considerar-se-á ilegal:

a) **Quando não houver justa causa.** Se o arcabouço probatório não possui o condão para embasar, suficientemente, a prisão do agente ou a propositura da ação penal, de modo que inexistem indícios de materialidade e autoria delitiva, mas, ainda assim, o paciente encontra-se diante de flagrante constrangimento ilegal, é cabível a impetração da ação.

---

[1]. STF, HC 137.728 Extn, Rel. Min. Dias Toffoli, j. 30-5-2017, 2ª T., Informativo nº 867.

Portanto, "é possível a concessão de *habeas corpus* para a extinção de ação penal sempre que se constatar imputação de fato atípico ou inexistência de qualquer elemento que demonstre a autoria do delito, ou extinção da punibilidade".[2]

b) **Quando alguém estiver preso por mais tempo do que determina a lei.** O excesso de prazo para encerramento do processo poderá ensejar a configuração de constrangimento ilegal, haja vista a necessidade de serem observados os princípios da razoável duração do processo e da celeridade processual. Destarte, não é admitido o atraso imotivado para conclusão da demanda enquanto o acusado aguarda, em cárcere, o desfecho da ação penal.

Por outro lado, "uníssona é a jurisprudência no sentido de que o constrangimento ilegal por excesso de prazo só pode ser reconhecido quando a demora for injustificada, impondo-se adoção de critérios de razoabilidade no exame da ocorrência de constrangimento ilegal".[3]

Jurisprudência

Súmulas do STJ

Súmula nº 21: "Pronunciado o réu, fica superada a alegação do constrangimento ilegal da prisão por excesso de prazo na instrução."

Súmula nº 52: "Encerrada a instrução criminal, fica superada a alegação de constrangimento por excesso de prazo."

Súmula nº 64: "Não constitui constrangimento ilegal o excesso de prazo na instrução, provocado pela defesa."

Também não poderá o agente condenado permanecer preso por mais tempo do que o previsto, sendo dever do Estado observar

---

[2.] STJ, HC 102.422, Rel. Min. Dias Toffoli, j. 10-6-2010, *DJe* 14-9-2011.
[3.] STJ, RHC 117.904/RS, Rel. Min. Nefi Cordeiro, 6ª T., julgado em 15-10-2019, *DJe* 18-10-2019.

o correto cômputo da pena a ser cumprida pelo reeducando. A não observância do prazo poderá ensejar o pagamento de indenização ao sujeito, em face à responsabilidade estatal objetiva.

c) **Quando quem ordenar a coação não tiver competência para fazê-lo.** A incompetência da autoridade coatora é motivo ensejador da concessão de ordem de *habeas corpus*, não sendo possível, por exemplo, a decretação de prisão civil (salvo em ação de alimentos), administrativa ou militar/disciplinar.

d) **Quando houver cessado o motivo que autorizou a coação.** Se os pressupostos autorizadores da prisão preventiva não mais subsistirem, torna-se imperiosa a concessão da ordem, porquanto não se encontra mais idoneamente fundamentada a segregação.

Quando em meio a impetração do *habeas corpus* houver a concessão do benefício pleiteado pela comarca de origem, a autoridade competente para análise do *writ*, ao verificar que já se encontra cessada a violência ou coação ilegal, julgará prejudicado o pedido do *mandamus*.

e) **Quando não for alguém admitido a prestar fiança, nos casos em que a lei a autoriza.** Caso presentes os requisitos justificadores para a concessão da fiança, deverá a autoridade competente estipulá-la, por se tratar de direito subjetivo do acusado. Porém, se presentes os pressupostos autorizadores da prisão preventiva, os quais foram devidamente motivados em decisão judicial, não há que se falar em constrangimento ilegal.

Quando constatada a ilegalidade da coação, o julgador arbitrará o valor da fiança, que poderá ser prestada perante ele, e posteriormente remetida ao juízo de origem para ser anexado ao inquérito policial ou ao processo judicial.

f) **Quando o processo for manifestamente nulo.** O *habeas corpus* apenas será a via adequada para reconhecimento de nulidades manifestas, gritantes. Caso contrário, a parte deverá remanejar o recurso adequado.

O Superior Tribunal de Justiça assinala "que não cabe *habeas corpus* substitutivo de revisão criminal e de recurso legalmente previsto para a hipótese, impondo-se o não conhecimento da impetração, salvo quando constatada a existência de flagrante ilegalidade no ato judicial impugnado a justificar a concessão da ordem, de ofício".[4]

Se o *habeas corpus* for concedido em virtude de nulidade do processo, é possível que os atos anulados sejam renovados, a depender de sua natureza.

g) **Quando extinta a punibilidade.** As causas extintivas de punibilidade estão previstas no art. 107 do Código Penal, sendo elas:

- a morte do réu;
- a anistia, graça ou indulto;
- a retroatividade de lei que não mais considera o fato como criminoso;
- a prescrição, decadência ou peremção;
- a renúncia do direito de queixa ou pelo perdão aceito, nos crimes de ação privada;
- a retratação do agente, nos casos em que a lei a admite; e
- o perdão judicial, nos casos previstos em lei. Constatada a existência de um dos motivos ensejadores da extinção da punibilidade, poderá o acusado impetrar *habeas corpus* postulando o que lhe é de direito.

Além das hipóteses legalmente previstas, o Supremo Tribunal Federal entende que "as medidas cautelares criminais diversas da prisão são onerosas ao implicado e podem ser convertidas em prisão se descumpridas. É cabível a ação de *habeas corpus* contra coação ilegal decorrente da aplicação ou da execução de tais medidas".[5]

---

4. STJ, HC 510.504/SP, Rel. Min. Ribeiro Dantas, 5ª T., julgado em 6-8-2019, *DJe* 13-8-2019.
5. STF, HC 122.563, Rel. Min. Teori Zavascki, j. 2-9-2014, 2ª T., *DJe* 16-9-2014.

> **Importante!**
>
> **Impossibilidade de impetração de *habeas corpus***
>
> ■ "A **suspensão de direitos políticos** não é matéria passível de debate em sede de *habeas corpus*, não se tratando de violação ao direito de locomoção" (STJ, HC 222.217/SC, Rel. Min. Gilson Dipp, 5ª T., julgado em 12-6-2012, *DJe* 20-6-2012).
>
> ■ "Nos termos do art. 142, § 2°, da Constituição Federal, 'não caberá *habeas corpus* em relação a **punições disciplinares militares**'" (STJ, AgInt no RHC 70.421/BA, Rel. Min. Antonio Saldanha Palheiro, 6ª T., julgado em 25-4-2017, *DJe* 8-5-2017).
>
> ■ "Considerando-se que a jurisprudência desta Corte Superior, bem como do STF, é pacífica no sentido de que o *habeas corpus* destina-se, exclusivamente, à proteção da liberdade de locomoção, evidencia-se a **impossibilidade** de pleitear-se **a reintegração em cargo público**, posto tratar-se de questão alheia ao direito de ir e vir" (STJ, AgRg nos EDcl no HC 500.271/SE, Rel. Min. Rogério Schietti Cruz, 6ª T., julgado em 1-10-2019, *DJe* 8-10-2019).
>
> ■ Súmula n° 695, STF: "**Não** cabe *habeas corpus* quando **já extinta** a pena privativa de liberdade."
>
> ■ Súmula n° 694, STF: "**Não** cabe *habeas corpus* contra a imposição da **pena de exclusão de militar** ou de **perda de patente ou de função pública**."
>
> ■ Súmula n° 693, STF: "**Não** cabe *habeas corpus* contra decisão condenatória **a pena de multa**, ou relativo a processo em curso por infração penal a que a pena pecuniária seja a única cominada."
>
> ■ Súmula n° 692, STF: "**Não** se conhece de *habeas corpus* contra omissão de relator de **extradição**, se fundado em fato ou direito estrangeiro cuja prova não constava dos autos nem foi ele provocado a respeito."
>
> ■ Súmula n° 691, STF: "**Não** compete ao Supremo Tribunal Federal conhecer de *habeas corpus* impetrado contra **decisão do relator** que, em *habeas corpus* requerido a tribunal superior, **indefere a liminar**."
>
> ■ Súmula n° 606, STF: "**Não** cabe *habeas corpus* originário para o Tribunal Pleno **de decisão de Turma, ou do Plenário**, proferida em *habeas corpus* ou no respectivo recurso."
>
> ■ Súmula n° 395, STF: "**Não** se conhece de recurso de *habeas corpus* cujo objeto seja resolver sobre o ônus das custas, por não estar mais em causa a liberdade de locomoção."

- **"Não** cabe *habeas corpus* para tutelar **o direito à visita em presídio"** (STF, HC 128.057, Rel. p/ o ac. Min. Alexandre de Moraes, j. 1º-8-2017, 1ª T., Informativo nº 871).

- "(...) revela-se **inadequada** a ação de *habeas corpus* quando se pretende discutir decisão em que se aplica a **sistemática da repercussão geral**" (STF, HC 126.683 AgR, Rel. Min. Dias Toffoli, j. 7-4-2015, 2ª T., *DJe* 27- 5-2015).

- **"Pedido de retirada de informações veiculadas no sítio do CNJ.** Ausência de risco à liberdade de locomoção física. *Writ* incabível" (STF, HC117.296 AgR, Rel. Min. Gilmar Mendes, j. 7-5-2013, 2ª T., *DJe* 21-5-2013).

- "O *habeas corpus* não é meio próprio a haver o **rejulgamento da ação penal quanto a elemento subjetivo do tipo"** (STF, HC 106.109, Rel. Min. Marco Aurélio, j. 6-11-2012, 1ª T., *DJe* 29-11-2012).

- "O *habeas corpus* **não** é o meio adequado para impugnar ato alusivo a **sequestro de bens móveis e imóveis** bem como **a bloqueio de valores**" (STJ, HC 103.823, Rel. Min. Marco Aurélio, j. 3-4-2012, 1ª T., *DJe* 26-4-2012). (Grifos nossos.)

Atenção!

Divergência entre STF x STJ

STJ: "A concessão do benefício da transação penal impede a impetração de *habeas corpus* em que se busca o trancamento da ação penal" **(STJ, Informativo nº 657, publicado em 25-10-2019)**.

STF: "A realização de acordo de transação penal não enseja a perda de objeto de *habeas corpus* anteriormente impetrado. A aceitação do acordo de transação penal não impede o exame de *habeas corpus* para questionar a legitimidade da persecução penal" **(STF, Informativo nº 964, publicado em 5-2-2020)**.

A competência para análise da ordem de *habeas corpus* será estipulada a partir de quem for a dita autoridade coatora. Observe a tabela a seguir:

Órgão julgador do habeas corpus	Hipóteses de cabimento
Supremo Tribunal Federal	Julgar o *habeas corpus*, quando for paciente o Presidente da República, o Vice-Presidente, os membros do Congresso Nacional, os Ministros do STF, o Procurador-Geral da República, os Ministros de Estado, os Comandantes da Marinha, do Exército e da Aeronáutica, os membros dos Tribunais Superiores e do Tribunal de Contas da União, e os chefes de missão diplomática de caráter permanente. Julgar o *habeas corpus*, quando o coator for Tribunal Superior ou quando o coator ou o paciente for autoridade ou funcionário cujos atos estejam sujeitos diretamente à jurisdição do Supremo Tribunal Federal, ou se trate de crime sujeito à mesma jurisdição em uma única instância.
Superior Tribunal de Justiça	Julgar o *habeas corpus*, quando o coator ou paciente for Governador do Estado ou do DF, os desembargadores dos Tribunais de Justiça dos Estados e do DF, os membros dos Tribunais de Contas dos Estados e do DF, os dos Tribunais Regionais Federais, dos Tribunais Regionais Eleitorais e do Trabalho, os membros dos Conselhos ou Tribunais de Contas dos Municípios e os do Ministério Público da União que oficiem perante tribunais. Julgar o *habeas corpus*, quando o coator for tribunal sujeito à sua jurisdição, Ministro de Estado ou Comandante da Marinha, do Exército ou da Aeronáutica, ressalvada a competência da Justiça Eleitoral. Julgar o *habeas corpus* decidido em única ou última instância pelos Tribunais Regionais Federais ou pelos Tribunais dos Estados, do Distrito Federal e Territórios, quando a decisão for denegatória.
Tribunal de Justiça	Julgar o *habeas corpus*, quando a autoridade coatora for juiz estadual ou membro do Ministério Público Estadual; "Conforme entendimento há muito sedimentado pelo Supremo Tribunal Federal, o *habeas corpus* contra as decisões de turmas recursais deve ser impetrado perante o Tribunal de Justiça, uma vez que os Juízes que compõem as Turmas Recursais estão subordinados ao respectivo Tribunal" (STJ, AgRg no HC 421.161/SP, Rel. Min. Reynaldo Soares da Fonseca, 5ª T., j. 7-11-2017, DJe 13-11-2017).
Tribunal Regional Federal	Julgar o *habeas corpus*, quando a autoridade coatora for juiz federal ou membro do Ministério Público Federal.

Órgão julgador do *habeas corpus*	Hipóteses de cabimento
Juiz federal	Julgar o *habeas corpus*, em matéria criminal de sua competência ou quando o constrangimento provier de autoridade cujos atos não estejam diretamente sujeitos a outra jurisdição.
Juiz estadual	Julgar o *habeas corpus*, quando a autoridade coatora for autoridade policial ou particular.

A inicial de *habeas corpus* conterá:

a) o nome do paciente ou da pessoa que está ameaçada de sofrer violência ou coação e o da autoridade coatora;

b) a declaração da espécie de constrangimento ou, em caso de simples ameaça de coação, as razões em que funda o seu temor;

c) a assinatura do impetrante ou de alguém a seu rogo, quando não souber ou não puder escrever, e a designação das respectivas residências. Faltando um dos requisitos necessários, o julgador mandará preenchê-lo, assim que apresentado o *writ*.

De acordo com entendimento do Supremo Tribunal Federal, "não pode a corte recursal condicionar a admissibilidade da ação constitucional do *habeas corpus* impetrado contra a decretação de prisão preventiva à prévia formulação de pedido de reconsideração à autoridade coatora, especialmente se ausentes fatos novos".[6]

Atualmente, é admissível que o impetrante pleiteie a **concessão da ordem de *habeas corpus* liminarmente.**

Após o recebimento do *writ*, o julgador, se entender necessário, e estiver preso o paciente, mandará que este lhe seja imediatamente apresentado em dia e hora designados. Decidirá também se a liminar porventura requerida comporta ou não deferimento. Em caso de decisão favorável ao paciente, será o implicado logo posto em liberdade, exceto se por outro motivo estiver preso.

Em seguida, caso o juízo competente entenda pertinente, requisitará **informações à autoridade coatora** acerca da prisão, por escrito.

---

6. STF, HC 114.083, Rel. Min. Rosa Weber, j. 28-8-2012, 1ª T., *DJe* 12-9-2012.

Lembre-se de que, se paralelo à impetração tiver o coator concedido o benefício solicitado ao paciente, a autoridade competente para análise do *habeas corpus* julgará prejudicado o pedido, ao verificar que violência ou coação ilegal encontra-se cessada.

Depois de prestadas as informações pelo coator, o feito estará pronto para julgamento, o qual será designado para a primeira sessão possível. A decisão será tomada por **maioria de votos**, sendo que em caso de empate o presidente tomará parte na votação para fins de desempate. No entanto, se já houve sua manifestação, prevalecerá a hipótese mais favorável ao paciente.

A ordem concedida com o intuito de evitar ameaça de violência ou coação ilegal (*habeas corpus* preventivo) dará ao paciente o direito ao **salvo-conduto**, assinado pela autoridade.

Já a ordem concedida no âmbito de *habeas corpus* repressivo será imediatamente comunicada à dita autoridade coatora pelo prolator da decisão, a fim de que dê cumprimento ao *decisum*, salientando-se, todavia, que a concessão do *habeas corpus* não obsta o andamento do processo original.

Convém colacionar o entendimento da Súmula n° 208 do Supremo Tribunal Federal, cujo teor explana que "o assistente do Ministério Público não pode recorrer, extraordinariamente, de decisão concessiva de *habeas corpus*".

Os regimentos internos dos respectivos tribunais estabelecerão as normas complementares para o processo e julgamento do *habeas corpus*.

13.2 Revisão criminal

A revisão criminal é ação autônoma de impugnação que se assemelha à ação rescisória do processo civil e possui o objetivo de desconstituir a coisa julgada material, quando:

- A sentença condenatória for contrária ao texto expresso da lei penal ou à evidência dos autos;
- A sentença condenatória se fundar em depoimentos, exames ou documentos comprovadamente falsos; ou

■ Após a sentença, se descobrirem novas provas de inocência do condenado ou de circunstância que determine ou autorize diminuição especial da pena.

Por isso, "a revisão criminal retrata o compromisso do nosso direito processual penal com a verdade material das decisões judiciais e permite ao Poder Judiciário reparar erros ou insuficiência cognitiva de seus julgados".[7]

Caso dos Irmãos Naves

Trata-se de um dos mais emblemáticos casos já vistos em nosso país no qual se vislumbra a ocorrência de gravíssimo erro judiciário.

Em 1937, no município de Araguari-MG, os comerciantes e irmãos Joaquim e Sebastião Naves foram acusados pelo assassinato do primo Benedito Pereira Caetano. Foram presos e torturados até confessarem o crime, em virtude dos maus-tratos sofridos.

Nesse ínterim, também foram presos familiares dos supostos criminosos.

Em meio a vários julgamentos, os irmãos acabaram condenados à pena privativa de liberdade de 25 anos e seis meses de prisão.

Em 1948 o acusado Joaquim morre.

Ocorre que em 1952 a suposta vítima Benedito aparece viva, o que gera a interposição de ação de revisão criminal por Sebastião e a viúva de Joaquim, os quais foram indenizados pelo Estado em virtude do enorme erro cometido.

Posteriormente, averiguou-se que Benedito Pereira Caetano havia fugido da cidade de Araguari-MG em razão de dívidas.

Desse modo, se trata de ação cuja legitimidade é **exclusiva da defesa**.

Não há revisão criminal para desfazer sentença absolutória.

De acordo com Espíndola Filho, a revisão "acarreta o exame completo da causa para o fim de manter a condenação, diminuí-la ou a eliminar, mas com a particularidade de ser peculiar à defesa, no intuito exclusivo de beneficiar o condenado" (ESPÍNDOLA FILHO, 2000d, p. 399).

[7.] STF, HC 92.435, Rel. Min. Ayres Britto, j. 25-3-2008, 1ª T., DJe 17-10-2008.

Jurisprudência

■ É admissível a revisão criminal fundada no art. 621, I, do CPP, ainda que, sem indicar nenhum dispositivo de lei penal violado, suas razões apontem tanto a supressão de instância quanto a ausência de esgotamento da prestação jurisdicional.

"A expressão 'texto expresso da lei penal', contida no inciso I do art. 621 do CPP, não deve ser compreendida apenas como a norma penal escrita, abrangendo, também, qualquer ato normativo que tenha sido utilizado como fundamento da sentença condenatória (por exemplo, portarias, leis completivas empregadas na aplicação de uma lei penal em branco etc.), a norma penal processual, a norma processual civil (aplicável subsidiariamente ao processo penal, na forma do art. 3º do CPP) e a norma constitucional. Nessa mesma linha, a melhor exegese da norma indica que o permissivo de revisão criminal constante no inciso I do art. 621 do CPP compreende, ainda, as normas processuais não escritas e que podem ser depreendidas do sistema processual como um todo, como ocorre com o direito ao duplo grau de jurisdição, a proibição de supressão de instância e a obrigação do julgador de fornecer uma prestação jurisdicional exauriente. Assim sendo, é admissível a revisão criminal fundada no art. 621, I, do CPP ainda que, sem indicar nenhum dispositivo de lei penal violado, suas razões apontem tanto a supressão de instância quanto a ausência de esgotamento da prestação jurisdicional como consequência de *error in procedendo* do julgado que se pretende rescindir" (STJ, Informativo nº 656, publicação: 11-10-2019).

■ **Revisão criminal e cabimento**

"No âmbito da revisão criminal é ônus processual do requerente ater-se às hipóteses taxativamente previstas em lei e demonstrar que a situação processual descrita autorizaria o juízo revisional. Essa ação não atua como ferramenta processual destinada a propiciar tão somente um novo julgamento, como se fosse instrumento de veiculação de pretensão recursal. Possui, destarte, pressupostos de cabimento próprios que não coincidem com a simples finalidade de nova avaliação do édito condenatório. Portanto, a via da revisão criminal não deve existir para que o Tribunal Pleno funcione como simples instância recursal destinada ao reexame de compreensões das Turmas (...) Desse modo, a revisão criminal não é apta para equacionar controvérsias razoáveis acerca do acerto ou desacerto da valoração da prova ou do direito, resguardando-se seu cabimento, em homenagem à coisa julgada material, cuja desconstituição opera-se apenas de modo excepcional, às hipóteses taxativamente previstas no ordenamento jurídico" (STF, RvC 5475/AM, Rel. Min. Edson Fachin, julgamento em 6-11-2019).

A vertente ação será requerida a **qualquer tempo**, antes ou após a extinção da pena. O próprio réu, seu procurador legalmente habilitado ou, no caso de morte do acusado, o seu cônjuge, ascendente, descendente ou irmão são legitimados para sua propositura. Se, no curso da demanda, vier a falecer o agente condenado, o Presidente do Tribunal nomeará curador para a defesa.

Consoante a Súmula n° 393 do Supremo Tribunal Federal, "para requerer revisão criminal o condenado não é obrigado a recolher-se à prisão".

Em contrapartida, "o *habeas corpus*, em que pese configurar remédio constitucional de largo espectro, não pode ser utilizado como sucedâneo da revisão criminal, salvo em situações nas quais se verifique flagrante nulidade processual seja na sentença condenatória, seja no acórdão que a tenha confirmado".[8]

A interposição de nova revisão, fundada em provas já analisadas, não será admitida. Contudo, será possível seu ajuizamento em virtude de superveniência de novos elementos probatórios.

Jurisprudência

O laudo pericial juntado em autos de ação penal quando ainda pendente de julgamento agravo interposto contra decisão de inadmissão de recurso especial enquadra-se no conceito de prova nova, para fins de revisão criminal (art. 621, III, do CPP)

[8.] STF, HC 101.542, Rel. Min. Ricardo Lewandowski, j. 4-5-2010, 1ª T., *DJe* 28-5-2010.

"Uma das discussões trazidas aos autos consiste em definir se configura prova nova, para fins de revisão criminal, aquela apresentada na pendência de julgamento de agravo contra decisão de inadmissão de recurso especial. Inicialmente, destaca-se que a existência de prova surgida após a condenação é pressuposto para o ajuizamento da revisão criminal com fundamento no art. 621, III, do Código de Processo Penal. Na hipótese analisada, o encaminhamento do laudo pericial elaborado pela polícia civil, realizado nos telefones celulares apreendidos no momento da prisão em flagrante, ocorreu quando já havia sido julgada a apelação, estando pendente de julgamento apenas o agravo de instrumento contra decisão que inadmitira o recurso especial defensivo. O fato de que, quando juntado o referido laudo pericial aos autos da ação penal, estava pendente de julgamento o citado agravo não lhe retira o caráter de prova nova, tendo em vista que a jurisdição das instâncias ordinárias, que são responsáveis pela análise do acervo probatório, já havia se encerrado" (STJ, Informativo nº 606, publicação: 2-8-2017).

A revisão criminal é **ação originária**, cuja competência é:

a) Do Supremo Tribunal Federal[9] e do Superior Tribunal de Justiça quanto às condenações por eles proferidas, de acordo com o estabelecido no respectivo regimento interno; e

b) Dos Tribunais de Justiça, nos demais casos. Onde houver mais de quatro câmaras ou turmas criminais poderão ser constituídos dois ou mais grupos específicos para o julgamento de revisão, também obedecidas as normas descritas no respectivo regimento interno.

A ação será necessariamente instruída com **a certidão de trânsito em julgado da sentença condenatória** e com as demais peças necessárias à comprovação dos fatos. Será distribuída a um relator e a um revisor, não podendo, aqui, atuar como relator um desembargador que tenha se manifestado em qualquer fase do processo originário.

[9.] Sobre o tema: "O STF é competente apenas para processar e julgar revisão criminal quando a condenação tiver sido por ele proferida ou mantida no julgamento de ação penal originária, em recurso criminal ordinário ou em recurso extraordinário com conhecimento de mérito" (STF, RvC 5.448 AgR, Rel. Min. Cármen Lúcia, j. 17-3-2016, DJe 8-4-2016).

Em seguida, os autos serão remetidos ao Procurador-Geral, para parecer, em 10 dias. Ato contínuo, examinarão os autos, nesta ordem, e em igual prazo, o relator e o revisor, procedendo-se o julgamento da ação na sessão a ser designada pelo presidente.

Entretanto, o relator indeferirá liminarmente a ação se entender que o requerimento não se encontra devidamente instruído ou o apensamento dos autos originais mostrar-se inconveniente ao interesse da justiça. Dessa decisão é cabível recurso para as câmaras reunidas ou para o tribunal, interposto por petição. Nessa situação, o relator apresentará e relatará o feito, mas sem tomar parte na discussão.

Se julgar **procedente** a revisão, incumbirá ao tribunal, dentro de sua atribuição:

a) Alterar a classificação da infração;

b) Absolver o réu, restabelecendo-lhe todos os direitos perdidos em razão da condenação, devendo o tribunal, se for o caso, impor a medida de segurança cabível;

c) Modificar a pena, a qual não pode ser agravada; ou

d) Anular o processo.

Havendo empate no órgão colegiado, já decidiu o Superior Tribunal de Justiça que prevalecerá a decisão mais favorável ao acusado.[10]

Ademais, após tomar conhecimento da decisão proferida no âmbito da revisão criminal, o juiz de origem juntará a certidão do acórdão imediatamente aos autos para fins de inteiro cumprimento do *decisum*.

Jurisprudência

O Tribunal pode, a qualquer momento e de ofício, desconstituir acórdão de revisão criminal que, de maneira fraudulenta, tenha absolvido o réu quando, na verdade, o posicionamento que prevaleceu na sessão de julgamento foi pelo indeferimento do pleito revisional

---

[10]. STJ, Informativo nº 503, período: 27-8 a 6-9-2012.

"O processo, sob a ótica de qualquer de seus escopos, não pode tolerar o abuso do direito ou qualquer outra forma de atuação que enseje a litigância de má-fé. Logo, condutas contrárias à verdade, fraudulentas ou procrastinatórias conspurcam o objetivo publicístico e social do processo, a merecer uma resposta inibitória exemplar do Poder Judiciário. Portanto, visto sob esse prisma, não há como se tolerar, como argumento de defesa, suposta inobservância à segurança jurídica quando a estabilidade da decisão que se pretende seja obedecida é assentada justamente em situação de fato e em comportamento processual que o ordenamento jurídico visa coibir" (STJ, Informativo n° 555, período: 11-3-2015).

Outrossim, o interessado poderá requerer **indenização** pelos danos sofridos em virtude da injusta condenação, que será liquidada no juízo cível, de sorte que o sujeito passivo na vertente ação indenizatória será (a) a União, quando a decisão condenatória for proveniente da Justiça do Distrito Federal ou de Território; (b) ou o respectivo Estado-membro, se a condenação derivar de ação processada na justiça estadual.

Por outro lado, **não** será devida a indenização (a) se o erro ou a injustiça da condenação proceder de ato ou falta imputável ao próprio acusado, como a confissão ou a ocultação de prova em seu poder; ou (b) quando a acusação houver sido meramente privada.

13.3 Mandado de segurança

Refere-se ao **remédio constitucional** cujo objetivo é **proteger direito líquido e certo não amparado por *habeas corpus* ou *habeas data***, quando o responsável pela ilegalidade ou abuso de poder for autoridade pública ou agente de pessoa jurídica no exercício de atribuições do Poder Público.

Por líquido e certo entende-se o direito do impetrante passível de ser comprovado pela **via documental, não** se exigindo mais dilações probatórias, como a oitiva de testemunhas, realização de perícia etc.

A Súmula n° 625 do Supremo Tribunal Federal assevera que a "controvérsia sobre matéria de direito não impede concessão de mandado de segurança". Por conseguinte, é possível a admissão da ação para resolver causa complexa, ainda que de caráter exclusivamente jurídico, desde que não envolva a necessidade de produção de mais provas.

Fábio Roque Araújo e Klaus Negri Costa trazem um rol exemplificativo de possíveis causas para impetração de mandado de segurança, a citar: "(1) quando o juiz indeferir a habilitação do ofendido como assistente de acusação; (2) para impedir a quebra de sigilos bancários ou fiscal do investigado; (3) objetivando trancar investigação ou ação penal cuja infração não preveja pena privativa de liberdade, pois, do contrário, será o caso de impetração de *habeas corpus*, cf. a súmula 693" (COSTA; ARAÚJO, 2018, p. 1349).

Importante!

Impossibilidade de impetração de mandado de segurança

Súmula nº 604 STJ: "O mandado de segurança **não** se presta para atribuir efeito suspensivo a recurso criminal interposto pelo Ministério Público."

Súmula nº 266 STF: "Não cabe mandado de segurança contra lei em tese."

Súmula nº 267 STF: "**Não** cabe mandado de segurança contra ato judicial passível de recurso ou correição."

Súmula nº 268 STF: "Não cabe mandado de segurança contra decisão judicial com trânsito em julgado."

Súmula nº 269 STF: "O mandado de segurança **não** é substitutivo de ação de cobrança."

"Segundo dispõe o art. 1º, § 2º, da Lei nº 12.016/2009, '**não** cabe mandado de segurança contra os atos de gestão comercial praticados pelos administradores de empresas públicas, de sociedade de economia mista e de concessionárias de serviço público'" (STJ, REsp 1.778.579/SP, Rel. Min. Antonio Carlos Ferreira, 4ª T., julgado em 20-8-2019, *DJe* 26-8-2019). (Grifos nossos.)

O prazo para impetração do mandado de segurança é **decadencial de 120 dias**, contados a partir do conhecimento do lesado da violação do seu direito líquido e certo. Nesse sentido "é constitucional lei que fixa o prazo de decadência para a impetração de mandado de segurança", segundo o teor da Súmula nº 632 do STF. O pedido poderá ser renovado, desde que dentro do prazo previsto, em caso de prolatação de decisão denegatória que não houver apreciado o mérito da causa.

A legitimidade para impetração do mandado de segurança é de **qualquer pessoa**, física ou jurídica, que entenda ter tido direito líquido e certo violado. Na hipótese de o referido direito couber a várias pessoas, qualquer delas poderá protocolar o *mandamus*.

Para impetração de mandado de segurança, é necessária a atuação de profissional técnico, detentor de **capacidade postulatória**, não podendo a parte lesada requerer em juízo, per si – diferentemente do *habeas corpus*.

Figurará como sujeito passivo da ação a **autoridade coatora**, pública ou privada (se no exercício de atribuições do Poder Público) que supostamente praticou o ato ilegal contra o impetrante.[11] Aqui, equiparam-se às autoridades os representantes ou órgãos de partidos políticos e os administradores de entidades autárquicas, bem como os dirigentes de pessoas jurídicas ou as pessoas naturais no exercício de atribuições do poder público, somente no que diz respeito a essas atribuições.

A **competência** para análise do mandado de segurança dependerá, assim como no *habeas corpus*, da hierarquia da autoridade coatora. Veja:

Órgão julgador do *habeas corpus*	Hipóteses de cabimento
Supremo Tribunal Federal	Julgar o mandado de segurança contra atos do Presidente da República, das Mesas da Câmara dos Deputados e do Senado Federal, do Tribunal de Contas da União, do Procurador-Geral da República e do próprio Supremo Tribunal Federal.
Superior Tribunal de Justiça[12]	Julgar o mandado de segurança contra ato de Ministro de Estado, dos Comandantes da Marinha, do Exército e da Aeronáutica ou do próprio Superior Tribunal de Justiça.

---

[11] Art. 6°, § 3°, Lei n° 12.016/2009: "Considera-se autoridade coatora aquela que tenha praticado o ato impugnado ou da qual emane a ordem para a sua prática."

[12] Súmula n° 41 STJ: "O Superior Tribunal de Justiça não tem competência para processar e julgar, originariamente, mandado de segurança contra ato de outros tribunais ou dos respectivos órgãos."

Órgão julgador do habeas corpus	Hipóteses de cabimento
Tribunal de Justiça	Julgar mandado de segurança contra ato do próprio Tribunal ou de juiz estadual.
Turma Recursal	"Compete a turma recursal processar e julgar o mandado de segurança contra ato de juizado especial" (Súmula n° 367, STJ).
Tribunal Regional Federal	Julgar mandado de segurança contra ato do próprio Tribunal ou de juiz federal.
Juiz Federal	Julgar mandado de segurança quando o constrangimento provier de autoridade federal.
Juiz Estadual	Julgar mandado de segurança quando o constrangimento provier de autoridade estadual ou particular.

A impetração será apresentada em duas vias, já com os documentos que a instruírem, indicando a autoridade coatora e a pessoa jurídica que esta integra, à qual se acha vinculada ou da qual exerce atribuições. Mas, se houver necessidade de juntada de documento que se ache em repartição ou estabelecimento público ou em poder de autoridade que se recuse a fornecê-lo, o juiz ordenará, preliminarmente, por ofício, a exibição desse documento em original ou em cópia autêntica em até 10 dias.

Poderá o impetrante requerer **pedido liminar**, salvo quando tiver por objeto a compensação de créditos tributários, a entrega de mercadorias e bens provenientes do exterior, a reclassificação ou equiparação de servidores públicos e a concessão de aumento ou a extensão de vantagens ou pagamento de qualquer natureza.

Despachada a inicial, o juiz ordenará:

a) A **notificação** do coator, para que, em **10 dias**, preste as informações que entender necessárias;

b) Que se **dê conhecimento** do feito ao órgão de representação judicial da pessoa jurídica interessada, enviando-lhe cópia da inicial, para que, querendo, ingresse no feito; e

c) Em caso de concessão da liminar,[13] **a suspensão do ato** que motivou o pedido, se houver fundamento relevante e puder resultar a ineficácia da medida.

Deferida a medida liminar, a ação passa a ter prioridade de julgamento. Depois de apresentadas as informações pelo coator, o magistrado remeterá os autos ao representante do **Ministério Público** para parecer, em **10 dias**.

Ato contínuo, os autos serão conclusos ao juiz, para a decisão, que será proferida em **30 dias**, não se admitindo, aqui, a condenação em honorários advocatícios.[14]

De acordo com o entendimento da Súmula nº 405 do Supremo Tribunal Federal, "denegado o mandado de segurança pela sentença, ou no julgamento do agravo dela interposto, fica sem efeito a liminar concedida, retroagindo os efeitos da decisão contrária".

Da sentença em primeiro grau caberá **apelação**.

Todavia, se a decisão for proferida no âmbito dos Tribunais, em caso de ordem concessiva, é possível a interposição de **recurso especial** (ao STJ) **ou extraordinário** (ao STF), mas se a decisão for denegatória, é possível o manejo de **recurso ordinário**.[15]

Concedido o *mandamus*, a sentença será obrigatoriamente sujeita ao duplo grau de jurisdição, podendo ser executada provisoriamente, salvo nos casos em que for indeferida a medida liminar.

Por fim, aduz a Súmula nº 169 do Superior Tribunal de Justiça que "são inadmissíveis embargos infringentes no processo de mandado de segurança".

[13.] Súmula nº 735 do STF: "Não cabe recurso extraordinário contra acórdão que defere medida liminar."
[14.] Súmula nº 105 do STJ: "Na ação de mandado de segurança não se admite condenação em honorários advocatícios."
[15.] Art. 18, Lei nº 12.016/2009: "Das decisões em mandado de segurança proferidas em única instância pelos tribunais cabe recurso especial e extraordinário, nos casos legalmente previstos, e recurso ordinário, quando a ordem for denegada."

Referências

AMARAL, Paulo Osternack. *Provas*. São Paulo: Revista dos Tribunais, 2017.

ANDRADE, Mauro Fonseca. *Juiz das garantias*. 2. ed. Curitiba: Juruá, 2015.

ARAS, Vladimir. *O juiz das garantias e o destino do inquérito policial*. Disponível em: https://www.conjur.com.br/2020-jan-21/vladimir-aras-juiz-garantias-destino-inquerito-policial. Acesso em: 12 fev. 2020a.

ARAS, Vladimir; BARROS, Francisco Dirceu. *O arquivamento do inquérito policial pelo Ministério Público após a Lei Anticrime*. Disponível em: http://genjuridico.com.br/2020/01/09/inquerito-policial-lei-anticrime/. Acesso em: 28 jan. 2020b.

AVENA, Norberto. *Processo penal*. 10. ed. rev., atual. e ampl. Rio de Janeiro: Forense/São Paulo: Método, 2018.

BONFIM, Edilson Mougenot. *Código de Processo Penal anotado*. 2. ed. São Paulo: Saraiva, 2002.

CAMPOS, Walfredo Cunha. *Tribunal do Júri*: teoria e prática. 6. ed. São Paulo: Atlas, 2018.

COSTA, Klaus Negri; ARAÚJO, Fábio Costa. *Processo penal didático*. Salvador: JusPodivm, 2018.

CUNHA, Rogério Sanches; PINTO, Ronaldo Batista. *Código de Processo Penal e Lei de Execução Penal comentados por artigos*. Salvador: JusPodivm, 2017.

DEMERCIAN, Pedro Henrique; MALULY, Jorge Assaf. *Curso de processo penal*. 4. ed. rev. ampl. e atual. Rio de Janeiro: Forense, 2009.

ESPÍNDOLA FILHO, Eduardo. *Código de Processo Penal brasileiro anotado*. Atualizadores: José Geraldo da Silva e Wilson Lavorenti. Campinas: Bookseller, 2000a. v. II.

ESPÍNDOLA FILHO, Eduardo. *Código de Processo Penal brasileiro anotado*. Atualizadores: José Geraldo da Silva e Wilson Lavorenti. Campinas: Bookseller, 2000b. v. III.

ESPÍNDOLA FILHO, Eduardo. *Código de Processo Penal brasileiro anotado*. Atualizadores: José Geraldo da Silva e Wilson Lavorenti. Campinas: Bookseller, 2000c. v. IV.

ESPÍNDOLA FILHO, Eduardo. *Código de Processo Penal brasileiro anotado*. Atualizadores: José Geraldo da Silva e Wilson Lavorenti. Campinas: Bookseller, 2000d. v. VI.

GRINOVER, Ada Pellegrini; FERNANDES, Antônio Scarance; GOMES FILHO, Antônio Magalhães. *As nulidades no processo penal*. 8. ed. rev. atual. São Paulo: Revista dos Tribunais, 2004.

GRINOVER, Ada Pellegrini; FERNANDES, Antônio Scarance; GOMES FILHO, Antônio Magalhães. *Recursos no processo penal*: teoria geral dos recursos, recursos em espécie, ações de impugnação, reclamação aos tribunais. 4. ed. rev. atual. São Paulo: Revista dos Tribunais, 2005.

JARDIM, Afrânio Silva. *Direito processual penal*. 6. ed. Rio de Janeiro: Forense, 2007.

LIMA, Renato Brasileiro. *Manual de processo penal*. 3. ed. rev. ampl. atual. Salvador: JusPodivm, 2015.

LOUREIRO, Caio Marcio. *O princípio da plenitude da vida no Tribunal do Júri*. Cuiabá: Carlini & Caniato, 2017.

MARQUES, José Frederico. *A instituição do Júri*. Campinas: Bookseller, 1997a.

MARQUES, José Frederico. *Elementos de direito processual penal*. Campinas: Bookseller, 1997b. v. II.

MARQUES, José Frederico. *Elementos de direito processual penal*. Campinas: Bookseller, 1997c. v. III.

MARQUES, José Frederico. *Elementos de direito processual penal*. Campinas: Bookseller, 1997d. v. IV.

NOVAIS, César Danilo Ribeiro de. *Lei 13.694/2019*: execução imediata da condenação pelo júri e marco quantitativo inconstitucional. Disponível em: http://promotor-dejustica.blogspot.com/2020/01/lei-136942019-execucao-imediata-da.html. Acesso em: 7 fev. 2020.

NUCCI, Guilherme de Souza. *Código de Processo Penal comentado*. 14. ed. rev. atual. e ampl. Rio de Janeiro: Forense, 2015.

NUCCI, Guilherme de Souza. *Manual de processo penal e execução penal*. 2. ed. rev. e atual. São Paulo: Revista dos Tribunais, 2006.

NUCCI, Guilherme de Souza. *Manual de processo penal e execução penal*. 11. ed. rev. e atual. Rio de Janeiro: Forense, 2014.

PIEDADE, Antonio Sergio Cordeiro; FARIA, Marcelle Rodrigues da Costa. *Reflexões sobre o juízo das garantias*: os desafios das ciências criminais na atualidade. Belo Horizonte, São Paulo: D'Plácido, 2021a.

PIEDADE, Antonio Sergio Cordeiro; LOUREIRO, Caio Márcio; NOVAIS, César Danilo Ribeiro de Novais; FARIA, Marcelle Rodrigues da Costa e. *Recurso contra veredicto injusto no Tribunal do Júri*. Disponível em: https://www.conjur.com.br/2020-jul-15/opiniao-recurso-veredicto-injusto-tribunal-juri#author. Acesso em: 3 dez. 2021b.

RANGEL, Paulo. *Direito processual penal*. 22. ed. São Paulo: Atlas, 2014.

REIS, Alexandre Cebrian Araújo; GONÇALVES, Victor Eduardo Rios. *Direito processual penal esquematizado*. 3. ed. rev. e atual. São Paulo: Saraiva, 2014.

SANTIN, Valter Foleto. *O Ministério Público na investigação criminal*. Bauru: Edipro, 2001.

TABAK, Benjamin Miranda; AGUIAR, Julio Cesar; NARDI, Ricardo Perin. O viés confirmatório no argumento probatório e sua análise através da inferência para melhor explicação: o afastamento do decisionismo no processo penal. *Revista da Faculdade de Direito da UFMG*, n° 70, p. 177-196, 2017.

TOURINHO FILHO, Fernando da Costa. *Processo penal*. 16. ed. rev. e atual. São Paulo: Saraiva, 1994. v. 2.